뇌(Brain)의 창의적인 잠재능력을 키워주는

교육심리학

전경원 저

창지사

머 리 말

미국의 퍼듀Purdue대학교에서 교육심리학으로 박사학위를 받은 본서의 저자는 교육학, 교육심리, 상담학, 보건교육, 예술경영을 학사, 석사, 박사 과정에서 연구하면서 창의성과 관련된 다양한 저서를 집필했습니다. 그동안 교육심리 중에서도 창의성에 집중했었고, 아울러 연구방법과 특수교육에도 깊은 관심을 가졌지만 교육심리 전체를 아우를 수 있는 대표적인 교육심리 개론서는 1989년에 교육심리학 분야에서 철학박사학위를 받은 이후 약 30년 뒤에 선보이게 되었습니다. 저자가 교육심리학을 공부했었던 1980년대와는 교육환경이 사뭇 달라졌습니다. 2005년도에는 우리나라에서 유명한 교육심리학자들의 온라인 강의 몇 개를 청취하면서 최근의 교육심리학 최신 동향을 연구하면서 업데이트시켰습니다. 2019년 어느 날 오랫동안 함께 출판을 해왔던 창지사에서 '교육심리학' 출판을 제안해왔습니다. 심사숙고한 끝에 집필하기로 결정했지만 쉬운 일이 아니었음을 밝혀둡니다.

상상을 초월한 교육환경과 교수자와 학습자 간의 관계, 교수방법 등이 등장하여 이번 저서를 집필하면서 교육심리학의 30년 역사를 구석구석 살펴보게 되었고, 2020년 이후 미래의 교육환경과 학습자의 요구needs에 적합한 교육심리방법을 염두에 두고 새로운 자료들을 검색하고 보완했습니다.

21세기가 되면 세상이 달라질 것이라고 전세계가 떠들썩했던 때가 엊그제 같은데 21세기가 된 지 벌써 20년이 흘렀습니다. 지금 이 시점에서 가장 크게 변화해야 할 영역은 교육입니다. 2019년 집필 시작 무렵에는 코로나19 사태 이전이었기 때문에, 혁신적인 교육방법을 머릿속으로만 이해하고 현실에서는 적극적으로 적용하지 않았지만 2020년 이후 미래의 교육환경은 급격하게 변했습니다. 사실 이제는 20세기의 교육 방법으로는 21세기 학생들을 교육하기에는 어렵게 되었고 단순한 지식을 전달하는 교육에서 개개인별 맞춤형 교육을 기반으로 창의력과 집중력을 필요로 교육 방법을 모색해야 합니다. 학생 개개인의 수준과 학습 속도에 맞추어 각기 다른 학습을 통해 효율적으로 학습할 수 있는 환경을 조성해야 합니다. 미국의 애리조나 주립대학의 경우 65,000명의 대학생에게 수학을 포함한 12개 기초과목에서 맞춤학습체제를 도입하였는데, 우리나라의 교육현장에도 다양한 디지털 도구를 활용하여 맞춤학습을 적극적으로 도입해야 합니다. 우리나라에서는 2019년부터 초등 교과에 코딩교육이 채택되었고, 인공지능(AI), 빅데이터, 5세대(5G) 이동통신 등 정보기술(IT)로 급변하는 사회환경에 발맞춰 교육환경 변화에 많은 노력을 기울여야 합니다.

우리가 지금 만나고 있는 밀레니얼세대나 Z세대 학생들은 이미 AI시대에 살고 있는 디지털 네이티브 세대입니다. 학생들은 AI 핵심기술이 유통, 보안, 문화콘텐츠, 패션, 헬스 케어 등 거의 일상의 모든 분야에 적용되는 사회에 살고 있습니다. 공간에 제한받지 않고 자유롭게 이동하면서 서로 연결되어 있습니다. 교육에도 AI가 중요한 역할을 합니다. 학생들의 코딩학습을 돕는 AI 코딩로봇도 있습니다. 미래의 핵심기술이 AI라는 것을 알기 때문에 우리나라 대학에도 인공지능학과, 인공지능융합학과 등이 생겼고, 한국과학기술원은 2019년 국내 처음으로 인공지능(AI) 특화 대학원인 'AI' 대학원을 개원했습니다. 사람과 사물이 모두 연결된 '초연결' 사회, 호모커넥투스 시대에 살고 있습니다.

증강현실(AR) 헤드셋을 쓰고 수업을 하는 시대가 되었습니다. 책 속에서 공룡을 보거나, TV 속 공룡보다 더 실감 나는 공룡을 체험하며 공룡에 대해 학습하는 시대가 되었습니다. 증강현실(AR), 가상현실(VR), 360도 멀티미디어 기술을 활용한 수업이 이루어지는 시대에 교사도 적응하여 학습자에게 디지털 수업 자료를 제공하여 수업의 효율성을 극대화해야 합니다.

전통적으로 교육하는 교사-학생 간의 지식전달 구조에서 이제는 보다 집합적인 collective 형태의 학습과 교수방법을 탐색해야 할 때입니다. 물리적인 학교 교육현장에서뿐만 아니라 SNS, 온라인, 지역사회 등 다양한 플랫폼에서 시공간을 초월한 형태의 교육이 이루어지고 있습니다. 전세계에 MOOC, 유튜브, TED 강연이 누구에게나 접근 가능하고, 언제 어디서나 접속 가능한 시대가 되었습니다. 온라인 교육의 장점은 시간과 공간의 제약 없이 최고의 교육콘텐츠를 통합하여 우수한 온라인 교육 생태계를 구축할 수 있으며, 유아부터 성인에 이르기까지 다양한 교육의 혜택을 볼 수 있다는 것입니다. 이제는 맞춤형 교육시대가 도래했다고 해도 과언이 아닙니다. 개개인이 정보를 탐색하고, 자신에게 적절한 교육방법을 찾는 시대가 되었습니다.

그 어느 때보다 개개인의 개성과 다양한 요구needs가 중시되는 시대이므로 개인 맞춤형 교수방법을 모색해야 합니다. 개개인의 심리적 특성을 고려하여 교육의 최적화를 할 수 있는 방법을 강구하려면, 최근의 경향을 잘 이해해야 합니다. 인지, 사회, 정서 발달적 특징과 선호하는 학습 유형, 동기유발의 특징 및 개인 간, 개인 내적 능력과 개별적 재능을 분석하여 최적의 교육적 목표를 효율적으로 달성해야 합니다.

종전보다 개인적 차이가 큰 학생들이 서로 이해하고 소통하기 위해서 교사들의 역할이 매우 중요한 시대가 되었습니다. 다양한 사회 · 문화적 배경을 지닌 학생들이 함께 상호작용하며 어울려 지내야 하는 세상이 왔습니다. 교사는 개개인의 학습 유형과 동기유발 요인을 찾아서 잠재능력을 최대한 발휘할 수 있도록 도와주어야 합니다.

또한 이제는 급변하는 사회 발전에 발맞춰 교육이 창의적인 대응을 해나가야 하는 시대가 되었습니다. 대학교에서 배웠던 것들이 졸업 후 사회에서 쓸모없는 경우가 많았기 때문에, 교사는 초 · 중 · 고등학교 학생들이 어떻게 해야 진로를 잘 계획할 수 있는지 상담하고 안내해야 합니다. 지금과 같은 지식위주의 교육방식은 한계에 부딪힐 수밖에 없는 불확실한 시대가 되었기 때문에 학생들에게 다양한 선택권을 주고 자신의 삶을 주도적으로 개척해 나갈 수 있도록 안내해야 합니다.

본서는 한 학기 15주 수업과 중간고사 및 학기말고사 기간을 고려하여 13장으로 구성하였습니다. 1장은 교육심리학의 이해(교육심리학의 개념, 교육심리학의 발전과정, 교육심리학의 연구방법). 2장은 학습자의 두뇌발달, 3장은 학습자의 발달(학습자의 발달, 발달의 개념, 인지발달, 지능, 창의성 발달, 성격 · 사회성 발달, 도덕성 발달). 4장은 창의성, 5장은 학습자의 다양성(학습자의 개인차, 학습유형, 인지양식, 성차, 다문화), 6장은 특수한 학습자(영재, 학습장애, 정서 · 행동장애, ADHD, 지적장애, 의사소통장애). 7장은 학습이론, 8장은 교수이론, 9장은 학습자의 동기, 10장은 교수자의 이해(교사의 역량, 생활지도와 상담 · 치료), 11장은 학습평가, 12장은 표준화 검사, 13장은 미래의 교육심리 전망으로 구성되어 있습니다. 특히, 교육심리의 기본내용을 다루면서, 개인 맞춤형 교육과 학습을 고려하여 학습자의 다양성, 특수한 학습자, 창의성, 동기 등의 영역에 초점을 두었습니다.

또한 본서에서는 주제별 내용만 소개한 것을 넘어서 주제별로 쉽게 이해할 수 있도록 학술연구정보서비스(riss)에 소개된 논문들의 예를 넣었습니다. 간단하게 논문의 요약만을 소개하고 있으므로, 전문을 읽으려면 학술연구정보서비스 사이트(www.riss.kr)에 접속하면 더욱 도움이 됩니다.

유아부터 대학원에 이르기까지 교육심리를 학습하는 미래의 교사와 교수 및 연구자들은 본서에서 단순한 지식과 선행이론을 접하는 것은 물론, 본서에서 던지는 도발적인 질문에 대해 깊은 생각을 하며 대상연령, 특징에 따라 어떻게 교육철학을 갖고 교육할 것인지 다양하고 행복한 고민을 하시기 바랍니다. 세상의 모든 아동은 저마다 재능이 있고 놀라울 정도로 창의적입니다. 아무쪼록 교육심리학을 접하면서 여러분 자신이 어떤 한 개인의 인지적, 사회적, 정서적, 도덕적, 신체적 발달에 지대한 영향을 미치게 될 것이라는 것을 생각하시며 흥미로운 학습시간을 즐기시기 바랍니다.

2020. 7
AI와 유튜브 친구
전경원

감사의 말씀

본서를 출판하기에 앞서 “교육심리학”에 대한 견고한 토대를 마련해 주신 퍼듀대학교의 펠듀슨Feldhusen 교수님께 깊은 감사의 말씀을 드립니다. 펠듀슨 지도교수님의 “교육심리”과목을 들으며 사회성과 창의성이 매우 중요하고, 교육심리학이 학습에 얼마나 중요한지 깨달았습니다.

교수님은 내면의 잠재능력을 발휘할 수 있도록 지속적으로 멘토 역할을 하셨습니다.

암기위주의 한국식 교육을 극복하고 창의성에 대한 안목을 키워주셨고, 선천적으로 타고난 잠재능력을 완전히 발휘할 수 있도록 최선을 다해주셨습니다. 박사취득 후 1989년에 본격적으로 대학원과 학부 과목을 강의하기에 앞서 모든 초임 교사 · 강사가 필수로 들어야 하는 “교수법” 강의를 들었습니다. 펠듀슨 교수님의 세심한 지도를 받으며 교수학습 이론부터 평가 문항 제작에 이르기까지 모든 내용을 꼼꼼하게 학습했습니다.

어찌 보면 오늘날 나의 강의스타일과 교수학습방법의 A부터 Z까지 모든 것을 펠듀슨 교수님께 도제식으로 사사를 받으며 전수받았다고 할 수 있습니다. 그 이후 귀국하여 지도 교수님께 전수받았던 내용을 현장에 적용하느라 교육심리 교재 집필은 감히 꿈속에서도 상상하지 못했던 일이었습니다. 2019년 출판사 창지사에서 “교육심리” 집필의뢰가 오기 전까지 이 책을 쓰게 되리라고는 상상조차 하지 못했던 일이었습니다. 뒤늦게나마 교육심리학을 출판하게 되었고, 이 책을 펠듀슨 지도교수님께 헌사합니다.

아울러 본서의 내용을 구성하기 위해 자문해주셨고, 중요한 그림과 표를 구성하는 데 도움을 주신 고려대학교 전경남 교수님(퍼듀대학교 교육심리학 전공박사)에게 깊은 감사의 마음을 드립니다.

차 례

CHAPTER 1

교육심리학의 이해

1. 교육심리학의 개념과 발전과정

교육심리학은 교육과 관련된 인간의 사고와 행동을 연구하고, 이를 실제 교육에 응용하는 학문이다. 교육심리학의 역사는 인간의 사고와 행동에 관한 아이디어를 제공한 그리스 시대의 철학자들까지 거슬러 올라간다. 이어 유럽을 중심으로 수많은 교육철학자들이 현대 교육심리학의 기초가 되는 아이디어들을 생성해 왔다. 장 루소Jean Rousseau, 요한 헤르바르트Johann Herbart, , 요한 코메니우스Johann Comenius 등이 그러한 예이다. 앞선 시대의 사상가들의 아이디어를 기초로 미국 중심의 현대적인 교육심리학이 태동한 것은 1900년대 초반부터이다. 이러한 태동에 큰 역할을 한 것은 미국의 심리학의 아버지로 불리는 윌리엄 제임스William James와 그의 제자인 스탠리 홀Stanley Hall, 에드워드 손다이크Edward Thorndike, 존 듀이John Dewey 등이다. 이들은 일반심리학을 연구한 사람들이었으나, 이들의 주된 연구 관심사가 현대 교육심리학의 그것과 유사하다는 점에서 이들로부터 현대 교육심리학이 시작되었다고 보는 견해가 일반적이다(이성진, 1996).

제임스는 교육의 목적을 좋은 습관을 형성하는 것으로 보고, 심리학을 정신적 삶의 현상과 조건을 연구하는 과학으로 정의하였다. 정신적 삶의 현상은 인지, 정서, 욕구 등을 의미하며, 조건은 이러한 정신적 현상에 영향을 미치는 신체적, 사회적 과정을 의미한다. 제임스가 교육심리학 발전에 미친 영향은 그가 1899년에 저술한 『*Talks to Teachers on Psychology*』라는 저서에서 찾아볼 수 있다. 이 책은 우리나라에서 『선생님이 꼭 알아야 할 심리학 지식』이라는 제목으로 번역되었다.

제임스의 제자인 홀은 아동 및 청소년의 심리에 관한 연구 결과를 교육학에 응용한 것으로 유명하다. 홀은 미국인으로서는 최초로 심리학 박사학위를 얻었으며, 초대 미국심리학회장을 역임하였으며, 존스 홉킨스대학교에 미국 최초의 심리학 실험실을 만든 것으로 유명하다. 심리학자일 뿐 아니라 교사이기도 했던 홀은 1904년 청소년의 심리를 연구한 결과를 『*Adolescence*』라는 2권의 책을 통해 발표하였으며, 최초로 질문지를 이용하여 청소년의 심리를 과학적으로 연구한 것으로도 유명하다.

제임스의 제자인 손다이크는 심리학 연구에서 사람이 아닌 동물을 실험 대상으로 한 최초의 연구자로 유명하다. 그는 1903년 최초의 교육심리학 교재인 『교육심리학』을 출간했는데, 흥미로운 점은 이 최초의 교육심리학 교재에서 손다이크가 영재아에 대해 언급하면서 그 당시에는 매우 선구적인 아이디어들을 제안했다는 점이다. 1910년에는 『*Journal of Educational Psychology*』가 창간되었다.

손다이크가 교육심리학의 토대를 마련하는 데 크게 기여한 점은, 그가 동물과 사람의 학습 과정을 연구하여 연결주의 이론connectionism을 발전시킨 데 있다. 연결주의란 자극과 반응 사이의 연결을 의미하는데, 손다이크는 학습의 기본적인 과정을 시행착오를 통해 자극과 반응을 적절하게 연결하는 것으로 보았다.

듀이는 아동중심의 교육을 주장한 것으로 유명하다. 그는 그 당시 심리학이 아동을 성인의 축소판으로 보고, 아동의 정신이 고정되어 있다고 가정한 당대의 주류 이론인 능력심리학faculty psychology과 달리, 아동은 아동만의 고유한 심리적, 사회적 특성이 있으며 이러한 아동만의 고유한 특성을 고려하는 것으로부터 교육이 시작되어야 한다고 주장했다. 그가 주장한 아동중심의 교육은 구체적으로 아동의 경험과 습관을 중심으로 한 교육을 말한다.

2. 교육심리학의 성격

교육심리학의 발전 초기부터 교육심리학은 심리학의 일반적인 원리와 법칙을 교육에 적용하는 응용심리학으로 간주되어 왔다. 앞서 소개한 제임스와 듀이는 교육심리학의 성격을 심리학 이론과 교육 실제 사이를 연결하는 '중간자'middle man 또는 심리학의 이론을 교육의 실제와 '연결 짓는 과학'linking science으로 생각하였다.

교육심리학을 응용심리학의 한 분야로 인식하는 이러한 경향은 꽤 오랫동안 지속되어 왔고 지금도 여전히 남아 있지만, 교육심리학을 단순히 일반심리학의 원리를 교육에 적용하는 것을 넘어서 그 자체의 고유한 목적과 성격, 그리고 연구 방법론을 갖고 있는 독자적인 학문 분야로서의 발전을 추구해 왔다(Wittrock, 1992). 즉, 교육심리학은 교육과 관련된 독자적인 이론의 개발과 이러한 이론을 토대로 교육활동의 실제에 도움을 주는 교육방법의 개선 및 적용을 동시에 추구한다. 이러한 점에서 교육심리학은 단순한 응용학문이 아니라 기초학문과 응용학문의 성격을 동시에 지향하는 기초-응용학문이다(Pintrich, 2000).

기초-응용학문으로서 교육심리학은 교사가 학교교육 현장에서 경험하는 다양한 문제를 현명한 의사결정을 통해 해결하도록 도와준다. 교육심리학은 교사가 실제 교육활동에서 해결해야 하는 문제를 해결하는 데 고려할 수 있고, 도움을 줄 수 있는 개념과 이론을 제공한다(Borich & Tombari, 2019; Slavin, 2018).

교육심리학의 성격을 좀 더 자세히 살펴보면 다음과 같다. 먼저 교육심리학의 고유한 연구영역은 '학교교육'이다(하대현, 2010). 교육심리학의 고유 연구 영역으로서 학교교육은 교사가 교과내용을 학생에게 가르치는 교수활동과 학생이 교과내용을 배우는 학습활동, 이 두 활동에서 나타나는 교사와 학생의 다양한 사고와 행동을 모두 포괄한다.

두 번째, '학교교육'과 관련하여 교육심리학은 고유의 이론을 구축하면서, 일반심리학의 발달에 기여해왔다. 이성진(1996)은 교육의 실제를 염두에 두고 교육현장에서 연구되고 검증되어 온 교육심리학의 주요한 연구자와 그의 이론의 예로 1) 스탠리 홀Stanley Hall, 래이먼드 카텔Raymond Cattell, 제임스 에인젤James Angell, 찰스 주드Charles Judd와 같은 실험심리학자들이 교육심리학자로 출발한 학자들이며, 2) 프레드릭 스키너Frederick Skinner의 조작적 조건화 이론, 3) 데이비드 오수벨David Ausubel의 유의미 학습이론과 제롬 부르너Jerome Bruner의 발견학습이론이 초기 인지심리학의 발달에 기여한 점, 4) 알프레드 비네Alfred Binet와 리 크론바흐Lee Cronbach와 같은 심리측정학자, 5) 로버트 스턴버그Robert Sternberg(1987)의 사고과정과 사고훈련에 관한 연구, 6) 버나드 와이너Bernard Weiner(1985)의 귀인이론 등을 들고 있다.

교육심리학은 교육심리학만의 독자적인 연구방법을 개발하여 왔다. 교육심리학은 심리학을 포함한 다양한 학문분야의 연구방법을 사용하지만, 메타분석meta-analysis, 실험 및 준실험 설계의 개념, 일반화 가능도 이론은 교육심리학 분야에서 개발된 고유한 연구방법론이다(황정규, 2008; Berliner, 1992).

3. 교육심리학의 연구방법

1) 교육심리학 연구의 목적, 필요성, 방법

연구research란 우리가 관심을 가진 주제 또는 문제에 대한 이해를 증진하기 위해 정보를 수집하고 분석하기 위해 사용하는 일련의 절차이다(Creswell, 2008). 교육심리학의 다양한 연구결과는 교수 및 학습과 연관된 다양한 심리적 현상에 대한 사실로부터 원리principles, 법칙laws, 이론theory을 제공한다(Slavin, 2019). 법칙은 반복되고, 누적된 경험과 관찰에 의해 확립된 관심현상의 특징 및 발생 형태에 대한 일반적인 기술description을 의미한다. 원리principles는 두 사실 간의 관계에 대한 설명이다. 예를 들어 행동주의 학습이론의 강화의 법칙은 학생의 바람직한 행동을 선생님이 칭찬해주었고, 학생은 선생님의 칭찬을 받고 싶어 그 행동을 더 자주하게 된다는 설명을 제공한다. 이 예에서 관련지어 설명하고 있는 두 개의 현상 또는 사실은 학생의 특정행동의 발생빈도와 그 행동에 대한 선생님의 칭찬

여부 및 빈도이다. 강화의 법칙은 이 둘 사이의 관계를 설명함에 있어, 학생의 특정한 행동이 더 빈번히 나타나는 것은 선생님이 그 행동을 칭찬했기 때문이라 설명한다. 원리는 수많은 관찰 및 경험의 결과를 통해 확립된 원칙의 근원적인 이유에 대한 설명으로, 이론 형성의 중요한 기초를 제공한다. 원리는 왜 특정한 원리가 발견되는지를 이해하는 데 도움이 되는 하나의 설명이다. 만약 법칙만 있고 그 법칙을 설명하는 원리가 제공되지 않는다면, 우리는 관심현상의 일관된 속성에 대한 지식만 획득할 뿐 그러한 속성이 나타나는 근본적인 이유에 대한 이해를 얻지 못한다.

이론theories은 교육심리학의 관심 현상을 개별 원리나 법칙에 비해 보다 넓은 관점에서 체계적이고 종합적으로 설명하기 위해 결합된, 서로 밀접한 연관이 있는 원리 및 법칙의 집합을 의미한다. 밀접한 관련이 있는 일련의 원리들이 결합된 교육심리학 분야의 대표적인 이론의 예로 인간의 다양한 행동의 학습에 관한 행동주의 학습이론이 행동의 결과의 역할, 강화, 벌, 강화계획, 형성, 소거, 선행조건 또는 자극의 역할과 관련된 여러 개의 행동주의 학습의 원리를 결합하여 형성된 것임을 확인할 수 있다. 이러한 다양한 행동주의 학습의 원리들을 하나의 이론을 구성하여 다양한 인간의 행동이 학습되거나 학습되지 않는 기본적인 조건과 과정을 체계적으로 설명하게 된다.

교육심리학의 연구주제 및 문제는 다양할 뿐 아니라 각각의 주제 또는 문제가 지닌 본질적인 성격이 매우 다르다. 그러므로 우리는 특정한 연구주제 또는 문제의 본질적인 속성을 이해하는 데 적합한 방식으로 정보를 수집하고 분석하는 것이 필요하다.

연구의 타당도 또는 연구설계의 타당도란 연구의 계획 및 방법이 연구를 통해 생성 또는 검증하고자 하는 주장이나 명제의 진위를 확인하는 데 얼마나 적절하였는가를 의미한다. 연구의 타당도 또는 연구설계의 타당도가 상대적으로 낮게 되면, 연구를 통해 생성 또는 검증된 주장이나 명제의 진위를 명확하게 확정하지 못하게 된다. 즉, 연구설계의 타당도에 문제가 있는 연구의 결과는 신뢰하기 어렵다.

양적 연구의 경우 연구의 타당도는 연구의 내적 타당도와 외적 타당도로 구분한다. 연구의 내적 타당도internal validity란 연구를 통해 검증한 주장이나 명제와 상반되거나 다른 내용의 주장이나 명제, 즉, 연구결과와 다른 대안적 주장이나 명제를 얼마나 잘 방어할 수 있는가를 말한다. 연구의 외적 타당도external validity란 연구의 결과가 일반화될 수 있는 정도, 즉, 연구의 결과 및 결론이 연구 참여 대상 및 연구조건과 다른 대상 또는 조건에서도 동일하게 나타날 수 있는 정도를 의미한다.

교육심리학 연구의 목적은 객관적인 방법을 사용하여 학습의 과정에 영향을 미치는 다양한 요인들에 관한 질문 또는 의문 사항들을 체계적으로 검토하는 것이다(Slavin, 2019).

이러한 이유에서 교육심리학은 심리학과 교육학 및 인접 학문 분야에서 이용하는 다양한 연구방법을 이용한다. 교육심리학의 다양한 연구방법에 대해 기본적인 이해를 갖는 것은 다음의 이유로 필수적이다. 먼저, 교육심리학의 다양한 연구결과를 정확히 이해하기 위해서다. 교육심리학 분야에서 빈번히 사용되는 연구방법에 대한 기초적인 이해가 없다면 교육심리학의 연구결과를 타당하게 이용하고, 이를 교육활동에 있어서의 다양한 의사결정에 고려하는 데 어려움을 겪게 될 것이다(Slavin, 2019). 또한 교육심리학을 연구하려면 연구방법에 대한 이해가 필수적인데, 이는 연구의 주제 및 목적에 맞는 적절한 연구를 계획하고 실행하는 데 있어 다양한 연구 방법에 대한 이해가 필요하기 때문이다. 연구방법에 대한 적절한 이해가 없다면 타당하고 의미 있는 교육심리학 연구를 수행하는 것이 어렵기 때문이다.

연구방법research methods과 연구방법론research methodology을 비교해보면, 후자가 전자를 포함하는 보다 폭넓은 개념이다. 전자는 연구문제에 대한 답을 구하기 위해 연구자가 실제로 이용한 자료수집, 분석 및 결론 도출에 이용한 방법을 의미한다. 한편, 연구방법론은 연구자가 다양한 연구방법 중 연구문제를 해결하기 위해 특정한 방법을 사용하게 된 판단의 근거 또는 논리를 말한다. 연구의 내적 타당도와 관련하여 왜 특정한 대상을 참여시켰는지, 왜 특정한 자료수집 방법 또는 도구를 사용하였는지, 왜 특정한 통계분석방법을 사용했는지 등에 관한 연구자의 이해, 설명 등이 연구방법론에 해당하는 내용이다.

2) 교육심리학 연구의 유형

(1) 기초연구와 응용연구

교육심리학의 다양한 연구는 연구의 목적에 따라 기초연구와 응용연구로 구분할 수 있다. 기초연구는 특정한 사실, 원리나 법칙을 발견하거나 이론을 개발하는 것에 그 목적이 있다. 그러므로 기초연구는 연구 결과의 실제 응용에는 크게 관심을 두지 않는 경향이 있다. 한편, 응용연구는 실제문제의 해결을 위해 기존 이론의 타당성을 검증하거나 교육의 심리적 현상의 과정과 결과를 개선하기 위한 목적을 갖고 있다(성태제 · 시기자, 2006).

(2) 발달연구: 횡단연구와 종단연구

'발달 연구'developmental research는 인간의 생명이 시작되는 순간부터 죽음에 이르기까지의 전 생애에 걸친 모든 변화의 과정을 연구한다. 예컨대 지능, 운동 기능, 사고, 언어, 사회성, 정서, 도덕성, 신체 발달 등 모든 특성을 포함하여 같은 주제에 대해서 시간 경과에 따른 변화를 연구하기 위해 반복된 관찰을 하게 된다. 즉, 발달 연구란 유기체의 발달 과정에 따른 변화에 관심을 두는 연구로서, 연구의 목적은 발달의 경향과 속도, 유형이나 한계 및 성장과 발달에 작용하는 여러 요인들 간의 관계성 탐구가 될 것이다(이종승, 1983, 2009).

① 발달연구의 종류

발달연구는 종단적 연구longitudinal study와 횡단적 연구cross-sectional study로 구분할 수 있다.

가. 종단적 접근법

종단적 연구는 특정 연령 집단을 표집하여 일정한 기간 동안 시간의 흐름에 따른 발달적 특징과 변화 과정을 추적 연구하는 것이다. 즉, 시간의 흐름에 따른 변화를 측정하여 어떤 의미를 찾고자 하는 데 목적을 두고 있다(전경원 · 김누리,

2020). 오랫동안 발달 추세를 연구하기 위해 심리학, 의학 분야에서 사용되고 있는 연구방법이다. 종단연구에서는 조작하는 것 없이 있는 그대로 실제 상태를 관찰하기 때문에 실험연구보다는 인과관계를 밝히기는 어렵지만 개별적인 차원에서 반복된 관찰을 하기 때문에 횡단적인 연구보다 장점이 있다.

널리 알려진 고전적인 루이스 터만Lewis Terman의 종단적 연구가 있다. 지능검사를 개발한 터만은 약 100년 전인 1921년에 국가적인 차원에서 미국인의 지능과 창의성 및 다양한 변인과 관련한 종단 연구를 시작했다. 1910년도 무렵에 출생한 지능이 우수한 1,500명의 아동을 선발하여 5년마다 검사하여 다양한 연구결과를 밝히고 있다. 영재 아동의 일생을 연구하며 이들이 생활하며 변화해 가는 지적성취뿐만 아니라 창의성, 성격, 건강, 만족도, 인생의 목표, 직업, 성공 등에 이르기까지 매우 다양하고 풍부한 정보를 제공하고 있다.

개인적 · 국가적 · 사회적인 차원에서 종단적 연구를 할 수 있다. 예를 들어 한 연구자가 나이의 증가에 따른 아동의 창의성 발달을 알아보고자 한다면 연구자는 만 5세 유아를 100명 무선표집하여 창의성 검사를 하고, 아동들이 초등학교 6학년이 되어 졸업할 때까지 1년 단위로 창의성 정도를 측정할 수 있다. 이때 연구자는 학년이 높아짐에 따라 창의성이 발달하는 과정뿐만 아니라 또래 관계의 변화, 인지능력이나 언어사용이 어떻게 변화하는지 함께 측정함으로써 창의성 발달과 관련된 발달의 측면을 살펴볼 수 있다. 이는 동일한 대상을 추적하여 반복적으로 측정하였으므로 종단적 연구의 대표적 사례가 될 수 있다.

이러한 종단연구를 수행함에 있어서 몇 가지 어려움과 단점이 있다(전경원 · 김누리, 2020).

첫째, 무엇보다 연구대상이 연구 도중 탈락할 수 있다. 종단적 연구는 여러 시기에 걸쳐 동일 대상의 연구변인을 측정해야 하므로 그동안 연구대상자가 이사, 이민, 질병, 천재지변 등의 이유로 더 이상 연구에 참여하지 못할 가능성이 발생하게 된다. 연구대상의 규모가 아주 클 경우 몇몇 소수의 탈락자는 연구 결과에 큰 영향을 미치지 않을 수 있으나, 연구대상의 규모가 작을 경우에는 연구결과에 심각한 영향을 미칠 수 있다.

둘째, 연구기간 동안 중요한 개인적인 혹은 심각한 사회적 환경 변화로 인해 연구결과에 오염을 시킬 수 있다. 비록 동일 연구대상자의 추적이 가능하다 할지라도 장기간의 연구 기간 동안 개인적인 변화가 있을 수 있으며 사회문화적인 변화 역시 있을 수 있다. 이러한 요인들은 개인의 정상적인 발달에 영향을 미치는 가외요인으로 작용할 수 있다.

셋째, 종단적 연구기간 동안 발달 양상을 측정하기 위해 사용하는 검사에 문제가 발생할 수 있다. 예를 들어 6세의 창의성 검사와 12세의 창의성 검사의 내용이 서로 다를 수 있다. 즉 동일한 검사를 사용할 수 없는 경우가 발생하고 동일한 검사를 사용하였더라도 연습 효과로 인해 검사 오염의 문제가 발생할 수 있다.

이와 같은 이유로 연구자들은 동일대상을 반복적으로 측정하는 전형적인 종단연구의 형태에서 벗어나 대안적인 방법으로 추세 연구trend study, 패널 연구panel study, 코호트 연구cohort study가 있다.

추세 연구는 동일한 연구목적과 함께 연구대상이 되는 모집단은 동일하나 측정시기에 따라 서로 다른 표본 집단을 사용하는 경우이다. 예를 들어 초등학생 1학년에서 6학년까지 사회성 발달 변화를 1년 간격으로 알아본다면, 동일 학생을 추출하지 않고 매년 대상 학년은 같지만 다른 그룹의 학생들을 추출하여 사회성을 측정하는 것이다. 따라서 동일 표본집단을 사용하여 학년이 올라감에 따라 사회성 발달 정도가 어떻게 변화되었는지 살펴보는 것보다 다른 표본집단을 사용함으로써 사회성 발달의 변화 추세를 살펴볼 수 있다. 이 방법에서는 모집단이 변하고 매년 동일한 사람을 표본으로 하지 않더라도 매년 수집한 사회성 발달 정도는 초등학생들의 모집단을 대표한다고 할 수 있다.

반면 엄밀하게 동일한 대상을 사용하는 경우를 패널 연구라 한다. 연구를 시작할 때 표본을 선택하고 연구 기간의 상이한 시점에 동일한 사람을 연구하는 방법으로, 동일한 사람을 대상으로 연구하기 때문에 그들의 변화과정을 주목할 수 있고, 변화의 원인도 탐구할 수 있지만 연구기간이 길어지면 연구대상이 손실되는 단점이 있다.

육아정책연구소에서는 2008년부터 2027년까지 한국아동패널 연구를 하고 있다. 한국아동패널Panel Study on Korean Children은 우리나라 아동의 성장 · 발달 과정을 출생부터 장기적으로 추적 · 조사함으로써, 각 시기에 발생하는 아동의 성장 · 발달 특성, 양육실태와 요구, 육아지원기관의 기능과 효과 및 지역사회와 육아정책의 영향에 관한 종단적 자료를 국가 수준에서 수집하여 제공하는 것을 목적으로 한다(육아정책연구소, 2008).

한국아동패널의 조사는 2008년 4월부터 7월 중에 전국에서 표집된 의료기관에서 출생한 신생아를 대상으로 하여 성인기에 진입하는 시점인 2027년까지 매해 실시될 예정이라고 알려져 있다. 조사내용은 아동과 이들을 둘러싼 환경을 체계적으로 유목화하여, 아동 특성, 부모 특성, 가족 특성, 학교특성, 육아지원서비스 특성, 지역사회 특성, 육아지원정책 특성에 걸쳐 광범위하게 수집한다. 아동을 대상으로 인지검사, 창의성 검사, 자아검사, 행복감 등에 대한 조사는 물론 어머니, 아버지, 교사들을 대상으로 다양한 자료를 수집한다.

한국아동패널은 국가 수준의 신생아 패널을 구축함으로써 단일 연령 집단의 횡단적인 자료를 광범위하게 제공할 뿐 아니라, 이들의 발달상의 변화와 주변 환경에서 제공되는 경험을 지속적으로 조사함으로써 우리나라 아동의 발달, 부모양육 및 육아지원기관을 둘러싼 변화와 인과관계를 밝히는 데 도움이 될 것이다.

코호트 연구는 연구 기간 동안 구성원이 변하지 않는 특정 모집단을 대상으로 표집하여 연구하는 방법이다. 즉, 동일계층을 모집단으로 추적하여 자료수집을 하는 연구방법으로, 처음 조건이 주어진 집단(코호트)에 대하여 이후의 경과와 결과를 알기 위해 미래에 대해서 조사하는 연구방법이다. 모집단의 일부에 초점을 두는 연구방법으로, 1960년에 출생한 사람의 창의성 교육에 대한 인식이 어떻게 변화되었는지 알아보기 위해 1960년에 출생한 사람만을 대상으로 1980년, 1990년, 2000년, 2010년, 2020년에 조사하는 방법이다.

〈표 1-1〉 횡단적 연구와 종단적 연구의 설계

연령 출생연도	5	7	9	
1991	1996	1998	2000	횡단적 연구
1993	1998	2000	2002	종단적 연구
1995	2000	2002	2004	
1997	2002	2004	2006	

출처: 전경원·김누리(2020).

나. 횡단적 접근법

횡단적 연구는 여러 연령 집단을 동시에 표집하여 이들 집단으로부터 얻은 자료를 통해 연령 집단 간 차이를 밝히는 것이다. 즉, 상이한 특성을 갖고 있는 집단들 사이의 측정치를 비교함으로써 의미를 찾는 것이 목적이다.

예를 들어 한 연구자가 학년의 증가에 따른 아동의 창의성 발달을 알아보고자 한다면 현재 시점의 1학년부터 6학년까지 각각의 아동을 비교적 대규모로 표집하여 각 집단의 창의성을 측정하는 것이다. 이러한 발달적 특징을 학년별로 기록하여 창의성이 어떻게 발달하는지 분석할 수 있다.

횡단적 접근법의 장점은 종단적 접근법에 비해 적은 노력과 비용으로 짧은 시간 내에 많은 대상을 조사할 수 있으며 종단적 방법에 비해 표집대상자의 수가 크므로 일반화하기 쉽다는 장점이 있다.

그러나 횡단적 접근법 역시 몇 가지 단점이 있다(전경원 · 김누리, 2020).

첫째, 종단적 연구에서 알 수 있는 개인의 발달상 변화는 분석하기 어렵다. 횡단적 접근법에서는 학년별 집단 간 변화밖에는 알 수 없고 이와 더불어 종단적 접근법에서는 한 개인의 여러 발달의 측면이 서로 어떻게 영향을 미치는지 추론할 수 있으나 횡단적 연구에서는 파악하기 힘들다.

둘째, 각 학년에서 표집을 할 때 그 표집이 그 학년을 대표하는지 표집된 대상들은 얼마나 동질적 배경을 가지고 있는지를 충분히 고려해야 한다. 횡단적 연구를 할 때 각 연령단계에서 표집된 사람들이 연구에서 규정하는 해당 연령층의 전체를 대표할 수 있으며, 그들의 배경이 어느 정도 동질적이라면 횡단적 연구에서 얻은 결과로 발달의 경향을 추정할 수 있다. 그러나 각 연령층에서 표집한 집단이 이질적인 역사적 · 사회적 배경을 가지고 있다면 연구 결과를 가지고 발달적 경향을 추정하기 어렵게 된다.

그럼에도 불구하고 횡단적 연구는 단기간에 연구를 완료할 수 있고 일반적인 발달적 특징을 확인하기에 수월하여 종단연구에 비해 많이 이루어진다.

다. 단기간 종단적 접근 방법

앞서 기술한 종단적 연구와 횡단적 연구 방법의 이점을 절충하여 만든 것으로 서로 중복되는 연령으로 아동 집단을 선정하여 주기적으로 측정하는 방법이다. 여기에는 다음 2가지 형태의 설계법이 사용될 수 있다(전경원 · 김누리, 2020).

첫째, 종단-연속적 연구로 학년이 다른 여러 집단을 동일한 종단적 연구기간 동안 관찰하여 그 결과를 비교하는 방법이다. 예를 들어 아동의 언어능력과 학업 성취와의 관계를 알아보기 위해 1, 3, 5학년 아동을 각각 표집하여 3년간 연구를 하는 것이다. 이렇게 하면 어느 특정시기를 중심으로 각 집단의 횡단적인 비교와 발달과정의 종단비교가 가능하다.

둘째, 횡단-연속적 연구로 여기서는 두 번 이상의 기간에 둘 이상의 학년에 관한 자료를 추출하는 방법이다. 예를 들어 올해는 1, 2, 3학년을 관찰하였다면 내년에는 4, 5, 6학년을 다시 표집하여 조사하는 것이다. 이는 매번 다른 대상을 관찰하게 되는 특성이 있으나 다만 한 관찰시기부터 다음 관찰시기에 이르기까지 동일한 피험자를 반복적으로 계속 관찰하지 않아도 된다는 이점이 있다.

(3) 양적 연구와 질적 연구

교육심리학의 다양한 연구방법은 크게 양적 연구와 질적 연구로 구분한다(전경원 · 김누리, 2020). 양적 연구는 수치로 표현할 수 있는 정량적인 정보를 수집하고, 이를 다양한 통계적 분석방법을 이용하여 분석하고 이로부터 결론을 도출하는 연구를 말한다. 양적 연구는 일반적으로 연구에서 관심이 되는 교육현상에 대한 일반적인 결론을 도출하기 위한 목적으로 많이 이용된다. 한편, 질적 연구는 수치로 표현할 수 없는 정성적인 정보를 이용하여 연구주제에 대한 개별적이고 독특한 사례를 깊이 있게 이해하는 데 도움을 얻기 위한 목적으로 실시된다. 일반화된 결론을 도출하려는 양적 연구와 비교할 때, 질적 연구는 개별 사례나 특수한 현상의 독특한 내용을 심층적으로 이해하려는 목적으로 이용된다. 교육학 및 교육심리학의 연구에서 양적 연구는 질적 연구에 비해 훨씬 더 많이 채용되는 연구방법이다. 그러나 최근에는 질적 연구에 대한 관심이 더 높아지고 있으며, 질적 연구를 양적 연구를 통해 이해하기 어려운 교육현상을 탐구하기 위해 보다 더 타당한 연구방법으로 인식하여 질적 연구의 활용이 점차로 증가하고 있는 경향을 보인다.

양적 연구와 비교할 때 질적 연구가 보이는 상대적으로 주요한 특징은 다음과 같다(Yin, 2011). 먼저, 질적 연구는 인위적인 조작이 없는 실제 현실 세계의 조건 아래서 관심 주제를 연구한다. 둘째, 질적 연구는 연구 참여자들의 견해와 관점을 중요하게 고려한다. 셋째, 질적 연구는 다양한 맥락적 조건을 다룬다. 넷째, 질적 연구는 기존의 개념 또는 새로 등장하는 개념들을 통해 사건들을 설명하고자 한다. 다섯째, 질적 연구는 다양한 출처로부터 자료를 수집하고 통합하여 제시한다.

연구방법의 성격을 이해하기 위해 편의상 양적 연구와 질적 연구를 구분하지만, 이 두 연구의 유형은 이질적인 것이 아니며 다양한 연구방법에 따라 하나의 연속선상에 양적 연구와 질적 연구의 성격을 동시에 가진 다양한 연구가 있는 것으로 보는 것이 더 타당할 것이다(성태제 · 시기자, 2006).

교육심리학의 경우 인지발달이론을 제시한 장 피아제Jean Piaget가 자신의 자녀들을 오랫동안 관찰하여 출생부터 청소년까지의 인지발달과정을 밝힌 연구, 도덕적 판단의 준거에 있어서 남학생과 여학생의 차이를 밝힌 캐롤 길리건Carol Gilligan(1982)의 연구 등이 질적 연구의 방법을 이용한 대표적인 예이다.

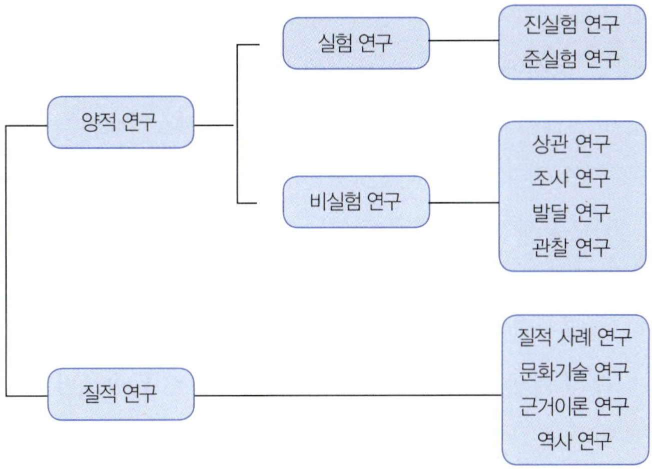

[그림 1-1] 양적 연구와 질적 연구 분류

출처: 전경원·김누리(2020).

3) 연구의 목적에 따른 분류

교육심리학의 연구방법은 연구의 목적과 기법에 따라 크게 실험연구, 상관연구, 그리고 기술연구의 3가지 유형으로 구분한다.

실험연구란 관심이 되는 교육현상 간의 인과관계를 파악하기 위해 원인이 되는 변수를 연구자가 인위적으로 변화시킬 때 결과가 되는 변수에 어떤 변화가 있는지를 알아보는 방법을 말한다. 실험연구에서 원인이 되는 변수를 독립변수independent variables, 결과로 설정한 변수를 종속변수dependent variables라 부르며, 독립변수의 수준을 변화시키는 것을 조작manipulation이라 한다.

교육심리학은 교육의 실재에 있어 교수법을 포함한 다양한 교육활동의 변화가 학생의 다양한 특성의 변화에 미치는 영향에 관심을 갖고 있으므로, 실험연구는 교육심리 연구에 있어서 중요한 방법이다. 예를 들어 교사가 새로운 교수법과 기존의 교수법이 학생의 학습 및 학업성취에 미치는 영향을 비교하고 싶을 때, 교사는 한 학급에는 아무런 변화 없이 기존의 교수법을 이용하여 학생들을 가르치고 또 다른 학급에는 새로운 교수법을 이용하여 학생들을 가르쳤을 때 두 학급의 학생들의 학업 성취에 차이가 있는지를 알아보는 것이 실험연구의 가장 일반적인 예이다. 이 예에서 기존과 다른 새로운 교수법을 이용하는 것과 같이 기존과 다른 새로운 교육적 변화를 발생시키는 것을 실험연구에서는 조작manipulation, 처치treatment, 또는 중재intervention로 부른다. 실험연구는 이같이 새로운 조작, 처치, 또는 중재가 기존의 상태와 비교했을 때 어떠한 변화를 가져오는지를 양적인 자료를 이용하여 분석한다. 실험연구에서는 위의 예에서 새로운 교수법의 효과를 알아보기 위해 조작을 가한 집단, 즉 새로운 교수법을 적용한 집단을 실험집단experimental group이라 부르며, 조작을 가하지 않은 집단, 즉, 기존의 교수법으로 가르친 학생 집단을 통제집단control group이라 부른다.

실험연구에서 특정한 형태의 조작이 학생의 학습에 유의미한 영향을 주었는지를 확인하기 위해 실험집단과 통제집단의 종속변수의 수준을 비교하며, 통제집단은 실험집단에 이용한 조작이 종속변수에 미치는 영향을 파악하기 위한 기준선 또는 준거 수준을 제공하는 역할을 수행한다. 이러한 이유로 실험연구에서는 조작 이외에는 다른 면에서 차이가 없는 학생들을 실험집단과 통제집단에 속하도록 해야 한다. 이를 무선할당random assignment이라 하며, 무선할당은 실험연구의 내적 타당도를 확보하기 위해 충족해야 하는 매우 중요한 요건 중의 하나이다.

실험연구와 관련된 메타분석meta-analysis 연구에 대해 살펴보자. 1970년대 이후 시작한 메타분석은 실험 연구를 종합하는 연구방법으로 현재 연구결과를 통계적으로 통합하는 연구방법이다. 메타분석이란 여러 연구결과들을 수집하여 다시 분석하는 이른바 분석의 분석으로, 어느 특정 분야 또는 주제에 관하여 누적된 연구결과들을 종합할 목적하에 독립적으로 이루어진 개별 연구의 결과들을 한데 모아 통계적으로 분석하는 방법을 일컫는다(Glass, 1978).

즉, 어떤 주제에 대한 연구들을 모아서 종합하고 분석하는 연구방법이 메타분석이다. 최근 10여 년 동안 학술지에 게재된 논문 중 메타분석을 이용하거나 연구한 논문의 수는 수천 편에 이른다(유성모, 2019). 창의성 및 동기유발 연구에 대한 연구 자료가 비교적 많이 누적되어 있기 때문에 연구 결과들에 대한 일반화와 특성화에 대한 연구를 진행할 수 있다. 현대사회는 다양성의 시대이기 때문에 수요자의 특성에 맞는 적절한 맞춤형 교육방법을 찾기 위해서는 메타분석 연구결과를 활용하여 최적의 교육방법을 제시하는 것이다.

상관연구correlational studies는 두 개 이상의 교육관련 현상 간의 관계를 파악하기 위한 목적으로, 서로 다른 현상 간의 관계의 방향 및 강도를 알아보는 것을 말한다. 상관연구에서 관계의 방향은 정적상관과 부적상관으로 표현된다. 정적상관은 한 변수의 값이 증가함에 따라 또 다른 변수의 값도 증가하는 경향을 보이는 관계를 말하며, 부적상관은 한 변수의 값이 증가함에 따라 또 다른 변수의 값은 감소하는 경향을 보이는 관계를 말한다. 상관연구에서의 관계의 강도는 정적상관 또는 부적상관의 정도, 즉, 한 변숫값의 변화를 통해 다른 변숫값의 변화를 예측할 수 있는 정도를 말한다. 관계의 강도는 상관계수를 통해 해석되는데, 상관계수는 두 변수 간의 관계의 방향과 강도를 나타내주는 지표로 −1에서 +1 사이의 0을 포함한 다양한 값을 가질 수 있다. 상관계수의 부호는 앞서 설명한 두 변인 간의 관계의 방향을 나타내주는데, 양수인 경우는 정적상관을 의미하며 음수인 경우에는 부적상관을 의미한다. 두 변수 간의 관계의 강도는 상관계수의 절댓값으로 해석한다. 상관계수의 절댓값이 1에 가까우면 가까울수록 두 변수 간의 관계의 강도는 상대적으로 더 강한 것으로 해석하며, 절댓값이 0에 가까울수록 두 변수 간에는 의미 있는 상관관계가 없는 것으로 해석한다. 상관계수와 함께 두 변수 간의 관계를 파악하는 방법으로 산점도의 형태를 점검하는 것이 있다. 산점도란 두 변수의 점수 쌍을 좌표에 표시하는 방법이다. 아래 [그림 1-2]는 정적상관, 부적상관, 그리고 상관이 없는 경우 및 직선관계가 아닌 곡선관계를 나타내는 산점도의 예이다.

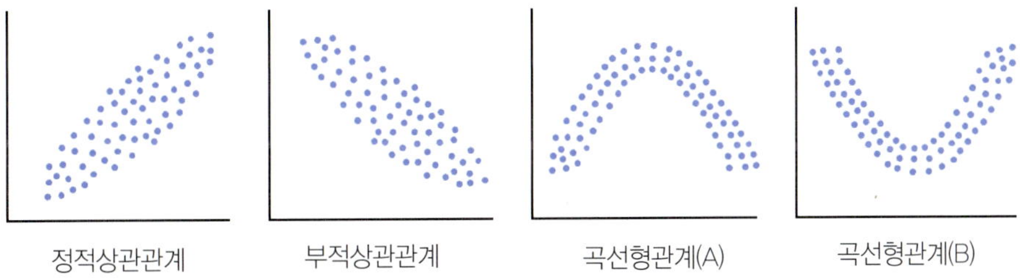

[그림 1-2] 산점도와 상관관계

상관연구의 결과로 제시되는 두 변인 간의 관계를 해석함에 있어 주의할 내용은 다음과 같다. 먼저, 연구자가 관심을 갖고 있는 두 변인 간에 유의미한 관계가 나타난다 하더라도, 이 유의미한 관계는 두 변인 간의 인과관계를 의미하는 것은 아니라는 것이다. 상관연구의 결과를 해석할 때의 또 다른 주의점은 상관계수를 통한 상관관계의 해석은 두 변인 간의 직선형 관계를 가정한다는 점이다. 따라서 상당히 유의미한 두 변인 간의 변화 양상이 산점도를 통해 발견되더라도, 그 관계가 위 산점도 그림의 예와 같이 직선이 아닌 곡선의 형태인 경우 상관계수의 절댓값은 0에 가깝게 나오고 두 변인 간에 유의미한 관계가 없는 것으로 암시할 수 있다. 따라서 변인 간의 관계를 더 정확하게 파악하기 위해서는 상관계수와 함께 산점도를 확인하여 두 변인 간의 구체적인 관계의 패턴을 확인하는 것이 중요하다.

기술연구descriptive research는 관심의 대상이 되는 교육현상과 관련된 현 상태를 파악하기 위한 목적으로 연구의 대상에 대한 관찰내용을 기술하는 연구를 말한다. 기술연구는 원인과 결과에 관한 가설을 검증하려는 실험연구와는 달리, 하나의 변인에 관한 가설을 검증한다. 기술연구에서 중요한 연구가설 또는 연구문제는 "무엇을?", "누가?", "언제?", "어디에서, 어떠한 상황과 조건에서?"와 같은 내용이다(Mitchell & Jolley, 2013). 그러나 기술연구는 이 같은 질문 중 어느 하나의 질문에 대한 답을 구하는 것에 한정되지 않고, 해당 질문에 대한 답과 다른 질문들에 대한 답과의 연관성을 알아보는 것으로 확장되는 것이 일반적이다.

기술연구를 위해 사용하는 자료수집의 방법은 관찰, 설문, 면담 등이다. 자신의 자녀들을 관찰하여 각기 다른 연령의 아이들이 보이는 인지적 발달 특성에 관한 이론을 정립한 피아제의 연구가 관찰의 방법을 통해 기술연구를 수행한 대표적인 예이다.

실행연구action research는 실행과 연구를 결합한 연구로, 교사가 연구자 및 공동연구자로서 자신의 교육 실천을 연구의 대상으로 삼는 연구를 말한다(강지영 · 소경희, 2011). 실행연구는 교사들이 자신이 속해 있는 학교 또는 학급의 당면문제와 관련이 있는 문제를 해결하기 위한 목적으로 관련 문제와 관련이 있는 여러 교육

현상을 기술연구의 형태로 수행하는 것이 일반적이다. 실행연구의 핵심적인 특징은 다음과 같다(강지영 · 소경희, 2011).

첫째, 실행연구는 교육실천가인 교사가 연구의 대상이 아닌 연구의 주체로서 연구에 참여한다. 참여란 연구에 필요한 자료를 제공한다는 소극적 의미가 아니라, 교육의 실제를 개선하고 이에 관련된 지식을 생산하는 주체로서 연구에 적극적으로 참여한다는 것을 의미한다. 즉, 실행연구는 교사에 대한 연구가 아니라 교사에 의한 연구이다. 이러한 점에서 흔히 현장연구라는 용어와 혼용되어 사용되는 실천연구의 의미를 명확히 할 수 있다. 현장연구는 현장 또는 교사를 대상으로 한다는 의미에서 교사에 대한 연구이고, 실행연구는 교사가 연구의 주체가 되는 교사에 의한 연구이다.

둘째, 실행연구는 '계획-실행-관찰-성찰-재계획'이라는 나선형적 순환 과정을 통해 연구자인 교사가 마주한 문제를 더 깊이 이해하고 이를 해결하기 위해 더 낳은 실천을 지속적으로 추구한다.

셋째, 실행연구는 연구결과를 공유하여 학습공동체를 지향하는 연구이다. 실행연구의 연구 주제가 특정한 맥락에 한정되어 있어 그 결과를 일반화하기 어렵다는 지적도 있지만, 실행연구도 다른 연구와 마찬가지로 공론의 장에 공유하여 그 결과에 대한 논의의 가능성을 열어두는 것이 바람직하다. 강지영, 소경희(2011)의 국내 교육관련 실행연구 동향 분석에 의하면 실행연구에서 가장 많이 다루어지는 주제는 '교수 · 학습 방법의 탐색'에 관한 것으로, 이는 교육심리학에서 핵심주제인 교수 및 학습에 관한 연구주제가 실행연구를 통해 활발히 연구되고 있음을 보여준다.

CHAPTER 2

학습자의 두뇌발달

본서에서 가장 기초적이고 중요한 영역은 뇌의 본질적인 내용과 교육의 효율성을 이해하는 것이다. 인간의 생각, 학습, 행동, 느낌은 뇌의 상태와 관련이 있다. 특히 인간의 학습과 기억을 관장하는 뇌를 들여다보면 교육심리를 과학적으로 접근할 수 있다. 예컨대 역사교사가 르네상스에 대한 수업을 1시간 했는데, 다음 날 어떤 학생은 거의 모든 내용을 기억하고 있는 반면에 어떤 학생은 반 정도만 기억할 수 있다면 이를 어떻게 생각할 것인가? 물론 집중력과 관련이 될 수도 있지만 단기 기억이 잘 안 되기 때문에 집중도 안 되고 기억이 잘 안 될 수도 있다. 어떤 학생은 주의집중력이 뛰어나지만, 어떤 학생은 산만해서 중요한 학습개념을 반복 설명해도 이해가 잘 안 되는 경우도 있다.

1992년 「교육심리 학회지」에 "뇌와 교육"에 대한 특별호가 발간되었다. 주로 읽기와 쓰기 학습에 영향을 줄 수 있는 뇌의 체계 발달에 대한 것이었고, 이후에 교육계에서 뇌, 발달, 학습 및 교수방법 분야에 자극을 주었고, 뇌와 학습에 대한 논문이 많이 출판되었다. 뇌는 소우주로 불릴 정도로 매우 복잡하지만, 최근 뇌과학의 급속한 발전으로 지난 20년 동안 밝혀진 뇌 관련 연구결과가 지난 200년간 쌓아올린 뇌 지식을 능가한다고 한다. 인공지능(AI)의 등장으로 뇌에 대한 연구는 세계 각국에서 활발하게 연구가 진행되고 있고, 앞으로 뇌와 학습과의 관련된 연구가 좀더 과학적이고 체계적으로 접근한다면 교수학습방법은 물론 인간의 창의성에 큰 발전이 있을 것으로 보인다.

1. 뇌의 구조

인간의 중추신경계는 뇌(대뇌, 소뇌, 뇌간)와 척수로 구성된다. 뇌는 중추신경계에서 생성한 메시지를, 말초신경계를 통해 전달한다(전경원, 2019). 즉 이 메시지들은 신체의 각 부위에서 언제, 무엇을, 어떻게 해야 하는지를 알려주게 된다. 수도꼭지를 틀었는데 갑자기 뜨거운 물이 손등에 닿았을 때 손등을 수도꼭지에서 당장 떼라고 메시지를 보낼 것이다. 손등에 있는 온도를 감지하는 온도 수용체가 손등에서 팔로 팔에서 목으로 목에서 뇌로 메시지를 전달하게 된다. 뇌는 이런 메시지를 받고 언제 어떻게 해야 할지 결정하고 당장 손을 떼라는 메시지를 받게 되고, 즉각적으로 목에서 팔로 팔에서 손등으로 메시지를 보내 손등으로 전달되고 마침내 손을 떼게 되는 것이다. 이런 과정은 순식간에 일어나게 되고 손을 데지 않을 정도로 빠르게 일어날 것이다. 인간 누구에게나 이런 반응은 유사하게 일어날 것이다(전경원, 2019).

인간의 뇌는 대뇌, 소뇌, 뇌간으로 이루어져 있다.

첫째, 대뇌는 우리가 뇌를 떠올릴 때 머릿속에 그려지는 것으로, 뇌에서 가장 큰 부위로 대뇌피질이라고 부르며, 기억, 주의, 인식, 사고, 언어, 의식에 핵심적인 역할을 한다. 대뇌피질은 뇌의 가장 바깥층이며 외부 환경과의 교신을 통하여 입체적으로 인식하는 능력을 갖고 있으며 목적지향성적인 이성 행동을 주재하는 가장 복잡한 시스템이다. 또한 창의적인 정신기능, 판단 기능, 고도의 사색기능 등의 고등 정신 활동을 하는 곳이며, 운동과 감각을 주재하는 곳이다(전경원, 2019).

대뇌피질brain cortex은 두 개의 반구로 나누어져 있고, 전두엽, 두정엽, 측두엽,

후두엽, 연합피질 영역의 5개 엽으로 구성되어 있다. 전두엽frontal lobe은 기억과 관련된 운동에 관여하고 언어 구사 능력과 언어 생성과 관련된 일을 담당한다. 전두엽에서는 좀더 복잡한 운동기능을 담당하기 때문에 이 부위가 손상당하면 마비증상이 생긴다. 두정엽parietal lobe은 촉감 및 몸의 자세에 관련된 활동들과 결합된다. 두정엽에는 일차 감각피질이 있어서 촉각, 통각, 압각 등을 느끼는 기능이 있다. 두정엽에는 느끼는 기능이 있어서 모든 감각수용기로부터 정보를 받는다. 후두엽occipital lobe에는 시각중추가 있어서 시각적 감각을 담당한다. 그렇기 때문에 후두엽을 다치게 되면 앞을 못 보게 될 수도 있다. 측두엽temporal lobe은 말하기, 듣기와 같은 청각적 기억과 관련된 일을 담당하고, 일부 시각정보 처리와 관련된 활동을 한다. 연합피질은 사고와 감각 처리를 포함한 복합적인 행동에서의 역할을 담당한다(O'Bryan, 2018; Restak, 1997; Woolfolk, 2019). 이처럼 대뇌피질의 전두엽은 기억, 사고와 행동, 후두엽은 시각, 측두엽은 청각과 언어, 두정엽은 공간지각 등이 가능하도록 다른 피질영역을 통제하는 기능을 한다.

둘째, 소뇌는 대뇌의 아래쪽과 뒤쪽에 위치한 공모양의 조직이다. 소뇌는 감각정보를 해독하고 근육과 결합하여 움직임을 조절한다.

셋째, 뇌간은 뇌와 척수를 연결하며 심박동수, 혈압, 호흡 같은 신체기능을 제어한다(O'Bryan, 2018; Woolfolk, 2019).

대뇌는 인간의 가장 큰 성취를 할 수 있게 하는 것과 관련이 있다. 외부의 대뇌를 덮고 있는 대뇌피질cerebral cortex은 시각적 · 청각적 신호같은 신호를 감각기관으로부터 받아들이고, 자발적인 운동을 조정한다. 사고 영역을 관장하는 대뇌피질은 인간의 생존에 매우 중요한 역할을 한다. 피질의 영역들은 어느 정도 특수화되어 있지만 그들은 함께 작용한다. 피질의 대부분의 영역들은 언어 처리를 하는 데 필요하다. 예컨대 베르니케 영역(청각적 피질 근처)과 브로카 영역(입술, 턱, 혀를 조정하는 근처영역)에서 각기 다른 역할을 한다(전경원, 2019).

과거에는 언어를 이해하고 표현하는 기능을 관장하는 언어중추로 브로카 영역만이 알려졌다. 1861년 프랑스의 브로카가 발견한 전두엽의 브로카 영역만이 알려졌다. 이 부분이 손상되면 브로카 실어증Broca's aphasia으로 알려진 운동성 실어증이 나타난다. 그런데 언어 장애가 브로카 실어증만으로는 설명되지 않는 경우가 있어서 이를 밝혀내기 위한 연구를 해보니, 언어의 의미를 이해하는 베르니케 실어증Wernicke's aphasia이 존재한다는 것을 알아냈다(전경원, 2019).

1874년 독일의 베르니케는 대뇌피질 좌측 반구에 위치한 언어중추 중 한 영역이 언어의 의미를 이해하는 기능을 한다는 것을 밝혀냈다. 단어와 같이 의미를 가진 청각 정보를 들을 때는 베르니케 영역이 활성화된다. 베르니케 영역은 읽기, 쓰기, 언어에서의 사고처리 과정과 같은 언어의 의미 이해를 도와준다. 따라서 만약 베르니케 영역에 문제가 생기면 언어의 의미를 이해하는 데 어려움이 생긴다. 독일의 신경정신의학자 베르니케가 언어장애인 베르니케 실어증을 발표하면서 알려지게 되었다.

브로카 영역은 하나의 개념을 문법적으로 정확하게 표현하는 방식을 설정하고, 감각성 언어중추인 베르니케 영역은 특정 단어와 의미를 연결시키는 데 필요하다. 언어를 표현하는 브로카 영역과 감각언어(언어의 수용과 이해에 관여)와 관련된 베르니케 영역은 서로 관련되어 있고 서로 연결되어 있다. 브로카 영역은 6세 무렵에 발달이 완료되고, 베르니케 영역은 2세 전후에 발달이 완료되고, 6~7세가 되면 두 영역이 연결되는 것으로 알려져 있다.

베르니케 영역이 발견되기 전까지는 브로카 영역에서 모든 언어를 관장하는 것으로 여겼다. 그러나 베르니케 영역이 밝혀지면서 의미를 이해하고 표현하는 영역이 개별적으로 존재하고 상호작용한다는 것을 알게 되어 실어증의 원인과 치료 방법에 대한 연구가 활발하게 진행되었다.

대뇌 아래에는 변연계limbic system를 구성하는 몇 가지 작은 구조가 있다. 대뇌피질에 의해 완전히 둘러싸여 있는 변연계는 뇌의 중심부에서 원처럼 도는 회로를

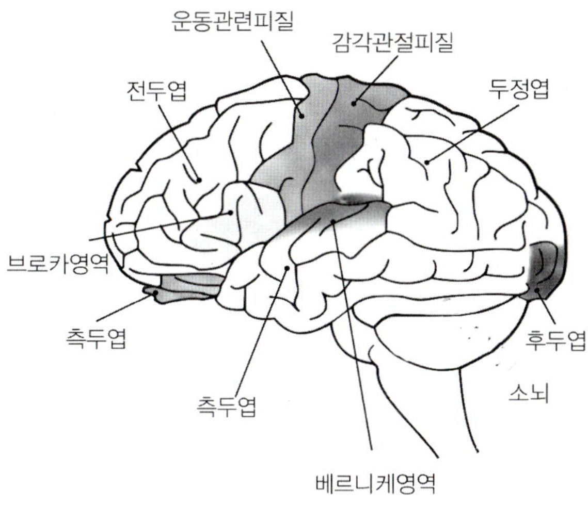

[그림 2-1] 뇌의 구조

총칭한다. 변연계는 뇌에서 가장 원초적인 부위로 공포, 분노, 쾌락 등의 정서와 동기를 해독한다(O'Bryan 2018). 또한 기억을 생성하고 유지하는 데도 관여하고, 학습, 행동의 의욕에 관여한다. 이처럼 기억을 담당하는 곳이 변연계인데, 변연계에는 해마hippocampus라는 언어적 기억, 의식적 기억, 쾌감을 담당하는 소기관과 편도체amygdala라는 감정적 기억, 무의식적 기억으로 공포나 분노를 담당하는 소기관으로 분류된다. 즉, 해마는 단기기억이 저장되는 장소로, 알츠하이머병에 영향을 받는 뇌의 주요 영역 중 하나이고 편도체는 기억한 것을 뇌의 어디에 어떻게 저장할 것인지를 결정한다(O'Bryan, 2018).

특히 학습과 깊은 연관이 있는 해마는 기억과 공간 개념, 감정적인 행동 및 일부 운동을 조절하는 데 관여하기 때문에 해마에 문제가 생기면 기억에 문제가 생기고, 새로운 것을 인식하고 학습하는 데 어려움을 겪게 된다. 해마는 뇌의 중간에 위치하며, 공간기억, 사회활동, 사건전달 기억을 담당한다. 기억은 해마에서만 담당하는 것은 아니고, 두뇌 곳곳에서 일어나지만 해마가 중심이다(김은기, 2019). 첨단과학으로 연구한 해마의 기능은 학습에 도움이 되는 기억에 매우 중요한 역할을 한다.

지금까지의 뇌과학 연구 결과는 뉴런-뉴런 사이 시냅스 연결이 강할수록 기억이 오래간다고 여겼는데, 최근의 연구에 의하면 기억과정에서 시냅스 연결의 참여보다 뉴런 숫자가 중요하다고 밝혀졌다(김은기, 2019). 그렇다면 학습에 중요한 역할을 하는 뉴런의 숫자를 늘리기 위해 어떤 일을 해야 할까? 존 레이티John Ratey(2019)(Ratey & Hageman, 2007, Ratey & Manning, 2015)를 비롯한 뇌과학자들은 유산소 운동을 해서 뇌의 시냅스를 만들어내고, 시냅스를 강화시키라고 제안한다. 뉴런의 숫자를 늘려서 기억력을 키우기 위한 확실한 방법은 운동(김은기, 2019)이다. 수업 전에 운동을 하면 기억력이 좋아지고 학습 성취도가 높아진다는 과학적 연구결과를 적용하여 교육활동을 할 때 최대한 많은 뇌세포가 참여하고, 뉴런 숫자를 늘리고, 시냅스를 강화하도록 해보는 것도 좋은 방법이다.

해마는 사별, 이혼 등으로 인한 극심한 스트레스나 우울증으로 인한 만성적 스트레스에 매우 취약하다. 해마가 스트레스에 취약한 이유는 스트레스 호르몬으로 알려진 코티솔을 받아들이는 수용체가 많이 분포해 있기 때문이라고 한다(양은주 · 김진석, 2012). 실제로 우울증 환자들에게 해마의 심각한 손상이 발견되며, 해마의 기능을 증진시키는 치료제로 약물이 개발되고 있다고 한다(양은주 · 김진석, 2012). 따라서 학생들이 극심한 스트레스로 인해 해마가 손상되어 기억력이 감퇴되거나 스트레스 조절 능력이 상실되지 않도록 노력해야 한다.

2. 신경세포(뉴런)들 간의 시냅스

각각의 뇌 영역은 신경들로 이루어져 있는데, 신경은 정보를 전달하는 뉴런neuron(신경세포)으로 구성된다. 즉, 뇌는 복잡하게 연결된 뉴런들 간의 의사소통 시스템이다. 뉴런의 축색돌기axon와 수상돌기dendrites의 결합에 따라 조직화가 이루어진다. 뉴런 간의 소통을 하기 위해 뉴런과 뉴런과의 연결까지 축색돌기를 따라 전기자극을 보내 정보를 전달한다. 수상돌기는 여러 갈래의 돌출부를 통해 다른 세포의 축색돌기로터 온 정보를 받는다. 하나의 축색돌기와 다른 뉴런의 수상돌기 연결이 '시냅스'다. 다른 뉴런의 축색돌기를 거쳐서 들어온 전기자극이 시냅스에 도착하면 신경화학 전달물질이 분비되고 다른 뉴런으로 전달된다. 두 개의 뉴런의 결합이 뉴런 연결망의 기본 형태로 축색돌기와 수상돌기의 상호연결을 통해 복잡한 뉴런의 조직화가 일어나게 된다. 두 개의 뉴런이 10개로, 10개의 뉴런이 수억 개의 뉴런으로 성장하고 무한한 두뇌기능을 가능하게 한다. 정보를 전달하는 축색돌기와 정보를 받는 수상돌기와의 결합이 증가하고 뇌의 성장이 일어나게 된다. 이런 결과로 새롭고 많은 시냅스가 '신경 가소성'이라는 과정을 통해서 일어나게 된다(Nelson, 2001).

뇌에는 1,000억 개의 개별 신경세포들이 있으며, 우리 몸은 끊임없이 오래되고 손상된 뉴런을 제거하고 새로운 뉴런을 생성한다. 이 중에 대뇌피질을 구성하는 뉴런의 개수는 163억 4천만 개 정도다(O'Bryan, 2018). 출생 시에 인간의 두뇌는 미완성 상태이고, 1,000억 개의 뉴런 중 대부분은 아직 네트워크에 연결되지 않은 상태이다.

신경 흥분이 전달되는 일에 중요한 역할을 하는 것은 뉴런과 뉴런의 접합 부분인 시냅스인데, 미완성의 시냅스를 형성하고, 강화하는 것이 조기 두뇌 발달의 주요한 과제이다. 뉴런의 수는 안정적이지만, 시냅스의 수는 생후 3년 동안 현저하게 증가한다. 어떻게 시냅스가 증가하는가? 영유아가 어떤 조기 경험을 했는가에 따라 뉴런들 간에 시냅스가 형성하게 된다. 각 뉴런은 15,000개 정도의 다른 뉴런과 연결되어 아주 복잡한 신경통로 네트워크를 이루게 된다. 이렇게 정교화된 네트워크를 두뇌의 '망' 또는 '회로'라고 일컫는다(Shore, 1997).

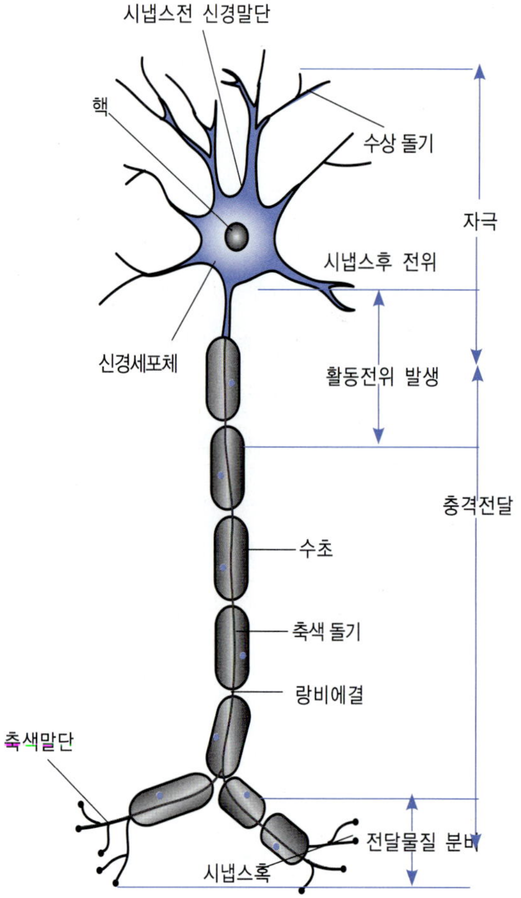

[그림 2-2] 시냅스의 구조

출처: 문혁준(2017)

과거에는 뇌의 세포와 세포 간의 연결이 기능적으로만 강화된다고 믿어왔으나, 근래에는 구조적으로도 변화가 된다고 밝혀졌다(나덕렬, 2008). MRI를 활용하여 뇌의 활성화되는 부위를 연구하게 되면서 뇌의 구조적인 변화까지 알아낼 수 있는 시대가 되었다. 2004년 독일 아르네 메이Arne May 교수는 사람 뇌에서 경험에 의존한 구조적 변화가 일어남을 처음으로 밝혔다. 그의 연구에서 저글링의 경험이 없는, 건강한 성인 참가자 24명을 두 그룹으로 나누어 한 그룹은 3개월간 저글링 연습을 시켜 최소 60초간의 저글링을 할 수 있게 기술을 연마했으며, 다른 한 그룹은 저글링을 하지 않았다. 기술연마 3개월 전후의 뇌를 촬영한 결과, 저글링 그룹은 통제집단에 비해 중간 측두 영역에 의미 있는 회색질 팽창이 확인되었다. 그리고 기술을 연마한 그룹이 그 후 3개월간 저글링을 더 이상 연습하지 않게 되었을 때 팽창되었던 회색질이 다시 감소를 보인 것이었다. 이것은 뇌가 훈련에 의해 변화하며, 그 변화는 가역적인 것임을 보여주는 좋은 사례라고 할 수 있다(나덕렬, 2008).

3. 뇌의 가소성

뇌 신경학자들의 다양한 연구결과는 뇌 신경세포들이 어떻게 상호작용하고, 어떻게 서로 연결되어 있느냐의 문제가 매우 중요하다고 주장한다. 뇌가 발달하는 동안 신경세포들이 어떻게 서로 연결되는지, 또한 처음에 과도하게 준비된 시냅스 가운데 어떤 것이 고정되고, 어떤 것이 퇴화하는지에 대해 관심을 가져야 한다(Huther & Hauser, 2012).

인간의 뇌는 발생을 거치며 약 4배 정도 크기가 증가하는데, 어느 시기에 최적의 창의적인 활동을 제공하는 것이 좋을까? 인간의 뇌에 있는 약 1,000억 개의 신경세포는 우리가 창의적인 아이디어를 만들어 내고, 문제를 해결하는 데 큰 역할을 한다. 뉴런 상호 간 또는 뉴런과 다른 세포 사이의 접합관계(시냅스결합)나 접합부위를 시냅스라고 한다. 1,000억 개의 신경세포들 간의 100조 개의 시냅스로 구성된 인간의 뇌에서 학습자의 학습, 기억 등 모든 것을 관장한다. 현대의 뇌과학들은 학습자의 과거 기억, 미래의 예측 등은 모두 시냅스를 통해서 가능하다고 주장한다.

신경회로인 시냅스는 유연하게 변화할 수 있는 가소성plasticity을 지닌다는 점을 생각하면, 두뇌는 무한한 잠재능력을 지니고 있다고 할 수 있다. 일단 뇌세포가 죽으면 재생이 잘 안 되지만 부분적으로 손상이 있는 경우에는 일부 기능이 회복될 수 있는 것으로 알려져 있다. 뇌졸중, 뇌출혈, 불의의 교통사고 등으로 뇌가 손상되면 뇌세포는 더 이상 새롭게 생성되지는 않지만, 그 옆에 있는 살아 있는 뇌세포가 그 역할을 담당하게 된다.

이런 기능회복은 손상된 뇌세포의 역할을 손상되지 않은 뇌세포가 일부 대신함으로써 가능하다. 이와 같이 인간의 뇌에 있는 수많은 뇌세포의 일부분이 죽더라도 재활 치료를 통해서 그 기능을 다른 뇌세포에서 일부 대신하는데, 이를 '뇌의 가소성'plasticity이라고 한다. plasticity는 가소성, 적응성, 유연성, 형성력으로 번역된다. 마치 플라스틱 성질처럼 모양이 잘 변하고, 사람의 얼굴과 이름을 기억하고, 새로운 환경에 대처하기도 하고, 신체 내부의 면역체계와 호르몬 및 신경전달 물질의 분비를 균형 있게 맞춰나가는 유연한 특성이 있기 때문에 뇌의 가소성이라고 한다. 즉, 운동을 하면 심장이 뛰고 몸의 근육이 변화하듯이 우리의 뇌도 우리가 무엇을 경험하고, 생각하고, 무엇을 하고, 무엇을 보고 듣고 하는가에 따라 뇌세포가 변하는 것이다. 그래서 어떤 뇌과학자는 뇌의 가소성 개념 발견이 20세기의 획기적인 발견 중의 하나라고 강조한다(나덕렬, 2008).

뇌는 죽을 때까지 계속 변한다는 가소성 특징을 생각한다면 영유아기부터 청소년기에 이르기까지 뇌가 계속 성장하고, 변화할 수 있도록 최적의 학습 환경과 경험을 제공할 수 있도록 노력해야 한다. 만일 뇌의 일부가 손상되어도 꾸준한 재활훈련을 통해 뇌의 기능을 높여줄 수 있다는 희망을 갖고 뇌를 활성화시키려고 하는 적극적인 자세가 중요하다. 예컨대, 대인기피문제, 낮은 자아존중감, 학습능력의 부족, 기억력 문제, 언어와 관련된 문제 및 신체의 움직임 등이 원활하지 않을 때 뇌의 가소성을 높이도록 최선을 다하면 뇌의 효율성을 높일 수 있다.

질 테일러Jill Taylor(2009)의 TED를 보면 뇌의 가소성이 얼마나 큰지 잘 알 수 있다. 하버드 대학교의 신경학자였던 테일러 박사는 자신이 뇌출혈을 극복한 이야기를 테드 강연에서 자세하게 소개하고 있다. 어느 날 뇌혈관이 터진 테일러는 자신의 뇌에서 뇌출혈이 일어난 것을 실감하고 언어, 기억, 움직임 등에서 뇌기능이 하나씩 사라지는 것을 관찰하게 된다. 8년 동안 걷고 말하고 생각하며 뇌의 기능을 회복해 가며, 뇌손상 이후에 더 강력한 뇌를 가지게 되었다고 한다. 8년이라는 오랜 세월이 걸렸지만 손상된 뇌의 기능이 제 기능으로 회복되었다. 뇌출혈이 왼쪽 뇌에서 일어났기 때문에 오른쪽 뇌의 창조적인 기능이 좋아졌다고 한다.

테일러의 뇌혈관은 측두엽과 두정엽 사이에서 부풀어 오르고 터졌다. 출혈로 인해 언어를 알아듣는 베르니케 영역, 말을 하는 능력에 해당하는 브로카 영역, 감각피질, 운동피질, 몸의 경계/시간/공간을 자각하게 해주는 정위연합피질까지 기능을 잃어버렸다. 테일러는 구조전화를 걸려고 했으나 문자를 읽을 수 없어서 명함의 숫자와 전화기 위의 숫자를 퍼즐 맞추듯 눌러서 전화를 걸었고, 전화를 통한 사람의 목소리가 개 짖는 소리 같았다고 표현했다. 테일러(2009)는 테드 강연뿐만 아니라 그녀의 『긍정의 뇌』라는 저서에서 자신의 뇌졸중 체험기를 자세하게 소개하고 있다.

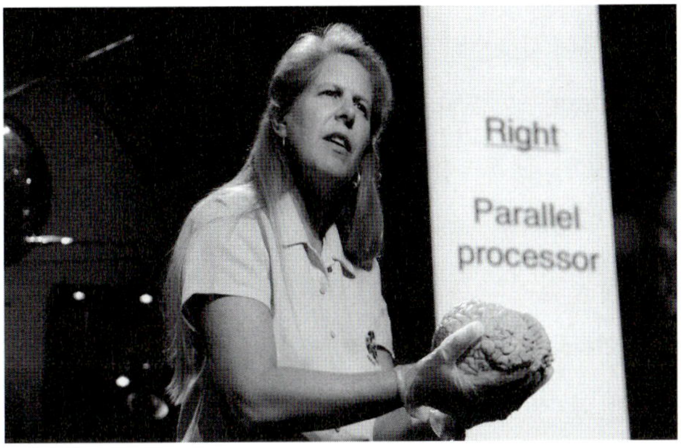

[그림 2-3] 테일러의 TED 강연

출처: TED(2008).

4. 뇌발달

1) 영유아의 뇌발달

성인의 두뇌와 비교해 볼 때, 영유아의 두뇌는 시냅스 형성에 중요한 역할을 하는 신경전달물질의 수준이 높다. 시냅스 밀도, 포도당 이용 및 신경전달물질 수준과 같은 모든 요소들이 생후 10년 동안 높은 수준을 유지하고, 사춘기에 줄어들기 시작한다고 했다. 이런 연구는 영유아기가 학습을 위한 고조기일 수 있다는 것을 시사한다.

우리가 2~3세 영유아와 할 수 있는 활동은 다양하다. 영유아와 소꿉놀이를 할 때, 그림책을 보며 동화책을 읽어줄 때, 함께 노래를 부를 때 영유아의 뇌는 각기 다르게 반응할 것이다. 근래의 두뇌 연구에 의하면 영유아의 두뇌는 부모나 교사가 제공하는 특정한 경험에 의해 '활성화'된다고 알려져 있다(도남희, 2016). 활성화가 될 때 두뇌 세포 사이에 있는 기존의 많은 시냅스가 강해지고, 새로운 시냅스가 형성된다. 이런 결과는 영유아의 나머지 인생 동안 전반적으로 영향을 줄 복잡한 회로가 만들어지고, 회로는 좀더 분명해지고 복잡해진다고 알려졌다.

영유아에게 2~3세 영유아의 뇌가 얼마나 중요한지 해리 추가니Harry Chugani (1997)의 연구를 보면 잘 알 수 있다. 추가니(1997)는 2살 무렵의 영아의 뇌는 성인의 두뇌만큼 활동적이고, 대사율이 계속 증가하여 3살 무렵에는 성인의 두뇌보다 2배 반 이상 활동적이라고 했다. 그리고 그런 상태가 이후 7년 동안 지속된다고 했다. 영유아의 두뇌는 최종적으로 필요한 시냅스의 2배를 만들게 된다. 그런데 어떤 시냅스는 유지 · 강화되고, 어떤 시냅스는 사라지게 되는 것일까? 영유아가 일상생활 속에서 반복적으로 시냅스를 사용하게 되면, 그런 시냅스들이 강화하게 되고, 두뇌의 영속적인 회로가 된다. 반면에 일상생활 속에서 반복적으로 이용하지 않았거나 충분하게 사용되지 않은 시냅스들은 사라지게 된다. 즉, 자주 사용하는 신경 신경세포들 간의 연결성은 강화되지만, 자주 사용되지 않는 신경세포들 간의 연결고리는 매우 약해지거나 아예 사라지게 되는 것이다(전경원, 2019 재인용).

이런 방식으로 조기의 특정한 경험과 학습은 유아 두뇌의 '망 형성'에 매우 중요한 역할을 하게 된다. 이와 같이 조기 경험이 중요하다는 연구 결과에 대해 전반적인 신경과학과 조기의 두뇌 발달에 대해 많은 연구자들이 더욱 관심을 갖고 있다. 2살 무렵에 영유아의 두뇌는 성인의 두뇌만큼 활동적이다. 대사율은 계속 증가하여 3살 무렵에 영유아의 두뇌를 성인의 두뇌보다 2배 반 이상 활동적이다. 그리고 그런 상태가 7년 동안 지속된다(Chugani, 1997). 인간의 경우 생후 약 10

년 내지 12년간이 중요한 시기로 이때에 어떤 경험과 학습활동을 제공하는가에 따라, 두뇌가 평생 동안 어떤 '운영 체제'로 완성되는지 결정되는 것이다(전경원, 2019 재인용).

출생 이후 3년 동안에는 시냅스가 급속도로 증가되어 1,000조 개의 시냅스가 형성된다. 3살 무렵까지 시냅스의 수가 증가되고 이후 7년 동안의 안정된 편이다. 영유아의 두뇌는 초밀도화가 된다. 이런 이유로 인해 조기의 특별한 경험이 매우 중요하다. 앞서 언급한 바와 같이, 반복된 조기 경험에 의해 여러 번 활성화된 시냅스는 영원히 지속되는 경향이 있고, 충분히 이용되지 않는 시냅스는 제거되는 경향이 있는 것으로 밝혀졌다(Shore, 1997).

뉴런을 연결해주는 시냅스도 한 뉴런 당 1,000~100,000개 정도 되는데 일단 36개월까지 아이의 뇌에 필요한 시냅스의 150~200%까지 만든 다음 사용되지 않거나 효율성이 떨어지는 시냅스는 없애는 방식으로 신경회로를 정교화하고 형태를 가다듬어 간다. 시냅스는 처음에는 유전적으로 프로그램되어 발달의 시간표에 따라 36개월에 최고가 되도록 급격하게 증가한다. 시냅스는 일생 동안 자극과 교육에 의하여 새로 생기기도 하며 가지치기를 하여 소멸되기도 한다(Shore, 1997). 시냅스는 발달의 어느 시점에서 폭발적으로 급증하는 시냅스 과잉현상이 일어나는데, 이는 유기체가 성장하면서 특정 시점에서 기대하는 경험에 대비하여 뇌가 미리 시냅스를 과잉으로 준비해 놓는 것이다. 시간이 지나면서 사용되지 않는 시냅스는 소멸하게 되는 '신경망 가지치기' 현상이 나타난다(Webb, Monk, & Nelson, 2001).

두뇌가 특별한 경험에 반응하여 탁월하게 변화할 수 있는 두뇌 연구가 점점 증가하고 있다. 즉, 두뇌가 정적인 실체가 아니고, 생후 10년간, 특히 출생 후 몇 년 동안 두뇌의 변화 능력과 보상 능력이 매우 현저하다(Shore, 1997). 이와 같이 두뇌가 변화하는 능력이 있기 때문에, 초기부터 영유아의 왕성한 성장과 발달을 증진시키고 지원할 기회가 많은 것이다. 그렇기 때문에 영유아기에 발달과 학습을 증진시키는 조기에 개입할 기회를 놓치게 되면, 그 이후에는 더 많은 비용과 시간이 들어갈 것이고, 효과도 떨어질 것이다.

대부분의 고등 동물들은 태어나 특정 기간 '결정적 시기'를 경험한다. 미완성 상태로 태어난 뇌가 주변환경과 경험을 통해 완성되는 시기로, 발달 초기에 특정한 기술이나 능력을 적절한 환경정보 입력을 통해 양성해야 하는 시간대를 가리키는 말이다. 뇌의 특성이나 행동이 획득되는 특정한 시기인 '결정적 시기'는 인간의 첫 10~12년 정도라고 알려져 왔다. 이 시기에 두뇌는 환경과 경험에 따라 바뀌고 변화하게 된다. 이 시기를 놓치면 해당능력을 영원히 습득할 수 없다.

유아교사부터 교수에 이르기까지 어느 연령의 학생을 만나서 가르치고 성취하게 하든지 교육의 과정에서 가장 중요한 것은, 두뇌의 가소성을 고려해서 뇌의 기능을 발달시키고 두뇌세포 시냅스가 강화되고, 더 많은 시냅스를 연결해주고, 인생에 필요한 최적의 회로를 만들어 주는 데 있다. 교사가 유아교육기관에서, 학교에서, 대학에서 어떤 경험을 제공하여 뇌를 할성화시키고, 시냅스를 만들어 주는가에 따라서 개개인은 어떤 극한 환경에서도 창의적으로 문제를 해결하고 자신감을 갖고 세상을 헤쳐나갈 것이다. 예측불가능한 AI 시대의 인간 개개인의 뇌력은 더욱 중요하기 때문에 교사들은 학생에게 특정한 경험을 연구하여 최대한 뇌를 활성화시킬 수 있는 흥미로운 교수방법을 연구해야 한다.

2) 좌뇌와 우뇌의 통합

뇌는 좌뇌와 우뇌로 구분되는데, 각기 다른 기능을 가지고 있다고 밝혀졌다. 로저 스페리Roger Sperry와 마이클 가자니가Michael Gazzaniga가 동물을 대상으로 공동으로 진행한 실험으로, 좌뇌와 우뇌가 서로 다른 기능을 갖고 있음을 증명하였다. 이들은 처음엔 동물을 대상으로 좌뇌와 우뇌 사이의 연결부위가 절단되면 특정 과제를 수행하지 못하는 것으로 발견하고 사람들을 대상으로 유사한 실험을 했다. 심한 간질환자를 대상으로 치료를 하기 위해 좌뇌와 우뇌를 연결하는 뇌량을 절단하는 수술을 했다. 환자들을 대상으로 분할 뇌의 기능에 대해 연구가 시작된다. 이 연구에서 시각, 청각, 촉각 자극을 활용해서 좌뇌와 우뇌 중 한곳에만 정보가 전달되도록 하거나 양쪽에 모두 자극이 전달되도록 하여 해당자극이 어떤 것이었는지 피험자들이 찾아보도록 했다.

연구 결과 분할 뇌는 서로 다른 기능을 하는 것으로 밝혀졌고, 독립적으로 각기 다른 기능을 할 때 더 많은 일을 처리할 수 있다는 가능성을 제시했다. 일반적으로 좌뇌는 언어, 문자, 숫자, 기호처리 및 논리적, 분석적, 합리적 사고와 연결되어 있으며 신체의 우측에서 일어나는 감각처리 및 운동능력을 담당한다. 반면 우뇌는 감성적이며 창의적인 사고를 담당한다. 예를 들면 예술작품 감상, 운동과 같은 직관적인 영역을 담당하며 신체 좌측을 관장하는 것으로 알려져 있다. 그렇지만 정신생물학자 제르 레비Jerre Levy는 좌뇌와 우뇌의 통합성을 강조하며, 두 가지가 함께 상호작용을 할 때 훨씬 더 훌륭하게 기능할 수 있고, 모든 활동을 좌뇌와 우뇌의 결합을 통해서 일어난다고 주장했다. 젠 닐슨Jan Nielsen과 동료들(2013)은 분할 뇌에 대한 연구를 실시했다. 7세에서 29세 사이의 남녀 1,011명을 대상으로 좌뇌와 우뇌의 영역을 7,266개 영역으로 구분하여 fMRI 촬영을 통해 좌뇌와 우뇌에 차이가 있는지 연구한 결과 좌뇌와 우뇌에 차이가 없는 것으로 밝혀졌다.

앞서 뇌의 가소성에서 소개한 테일러 박사의 경우 대학시절까지는 좌뇌가 우세했지만, 좌뇌에 뇌졸중이 생기면서 다시 우뇌가 우세해졌고, 재활을 거쳐 우뇌에 의지하면서 좌뇌의 도움을 받게 되었다. 이렇게 좌뇌와 우뇌는 서로 교류하고 발전해나간다는 것을 알 수 있다. 우뇌와 좌뇌가 수평하고 건강한 상태에서 학습의 성취도와 효과가 커질 수 있다. 따라서 한쪽 뇌만을 발달시키는 것보다는 양쪽 뇌를 연결해 주는 융합이 필요하며, 창의 · 융합교육에 적절한 뇌를 균형적으로 발달시켜주는 것이 좋다. 교육현장에서는 학습자를 좌뇌형 또는 우뇌형을 구분하는 것보다는, 좌뇌와 우뇌를 모두 사용하고, 이들이 상호작용을 하여 문제를 창의적으로 해결할 수 있도록 다양한 교육 활동과 경험을 제공하는 것이 바람직하다.

3) 뇌의 기능과 창의력

교사는 학생이 어떤 특이한 행동을 했을 때 제일 먼저 뇌와 관련된 연관성을 찾아서 교육심리적 접근을 하는 것이 좋다. 학생 개개인은 각기 다른 두뇌의 기능을 하는 뇌를 갖고 있다는 인식에서 학생의 성취, 행동, 태도 등에 대해 관찰하고 분석하고 학습 및 생활 목표를 설정하면 좋다. 학생에게 어떤 문제를 풀라고 제시하면 창의적인 문제해결력이 뛰어난 학생은 자신만의 특이한 방법으로 문제를 풀려고 할 것이고, 또 어떤 학생은 인터넷을 검색하면서 다른 사람들은 어떤 방식으로 유사한 문제를 풀었는지 알아보려고 할 것이다. 두 학생의 두뇌의 기능은 매우 다를 것이다. 대뇌의 어느 부위를 사용하는지 좀더 들여다볼 필요가 있다. 전두엽을 주로 사용하는지 후두엽이나 측두엽을 주로 사용하는지 잠시 생각해 보면 학생의 교수-학습 접근방법에 도움을 줄 수 있다.

또 다른 예를 들어보자. 어떤 학생이 수업시간에 조용히 하라고 주의를 줘도 계속 소란스러운 소리를 낸다면 어떻게 할 것인가? 교사가 소리를 내지 말라고 반복적으로 말을 해도 계속 이상한 소리를 낸다면, 다른 학생들의 수업에 방해가 될 것이다. 결국 교사가 개입해서 말려야 하는 상황이 될 수도 있다. 이 학생의 경우 전두엽의 앞쪽 부위인 전전두엽에 손상이 있어서 자신의 행동을 억제하기 어렵기 때문일 수도 있다. 교사가 뇌의 기능을 이해한다면, 소란한 소리를 내는 학생을 꾸짖거나 벌을 주고, 교사 자신도 불쾌감을 느낄 수 있다. 이런 상황에서 학생을 좀더 세밀하게 관찰하고, 그의 가족관계 또는 병력이나 과거의 담임교사와 이야기를 나눠보면 더 많은 정보를 얻게 될 것이다.

이처럼 뇌는 각 영역에서 각기 다른 기능을 한다. 뇌의 기능은 학습, 기억, 인지발달, 사회·정서적 발달과 밀접한 관계가 있다. 근래에는 뇌 영상기법 fMRI functional magnetic resonance imaging으로 뇌의 영역에 따른 기능을 과학적으로 연구한다. fMRI라고 불리는 첨단 과학기술은 뇌에 위험한 방사선 물질을 쏘이지 않고도 인간의 뇌를 들여다볼 수 있게 하였다. fMRI 방법을 이용하여 뇌의 어느 부분이 활성화되는지 알아볼 수 있게 되는 것이다. 따라서 뇌과학자들은 fMRI

방법으로 뇌의 어떤 부분이 어떤 기능을 하는지에 대해 관찰하고 깊이 있게 연구한다. 예컨대, 뇌과학자들은 어려운 과학문제 풀 때, 독서를 할 때, 교향곡을 들을 때, 수학문제를 풀 때 뇌의 어떤 부분이 어떻게 반응하고 활성화하는지 연구하게 되었다. 이와 같은 과학적 발달에 따라 어떤 학생이 기억을 잘 못하거나 수학문제를 잘 풀지 못하거나 ADHD 증세를 보인다면 fMRI를 사용하여 활성화되는 부분을 관찰해 볼 수 있다. 학술연구정보서비스(riss)에서 fMRI로 통합검색을 하면(2020. 7. 15 검색) 검색결과 15,093건이나 검색될 정도로 fMRI 연구가 활발해지고 있다.

조선희, 김희백, 이민주, 최유용, 이건호(2010)의 '과학적 창의력과 정서적 감수성의 관계에 대한 뇌영상 연구'에서는 과학적 창의력과 정서적 감수성의 관계를 알아보고자 고등학교 과학 발명반 집단(n=13)과 일반 고등학생 집단(n=13)을 대상으로 정서를 유발하는 시각자극을 제시하고 뇌활동성을 기능성자기공명영상(fMRI)을 이용하여 분석하였다.

연구 대상자는 국내외 창의력 경진대회 수상자들을 중심으로 구성된 과학 발명반 집단은 창의적 성격검사WKOPAY, SAM 점수가 상위 96% 이내였으며 일반집단은 보통 수준이었다. 정서를 유발하는 시각자극(IAPS 사진) 제시 시 뇌활동성을 분석한 결과 과학 발명반 집단은 일반집단에 비해 중간측두이랑MTG과 상측두이랑STG 영역 등에서 뇌활동성이 높게 나타났다.

창의적 성격검사점수와 뇌활동성 간의 상관도를 분석한 결과 MTG, STG 영역 등에서 유의적인 상관도($p<0.005$)가 나타났다. 이러한 결과는 과학적 창의력이 높은 학생들이 일반 학생들에 비해 정서적 감수성이 발달되어 있다는 점을 보여주는 것으로 밝혀졌고, 과학영재교육 대상자의 선발과 교육프로그램에서 정서적 측면이 고려되어야 함을 시사한다고 했다.

이와 같이 우리나라에서도 fMRI 연구가 학습자 대상으로 다양한 연구가 진행되고 있으므로, 앞으로의 연구에서 관심을 가져볼 만한 연구영역이다.

또 다른 연구에서 김예림(2013)은 '도형 과제 수행 때 나타나는 청소년의 지능별 대뇌 및 소뇌의 활성도 차이 분석' 연구에서 대뇌피질과 함께 소뇌도 대뇌처럼 언어와 기억, 정보 처리 등 다양한 인지 기능 수행에 밀접한 관련이 있다는 사실도 연구 결과 나타났다. 그러나 특정 과제 수행 때 지능별 대뇌와 소뇌 영역들의 활성도 차이를 밝힌 연구 결과는 찾기 어려운 것으로 나타났다. 본 연구는 공간 유추 과제를 수행할 때 나타난 대뇌와 소뇌의 활성 영역을 탐색하고, 그 차이를 분석하였는데, 81명(평균 16세 3개월)의 남자 청소년을 대상으로 WAIS 지능 검사를 하여 5개 지능 범주로 나누고, 도형 유추 과제를 수행하게 하면서 기능성자기공명영상기술fMRI로 뇌 영상을 촬영하였다.

그 결과 12개 뇌 영역에서 활성이 나타났는데, 대뇌피질에서는 시각영역인 양측 하후두회 외에 양측 상두정회와 우측하전두회, 양측 미상회, 그리고 소뇌의 5개 세부 영역이 해당된다. 특히 지능(IQ)이 높을수록 이들 영역의 활성이 강하게 나타났으며, 영재 중에서도 지능이 아주 높은 140~147 범주의 피험자들은 다른 지능그룹에 비해 월등히 높은 활성을 보였다. 이런 결과는 아주 높은 지능의 영재들의 뇌 활용 특징일 수 있기 때문에 '수퍼 영재'들의 판별에 활용할 수 있을 것으로 기대된다고 밝혀졌다.

CHAPTER 3

학습자의 발달

1. 학습자의 발달

발달 이론은 연령 증가에 따른 발달과 관련된 심리적 법칙이나 이론적 체계를 의미한다. 발달이론 학자들에 따라 발달의 개념과 원리는 다양하다. 이번 장에서는 발달의 개념과 발달의 원리를 알아보고, 대표적인 발달이론으로 인지이론, 사회성 이론, 도덕성 이론 등이 있다.

1) 발달의 개념

발달development이라는 용어는 수정에서 사망 사이에 일어나는 생물학적인 성숙과정에 따라 인간 내부에서 일어나는 심신의 양적 · 구조적 변화를 말한다. 이러한 변화는 전생애를 통해 일어나고 연령의 증가와 함께 점진적으로 일어나며 체계적인 변화를 보여주는 전 과정을 의미한다. 발달이라는 용어가 모든 변화에 다 적용되는 것은 아니지만, 발달은 일정한 질서를 가지고 일어나며, 장기간 유지되는 것들에 적용된다. 인간의 경우에는 특히 아동 발달에 중점을 두고 있는데, 발달의 측면은 여러 가지 측면으로 나누어질 수 있다. 인지발달은 지능과 창의성과 같은 정신적인 사고의 변화를 의미하고, 성격발달은 개인적인 성격의 변화를 말하고, 신체적 발달은 신체의 구조와 기능의 변화를 다루고, 사회적 발달은 시간의 흐름에 따라 개인이 타인과 관계를 맺는 방식의 변화를 의미하고, 도덕발달은 개인의 행위에 대한 도덕적 사고와 판단에 대한 변화를 의미한다.

신체적인 발달은 유기체가 질병을 앓거나 심한 영양부족에 걸리지 않으면 환경의 영향을 많이 받지 않지만, 그 외의 발달적인 변화는 환경과 상호작용을 하면서 학습을 통해 생겨나게 된다. 그렇기 때문에 다니엘 스턴Daniel Stern처럼 발달의 개념에 유전과 환경의 영향을 고려한다. 어떤 발달적인 측면에 유전과 환경이 각각 얼마인지에 대한 논란은 오랫동안 계속되어 왔고, 학자에 따라 다양한 견해를 보이고 있지만 대부분의 심리학자들은 발달의 개념에 유전과 환경이 상호작용을 하여 학습에 영향을 미친다는 점에 동의한다.

발달 기간 동안에 일어나는 변화는 성장growth과 성숙maturation의 문제라고 할 수 있다. 성장은 주로 신체적인 변화에 국한하여 사용하며, 성숙은 대부분 유전적으로 프로그램화되어 자연적이고 자발적으로 일어나는 시간의 흐름에 따른 변화라고 할 수 있다. 즉, 발달은 유기체의 성장과 성숙의 과정이며, 발달과정은 다양한 연령 수준을 종단적 또는 횡단적으로 비교하여 단기간 내의 차이를 비교할 수도 있고, 전생애 발달life-span development을 연구할 수도 있다.

2) 발달의 원리

학자에 따라 발달의 진행방식과 발달의 원리에 대한 논쟁은 있지만 대부분의 이론가들이 동의하는 일반적인 원리는 다음과 같다(Woolfolk, 2019).

첫째, 사람들은 서로 다른 속도로 발달한다.

교실에서 학생들을 관찰해보면 발달의 속도에 차이가 있다는 것을 찾을 수 있다. 어떤 학생은 키가 더 크고, 몸무게가 더 나가고, 균형이 잡혀 있다. 또 어떤 학생은 정신적인 과정과 타인과의 사회적인 관계에서 더 성숙되어 있지만, 어떤 학생은 인지적 발달과 사회적 발달에서 성숙이 느린 경우가 있다. 학생들 중에 유난히 발달 속도가 빠르거나 너무 늦은 경우를 제외하고 이러한 차이는 정상적이다.

둘째, 발달은 상대적으로 순차적이다.

사람들의 어떤 능력은 다른 능력보다 먼저 발달한다. 유아들은 걷기 전에 설 수 있고, 말하기 전에 옹아리를 한다. 타인들이 세상을 어떻게 보는지 상상하기 전에 자신의 눈으로 세상을 본다. 학교에 들어가면 대수학을 하기 전에 덧셈과 뺄셈을 하게 되고, 셰익스피어 문학 작품보다 동화를 먼저 읽게 되는 등 다양한 예들이 있다. 학자들은 어떤 것이 먼저 발달하는지 정확하게 밝혀내지는 못했지만, 비교적 발달의 논리적인 진행 순서는 알아냈다.

셋째, 발달은 점진적으로 이루어진다.

변화는 갑자기 하룻밤 사이에 일어나지는 않는다. 하룻밤 사이에 연필 잡기가 능숙해지거나, 책을 줄줄줄 읽게 되거나, 그림을 잘 그리게 되거나, 가설적인 문제에 답을 할 수 있는 능력이 생기지는 않는다. 이런 능력은 점진적으로 발달되며, 그 변화는 시간이 걸릴 것이다.

2. 인지발달

1) 지능

(1) 지능의 개념

지능의 개념은 고대 그리스 시대 이후 사람들에게 큰 관심을 불러일으켰고, 이에 대한 논의도 계속적으로 진행되어 왔다. 지능 측정을 위한 첫 시도는 영국의 프란시스 골튼Francis Galton이었다. 그는 지능을 측정하기 위해 신체적 특성, 시각 및 청각의 예민성, 반응성 등을 중심으로 지능검사를 만들었고, 근대 지능검사의 첫 시도라고 할 수 있다.

실제로 지능측정에 대한 관심을 촉발시킨 학자는 프랑스의 알프레드 비네Alfred

Binet(1905)다. 그는 과학적으로 지능에 관한 연구를 했고, 1904년 최초로 실용 가능한 지능측정검사를 만들었다. 프랑스 정부에서 비네에게 학교에서 학습을 할 때 특별한 도움이 필요한 아동을 판별하는 방법을 찾도록 요청했다. 연구결과 비네는 지능검사도구를 만들었고, 그가 개발한 지능 측정 방법은 지능지수라는 단일의 점수를 산출하게 되었다. 이 연구를 통해 비네는 프랑스 아동의 평균지능지수intelligence quotient, IQ를 100이라는 것을 밝혀냈다. 그는 21년간 두 딸이 자라는 과정을 관찰하고 기록해 지능에 관한 실험적 연구를 했고, 3세부터 18세까지의 아동을 대상으로 평생 연구에 매진했다. 검사를 개발한 목적은 선천적인 지능을 검사하기 위한 것이 아니라 학습장애, 발달지체 및 정신지체아를 판별하기 위한 것이었다. 비네는 테오도르 시몽Theodore Simon과 협력하여 정신지체아를 판별하기 위한 심리검사법 '비네-시몽 검사법'을 발표했고, 그 이후 지능검사를 개정하고, 재개정하고 확장했다.

프랑스에서 개발된 지능검사를 미국의 터만이 북미지역의 아동들에게 실시하여 비네-시몽 검사를 보완하였다(Sheehy, 2004). 그 결과 1916년 터만이 스탠퍼드 대학에 재직하고 있을 때 개정판인 스탠퍼드-비네 검사the Stanford-Binet test를 만들었다. 우리나라에서도 한국아동을 중심으로 표준화 작업을 거쳐 고대-비네 검사로 제작되었다. 이렇게 비네의 검사는 여러 문화에서 그 문화에 적절한 상태로 보완되고 표준화되어 사용되고 있고, 그의 지능검사는 지금까지도 전세계에서 인정받고 널리 사용되고 있다.

누가 지능이 높은가? 지능이 높은 사람이 학업성취를 잘하는가? 등에 대한 논의는 아직도 계속되고 있다. 지능에 미치는 유전적 요인과 환경적 요인에 대한 연구도 진행되고 있다. 유전적 요인 연구는 주로 가족 연구, 쌍둥이 연구, 입양아동을 대상으로 연구 등이 있다. 5만 쌍의 쌍둥이와 그들의 친척들에 대한 100편 이상의 연구를 분석하여 가족구성원과 쌍둥이 지능지수의 상관을 알아본 연구(Bouchard & Mcgue, 1981)가 있고, 유전적인 영향이 지능에 많은 영향을 미친다는 연구(Neisser et al., 1996), 지능의 유전성은 나이가 들면서 점점

Binet
(1857~1911)

더 강해진다고 주장하는 연구(McGue et al., 1993) 등이 있다.

환경적 요인연구는 지능을 결정하는 데 유전만이 중요한 요인이 아니라 환경적 요인이 중요한 역할을 한다는 것을 지지하는 연구다. 교육환경이나 영양 상태 등이 지능에 어떤 영향을 줄 수 있다는 환경적 요인 연구들이 있다. 열악한 주변 환경으로 인해 오랫동안 정식 교육을 받지 못한 아동들의 지능지수가 낮다는 연구(Ceci & Gilstrap, 2000), 생애 초기에 충분한 영양을 공급받지 못한 경우에 인지발달에 부정적인 영향을 줄 수 있고 이로 인해 추론하기, 고차원적인 인지활동을 하는 데 어려움을 겪을 수도 있다는 연구(Sigman & Whaley, 1998) 등이 있다.

제임스 플린James Flynn(1994, 1999, 2003)은 환경적 요인이 지능에 미치는 영향을 보여주는 흥미로운 연구를 했다. 산업화된 20여 국가의 IQ 변화 자료를 수집하여 '플린 효과'Flynn effect를 발견했다. '플린 효과'는 한 세대에서 다음 세대로 넘어가면서 지능지수가 꾸준하게 증가되는 현상인데, 한 국가에서만 나타나는 현상이 아니라 범문화적으로 이런 현상이 나타난다고 했다. 네덜란드, 노르웨이, 이스라엘, 벨기에에서는 한 세대인 30년이 지난 후에 지능지수의 평균이 18점이 증가했고(Flynn, 1999), 개발도상국가에서도 이런 현상이 나타난다고 주장했다. 이렇게 보편적으로 증가하는 이유는 학자에 따라 각기 다른 관점을 갖고 있지만, 현대 사회가 점점 정신적인 활동을 많이 요구하는 환경적인 변화로 인해 지적 자극들이 많고 다양해지기 때문에 지능지수가 증가했다고 볼 수 있다고 했다(Flynn, 2003).

학자에 따라 지능에 영향을 주는 유전적 요인과 환경적 요인의 중요성이 다르지만, 유전적, 환경적 요인 모두 지능에 영향을 주고 있다는 것을 알 수 있다. 가능하면 선천적으로 타고난 유전적 요인을 이해하고, 교육과 지적인 자극을 통해 환경적 요인을 극대화하여 개인의 지능을 최대한 발휘할 수 있도록 교육적, 사회적, 가정적 환경을 조성해 주는 것이 필요하다. 나아가 지능이 학업성취와 미래의 직업 활동에 도움이 될 수 있도록 환경적 요인의 중요성을 인식하는 것이 중요하다.

지능이란 연구자들마다 다양한 정의를 하고 있지만, 일반적으로 지능은 한 개인이 문제에 대해 합리적으로 사고하고 해결하는 총체적인 능력이라고 정의할 수 있다. 비네의 지능검사 연구는 지능을 평가하는 데 큰 발전을 가져왔지만, 지능이 단일 요인이라는 개념을 만들었다. 지능을 전체적인 하나의 능력으로 보는 견해도 있고, 여러 하위 영역이나 요인을 포함하는 것으로 보기도 한다. 이에 따라 지능을 측정하는 검사도 다양하다. 대표적인 지능검사는 스탠퍼드-비네지능검사와 데이비드 웩슬러David Wechsler 지능검사가 있다.

(2) 지능이론

일반적으로 지능이론은 심리측정적 접근(단일요인 이론과 다요인 이론)과 대안적 접근으로 구분할 수 있다. 심리측정적 접근으로 단일요인 이론을 주장한 찰스 스피어만Charles Spearman이 있고, 다요인 이론을 주장한 학자로는 루이스 서스톤Louis Thurstone, 조이 길포드Joy Guilford 등이 있다. 대안적 접근으로 하워드 가드너Howard Garder의 '다중지능이론'과 로버트 스턴버그Robert Sternberg의 '삼원지능이론'이 있다.

① 심리측정적 접근

가. 스피어만의 2가지 요인설: g 요인과 s 요인

스피어만은 지능을 2가지로 나누어 설명하였는데, 지능은 폭넓게 사용될 수 있는 모든 지적 활동에 포함되어 있는 단일한 추론능력(일반 요인general factor, g)과 특정 과제를 수행하는 데 포함된 여러 가지 구체적인 능력(특수 요인specific factor, s으로 구성되어 있다고 주장했다. 스피어만은 지능을 일반지능과 특수 요인을 구별하는 최초의 지능 2요인설을 발전시켰으며, 자신의 이론을 검증하기 위해 새로운 통계기법 '요인분석'의 선구자이며 스피어만의 순위상관계수로 널리 알려진 심리학자다.

그는 지능검사 항목 간에 상관관계가 있음을 발견하고 모든 항목에 영향을 미치는 일반적 요인을 g 요인이라고 제안했다. 아울러 g가 각 항목에 기여하는 정도가 다르며 특정 과제 수행에 관여하는 s로 불리는 특수적 요인도 존재한다고 제안했다. 일반적 요인은 여러 가지 인지 과제들을 수행하는 데 공통적으로 필요한 능력으로 인간 정신 기능의 기초가 되는 능력이라고 했다. 특수요인 s는 모든 과제에 공통적으로 필요한 능력이 아니라 특정 영역의 과제를 수행할 때 필요한 능력을 의미한다. 예컨대, 언어, 숫자, 주의력, 상상력 등과 같이 특정 영역의 과제를 수행할 때 사용하는 특수 요인이다.

일반요인 g 요인의 능력이 낮더라도 미술이나 음악과 같은 예술 분야에서 탁월한 능력을 보이는 경우는 특수요인 능력이 뛰어난 경우라고 할 수 있다.

나. 서스톤의 다요인설

서스톤은 심리학에 수학적 기법을 도입하여 심리학회장을 지내며 심리학에 기여를 했다. 서스톤은 스피어만의 '2가지 요인설'에 방법적 결함을 제기하면서 다요인설 입장을 취하였다. 그는 요인분석을 통하여 인간의 지능은 하나의 요인이 아니라 여러 가지 요인이 합쳐진 것이라고 제안했다. 그는 인간의 능력을 약간의 기본 능력으로 나눌 수 있고, 요인들이 상호 결합하여 독립적인 지능통합체를 형성한다고 주장하였다. 서스톤이 말하는 기본 능력은 어떤 일을 할 때 반드시 필요한 능력을 가리키며, 지능은 지각속도, 공간능력, 수리력, 추리력, 언어의 유창성, 기억력, 그리고 언어이해력이라는 7가지 기본정신능력primary mental ability, PMA으로 구성되었다고 주장했다.

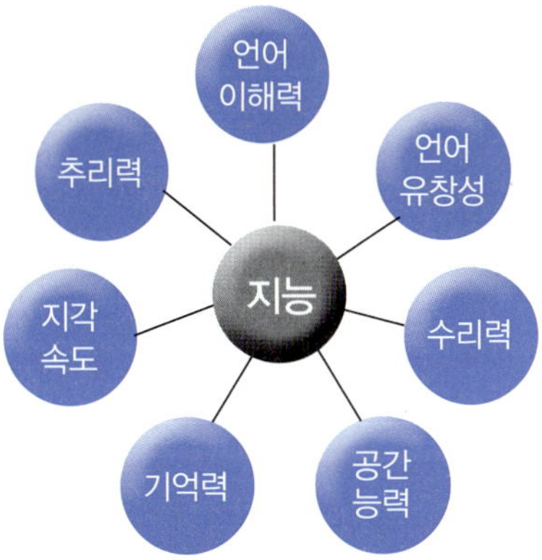

[그림 3-1] 서스톤의 다요인

다. 길포드

길포드는 지능에 대한 초기의 1차원적 일반지능이론을 비판하고, 지능을 위계 모형론의 입장에서 설명했다. 그는 서스톤의 다요인론의 영향을 받아 다면적 구조모형을 만들었다. 길포드의 지능구조모델은 3차원으로 구성되어 있다고 주장했다. 내용content 차원, 정신작용operation 차원, 결과product 차원이 있고, 내용 차원은 다시 네 개로, 정신작용 차원은 다섯 개로, 결과 차원은 여섯 개로 분할하여 120(4×5×6) 개의 세분화된 지능구조 모형을 제시했다. 길포드는 근본적으로 지능이란 단일구조가 아니라 다원적인 것으로 봤고, 창의성을 지능으로부터 분리시켜 생각하지 않고 지능의 한 면이라고 여겼다. 지능구조모델의 3차원적인 요인의 정의와 구체적인 예를 살펴보면 다음과 같다.

- 정신작용

정신작용은 인간의 5가지 정신작용을 일컫는데, 이는 인지 작용, 기억 작용, 수렴적 산출, 확산적 산출, 평가 작용으로 구분했다. 인지작용은 가장 기본적인 정신작용으로 자극에 대한 인식이나 지각을 일컫는다. 운동감각적, 시각적 또는 청각적 형태의 다양한 정보를 발견하고 지각하는 것을 의미한다. 기억작용은 회상이 필요할 때 사용할 수 있도록 정보를 저장하거나 보유하는 것을 뜻한다. 학교에서 이루어지는 학습의 대부분이 의존하는 것은 기억작용이다. 수렴적 산출은 논리적이고 연역적인 사고방식을 통해 정답을 찾으려고 하는 정신작용이다. 확산적 산출은 수렴적 사고와 함께 매우 중요한 정신작용이다. 확산적 산출은 초기의 지능이론에서 간과되었던 창의력, 문제해결력, 계획, 예언 등에 대한 정신작용이다. 확산적 사고를 하기 위해서는 처음에 주어진 정보보다 많은 양의 정보가 제공되어야 하고 유창성, 융통성, 독창성, 정교성을 보여주어야 한다. 끝으로 평가 작용은 의사결정을 하거나 학습하고 이해한 자료에 대한 판단 준거를 세우는 것을 의미한다.

• 내용

길포드는 내용을 유기체가 식별할 수 있는 정보의 광범위한 집합이나 형태로 정의했다. 그는 내용의 범주를 도형적, 상징적(의미를 갖지 않는 문자나 숫자), 언어적, 행동적(인식과 태도, 요구, 분위기, 사고, 감정, 의도에 대한 인간의 상호 행동 상태를 포함) 내용으로 개념화했다. 도형적 내용은 구체적인 물건과 형태들이 시각적으로 인식되는 것을 말하고 음악의 리듬이 간단한 소리 등 청각을 통한 것과 촉각이나 운동기관을 통한 모든 것을 의미한다. 그는 자신의 추후 모델에서 도형적 내용을 시각적과 청각적 내용으로 확장시켰다. 상징적 내용은 문자, 기호, 음악의 기호 등이 있다. 예컨대 숫자, 사칙연산기호, 한글, 알파벳 등이 포함된다. 언어적 내용은 단어 자체에 의미가 부여된 것으로 책, 학교, 구름 등과 같은 단어를 의미한다. 행동적인 내용은 사람의 감정이나 기분, 의도, 행동 등으로 언어적인 도움 없이 비언어적인 것을 의미한다.

• 결과

결과는 내용에 작용하여 산출되는 지식 또는 정보의 형태를 말한다. 결과의 범주는 단위, 유목, 관계, 체계, 변환, 함축 등이다. 결과는 정신적 작용과 달리 계층적인 구조로 되어 있다. 즉, 단위가 제일 하층적인 단계이고, 함축이 제일 상층 단계라고 할 수 있다. 단위unit는 다른 것으로부터 분리되어 나타나는 지식이나 정보를 나타내며, 예컨대 학교, 행복, 가치 등과 같은 명사의 낱말을 뜻한다. 유목class 결과는 공통적인 성질을 모아서 분류시킨 집합 개념으로서, 예컨대 '고양이, 강아지, 호랑이는 동물이라고 하는 것이 유목이라고 할 수 있다. 관계relation의 결과는 주어진 정보의 종류를 결합시켜 보는 것을 의미한다. 체계system결과는 복잡한 형태의 정보로 2개 이상의 상호 연관된 단위들로 구성되어 있는 것을 의미한다. 변환transformation 결과는 주어진 정보의 수정을 말하고, 함축implication은 주어진 정보 또는 존재하는 지식에서 예측하는 능력을 의미한다.

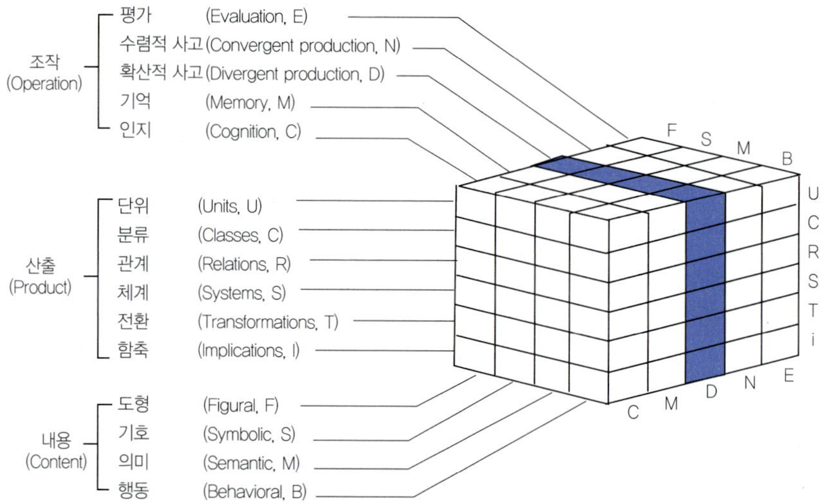

[그림 3-2] Guilford의 지능구조 모형

출처: Guilford(1967).

② 대안적 접근

• 가드너의 다중지능이론

다중지능이론은 많은 사람들에게 인기있는 이론이다. 뇌 손상 환자들을 대상으로 연구한 결과, 누구든지 어떤 분야에서 영재성을 보일 수 있다는 희망을 보여준다. 인간은 다양한 재능을 갖고 태어나며, 각 지능은 서로 독립적이며 고정된 심리적 구인이 아니기 때문에 적절한 교육을 통해서 변화하고 개발될 수 있다는 긍정적이고 희망적인 이론이다.

미국의 하버드대학교 교수인 가드너가 1983년에 소개한 개념으로, 인간의 지적 능력은 서로 독립적이고 상이한 여러 유형의 능력으로 구성되어 있으며, 상대적 중요성이 동일한 여러 하위능력이 서로 유기적으로 작용한다는 다차원적 지능이론이다. 가드너의 저서 『마음의 틀(*Frames of Mind: The Theory of Multiple Intelligence*)』에서 소개되었다. 지능을 단일한 구조로 설명했던 이전의 이론들과 달리, 그는 지능이 여러 가지 영역으로 구성되어 있다고 설명하였다.

가드너는 두뇌 손상을 입은 환자들의 상이한 인지적 능력을 연구하여, 인간은 서로 연관성이 적은 7가지 영역의 다중지능을 가지고 있다는 결과를 소개하였고, 후에 3가지 지능영역을 추가하여 모두 10가지 하위영역으로 이론을 확대하였다. 그 특성 영역의 다중지능은 언어지능linguistic intelligence, 논리수학지능logical-mathematical intelligence, 시각−공간지능visual-spatial intelligence, 음악지능musical intelligence, 신체운동지능bodily-kinesthetic intelligence, 대인관계지능interpersonal intelligence, 자기성찰적 지능intrapersonal intelligence의 7가지에 자연친화지능naturalist intelligence, 실존지능existential intelligence, 도덕지능moral intelligence을 추가로 제안했다. 최근 그는 '교수능력'을 열한 번째 지능으로 포함시키는 방안을 검토하고 있다. 즉, 교과내용을 잘 가르치는 학자들과 설명에 타고난 재능이 있는 동시에 학생들에게 진정으로 공감하는 교수들이 이런 지능이 뛰어나다(Levitin, 2020). 모든 학습자는 서로 다른 능력을 가지고 있기 때문에, 교사는 학생들의 장점 지능과 약점 지능을 이해하고, 여기에 적절한 교수 학습 방법을 적용해야 한다는 데 초점을 두어야 한다.

다중지능에서는 10개의 지능 영역이 존재한다고 가정한다.

1) 언어지능: 말이나 글을 사용하고 표현하는 능력으로, 문화 특정적이라기보다는 보편성을 가진다. 외국어를 습득하는 능력도 포함되는데, 외국어 습득 능력의 경우 나이가 들수록 향상된다고 보았다. 언어지능이 높은 사람은 타인과 보다 자유롭고 능숙하게 의사소통을 할 수 있다. 소리에 민감하고 언어를 통한 해석이나 설명을 잘할 수 있기 때문에 언어를 사용하는 소설가, 시인, 교사, 방송인, 교사와 같은 직업에 적합하다.
2) 논리수학지능: 숫자를 전문적으로 사용할 수 있는 지능으로 문제를 합리적으로 파악하고 해결하는 능력이다. 숫자나 기호, 상징체계 등을 습득하고 논리적, 수학적으로 사고하는 능력을 의미하며, 논리적 추론이나 숫자 간의 관계, 연결성에 대해서 파악하는 능력과 연관되어 있다. 이런 능력이 뛰어난 사람은 수학과 사회현상에 대해 관심이 많고, 그래프, 표, 차트 및 벤다이어

그램을 통해 학습을 쉽게 할 수 있다. 과학자, 연구자, 통계학자, 회계사 등과 같은 직업에 적합한 능력이다.

3) 시각-공간지능: 그림이나 지도, 입체설계 등 공간과 관련된 상징들을 습득하는 능력으로, 시각적 기억력, 공간의 시각화와 같은 시각화 능력과도 관련이 있다. 형태, 선, 색 및 공간의 연결 등의 요소에 대한 인식을 잘하여 순서도, 마인드 맵과 같은 활동을 통해 학습을 향상시킬 수 있다. 이미지와 사진 등을 시각화해서 새로운 것을 창조할 수 있는 능력이 있어서 사진가, 건축가 화가, 조각가 등과 같은 영역에서 강점을 보일 수 있다.

4) 음악지능: 화성, 음계와 같은 음악적 요소와 다양한 소리들을 파악하고 표현하는 능력을 의미한다. 음악을 인식하고 구별하여 표현할 수 있는 능력이 있어서 소리나 리듬을 통해 학습하는 것이 좋다. 작곡가, 가수, 악기연주자, 프로듀서, 음향 전문가 등과 같은 직업에서 능력을 발휘할 수 있다.

5) 신체운동지능: 목적에 맞게 신체의 다양한 부분을 움직이고 통제하는 능력으로, 무용, 운동뿐만 아니라 일상생활에서의 균형감각, 섬세한 손 움직임 등까지 포함한다. 자신의 감정이나 느낌 생각을 표현할 때 몸으로 표현할 수 있는 능력을 갖고 있다. 이런 능력의 학습자들은 의자에 앉아서 학습하는 것보다 신체적 활동이나 게임 등을 통해 학습하면 효과가 좋다. 무용가, 운동선수, 배우, 기술자 등과 같이 신체를 활용하는 직업에 적합하다.

6) 대인관계지능: 타인들의 기분이나 생각, 감정, 태도 등에 대해서 파악하고 이해하며, 적절하게 반응하고 교류, 공감하는 능력이다. 이런 능력을 지닌 학습자는 타인의 욕구, 동기 및 감정을 적절하게 감지하며 대응하는 능력이 뛰어나기 때문에 혼자 학습하는 것보다 그룹활동을 통해 학습하는 것이 좋다. 인간관계를 잘 이끌어 나갈 수 있기 때문에 교사, 상담가, 정치인홍보전문가, 치료사, 사업가 같은 직업에 필요한 능력이다.

7) 자기성찰지능: 자신의 성격이나 성향, 신념, 기분 등에 대해서 성찰하고, 자신의 내적 문제들을 해결하는 능력이다. 자존감, 자기 이해 능력이 뛰어나고 자제력도 있기 때문에 명상이나 자아인식 활동이 도움이 된다. 자신의 강

점과 약점을 잘 파악하기 때문에 감정조절을 잘하고 목표를 세워 계획대로 잘 성취하는 능력이 있다. 종교인, 심리학자, 예술인 등은 이러한 능력이 뛰어나다.

8) 자연친화지능: 자연의 패턴이나 규칙을 잘 관찰 · 분석하고 상호작용하는 능력으로, 이 지능이 높을 경우 자연에 관심이 많고 동식물 채집 등의 활동을 선호하거나 다양한 동식물 종류에 대해서 해박하다. 식물, 동물 및 자연과 관련된 것들을 구별하고 분류하는 능력이 뛰어나기 때문에 자연에서 일어나는 일들에 대해 인식을 잘한다. 동물학자, 식물학자, 과학자, 조경사, 탐험가 등에게 필요한 능력이다.

9) 실존지능: 우리의 존재와 삶의 의미에 대해 깊이 있게 생각하는 능력이 뛰어난 지능이다. 삶의 의미뿐만 아니라 영성, 희로애락, 인간의 본성, 삶과 죽음과 같은 실존적 문제들에 대해 고민하고 사고하는 것과 관련된 지능이다.

10) 도덕지능: 솔로몬 대왕처럼 도덕적이고 윤리적인 틀 안에서 문제를 해결할 수 있는 능력으로, 도덕적, 윤리적인 것과 관련된 지능이다.

다중지능이론의 핵심은 다음과 같다(Armstrong, 1993). 첫째, 모든 개인은 다양한 지능을 모두 가지고 있다. 이 이론은 어떤 사람에게 맞는 한 가지 지능을 결정하기 위해서 제시된 것이 아니라 여러 지능이 합해져서 독특한 방식을 가진 한 사람을 형성한다는 것이다. 각각의 지능들은 개발될 수 있으며, 약화될 수도 있다. 둘째, 모든 사람은 각각의 지능을 적절한 수준까지 개발할 수 있다. 가드너는 사실상 모든 사람들이, 만약 적절한 여건(용기, 좋은 내용, 좋은 교육)만 주어진다면, 비교적 높은 수준의 성취를 할 수 있다고 보았다. 셋째, 이들 지능은 다양한 방식으로 함께 작용한다. 이들 여러 지능은 서로 협조하여 몇 가지 지능이 연관되어 작용하는 것이다. 넷째, 각 지능영역 내에서도 그 지능을 향상시킬 수 있는 다양한 방법이 있다. 다중지능이론은 개개인이 가진 독특한 지능을 발휘할 수 있도록 다양하고 풍부한 방법을 추구할 뿐만 아니라 각 지능 사이의 관계를 통한 지능 향상 방법을 추구한다.

다중지능이론은 지능의 다양성, 가변성, 문화와의 상호작용에 대해서 강조함으로써, 기존 IQ 중심의 지능이론에서 획일화되고 문화적인 상대성을 간과했던 문제점을 보완하였다. 또한 개인마다 강점과 약점이 있음을 설명함으로써, 강점은 개발하고 약점은 보완하여 각 개인의 가능성을 극대화하도록 하는 인식의 변화를 제공하였다.

(3) 스턴버그의 지능삼원론

스턴버그는 지능을 한 개인의 삶에서 환경에 적응하기 위해 그 변화에 적응하고 대처하는 능력이라고 정의했다. 그는 이런 지능이 3가지 요인들로 구성되어 있다고 주장했고, 이를 지능삼원론triarchic theory of intelligence이라고 명명했다. 지능삼원론은 모든 사람들에게서 공통적으로 나타나는 사고과정을 설명하는 데 초점을 둔다. 즉, 지식이 습득되고 유지되고 문제해결을 위해 사용되는 과정에 초점을 두고 지능을 정의한다. 다른 지능이론과 스턴버그의 지능삼원이론의 차이점은 지능의 실제적 측면과 창의적 측면에 대한 강조에 있다. 그는 현실세계에서 효과적으로 기능하는 것을 지능으로 본다. 즉, 삼원지능의 핵심은 인간의 지적 능력에 따라 새로운 문제를 창의적으로 해결하기 위해 정보를 모으고 환경을 선택하고 적응하는 능력이라고 할 수 있다.

지적 과정은 분석적(구성요소적) 지능, 경험적(창의적) 지능, 실용적(맥락적) 지능의 3가지 능력으로 이루어지는데, 이 3가지 지적 능력은 하나의 체제로서 통합되어 작용한다고 주장했다. 지능은 인생에서 성공에 관한 것이므로 '성공지능'으로 불리고 있다. 즉, 성공지능은 자신이 속한 사회적 맥락 안의 삶에서 성공을 얻는 데 필요한 능력들이 통합된 세트로, 여기에 분석적, 경험적, 실제적 지능이 포함되어 있다는 것이다.

첫째, 분석적 지능(구성적 지능)은 우리가 흔히 지능이라고 하는 전통적 지능을 의미하며, 새로운 정보를 학습하고, 이를 활용해서 문제를 해결하는 데 사용된다. 따라서 분석적 지능은 다시 메타요소, 수행요소, 지식획득요소의 3가지로 나뉜다. 메타요소는 문제해결을 계획하고, 문제가 제대로 잘 진행되고 있는지를 감독하고 평가하는 고등정신 기능이다. 즉, 과제와 관련된 지식을 얻거나 내가 어느 정도의 지식을 갖고 있는지를 의식하는 메타인지 능력이 포함된다. 수행요소는 메타요소가 선택한 전략을 실행하는 기능을 담당하는 것으로, 메타요소의 지시에 따라 문제를 해결하는 과정이다. 지식획득요소는 새로운 정보와 지식, 그리고 방법의 학습과 기억과정에 관계하는 요소로서 문제해결 방법을 학습하는 과정이다. 여러 정보 중에서 학습과 관련된 정보를 가려내고(선택적 부호화), 관련된 정보를 하나의 통합된 정보로 결합하고(선택적 조합), 선택한 정보를 기존의 지식과 연결하는(선택적 비교) 기능을 담당한다.

둘째, 경험적 지능(창의적 지능)이란 지금까지 경험해 보지 못했던 새로운 문제를 해결하는 능력과 기존에 자신이 가지고 있던 기술과 전력을 새로운 상황에 얼마나 변형하여 적용할 수 있는지와 관련된 능력이다. 즉, 새로운 경험을 효과적으로 다루는 능력과 익숙한 문제를 자동적으로 해결하는 능력을 의미한다. 이를 위해서는 새로운 과제를 처리하기 위해 통찰력, 창의력, 조합력이 요구되는 지능이다. 즉, 통찰에 근거하여 새로운 과제에 맞는 해결책을 빨리 찾아내는 능력, 곧 통찰력이 필요하다. 반면에 익숙한 문제들을 효과적으로 처리할 때는 자동화 과정을 거치게 되고, 분석적 지능이 많을수록 자동화가 잘 이루어진다.

셋째, 실용적 지능(맥락적 지능)은 성공할 수 있는 환경을 선택하고, 그 환경에 적응하거나 혹은 필요하다면 환경을 변화시키는 능력을 의미한다. 실용적 지식은 실제 상황에서 행동을 할 때 비로소 나타나는 행동중심적인 '암묵적 지식'tacit knowledge과 관련이 있다. 현실 상황에 적응하거나 환경을 선택하고 변형하는 능력이다. 학교 교육과는 별로 상관이 없고, 일상생활 경험을 통해 얻을 수 있는 지능으로 일상문제해결, 사회적 적응능력, 사회적 유능성과 관련이 있다.

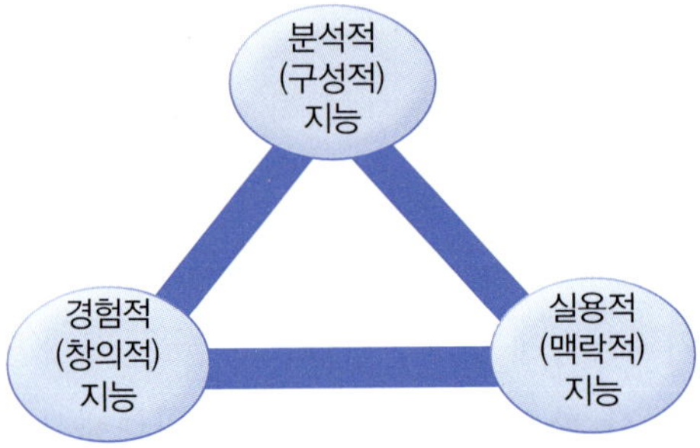

[그림 3-3] 스턴버그의 지능 삼원론

(4) 피아제

인지발달 영역에 큰 영향을 미친 피아제의 이론은 많은 학자들에 의해 연구되어 왔고, 반론도 많았지만 아직도 인지발달 이론의 중심 역할을 하고 있다. 그 이후 피아제의 형식적 조작기의 개념은 로렌스 콜버그Lawrence Kohlberg의 도덕적 사고 발달이론에 큰 영향을 주게 된다. 콜버그는 도덕적 사고의 완성 시기를 피아제의 4단계인 형식적 조작기가 출현하는 청소년기라고 보았다.

스위스의 심리학자인 피아제는 임상법을 통해 어린이의 정신 발달에 관한 연구를 했다. 피아제의 발달이론은 유기체의 적응구조를 나타내는 스키마schema와 유기체가 외부와 상호작용을 하며 적응해 나가는 구조를 동화assimilation와 조절accommodation이라는 개념으로 설명했다. 동화란 기존의 도식이나 인지구조의 틀에 따라 현재의 상황을 해석하고 이해하는 것이고, 조절은 인간이 새로운 어떤 것이 필요할 때 그들의 도식을 수정하고 첨가하면서 외계에 작용하는 것이다. 인간은 기존의 도식을 사용하며 성장(동화의 과정)하고, 새로운 것이 필요할 때는 도식을 수정하고 첨가함으로써 발달(조절의 과정)하게 되기 때문에 인간은 동화와 조절을 통해 새롭고 복잡한 환경에 적응해 나간다.

Piaget
(1896~1980)

또한 인간의 인지발달 단계를 4단계로 구분하여 연령별 특징을 정리해서 교육심리학에 큰 기여를 했다.

① 인지발달의 4단계

단계	연령	특징
감각운동기	0~2세	• 모방, 기억, 사고를 사용하기 시작한다. • 대상영속성(물체를 숨겼을 때 그 존재가 없어지는 것이 아닌 것을 인식하기 시작한다. • 반사행동에서 목표-유도 행동으로 이동한다.
전조작기	2~7세	• 직관적인 사고를 한다. • 표상적인 사고를 한다. • 자아중심성(타인의 관점에서 보는 데에 어려움을 겪는다.)
구체적 조작기	7~11세	• 보존법칙을 이해한다. • 분류와 서열화를 할 수 있다. • 가역성을 이해한다.
형식적 조작기	11~성인	• 논리적인 방식으로 추상적인 문제를 해결한다. • 과학적인 사고를 한다.

가. 감각 운동기(sensorimotor stage)

유아기의 가장 초기 단계인 감각운동기 시기는 유아의 사고가 보기, 듣기, 움직이기, 만지기, 맛보기 등과 같은 감각과 운동 능력에 의존하는 시기이다. 이 시기의 가장 중요한 특성은 대상영속성object permanence이 발달하게 된다. 대상영속성은 사물이 유아의 눈앞에서 사라져도 계속 존재한다는 것을 인식하게 되는 것을 말한다. 대상영속성이 없는 유아는 눈앞에 있던 장난감을 숨기면 존재하지 않는 것으로 여긴다. 그러나 대상영속성이 생기면 눈앞에서 장난감이 사라져도 계속 존재한다는 것을 이해하게 된다. 이와 같이 감각운동 초기에는 없었던 대상영속성이 후기가 되면 대상영속성이 생긴다.

두 번째 중요한 특징은 목표를 향한 목표지향적인 행동을 시작하는 것이다. 영아는 처음 태어나면서 반사행동을 하게 되지만, 시간이 흐름에 따라 목적이 있는 행동으로 하게 된다. 예컨대 처음에는 입속으로 들어온 장난감이나 어른의 손가락을 빠는 반사행동을 하지만 점차 배가 고플 때만 빠는 목표지향적인 행동을 하게 된다.

감각 운동기의 끝 무렵에 많은 행동 도식을 사용하게 된다.

나. 전조작기(preoperational stage)

피아제가 조작operation이라고 한 것은 실제로 행동을 하는 대신 생각으로써 행동을 하는 것을 의미한다. 전조작기, 구체적 조작기, 형식적 조작기로 구분한 이유는 전조작기에는 정신적 조작이 숙달된 상태가 아니기 때문이다. 전조작기는 유아가 정신적 조작을 숙달하기 전단계로 행동을 물리적으로 수행하기보다는 정신적으로 수행하기 시작하는 시기이다. 감각운동기의 유아는 대상의 지각적인 특징으로 그 대상의 특성을 파악하는 지각적인 사고를 한다. 즉, 겉모습과 실재를 구별하지 못하고 겉모습이 실재라고 여기기 때문에 호랑이 가면을 쓴 어른을 보고 호랑이라고 생각해서 무서워 울기도 한다.

전조작기의 가장 중요한 특성은 행동 도식을 상징적으로 만들게 되는 능력이 생기면서 단어, 몸짓, 신호, 이미지 등과 같은 것을 형성하고 사용하는 능력이 생기게 되는 것이다. 시야에 없는 딸랑이를 나타내는 데 '딸랑이'라는 단어나 그림 또는 사진을 사용하는 상징을 다루는 '상징적 기능'semiotic function이 생기는 것이다. 상징적 기능이란 어떤 행동이나 사물을 정신적으로 표상하기 위해 단어나 그림, 기호, 몸짓 등의 상징적 기호를 사용하는 능력이다.

이 시기의 유아는 다른 사람들도 자신과 같은 경험을 했다고 여기는 자기중심적 사고를 한다. 자기중심적 사고는 이기적인 것을 의미하는 것이 아니라, 유아가 자신이 느끼는 감정, 반응 및 관점 등이 다른 모든 사람들도 자신과 같다고 생각하는 것이다. 예컨대, 유아 자신의 지각을 중심으로 생각하기 때문에 자신이 파리를 무서워한다면 다른 사람들도 파리를 무서워할 것이라고 가정할 것이다. 자기중심성은 언어에서도 나타난다. 유아들은 주변에 아무도 듣고 있지 않지만 혼자서 열심히 이야기를 하는 경우가 있다. 유아는 자기중심적 언어를 사용하기 때문에 자신이 하는 이야기를 타인이 이해했는지를 고려하지 않고 자신의 생각을 일방적으로 전달하는 의사소통을 한다. 피아제는 이를 집단적 독백collective monologue이라고 명명했고, 7세 이후에는 자아 중심적 언어가 급격하게 감소하면서 점차 사회적 언어socialized language를 사용하게 된다고 주장했다.

그러나 수잔 겔만Susan Gelman과 케런 이벨링Karen Ebeling(1989) 연구에서는 유아들이 모든 상황에서 자기중심적이지는 않다고 밝혀졌다. 예컨대 자신의 장난감을 타인에게 보여줄 때, 타인의 관점을 고려하여 장난감의 앞부분을 보여주는 등의 타인을 배려하는 행동을 보이는 것으로 알려졌다. 이와 같이 피아제의 연구와 차이를 보여주는 연구들은 좀 더 다양한 상황과 연령을 대상으로 연구하게 되면 피아제의 이론이 다소 수정될 필요도 있다고 보여진다.

다. 구체적 조작기(concrete operation stage)

구체적 조작기는 구체적으로 조작이 일어나는 시기이다. 피아제는 구체적 조작이란 구체적인 대상이나 상황과 연결된 정신적 과업을 의미한다고 설명했다. 이 시기에는 전조작기에 나타난 자기중심적 사고에서 벗어나 자신의 관점과 타인의 관점을 구별할 줄 알게 된다, 그러나 아직도 구체적이고 직접적으로 경험할 수 있는 것에 한하여 논리적인 사고가 가능하다. 이 시기의 특징은 보존법칙, 분류와 서열화, 가역성이다.

라. 형식적 조작기(formal operational stage)

피아제가 주장한 인지발달의 제4단계이며 마지막 단계인 형식적 조작기에는 연역적으로 가설을 설정하고 논리적, 체계적 추론이 가능해져서 문제를 해결하는 능력이 나타나는 시기다. 보통 11세 이후인 청소년기에 나타나며 구체적 조작기와 달리 직접적인 경험이 없어도 문제를 추리하고 해결할 수 있게 된다. 이 시기에는 추상적인 사고가 가능하게 되어 복잡한 쟁점을 다양한 시각에서 볼 수 있으며 가설과 논리적 추론이 가능한 과학적인 사고를 할 수 있게 된다. 다른 단계에 비해 형식적 조작기는 사회문화적 영향력과 관련된 문제에 대해 학자들의 비판이 많기 때문에 이에 대한 연구가 계속되고 있다.

3. 성격·사회성 발달

1) 성격발달

(1) 프로이트의 심리성적 발달이론

Freud
(1856~1939)

지그문트 프로이트Sigmund Freud는 인간의 성격발달이 성 에너지인 리비도를 중심으로 심리성적 발달이 이뤄진다고 보고, 심리성적 발달이 5단계로 나타난다고 주장했다. 인간의 정신을 빙산에 비유해서 물 표면에 떠 있는 작은 부분을 의식이라고 했고, 물속에 잠겨 있는 많은 부분이 무의식, 파도에 의해 물 표면으로 나타났다가 잠겼다 하는 부분을 전의식으로 봤다. 무의식은 인간이 전혀 알아차리지 못한 부분으로 갈등, 불안, 충동, 감정, 생각 등 억압된 내용이 저장되어 있는 곳으로 현재 나의 행동에 영향을 준다. 의식은 현재 알고 있는 모든 행위와 감정을 포함하는 것을 의미하고, 전의식은 노력하면 의식으로 떠올릴 수 있는 기억이다.

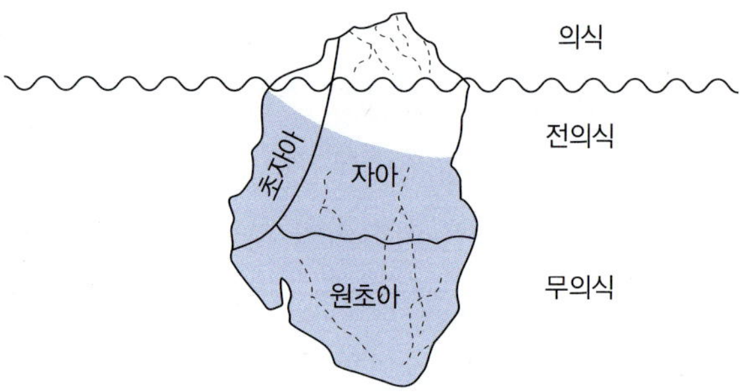

[그림 3-4] 프로이트의 빙산

인간의 성격 구조를 원초아, 자아, 초자아 3가지로 기본적인 정신구조를 제시했고, 자아의 중재가 제대로 이뤄지지 않으면 갈등을 느끼게 되는데 이것이 불안이라고 했다. 인간은 이런 불안을 회피하기 위해 방어기제를 활용한다. 원초아는 쾌락의 원리를 일컫고 유전적이며 본능을 지배를 받고 즉각적인 만족을 의미한다. 자아는 현실의 원리를 의미하는데 원초아와 초자아의 충동을 조절한다. 초자아는 도덕원리인데, 도덕적, 사회적 판단 및 사회적 학습, 내면화 등이 여기에 속한다.

① 심리성적 발달의 5단계

가. 구강기(oral stage, 생후~18개월)

출처: 문혁준 외(2016)

신생아는 태어나면서 입 주변의 활동이 많다. 구강기 동안 유아 대부분의 상호 작용 입과 입술을 통해 발생하며, 만족은 그 영역에 집중되기 때문에 엄마 젖을 빨거나 자신의 손가락을 빨기도 한다. 구강기 전반에는 좌절이나 방임을 경험했던 유아는 구강수동형 성격이 된다. 성인이 되어서도 타인에게 인정받으려고 하고 의타심을 보이고, 수동적이며 미성숙한 행동을 보인다. 구강기 후반에 고착되면 구강공격적 또는 구강가학적인 성격을 갖게 된다. 이런 성격을 가진 사람은 상대방을 비꼬거나 경쟁적이고 비판적이며 타인을 이용하거나 지배하려는 경향이 강하다. 구강기 후반에 고착될 경우 과음 또는 과식을 하게 되거나 흡연, 손가락 빨기, 손톱 물어뜯기, 수다 떨기 등과 같이 입으로 하는 활동을 통해 긴장을 감소시킬 수 있다.

나. 항문기(anal stage, 18개월~3세)

항문기의 영유아의 핵심적 관심은 항문으로 배설하는 경험하는 자극에서 쾌감을 느낀다. 배설을 참았다가 힘을 주면서 배설물을 쏟아내는 행동에 몰두한다. 이 단계의 중요한 갈등은 부모의 배변 훈련에서 나타난다. 영유아는 부모의 배변 훈련을 통해 외부로부터 통제받는 경험을 하게 된다. 이때 부모가 영유아의 배변 훈련에 지나치게 엄격하면 영유아는 좌절을 경험하게 된다. 이로 인해 부모에게 수동적으로 복종하거나, 사회생활을 할 때도 자아의식이나 주체성을 확립하지 못하는 어려움을 겪게 된다. 항문기에 고착되면, 결벽증, 완벽증과 같은 항문기적 강박성격이 형성된다. 너무 느슨하게 배변훈련을 해도 낭비벽이 심하거나 단정하지 못하고 지저분한 행동을 보이기도 하므로 배변훈련을 적절하게 하여 스스로를 발달시켜 나가며 생산성을 발달시키도록 해야 한다.

다. 남근기(phallic stage, 3~5세)

프로이트의 심리성적 발달 단계에서 많은 논란을 일으키는 단계가 남근기다. 아동이 성기에 관심을 가지게 되고 성기의 자극으로부터 만족을 느끼게 되는 시기이다. 남근기에 나타나는 가장 중요한 현상은 남아에게는 오이디푸스 콤플렉스, 여아에게는 엘렉트라 콤플렉스를 경험하게 된다. 오이디푸스 콤플렉스는 이성인 엄마를 소유하고 싶지만, 엄마의 옆에 매우 강력한 경쟁 상대인 아버지가 있기 때문이다(Crain, 2010). 프로이트에 따르면 이 시기 남아에게 아버지는 경쟁자이며 아버지에 대한 질투와 증오가 생기지만 경쟁심을 표현할 수는 없다. 엘렉트라 콤플렉스는 여아가 아버지를 소유하기 위해 어머니를 제거해야 하는데, 불가능한 일이므로 어머니처럼 행동함으로써 아버지에게 가까이 가려고 하는 행동이다.

라. 잠복기(latency period, 6~10세)

처음 세 단계 동안 활발했던 성적인 행동은 이 시기에 이르러 자아와 초자아의 출현에 의해 덜 활발해진다. 아동은 성에 대해 무관심하며 흥미를 보이지 않기 때문에 잠복기라고 부른다. 잠복기에는 동성친구나 외부세계에 대한 관심을 갖게 된다. 이 시기에는 리비도가 무의식 속에 잠복한 상태이기 때문에 성적 행동을 잊어버리고 사회에서 요구하는 기본 기술을 익히기 위해 지적 활동이나 신체활동 등을 한다. 사회적 관계를 확장하는 시기로, 이성에 대한 관심보다는 동성 친구들과 어울리고 친구와의 우정에 관심을 집중한다. 만약 잠복기에 계속 고착되면 성인이 되어서도 이성에 대한 정상적인 친밀감을 갖지 못하게 된다. 동성 간의 우정에 고착되면 5단계 생식기에 가서도 동성과 분리되지 못하고 동성애로 발전할 수 있다.

마. 생식기(genital stage, 청소년기 후반~성인기)

초기의 심리 성적 단계가 잘 해결되어 왔다면 리비도는 성기 주변에 조직화되어 안정화된 상태로 남아 있게 된다. 이 시기에 경험되는 성적 만족은 자신의 성적 쾌감에만 관심이 있던 자기애적narcissistic 쾌감과 달리, 상호적인 성적 만족을 칭한다. 생물학적 변화로 이성에 대한 갈망이 시작되는 시기다.

(2) 에릭슨의 심리사회적 발달이론

에릭 에릭슨Erik Erikson의 심리사회적 발달 단계는 8단계로 구성되어 있다.

Erilkson
(1902~1994)

- 1단계: 신뢰감 대 불신감(영아기)
- 2단계: 자율성 대 수치심 및 의심(유아기)
- 3단계: 주도성대 죄책감(유치기)
- 4단계: 근면성 대 열등감(아동기)
- 5단계: 자아정체성 확립 대 혼미(청소년기)
- 6단계: 친밀성 대 고립감(성인초기)
- 7단계: 생산성 대 침체감(장년기)
- 8단계: 통합성 대 절망감(노년기)

① 1단계: 신뢰감 대 불신감(영아기)

출생 후 1년 동안은 부모의 지속적인 보살핌으로 신뢰감을 형성하는 시기이다. 이 시기에는 삶의 첫 과제인 신뢰와 불신의 위기를 다루는 단계인데, 양육자와 유아가 접촉하는 시간의 양보다는 질에 의존한다. 영아는 양육자와의 관계에서 아기가 따뜻하고 수용적인 관계 속에서 사랑을 충분히 받는다면 신뢰하는 것을 배우게 된다. 삶에 대한 긍정적인 자세는 물론 자신에 대한 신뢰가 형성되고 타인에 대한 개방적인 자세가 형성된다. 그러나 양육자와 신뢰감이 형성되지 못하고 불신감이 생기게 되면 공포와 의심이 생기게 된다. 신뢰감의 위기가 성공적으로 해결되지 못하면 자신이나 타인은 물론 세상을 신뢰하는 데 어려움을 겪게 된다.

이 시기가 중요한 이유는 발달적 특성으로서의 신뢰감이 형성되지 못하면 인생 후기에서 타인과의 사회적 상호관계에서도 큰 영향을 미치기 때문이다. 영아가 정서발달이 안정적으로 이루어지지 않으면 인지발달을 비롯한 다른 발달에도 영향을 미치게 된다. 이 시기에는 바라는 것이 충족될 것이라는 희망의 미덕을 키우게 되는데, 희망은 기본적인 신뢰감에서 비롯되므로 영아기에 신뢰감을 형성시키는 것이 매우 중요하다.

② 2단계: 자율성 대 수치심 및 의심(유아기)

1~3세경에 자율성 대 수치심의 시기가 오는데 두 발로 일어나 걷기 시작하게 되며 스스로 무엇인가를 할 수 있음을 보여주게 된다. 어떤 물건을 잡거나 던지면서 혼자 하려는 노력을 할 때 강화해주면 자율성이 발달하게 된다. 과잉보호나 처벌을 받게 되면 능력을 의심하게 되고 수치심을 느끼게 된다. 타인이 유아의 행동을 인정하지 않을 때 수치심이 생기게 되고, 수치심을 너무 많이 느끼는 유아는 수치심을 주는 사람에 대해 분노를 일으키거나 반항하게 된다. 타인이 자신의 행동을 거부하면 자율성이 결여되기 때문에 양육자는 유아에게 부정적 발달특성이 생기지 않도록 유의해야 한다. 또한 양육자는 유아의 신체적 발달에 적절한 배변활동이나 언어 및 식사 훈련을 성공적으로 잘 수행할 수 있도록 해야 한다. 특히 이 시기에는 자신의 자율성에서 생기는 의지의 미덕을 키우게 되므로, 선택의 자유와 자기 통제를 할 수 있는 의지를 키울 수 있도록 양육하여 사회의 규칙을 잘 따를 수 있도록 해야 한다.

③ 3단계: 주도성대 죄책감(유치기)

3~6세경에는 능동적으로 어떤 일을 만들어 나가고 도전적인 자세를 취하게 되므로 이를 잘 보상해주면 주도성이 발달하게 된다. 여아는 여성적-공격적 태도를 보이고, 남아는 남근적-공격적 행동을 보이게 되는데 이때 자신의 호기심이

나 공격적 행위를 적절하게 제한하지 못하면 제재를 당하게 되고 죄책감이 생기게 된다. 이 시기 아동의 주도적 행동에 대해 비판하거나 꾸짖게 되면 죄책감이 생기게 된다. 이 시기에는 주도성을 갖고 스스로 계획하고 목표를 설정해서 달성하려고 하는 목적의 미덕을 키우게 된다. 이러한 목적을 달성하기 위해 목표를 수행하려는 용기를 수반하게 되므로 주도성과 죄책감 사이에서 갈등이 생기지 않도록 유념해야 한다.

④ 4단계: 근면성 대 열등감(아동기)

6~12세경에는 초등학교 시기로 읽기, 쓰기, 셈하기와 같은 인지기술이 필요하게 된다. 또한 인간관계도 가족에서 학교사회로 확장되면서 또래들과 함께 놀고 일하는 것을 학습하게 된다. 이런 과정에서 보람과 즐거움을 느끼게 되고, 성취감을 느끼게 된다. 특히 이 시기에는 학교에서 어려운 과제를 성공적으로 수행하면서 자신감이 획득된다. 이 시기에는 형제들에 비해 자신의 능력이 부족하다고 느끼는 경우나 학업이나 인간관계에서 실패를 많이 하게 되면 열등감이 생기게 된다. 이 시기에는 근면성에서 비롯되는 유능성의 미덕을 키우게 되므로 주어진 과제를 수행하고 완성하며 성공을 통한 경험으로 자신감을 발달시키는 것이 중요하다.

⑤ 5단계: 자아정체성 확립 대 혼미(청소년기)

12~18세 시기는 청소년기로 발달기적으로 매우 중요한 시기다. 나는 누구인가에 대해 생각을 하게 되고, 자신의 능력, 역할에 대해 책임의식을 갖게 된다. 가장 중요한 과제는 자아정체성을 형성하는 것이다. 질풍노도의 청소년기에는 신체적, 사회적 변화가 많이 일어나기 때문에 미래와 관련된 선택을 많이 하게 된다. 청소년들은 자아정체성을 확립하는 과정에서 많은 혼란을 겪는다. 그 과정 속에서 자신에 대한 확신이 부족하면 청소년들과 무리지어 집단에 소속해서 친구와 적을 구분하여 타인에게 배타적이 되고, 부정적인 정체감이 형성될 수 있다.

이 시기에는 자아정체감에서 비롯되는 충실성의 미덕을 키우게 된다. 충실성은 타인과의 관계에서 기본적인 성실함이나 의무가 및 정직함 등을 유지하는 것을 의미하므로, 자아정체성을 잘 확립하여 충실함을 키우면 좋다.

⑥ 6단계: 친밀성 대 고립감(성인초기)

20세 이후 성인이 되면 직업을 선택하고, 배우자를 선택하게 된다. 타인과의 관계에서 친밀성을 높이는 일이 가장 중요한 과제다. 청소년기에 긍정적인 정체성을 확립한 사람은 자기 자신에 대해 자신감을 가지고 친밀성을 이룰 수 있다. 동성 간, 이성 간의 인간관계는 물론 연대의식, 공동체의식 및 다양한 관계에서 친밀성을 형성하게 된다. 친밀성이 부족하면 고립감을 느끼게 되고 타인에 대해 배타적이 되므로 타인과 상호작용하기가 어렵다.

⑦ 7단계: 생산성 대 침체감(장년기)

40세가 되면서 생산성의 시기에 이르게 된다. 생산성이란 자녀를 낳고 기르는 것뿐만 아니라 타인이나 다음 세대를 위해 일하거나 그들에게 더 좋은 세상을 만들어 주는 데 기여해야 한다는 것을 의미한다. 즉, 생산성이란 한 세대에서 다음 세대로 전해지는 모든 것들을 의미한다. 생산성이 제대로 발휘되지 못하면 성격이 침체되어 타인의 관심이나 욕구보다는 자신의 욕구에 치중하게 되고 타인에 대한 관대함을 보이기 어렵게 된다. 생산성으로부터 배려의 미덕이 생기게 되는데 침체감을 느끼게 되면 타인에 대한 배려를 잘하지 못하게 된다. 배려는 타인에 대한 관심을 갖고 염려하고 가르치고 지도하고자 하는 욕구에서는 나타나는 것이므로 생산성 과제를 잘 이루어 배려할 수 있는 마음이 생기도록 해야 한다.

⑧ 8단계: 통합성 대 절망감(노년기)

60세가 되면 자신의 전생애를 돌아보면서 자신의 생애가 가치 있는 삶이었는지 음미하게 된다. 자신의 과거를 소중하게 여기고 만족스럽게 받아들이면 통합성을 경험하게 되고, 과거에 대해 후회하고 타인을 원망하면 자신의 삶을 실패로 받아들이게 되면 절망감을 경험하게 된다. 통합성이란 지나온 인생을 수용하고 인생의 의미를 찾아가며 참다운 지혜를 찾는 시기이다. 인생의 의미를 되물으며 인생이 무엇인지에 대해 답을 찾아보려고 내적인 성찰을 하게 되는 시기이다. 그 전에는 미래에 관심이 많았지만 이제부터는 과거를 돌아보고 인생에 대해 반추하며 죽음에 대해 깊이 있게 생각하는 시기라고 할 수 있다.

2) 사회성 발달

(1) 사회성 발달에 영향을 주는 요인

사회성sociality은 사회에 적응하는 개인의 소질이나 능력, 타인과의 공동적인 사회생활을 원만히 해내고 잘 적응할 수 있는 인성적인 특성이다. 이런 사회성을 사회적 존재로서의 인간이 가정, 친구, 학교 등을 통하여 사회에 동화되는 사회화socialization의 과정을 거쳐 형성된다. 아동의 사회성 발달에 중요한 역할을 하는 요인은 가정환경, 동료, 교사 등이 있다.

(2) 로버트 셀만Robert Selman의 사회적 조망수용이론

사회인지social cognition란 사회적 관계를 이해하는 능력으로 타인의 사고와 의도, 정서 및 사회적 조망수용능력social perspective taking ability의 발달을 말한다. 사회적 조망수용능력의 발달은 사회관계를 이해하는 사회인지 능력으로, 타인과 잘 지낼 수 있는 성숙한 사회적 행동을 가능하게 한다. 조망이란 세상을 보는 시각으로, 자신과 타인이 다르다는 것을 인지하고 독립적인 존재로 파악하여, 타인의 입장에서 그의 생각, 감정, 상황, 행동 지식의 상태 등을 이해할 수 있는 능력이다. 따라서 사회적 조망수용능력이 발달한 아동은 타인의 정서상태를 이해하는 감정이입 능력과 동정심을 가지고 있으며, 어려운 사회적 상황과 문제를 잘 처리하는 문제해결 능력도 지니고 있다(Eisenberg, Murphy, & Shepard, 1997). 조망수용능력이 뛰어난 아동은 친구관계가 좋고 인기가 많다는 연구도 소개되고 있다.

사회적 조망수용능력 발달단계이론에서는 발달단계를 5단계로 설명한다(Santrock, 2004; Selman, 1980).

- 0단계(만 3~5세, 자기중심적 관점조망수용단계, egocentric viewpoint)
  자기중심적 관점 수용단계로, 자신이 상황을 보는 시각만이 전부라고 생각한다.

- 1단계(만 6~8세, 사회정보적 조망수용단계, social-informational)
  타인이 나와 다른 방식으로 생각할 수 있음을 알지만, 그 이유는 다른 정보를 갖고 있기 때문이라고 생각한다. 타인의 생각과 자신의 생각이 다르다는 것을 이해하지만 자신의 입장에서 주관적으로 이해하려고 한다.

- 2단계(만 8~10세, 자기반영적 조망수용단계, self-reflective)
  자신이 다른 사람과 사물을 다르게 본다는 것을 알고, 다른 사람도 그것을 안다고 이해한다. 다른 사람의 관점에서도 나의 생각을 바라볼 수 있으나 자신의 입장과 동시에 이해하지는 못한다.

- 3단계(만 10~15세, 상호적인 조망수용단계, mutual)
  청소년기가 되면 상호적이고 동시에 자신과 타인의 관점을 볼 수 있다는 것을 알고 제삼자의 관점에서도 볼 수 있다는 것을 안다. 공정한 관찰자의 입장에서 자신과 상대방의 상호조망을 객관적으로 바라보게 된다.

- 4단계(만 14~성인, 사회관습 체계적 조망수용단계, social and conventional system)
  상호적 조망수용으로 완벽한 이해가 가능하지 않다는 것을 알게 된다. 사회적 관습이 필요하다고 여기게 되고, 사회적 관습의 체계를 사회의 많은 구성원이 공유하는 견해의 결과라고 생각하기 시작한다. 법률, 도덕이나 민주주의적 관점 또는 한국인이 관점 등과 같은 사회적 관습 체계의 관점에서 관계 집단의 조망을 고려한다.

사회적 조망수용 능력은 1973년 피아제의 초기연구에서 밝혀진 개념이다. 셀만의 사회적 조망수용능력 발달단계는 피아제의 인지적 발달단계와 대응된다. 0

단계는 전조작기, 1단계와 2단계는 구체적 조작기 전후반, 3단계와 4단계는 형식적 조작기 후반기에 상응한다. 피아제는 전조작기 아동(만 2~7세)들은 자아중심성egocentrism이 있기 때문에, 이 시기의 아동들은 조망수용능력 발달이 미숙하다고 했다. 그러나 피아제의 초기연구와 다르게 2000년도 이후 연구에서는 전조작기 아동들뿐만 아니라 감각운동기(생후~만 2세) 유아들에게도 기초적인 조망수용능력이 있다는 연구 결과들이 밝혀졌다(Luo & Baillargeon, 2005; Song & Baillargeon, 2008).

(3) 비고츠키의 사회문화적 인지이론

Vygotsky (1896~1934)

레프 비고츠키Lev Vygotsky는 러시아의 심리학자로 38세에 요절했지만, 28세 정도에 모든 심리학 이론을 이해하고 독창적이고 획기적인 이론을 구상했다. 공식적인 교육을 받은 적은 없지만 폭넓은 독서로 당대의 유명한 심리학자들의 이론을 연구하고 번역하면서 자신만의 이론을 구축하여 심리학자로 활발하게 활동하였다. 그는 내적 인지발달의 중요성을 인정하고 사회 · 문화 및 역사적 맥락에서 발달을 보는 인지발달의 관점을 발달시켰다(송명자, 2008; Berk & Winsler, 1995). 38세까지 연구한 그의 연구업적은 180편이 넘는 논문과 저서에서 잘 나타나 있고, 인지발달 분야에서 큰 공헌을 했다. 비고츠키를 비롯한 러시아 학자들은 아동이 창의적으로 문제를 해결할 때 교사가 주어진 문제 속에 제시된 조건들을 파악하는 활동을 경험하도록 비계를 설정해줌으로써 아동의 창의적인 사고 능력을 향상시킬 수 있다고 여긴다(이순주, 2007). 비고츠키의 기본 전제는 5가지로 정리된다.

① 사회적 상호작용

비고츠키는 문화와 사회가 인간 발달에 큰 영향을 준다고 강조했다. 문화와 사회에서 정신 기능이 출발하므로 개인의 정신 기능을 이해하려면 개인 기능이 파생되어 나온 사회 · 문화적인 과정부터 탐색해야 한다고 주장했다. 아동은 타인과의 관계에서 영향을 받으며 성장하는 사회적 존재라고 여겼다. 이와 같은 정신과정의 사회적 기원에 대한 설명이 우리가 비고츠키의 이론에 관심을 갖는 이유다.

② 내면화(internalization)

비고츠키는 내면화 이론을 구축했다. 그는 내면화는 원래 개인 밖의 사회에 외재하고 있다가 개인 간 상호작용을 통해 개인의 의식세계에 내재하게 되는 것을 의미한다고 했다. 즉, 외적 지식이 개인 안으로 들어와 재구성되는 과정의 내면화를 말한다.

③ 근접발달 영역(zone of proximal development, ZPD)

비고츠키가 제시한 인지발달의 주요 개념이 '근접발달영역'Zone of proximal development, ZPD이다. 아동을 다른 사람과의 관계를 통해서 성장하는 사회적 존재로 보고, 아동에게는 인지발달에서 교사와 학생, 학생과 학생 사이에서 이루어지는 사회적 상호작용이 중요하다고 주장하였다. 비고츠키의 인지발달이론에서는 아동이 혼자 해결할 수 있는 실제적 발달 수준과 성인이나 유능한 타인의 도움을 받아 해결할 수 있는 잠재적 발달 수준을 구분하고 있다. 아동은 실제적 발달 수준에 머무를 수도 있고, 유능한 타인의 도움만을 받아서 해결하는 것보다 둘 사이의 간극을 줄여서 현재의 발달 수준을 늘려가야 한다. 여기서 중요한 것은 실제적 발달 수준과 잠재적 발달 수준 사이의 간극인데, 이런 간극을 근접발달영역이라고 한다(Vygotsky, 1978).

즉, 근접발달영역은 이러한 실제적 발달 수준과 잠재적 발달 수준 간의 거리를 의미하는데, 비고츠키(1978)는 '근접발달영역'이란 아동이 좀더 유능한 성인이나 동료와의 상호작용 과정에서 도달할 수 있는 발달영역이라고 정의했다. 학습의 핵심적인 특징은 그것이 근접발달영역을 만들어 낸다는 것에 있다(Vygotsky, 1978)고 강조했다. 곧 근접발달영역 안에서 정교한 교수-학습 작용이 일어나게 되면 학습자의 현재 발달 수준이 늘어나게 되고, 아동이 성인과 같은 수준으로 계속해서 발달해 나간다는 것이다. 아동들은 유능한 부모, 교사, 동료들과의 상호작용을 통해 더 높은 수준으로 발달할 수 있다고 보고 있다.

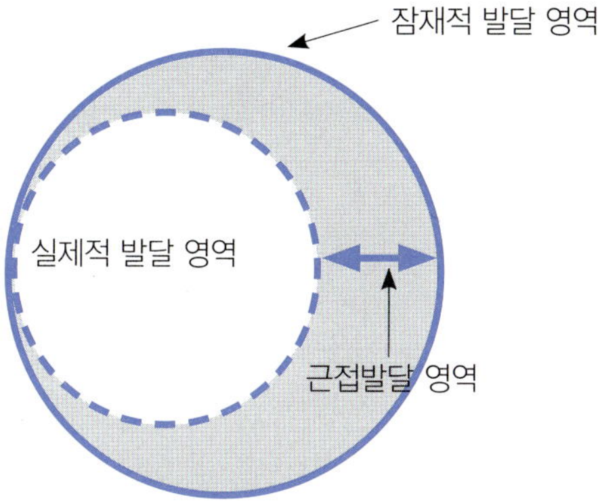

[그림 3-5] 비고츠키의 근접발달영역

출처: 정옥분(2003).

④ 비계설정(scaffolding)

학습과제를 수행할 때 유능한 사람이 학생에게 어느 정도 도움을 줄 것인지에 대한 기준을 정하는 것을 비계설정scaffolding이라고 한다. 건축에서 유래된 용어로 궁극적으로 아동이 스스로 문제를 해결할 수 있도록 견고한 이해를 하는 동안 유능한 성인 또는 또래 학습자가 조력을 한다는 의미다. 즉, 학습자가 자신의 근접발달영역에 따라 향상하도록 유능한 성인이나 또래 조력자가 도움을 주거나 지원을 해주거나 힌트를 주는 행동을 비계설정이라고 한다. 수업시간에 교사가 학습자를 돕기 위해 사용하는 적절한 발문, 멀티미디어, 시범, 토의활동, 길잡이와 힌트, 격려, 설명하기, 수업자료의 난이도 조정하기 등이 비계설정 유형의 예라고 할 수 있다.

비고츠키는 아동의 인지발달이 자기 문화 속에서 보다 성숙하고 유능한 구성원과의 상호작용을 통해서 비계설정이 일어난다고 주장했다. 따라서 아동의 인지발달을 도와주기 위해 유능한 성인이나 또래는 학습자가 성장하도록 격려해주고 지원 단서를 제공하는 비계를 설정하여 궁극적으로 아동이 독립적으로 문제를 해결할 수 있도록 해야 한다. 교사는 자신이 설정한 비계가 학생들에게 비계로서 중요한 역할을 해서 학습목표에 도달하는 과정을 탐구해야 한다.

이수(2006)의 학위 논문 '비계설정이 학습자의 메타인지 발달과 학업성취에도 미치는 영향'의 연구에서 교사가 학생들이 혼자의 힘으로는 해결할 수 없는 과제를 수행할 수 있도록 돕거나 이해하기 힘든 개념을 이해하도록 도와주고 잘못된 개념은 변화되도록 도와주었다. 이러한 과정에서 교사의 시범실험, 발문, 안내된 보조실험, 토의활동, 멀티미디어 활용 등을 통해 비계설정을 주었다. 3주간 동안 초등학교 6학년 학생들을 대상으로 실험을 했는데, 비계설정은 학습자의 학업 성취도 향상에 큰 효과를 나타낸 것으로 밝혀졌다. 또한 메타인지 발달에도 긍정적인 효과가 있었다. 이와 같은 연구 결과를 보면 유능한 교사는 학습자의 수준에 맞는 적절한 비계를 설정해 줄 수 있어야 하고, 이런 비계설정 속에서 학습자는 수준 높은 학습활동의 질을 보장받을 수 있다는 것을 알 수 있다.

또 다른 비계설정 효과 연구에서 이순주(2007)는 1학년에서 6학년 학생이 생활 속에서 겪는 경험의 종류에 따라 설정된 비계가 아동의 창의성 신장에 어떠한 영향을 미치는지 알아보았다. 폴 토란스Paul Torrance의 창의성 검사 중에서 도형 검사 A형의 그림 완성 문제를 사용해서 아동이 스스로 문제를 해결하도록 함으로써 그림 완성 문제 해결에 대한 사전 · 사후 검사를 했다. 사전 검사 후 일주일 동안 학년별로 4개의 반으로 구성된 실험집단 중 2개 반에는 상황적 경험을 이용한 비계를, 또 다른 2개의 반에는 이야기 경험을 이용한 비계를 설정해 주었다. 통제집단에는 비계설정 없이 제시된 문제를 해결하도록 했다.

연구결과 이야기 경험을 비계로 설정해 준 실험집단에서는 매우 의미 있는 창의성 신장을 보여주었다. 창의성의 모든 하위요인에서 매우 향상된 것으로 나타났다. 그렇지만 상황적 경험을 제공받은 실험집단은 오히려 사후에 창의성이 감소되는 양상을 보였다. 이 연구를 통해 비계설정에 의한 아동의 창의성 신장 양상이 비계로 제시된 경험의 종류에 따라 다른 것으로 밝혀졌으므로, 교사는 비계설정 수업을 계획할 때 어떤 종류의 경험을 비계로 제공할 것인지에 대해 신중하게 연구해야 한다.

⑤ 언어와 사고발달

비고츠키는 아동의 인지발달에 언어가 중요한 기능을 하고, 내적 언어와 사회적 언어 둘 다 영향을 미친다고 여겼다. 언어가 아동의 사고에 매우 중요한 역할을 한다고 주장했다. 사고와 언어는 독립적으로 발달하지만 2세경이 되면 사고와 언어가 상호의존하게 되어 자신의 사고를 표현하기 위해 언어를 사용하게 되고, 아동은 자기 자신에게 많은 말을 하기 시작한다. 놀이를 할 때 계속 혼잣말을 하고, 4세경이 되면 언어는 사고 형성에 구체적으로 도움을 준다(Berk, 1992, 2012).

아동은 문제를 해결하거나 중요한 목표를 달성하고자 할 때 혼잣말private speech 또는 사적 언어를 사용하는 경향이 있다고 강조했다. 혼잣말은 사적 언어inner speech라고 하며, 아동의 사고와 행동을 이끌어주는 자기와의 대화로 아동기의 정신기능의 핵심역할을 한다. 혼잣말이 중요한 이유는 자신의 사고와 행동을 이끌어 나가기 위해서 자기 지시적 목적으로 혼잣말을 하게 되기 때문이다. 그래서 쉬운 과제를 할 때보다 복잡하고 어려운 과제를 해결할 때 혼잣말을 더 많이 하게 된다(Berk, 1992, 2012). 이와 같이 목적을 달성하기 위해 자기와의 대화와 내적 언어를 사용하면서 사고와 언어가 결합되면서 단어에 대한 호기심이 생기고, 나아가 어휘력이 빠르게 습득된다.

피아제와 비고츠키는 아동의 인지발달을 연구한 학자다. 이들의 공통점은 학습자는 능동적인 존재로서 사회 환경의 상호작용을 통해 발달이 이루어진다고 여겼다. 두 학자의 중요한 차이점은 인지발달에 대한 시각에 있다. 피아제는 모든 아동이 거의 동일한 인지발달 특성을 갖는다고 보았고, 발달단계에 따라 그에 맞는 인지구조의 발달을 도와주는 경험을 통해 인지발달이 이루어진다고 보았다. 따라서 교사는 안내자 역할을 해야 한다고 했다. 반면에 비고츠키는 아동의 인지발달이 사회적 상호작용의 결과에 따라 발전한다고 강조했다. 아동은 유능하고 성숙한 성인이나 또래와의 관계 속에서 성장하는 사회적 존재라고 여겼다. 그렇기 때문에 교사는 아동의 성장조력자 또는 촉진자로서 역할을 해야 한다고 강조했다.

4. 도덕성 발달

고전적인 도덕성 발달이론은 피아제의 인지발달이론에서 출발했다. 그는 인지발달을 연구하는 과정에서 도덕성 발달단계이론을 만들었고, 인지능력이 발달해야 도덕성도 발달되는 것으로 보았다.

1) 피아제의 도덕성 발달이론

피아제의 인지발달이론에는 도덕적 추론의 발달에 대한 이론이 포함되어 있다, 인지발달과 마찬가지로 도덕성 발달과정도 예상되는 단계가 있다고 했다. 피아제(1964)가 도덕적 추론을 연구하기 위해 아동의 마블 놀이를 장시간 관찰하며, 게임의 규칙에 대해 질문했다. 그는 아동들이 게임상황에서 얼마나 규칙을 잘 지키는가에 따라 도덕성 발달을 구분할 수 있다고 주장했다.

(1) 타율성 도덕성 단계(heteronomous morality)

도덕적 규범은 외부의 권위 있는 사람에 의해서 결정되는 것으로 여기고, 행위의 옳고 그름은 행위의 결과에 의해 결정된다고 여긴다. 타율이라는 것은 타인에 의해 규칙이 정해진다는 것을 의미한다. 6세경까지는 권위에 대한 복종을 발달시키는 타율성 도덕성 시기다. 이 시기에 아동들은 부모나 성인으로부터 해야 할 일과 하지 말아야 할 일에 대해서 듣게 된다. 규칙을 지키지 않으면 벌을 받는다고 생각한다. 도덕적 실재론moral realism의 태도를 반영하기 때문에 규칙은 불변적이고, 성인과 규칙에 복종하는 것이 옳다고 여기는 시기다.

(2) 자율성 도덕성 단계(autonomous morality)

아동은 자율성 도덕성 시기를 거쳐 그 이후가 되면 사회적인 세계가 넓어지면서 타인에 대한 이해도 가능하고 규칙이 협의하에 바뀔 수도 있다는 것을 알게 된다. 다른 아동들과 협동하고 상호작용을 하면서 규칙에 대한 생각도 바뀌고, 도덕성도 변화하기 시작한다. 행위의 옳고 그름을 판단할 때 동기나 의도 등을 참작하기 때문에 처벌이 자동으로 되는 것이 아니라는 것을 알게 된다. 또한 게임이나 운동을 할 때 집단의 목적에 맞지 않을 때는 규칙을 수정하거나 삭제하기도 한다.

2) 콜버그의 도덕성 발달이론

도덕적인 추론에 대한 발달이론 중에 가장 널리 알려져 있는 이론은 콜버그(1958)가 제시한 이론이다. 콜버그는 10~16세 미국 중류층 남자 아동청소년 75명을 대상으로 하인츠와 약사의 도덕적 딜레마Heinz's dilemma를 들려준 다음 이런 갈등상황을 어떻게 해결하는지와 관련된 도덕성 반응을 조사한 결과를 토대로 도덕성 발달이론을 발표하였다. 그는 피아제의 인지발달이론에 따라 아동의 도덕성을 관찰했다.

아동이 갈등상황을 해결하기 위해 어떤 논리를 사용했는지 분석하여 도덕성 발달을 3가지 수준과 6단계로 설명하였다. 첫 번째 수준은 '전 인습적 도덕 사고 수준'preconventional level으로 행위에 대한 처벌이나 보상을 주는 권위자의 규칙에 따라 도덕적 판단을 한다. 이 시기의 아동은 사회의 규율을 내면화했다기보다는 외부적인 행동의 결과에 집중하여 판단하는 시기다. 이는 다시 두 단계로 나누어진다. 1단계인 '타율적 도덕heteronomous morality'은 처벌과 복종지향단계이며 행동의 결과에 따라 가치가 결정된다. 처벌에 근거하여 답변을 했을 때, 타율적 도덕단계에 평가될 가능성이 크다. 즉, 처벌이 클수록 더 나쁜 것이라고 생각한다. 2단계인 '개인주의 단계'individualism는 자신의 이익을 얻기 위하여 권위자의 규칙에 따르고 타인의 입장을 받아들인다. 즉, 내가 타인에게 친절하면, 타인도 나에게 친절해야 한다는 방식의 사고를 하는 단계이고, 자신의 이득을 극대화시키는 것으로 도덕적 사고를 한다.

두 번째 수준은 '인습적 수준'conventional level으로 결과와 상관없이 가족, 사회, 국가 등의 규준이나 규칙을 따르려고 하며 타인의 관점을 받아들이는 등 외부 요인에 의해 규정된 도덕관을 내면화하는 시기다. 이는 두 단계로 나뉜다. 3단계인 '대인 간의 기대 단계'mutual interpersonal expectations와 4단계인 '사회적 시스템 도덕단계'social systems morality로 나누어진다. 3단계는 행위의 의도성에 따라 도덕적 판단을 하며 타인을 기쁘게 하거나 인정받는 것이 옳은 것이라 생각한다. 따라서 타인과 자신의 관계에서 기대되는 행동을 하려고 한다. 4단계는 '법과 질서'의 단계라고 할 수 있으며, 사회적 질서를 유지하는 것이 옳은 행동이므로 사회적 규범이나 질서를 지향하는 단계라고 할 수 있다.

세 번째 수준은 '후 인습적 수준'postconventional level으로 소속되어 있는 사회의 권위자와 무관하게 도덕적 가치와 원리를 규정하는 것을 말한다. 마지막 수준에서는 도덕성이 완전히 내면화되어 외부의 기준이 필요없는 시기다. 이는 5단계인 사회적 계약 및 합법적 지향individual rightsand social contract과 6단계인 보편적인 윤리적 원리 지향universal ethical principles으로 나누어진다. 5단계는 도덕적 융통성이 발휘되는 단계라고 할 수 있다. 개인이 법을 지키는 이유는 개인의 기본적인 권리를 지킬 수 있기 때문이라는 사고를 하게 된다. 다양한 개인의 가치, 원칙, 권리를 존중하고 보다 나은 이익을 위해 변화될 수 있다고 생각한다. 현실적으로 5단계가 콜버그의 도덕발달단계에서 가장 높은 수준이라고 할 수 있다. 6단계는 인간의 존엄성, 정의, 사랑, 공정성에 근거를 둔 보편적인 행동지침을 지향하게 된다. 콜버그의 최종단계는 보편적인 원리를 토대로 도덕적 판단을 하는 단계라고 할 수 있다. 이러한 도덕적 사고는 법이나 관습이 아니라 개인의 양심을 토대로 사회와 인간에게 적용되는 개인적인 가치이므로 사회적 질서와 갈등을 일으킬 수 있다.

이와 같이 도덕성의 인지발달이론가들은 인지능력의 발달에 따라 도덕발달 수준이 순차적으로 발달한다고 예상했다. 앤 콜비Anne Colby, 로렌스 콜버그Lawrence Kohlberg, 존 깁스John Gibbs와 마르쿠스 리베르만Marcus Lieberman(1983)은 20년 동안 종단연구를 한 결과, 대략 9살 이전에는 대부분의 아동이 도덕적 딜레마를 전인습적 수준에서 접근했으며, 초기 청소년기까지 대체로 인습적인 수준을 보이고, 후기 청소년기가 되면 일부 청소년들은 후인습적 도덕단계를 보였다. 그렇지만 콜버그 이론은 문화적 편향성이 있다는 비판을 받기도 했다. 다양한 문화에서 콜버그의 도덕성 발달에 대한 연구를 좀더 탐색하여 학생들을 지도할 때 도덕성 발달이론을 적용하는 것이 좋다.

CHAPTER 4

창의성

뇌과학의 급속한 발전으로 뇌 기능과 창의성 간의 관련 연구가 진화하고 있다. 인지신경과학자 잭 갈란트Jack Gallant와 그의 동료들(갈란트 팀)의 2016년 연구에서는 fMRI를 사용하여 시각자료를 처리하는 동안 그 이미지를 분석해서 그 사람이 어떤 영상을 봤는지 그의 뇌 활동을 동영상으로 그대로 재현하는 연구를 했다. 이렇게 뇌 과학이 발전하면서 그는 자주 사용하는 단어들이 기억되는 뇌의 위치를 밝혀냈다. 비슷한 의미를 갖거나 서로 연관성이 있는 단어들은 뇌의 특정 부위에 함께 존재하는 것을 발견했다. 나아가 갈란트는 "창의적인 아이디어가 나오는 어느 한 군데 화수분 같은 뇌 영역은 없다"는 것을 밝혀냈다. 창의적 생각은 전전두엽 영역과 같이 특정 영역의 국소적인 기능에서 일어난다고 알려졌으나, 그의 연구에 의하면 창의성을 발휘할 때 두뇌의 여러 부분을 사용하여 전뇌적 사고를 하는 것으로 밝혀졌다. 즉, 평소에 잘 연결되지 않거나 멀리 떨어진 영역이 서로 신호를 주고받으면 연결될 때 이루어지는 현상이라는 것을 밝혀냈다. 창의적인 사고를 할 때는 전혀 상관없어 보이는 개념, 뇌에서 멀리 떨어진 영역이 동시에 활성화되어 상호작용을 일으키는 상호작용을 발견한 것이다.

[그림 4-1] 갈란트가 그려낸 뇌지도

출처: Nature(2016). Vol 532, Issue 7600.

1. 창의성 교육의 필요성

창의성 연구가 시작된 것이 1950년 길포드의 심리학회 기조강연이라고 여겨왔다. 그런데 왜 1950년에 그가 주장한 창의성이 전세계적인 주목을 받게 되었는지 생각해보면, 제2차 세계대전과 관련이 있다고 보여진다. 1945년 제2차 세계대전이 종식되고, 미국은 구소련의 스푸트니크호 발사에 충격을 받았고, 그 해답을 창의적인 교육에서 찾았다. 1950년 길포드가 창의성의 중요성과 필요성을 강조하면서, 교육계의 관심을 받고, 국가적인 차원에서 창의성 교육이 시작되었다.

현대사회는 전례없이 빠르게 변화하고 있다. 현재 우리가 지니고 있는 지식과 기술은 얼마 지나지 않아서 무용지물이 되기도 한다. 학생들이 졸업하고 사회에서 활동할 때는 학교나 대학에서 배웠던 특정한 지식과 기술은 미래의 삶에 별로 도움이 되지 않을 수도 있다. 시애틀의 '알렌 AI 연구소'가 개발한 AI 아리스토 Aristo가 뉴욕주에서 실시하는 선다형 질문의 표준시험을 보게 한 결과, 8학년 과학시험은 90% 이상, 12학년(고 3) 시험은 80% 이상을 맞혀 AI 개발에 새로운 이정표를 세웠다. 이 시험에서 아리스토는 단지 인간의 언어를 이해하고 정답을 찾는 수준을 능가하여 인간이 좀 더 복잡한 문제를 풀 때 사용하는 이성과 논리를 사용해 정답을 찾는 능력을 보여줬다고 한다(조선일보, 2019. 9. 6.).

그렇다면 교사는 교실에서 무엇을 가르쳐야 하는가? 이제는 단순한 지식과 기술만 전수해서는 미래를 대비하기 어렵다. 학교를 졸업할 때 이미 쓸모없는 지식이나 기술에 의존하기 어려운 시대가 도래했기 때문에, 사람들이 전생애에 걸쳐 필요한 창의성에 관심을 가져야 한다. 학교와 대학에서는 미래사회에 등장하는 새로운 문제에 대한 도전과 창의적으로 해결할 수 있는 능력을 키워줘야 한다. 사람들은 점점 더 크고 작은 문제를 해결해야 하고, 변화하는 세계에 유연하게 적응해서 생존해야 하기 때문에 전생애에 걸쳐 창의성이 필요한 시대가 되었다.

이미 세계의 모든 나라는 창의성 교육에 승부수를 던지고 있다. 더욱이 창의성 교육은 국가 경쟁력을 강화하기 위한 정책의 하나로 인정받고 있다. 미국은 '국가혁신 2005'라는 법안을 만들어 창의성 교육을 강화하기 위한 전략을 마련했고, 유럽은 2009년을 '유럽 창의성과 혁신의 해'로 선포하여 창의성 교육과 훈련을 통한 범국민적인 창의성 증진을 결의하였다(전경원, 2015).

우리나라에서도 창의성 교육에 대한 관심이 날로 높아지고 있는데, 그 이유는 우리는 컨버전스(융합)의 시대를 살고 있기 때문이다. 이제는 고유 영역의 지식만 가지고는 생존하기 어렵고, 자기 분야의 지식만 고집해서는 문제를 창의적으로 해결할 수 없기 때문이다. 미국을 비롯한 교육선진국에서는 1990년부터 교육개혁의 핵심내용으로 STEM Science, Technology, Engineering and Mathematics 중심의 통합교육을 강조하며 융합인재교육을 실시하고 있다. 우리나라의 교육 역시 시대의 흐름을 반영하여 융합형 인재를 육성하기 위한 STEAM 교육은 Science, Technology, Engineering, Arts, Mathematics의 약자를 따서 만들어진 용어로, 하나의 교육과정에서 과학, 기술, 예술, 수학 등을 모두 융합해 교육하는 방식을 운영하고 있다(전경원, 2015).

그동안 창의성 연구로 인해 창의성 신화에 대한 잘못된 생각들이 불식되었지만, 아직도 창의성에 대해 오해하고 있는 교사가 종종 있다. 창의성에 대한 오해를 불식시키고 창의성에 대한 사실을 수용하여 창의성을 신장시키는 교실 환경을 조성해야 한다. 창의성의 신화 8가지는 다음과 같다.

1. 창의성은 소수의 영재들에게서만 나타난다. 창의성은 정도의 차이는 있지만 모든 사람에게 나타난다.
2. 창의성은 배울 수 없는 것이다. 창의성은 배울 수 있는 것이다.
3. 확산적인 사고를 의미한다. 확산적 사고를 포함한 복합적 사고를 의미한다.
4. 정신이 이상한 것을 의미한다. 정신적으로 건강한 것을 의미한다.
5. 완전히 새로운 것이다. 완전히 새로운 것만을 의미하는 것은 아니다.
6. 노력하지 않아도 창의적인 생각이 떠오른다. 창의성은 노력을 해야만 생각이 떠오른다.
7. 창의적인 사람은 대작을 남긴다. 창의적인 사람은 실패작도 남긴다.
8. 전문가만이 창의성을 발휘한다. 아마추어도 창의성을 발휘하기도한다.

창의성 연구 초기에는 재계에서 경쟁력을 강화하기 위해서 연구를 시작했다. 상업계와 산업계에서 급속한 성장경쟁을 위해서 기술적인 발전을 추구하기 위해 창의성 연구가 발전되었다고 볼 수 있다. 그 이후에 창의성에 관심을 갖는 이유는 다양하지만 개인적 · 사회적 차원 및 학습 차원의 연구 이유는 다음과 같다(전경원, 2015 재인용).

첫째, 개인적 차원에서는 인간의 지식 본질 발전과 지적 잠재능력을 계발시키기 위해서, 효과적인 지도자적인 능력에 기여하기 위해서 정신건강에 중요하기 때문에 창의성 교육이 필요하다.

둘째, 사회적 차원에서 창의성 연구의 목적은 무엇보다도 사회발전을 위해 다양한 문제를 좀 더 새롭고 개선된 방법으로 해결하기 위해 사회 보존과 발전을 꾀하는 데 있다. 즉, 끊임없이 발생하는 전지구적인 기후와 환경 및 기아 문제를 해결함으로써 지구의 지속가능 발전시키는 데 있다.

끝으로, 학습 차원에서 모든 학과목의 발전을 위해서 창의성 교육이 필요하다. 창의성 관련 기술은 어느 한 과목에만 국한되는 것이 아니라 예술, 과학 분야뿐만 아니라 창의성 관련 기술은 무수히 많은 영역에 적용될 수 있다(Amabile, 1989). 또한 학습과정을 향상시키기 위해서 창의성 교육이 필요하다. 학습의 본질은 창의성과 연관된 기술을 필요로 한다. 많은 창의성 연구자들은 교육 프로그램은 반드시 학생들의 창의적인 사고력 발전을 고무시킬 수 있도록 구성되어야 한다고 강조한다. 그래서 한국에서도 교육과정을 재구성하여 창의성 활동을 투입하기도 한다. 이런 분위기 속에서 사고력은 유연해질 것이고, 학습하는 자료에 대해 더 많이 관여하게 될 것이다. 이러한 형태의 학습은 학교교육 그 이상을 넘어선 다른 환경에서도 적용될 것이다.

2020년 이후의 교육과정에서는 '창의성'이 어떤 과목의 일부분에 적용되는 것이 아니라 수학, 과학, 음악, 미술처럼 독립된 과목으로 개설되어 별도로 운영되어야 한다. 한국의 사회적, 교육적, 문화적, 경제적 상황을 고려한다면 체계적, 과학적으로 잘 구성된 창의성 과목이 개설 · 적용되어야 한다. 더욱이 이제는 학교에서 학습했던 내용이 졸업 후에는 이미 구지식이 되어 쓸모없게 되고 새로운 지식이 필요해지기 때문에 창의성 교육을 잘 받는다면 새로운 지식과 기술에 적용하여 생존력을 가지게 될 것이다. 이렇게 적극적으로 창의성 교육이 실시되면 개인적인, 사회적인 차원에서의 창의성 연구는 자연스럽게 연계될 것이다.

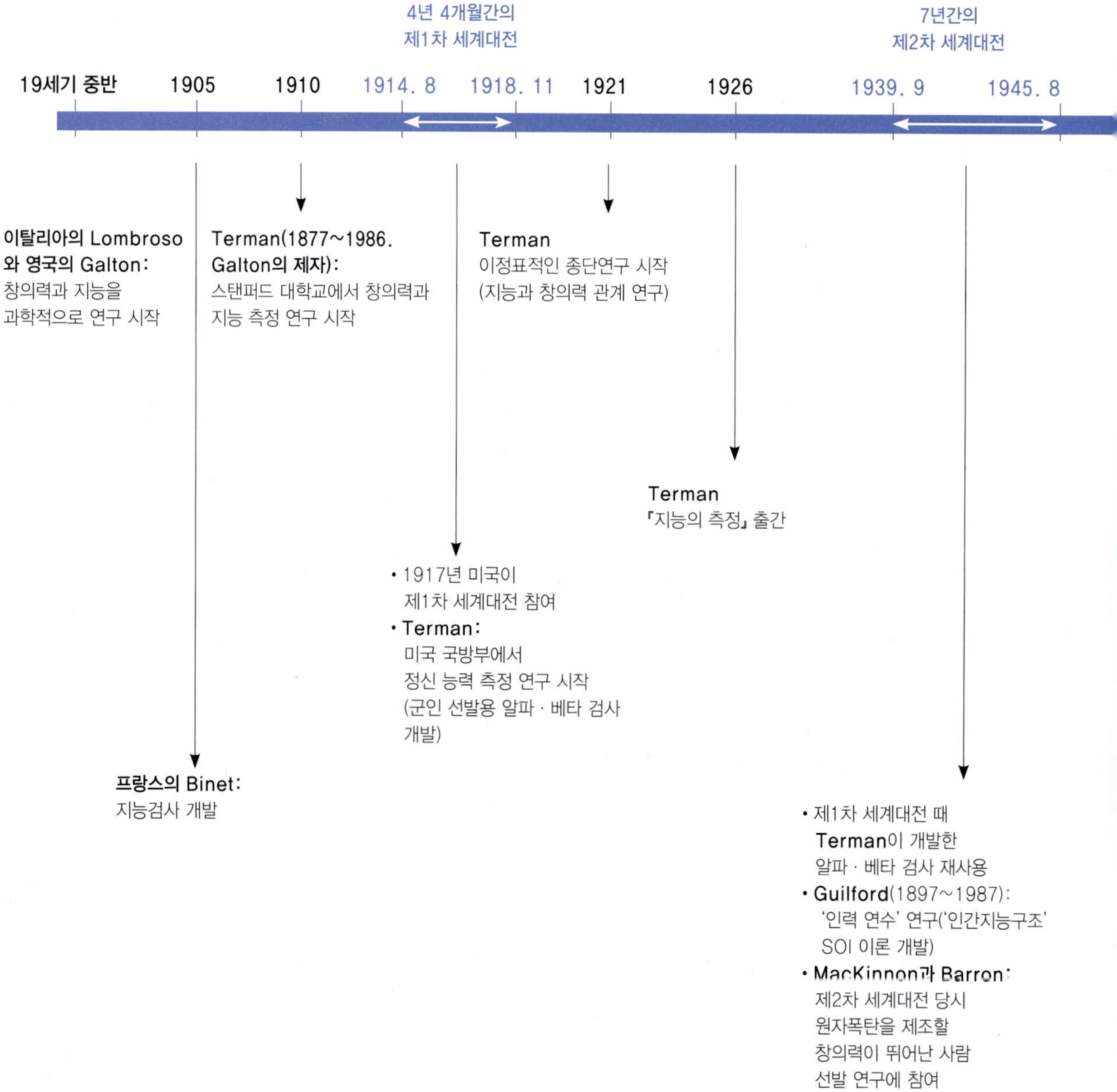

[그림 4-2] 전쟁과 창의력 측정 연구의 역사

출처: 전경원(2010).

1950 — 1960 — 1970 — 1980 — 현재

1950

- 한국전쟁(6 · 25)
- **Torrance(1915~2003):**
  한국전쟁 초기에 '생존심리학' 연구 ('미국 인적자원연구소'에서 미 공군 생존 훈련 프로그램 연구 시작, 이후 50년간 창의력 연구)
- **Guilford:**
  미국 심리학회 회장 취임 연설 (창의력 연구 촉구)

1950년대~1960년대

- **Guilford:**
  캘리포니아 대학교에서 '공군 적성 프로젝트' 진행 (요인 분석 연구를 통해 '확산적 사고 요인 밝혀 냄)
- **MacKinnon과 Barron:**
  버클리 대학교의 '성격측정연구소'에서 창의적인 사람의 성격 검사 도구 개발
- **Guilford:**
  보통 사람들을 대상으로 한 창의력 지필검사 개발 연구 촉구 (많은 창의력 연구자들이 창의력 측정 검사 개발 시작)

1960년대~1970년대

- **Torrance:**
  미네소타 대학교와 조지아 대학교에서 다양한 확산적 사고 검사 개발 (1974년: 언어와 도형 창의력 검사 개발)
- 창의력 성격 검사와 확산적 사고 검사가 개발되면서 다 양한 창의력 교육 프로그램 개발 시작
- '창의력'이란 용어 유행
- **Osborn:**
  브레인스토밍을 비롯한 창의력 기법 소개
- **Osborn과 Parnes:**
  버팔로 대학에서 "창의적인 문제 해결력 CPS 모델" 연구
- **Getzel과 Jackson(1962):**
  지능과 창의력 상관관계 연구 (지능과 창의력의 상관에 대한 근본 문제 제기)

1970년대 이후~현재 창의력 연구자

- **Treffinger**
- **Sternberg**
- **Gardner**
- **Amabile**
- **Lubart**
- **Feldhusen**
- **Runco**
- **Plucker**
- **Hocevar**

2. 창의성의 개념

창의성 연구 초기에는 주로 독창성이나 상상력에만 관심을 두었고 창의성이란 용어는 유행어처럼 사용되어, 독창성이나 상상력 외에 각기 다른 이름으로 발명, 혁신, 통찰력, 창의적인 사고, 직관, 새로움 등의 용어로 표현되기도 했지만 의미는 유사한 것이어서 혼용되어 왔다(전경원, 1997). 또한 창의성은 고등사고능력, 문제해결력, 창의적 사고력, 창조적 사고력 등으로 표현되기도 하였다.

창의성과 관련된 부적절한 용어 사용으로 인해 일반인들에게 혼란을 가져오기도 한다. 그 이유는 영어로 creativity라고 표현하면 되는데, 한글로 표현할 때 이를 창의성, 창의력, 창조력, 창조성이라는 단어를 사용하기 때문이다. 물론 한국의 역사적 문헌으로 볼 때 엄격히 구분하다가 그 이후 혼용되었던 시기가 있었던 것으로 인해 지금까지 그런 혼란을 야기했을 수도 있다. 따라서 본서에서는 이런 혼란을 불식시키기 위해 보편적으로 사용되고 있는 창의성과 창의력creativity이란 용어를 함께 사용한다. 이와 같이 창의성 또는 창의력이란 용어 안에 모든 것이 포함되고 창의(조)적인 능력creative ability과 창의(조)적인 성격creative personality을 모두 포함한다.

서양 용어로는 주로 Creativity, Creativeness, Creative thinking, Creation, Originality, Invention, Intuition, Imagination, Insight 등이 사용되었다. 서양의 창의성 Creativity에 해당되는 용어는 창견, 창안, 창의, 창작, 창조, 창제, 창출 등인데 공통적으로 새로움, 작품, 아이디어 등을 만들어 내는 의미를 담고 있다(전경원, 2015). 유럽의 경우, 창의성 용어 자체의 역사만을 보면 네 단계를 거쳐 왔다(Tatarkiewicz, 1980). 첫째, 거의 일천 년 동안 창의성이라는 용어는 철학, 신학, 또는 유럽의 예술에 존재하지 않았다. 그리스인들은 그런 용어를 전혀 갖고 있지 않았다. 로마인들은 용어는 갖고 있었지만, 세 분야 어디에도 적용하지 않았다. 둘째, 그 후 일천 년 동안에는 창의성 용어가 사용되었지만 전적으로 신학에서만 쓰였다. 즉, 창조자는 신과 동의어였다. 심지어 계몽주의 시대까지도 이 용어는 그런 의미로만 사용되었다. 셋째, 19세기가 되어서야 비로소 이 용어가 예술의 언어 속으로 들어오게 된다. 그러나 그때에는 또 예술만이 가지는 절대적 속성(인간세계에서)이 되었다. 즉, 창조자와 예술가와 동의가 된 것이다. 창조적, 창조성과 같은 용어들은 전적으로 예술가 및 그들의 작업에 관계되는 것으로만 사용되었다. 넷째, 20세기에는 '창조자'라는 표현이 인간문화 전체에 적용되기 시작했다. 즉, 여러 학문에 있어서 창조성, 창조적 정치가들, 새로운 기술문명의 창조자 등에 관한 말들이 오고 가기 시작했다.

전통적으로 창의성을 연구하는 학자들은 창의성의 개념을 4Pprocess, product, personality, press 중심으로 분류했다(전경원, 2015). 특정한 학파나 연구자의 학문적 특성과 관계 없이 연구 영역에 중점을 두고 분류하기 위해 4P로 분류할 수 있는데, 이들은 상호 밀접하게 연결되어 있다. 창의적인 산출물이란 창의적인 사람이 창의적인 과정을 통해 얻은 결과물이며, 이런 모든 것들은 창의적인 환경에 의해서 지원받을 때 가능하다(Rhodes, 1987). 즉, 과거에는 4P의 요소를 구분하여 연구하였지만, 근래에는 4P 상호작용적인 면을 강조하고 있다(전경원, 2015).

창의성에 대한 정의는 일반적 인간중심적인 설명부터 조작적 정의까지 실로 다양하고, 사회과학 분야나 문학 및 철학 등에 걸쳐서 제시되는 정의가 매우 다양하기 때문에 지금까지 합의된 창의성 모델이나 정의가 없는 실정이다(전경원, 2015). 국내 · 외 창의성 정의의 예를 살펴보면 다음과 같다.

토란스(1957): 새롭고 독특한 아이디어로 문제를 새로운 시각을 보는 능력이다.

창의성의 과정을 ① 어떤 문제 · 결핍 · 격차 등에 민감한 것, ② 문제나 곤란을 추측하고 형성하는 것, ③ 그리고 가설을 검증하고 재검증하는 것, ④ 결과를 전달하는 것으로 생각하고 있다.

- 길포드(1950): 새롭고 신기한 것을 낳는 힘이다.
- 전경원(2015): 자신과 타인의 행복을 위하여 사회와 문화에서 가치를 부여할 수 있는 물건이나 아이디어를 만들어 내는 것뿐만 아니라 문제를 해결하기 위하여 새로운 의견을 생각해 내는 능력 또는 그것을 기초화하는 인격적 특성이다.

• 최인수(2011): 새롭고 적절한 것을 생성해 낼 수 있는 능력이다.

이처럼 시대에 따라 국내 · 외 창의성의 개념이 다양하지만 공통적으로 새로움과 적절성의 개념이 포함되어야 한다는 데 의견을 모으고 있다(Sternberg & Lubart, 1999). 현대의 창의성 연구자들은 창의성이란 새롭고 적절한 산출물을 생성할 수 있는 능력(Lubart, 1994; Sternberg & Lubart, 1996, 1999)이라고 생각한다. 그런데 새로움이란 창의적 산출물의 필요조건이고 충분한 조건은 아니다. 창의적인 산출물로 인정받기 위해서는 새로움과 아울러 유용하고 가치 있는 적절성이 있어야 한다. 그러나 새로움과 적절성이 매우 모호하기 때문에 연령, 문화, 사회에 따라 창의성을 재정의해서 이해해야 한다. 예컨대 유아에게 새로운 것과 청소년기 학생에게 새로운 것이 서로 다른 기준을 적용해야 할 수도 있고, 상황에 따라서 문제를 해결하는 방법이 적절할 수도 있고 그렇지 않을 수도 있다.

3. 창의성과 지능

그동안 교육계는 지능에 많은 관심을 가져왔다. 그런데 이제는 창의성에도 많은 관심을 가지게 되었다. 교육계에서는 지능과 창의성의 관계에 대해 연구해왔다. 지능이 높은 사람이 창의성이 높을까? 다양한 연구가 진행되어 왔고, 어느 정도 이상의 지능 지수를 갖고 있으면 창의성과 별로 상관이 없는 것으로 나타났다.

마이클 월러치Michaell Wallach와 네이슨 코간Nathan Kogan(1965)의 고전적 연구에서 아동의 지능과 창의성의 차이를 알아보는 연구를 했다. 창의성과 지능은 서로 독립적이 변인으로 여겼고, 연구결과 아동을 창의성과 지능에 따라 4개의 범주로 구분하였다.

〈표 4-1〉 월러치와 코간의 창의성과 지능연구

집단별	특성
고창의성 고지능군 (창의성과 지능이 높은 경우)	• 자아존중감, 자아통제감, 표현력이 높고, 주의집중력이 강하고, 외향적이고 대인관계 능력이 우수하다. 학구적이고 주의집중력이 강하다. • 자신을 여유 있게 통제할 수 있고, 자유롭게 행동할 수도 있다.
고창의성 저지능군 (창의성이 높고 지능이 낮은 경우)	• 자아존중감과 주의집중력이 떨어지고, 평가하지 않는 수행에서만 우수하고, 평가에 대한 두려움이 있다. • 교실에서 인정을 못 받아 자아존중감이 낮아서 자신이나 학교 환경에 대해 공격적인 갈등상태에 있고, 자신이 별로 가치가 없다고 생각하고 불만을 느끼지만 평가와 같은 스트레스가 없는 편안한 환경에서는 자신의 능력을 발휘할 수 있다.
저창의성 고지능군 (창의성이 낮고, 지능이 높은 경우)	• 학업성적은 우수하지만 학업성취에 예민하고, 동료와의 대인관계가 좋고, 실패에 대한 두려움이 있다. • 성적에 관심이 많기 때문에 성적이 떨어지면 인생에 큰 문제가 있다고 인식하여 늘 좋은 성적을 받으려고 노력한다.
저창의성 저지능군 (창의성이 낮고 지능이 낮은 경우)	• 학업성적은 낮지만 비교적 외향적이고 사회적이다. 고창의성 저지능군보다는 오히려 자아 존중감이 높다. • 창의성과 지능이 모두 낮기 때문에 근본적으로 늘 수동적이고, 어떤 상황에 부딪히면 방어기제를 발현하기 쉽다.

출처: Wallach & Kogan(1965).

월러치와 코간이 연구한 범주대로 교실에서 학생들을 4개의 집단으로 나눠서 관찰해보면 흥미로울 것이다. 만약 교실에 20명이 있다면 그중에 고창의성 고지능군이 몇 명인지, 고창의성 저지능군이 어느 정도인지 구분하여 세심한 관찰을 해보면 의미 있는 관찰결과를 얻을 수 있을 것이다.

4. 창의성 연구의 다양한 접근

창의성을 다차원적인 구인으로 개념화하면서 창의성이란 새롭고 가치 있는 유용한 것을 만들어 내는 능력으로 4P의 상호작용을 통하여 발달되고 결정된다는 통합적인 견해가 널리 알려져 있다(Sternberg & Lubart, 1999; Amabile, 1989, 1996).

1) 애머빌의 창의성 구성 요소

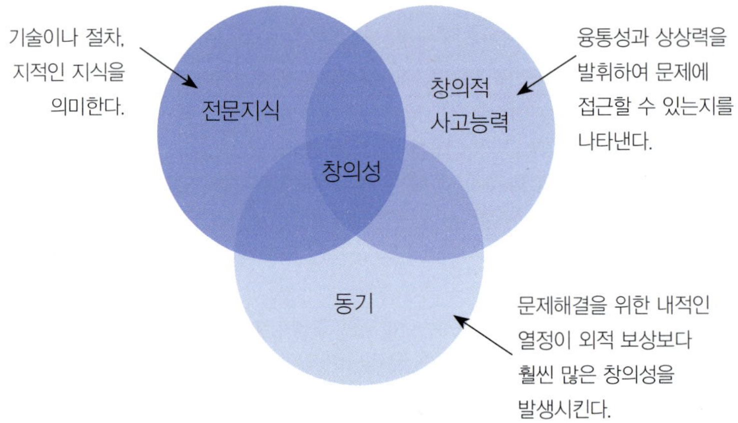

[그림 4-3] 창의성의 3가지 구성요소

출처: 전경원(2010).

테레사 애머빌Teresa Amabile은 전문성, 창의적인 사고능력, 동기의 3가지 요소가 창의성의 구성 요소라고 했다. 즉, 창의성을 발휘하려면 첫째, 해당 분야에 대한 전문적인 기술과 절차 및 영역특수적인 지식이 필요하고, 둘째, 유연하고 상상하는 능력이 뛰어나서 문제에 접근하는 창의적인 사고 능력이 필요하고, 셋째, 창의적으로 문제를 해결하고자 하는 내적 동기유발이 필요하다고 주장했다.

2) 칙센트미하이의 통합적 접근: 창의성 체계모델

Csikszentmihalyi
(1934~)

미하이 칙센트미하이Mihaly Csikszentmihalyi를 처음 알게 된 것은 1986년 퍼듀대학교에서 박사과정 수업 시간에서였다. Feldusen 교수는 칙센트미하이의 독특한 이력과 연구주제를 소개하며 앞으로는 칙센트미하이의 '몰입' 연구가 전세계적으로 관심을 불러일으킬 것이라고 예측했었다. 그는 젊은 시절 어려운 상황을 극복하고 그 속에서 인간의 행복은 어디에서 오는가에 대한 연구를 해왔고, 한국에서도 그의 연구물이 널리 알려져 있어, 한국에서 강연을 하기도 했다. 몰입, 긍정의 심리학자인 그는 심리학과 경영학에서 널리 알려진 심리학자다. 『몰입』(2004), 『몰입의 즐거움』, 『몰입의 기술』(1997), 『몰입의 경영』, 『창의성의 즐거움』(1996), 『몰입: 미치도록 행복한 나를 만난다』, 『몰입의 재발견』(2009) 등이 한국어로 번역되었고, 그의 이론을 학생들의 몰입에 연결지어 보면 교육 성취에 도움을 줄 수 있는 아이디어를 찾을 수도 있다.

몰입flow이란 '삼매경'에 빠지는 심리적 상태로, 시간과 공간 및 자신의 생각까지도 잊어버리게 되는 상태를 의미한다. 우리는 어떤 행위에 깊게 몰입하여 마음에서 우러나와서 하게 되면 행복의 플로우에 빠진다고 주장한다(Csikszentmihalyi, 1988, 1990). 몰입과 관련된 책에서는 지루하고 무의미한 삶을 기쁨으로 바꿔주는 원리와 이 원리를 실천할 수 있도록 구체적인 예를 제시해주고, 창의적으로 삶을 변화시키는 예를 들고 있다. 학생들로 하여금 자신의 목표를 설정하여 자기 목적적 일을 주도하여 학습에 관심을 갖고 깊은 몰입을 하도록 만들면 상상하지도 못했던 성취를 할 수 있도록 도와줄 수도 있다.

칙센트미하이(1988, 1990, 1999)는 창의성을 개인의 정신과정(성격, 호기심, 동기, 확산적 사고 등)에만 집중되어 있다고 지적하면서 이런 방식으로는 창의성을 올바로 이해할 수 없다고 했다. 그는 사회와 문화적 영향력의 중요성을 강조하면서 창의성의 3가지 요소는 문화 또는 영역, 개인, 현장이라고 주장하며 창의성 체계모델을 제시했다. 문화 또는 영역은 상징적인 규칙들을 포함하는 것을 의미하고, 개인은 상징영역에 새로움을 가져오는 사람이고, 새로움을 인정하고 확인하는 전문가 집단으로 구성된 것이 현장이다. 영역은 수학, 물리학, 심리학 등에서 상징에 의해 전달되는 지식의 체계이고, 기존의 문화에 창의적인 상상력을 발동시키는 사람이 개인이고, 현장은 창의적인 사람을 인정하고 평가하면서 일종의 특정 영역의 문지기 역할을 하는 전문가 집단이다. 체계모델은 다양한 영역으로 구성된 문화, 여러 분야의 사람들이 모인 사회 및 개인적 배경을 가진 개인이 3가지 체계로 구성되어 있고, 각 요소들은 양방향으로 상호작용하고 있다. 그의 체계모델에 따르면 어떤 한 개인의 창의적인 산출물이 사회와 문화에서 인정을 받아야, 궁극적으로 창의적인 산출물도 받아들여질 수 있는 것이다. 개인의 산물이 아무리 창의적이라도 주위로부터 인정을 받지 못하면 그 개인은 창의적이라고 할 수 없는 것이다.

칙센트미하이 저
최인수 역
도서출판 한울림(2004)

칙센트미하이 저
노혜숙 역
북로드(2003)

'창의적인 사람'이 되고자 한다면 해당 '영역의 규칙과 내용'뿐만 아니라 '현장이 선택하고 선호하는 평가기준'에 대해 알아야 한다.

기존문화에 창의적 상상력을 발동시키는 사람

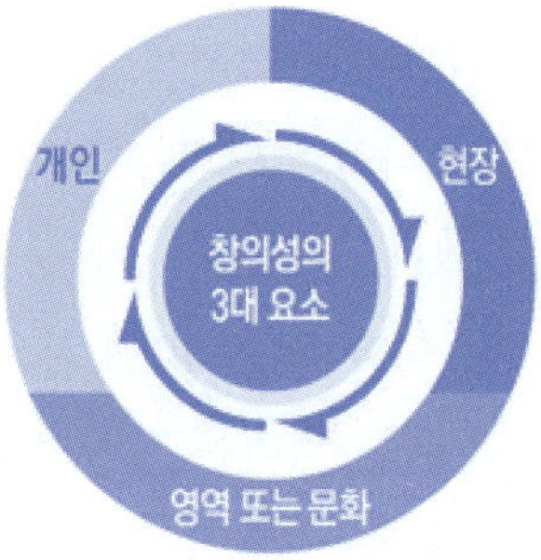

창의적인 사람을 인정하고 평가하면서 문지기 역할을 하는 전문가 집단

상징에 의해 전달되는 지식체계
(수학, 물리학, 심리학, 교육학, 철학 등)

[그림 4-4] 칙센트미하이의 창의성 3대 요소

출처: Csikszentmihalyi(1988).

칙센트미하이(1996)의 『창의성의 즐거움』에서 창의적 인물들의 생애를 살펴보면 창의적 인물의 초년기에는 다음과 같은 특성이 있다고 한다.

1. 아이들은 무한한 재능을 보일 수는 있지만, 창의적일 수는 없다. 창의성이란 실행 방식이나 사고방식의 변화를 일으키는 능력이기 때문이다. 우선 기존의 실행 방식과 사고방식을 습득해야 한다.
2. 주변에 대해 범상치 않은 호기심은 필연적이다. 재능과는 별개로, 강한 호기심과 흥미를 가진다.
3. 강한 호기심과 집중적인 관심이 다른 아이들의 눈에 이상하게 보일 수 있다.
4. 다른 아이들과 쉽게 어울리거나 인기 있는 편은 아니다.
5. 10대에는 흥미, 재능 있는 분야에 시간을 투자하느라 보통 혼자서 시간을 보낸다.
6. 성적으로 늦되고 가족들에게 좀더 의존적이다.

3) 에델만의 창의성 본질

기존의 인문사회과학자와 다른 분야의 뇌과학자이며 노벨 생리 · 의학수상자인 제랄드 에델만Jerald Edelman(2005)은 창의성이란 '장기기억이 새로운 패턴으로 조합되고 발현되는 것'이고, 창의성의 3가지 본질은 축퇴성, 우발성, 모호성이라고 주장한다. 첫째, 축퇴성이란 기억된 정보들이 쌓여 겹치는 현상으로, 기억된 정보들이 겹치게 연결되어 있어 외부에서 비슷한 정보가 들어올 때 새로운 생각이 떠오르는 것을 의미한다. 즉, 외부에서 정보가 들어올 때 신경시냅스가 활발해지는데, 이때 시냅스를 통해 저장된 기억 패턴들이 활성화되고, 새로운 상황에 대처하기 위해 이전에 학습한 기억 내용을 새로운 방식으로 조합하여 대처하는 과정을 창의성 발현이라고 했다. 둘째, 우발성이란 감정과 연계된 정서적 창의성이 예측하지 못했던 환경을 만날 때 예기치 않게 우연히 발현되는 것인데, 새로운 장소에 간 순간 우발적으로 떠오르는 것 등이 그 예라고 할 수 있다. 이런 새로운 느낌은 우연히 만나는 것인데, 바로 그때 창의성이 발현된다. 셋째, 모호성은 인간의 기억은 정확하지 않고 애매하기 때문에 회상된 기억은 매번 달라지며 확장성과 유연성을 가지게 되는 것을 의미한다. 그래서 변화하는 환경에 능동적으로 대처할 수 있는 것이다(박문호, 2008, 2018).

에델만의 창의성 정의를 보면, 새로운 것을 학습하면 신경시냅스가 활발해지고, 기억의 시스템이 달라지게 되는 것이다. 결국 창의성도 학습된 기억의 내용이 있어야 가능한 것이기 때문에, 특히 장기 기억 중심의 교육을 중요시하여 창의성의 발현이 될 수 있도록 교육 환경을 제공해야 한다는 것을 시사하고 있다.

5. 창의성과 교육: 창의성 하위요인과 창의적 사고 기법을 중심으로

창의성 교육을 하기 위해 창의성 하위 요소 6가지를 중심으로 발문을 활용할 수 있고, 아울러 창의성 기법을 활용하면 더욱 효과적이다. 창의성의 개념을 추상적으로만 이해하는 것보다 구체적으로 교실에서 창의적인 능력을 키워주기 위해 창의성 하위요인 6가지를 중심으로 수업을 전개하면 좋다(전경원, 2015).

첫째, 유창성은 특정한 상황에서 얼마나 많은 양의 아이디어나 해결책을 산출해내느냐 하는 아이디어의 풍부함과 관련된 양적인 능력이다.

둘째, 융통성이란 고정적인 사고방식이나 시각 자체를 변환시켜 다양하고 광범위한 아이디어나 해결책을 산출해내는 능력이다.

셋째, 정교성이란, 처음 제안된 아이디어를 다듬어 발전시켜 표현하는 능력으로, 주어진 문제를 세부적으로 검토하거나 문제에 포함된 의미를 명확하게 파악하고 문세에 걸여된 부분을 찾아 보완하고 성교하게 다듬는 사고능력이다.

넷째, 독창성이란 기존의 사고에서 탈피하여 희귀하고 참신하며 독특한 아이디어나 해결책을 산출하는 능력으로 창의적 사고의 궁극적인 목표라고 할 수 있다.

다섯째, 민감성이란 지각력과 관계가 있어 주변 환경에서 오감을 통해 들어오는 다양한 정보에 대해 민감한 관심을 보이고, 이를 통하여 새로운 영역을 탐색해 나가는 능력이다.

여섯째, 상상력이란 과거의 경험을 기초로 하여 앞으로의 행동을 계획하도록 하는 새로운 표상을 만드는 능력이다. 6가지 요인을 중심으로 발문을 만드는 방법은 전경원(2015)의 저서 『창의성 본질과 교육』에 자세하게 소개되어 있으므로 참고하여 수업에 적절한 발문을 만들어 본다.

창의성 기법creativity techniques "크고 작은 사적 · 공적 문제를 해결하거나 창의적인 태도를 갖기 위해 사용하는 일종의 창의성 훈련 도구"라고 할 수 있다. 지금까지 개발된 창의성 기법은 전세계적으로 약 300가지 이상으로 알려져 있다(전경원, 2015). 창의성 기법을 사용하여 학습자로 하여금 새로운 방법으로 문제를 해결하도록 도와주는 데 있다(전경남, 2011). 다양한 문제를 새롭게 해결하기 위해 특정한 한 가지 기법만이 도움을 주는 것이 아니므로, 학습자의 발달적인 특성, 문제와 상황, 주제에 따라 적절한 기법을 선택하여 사용하는 것이 좋다.

창의성 기법들은 확산적 사고를 도와주는 자유연상법(자유롭게 아이디어를 떠올리는 것), 강제연상법(강제로 결합하거나 연상하여 아이디어를 떠올리는 것), 유추발상법(유추와 비유를 사용하여 문제를 해결하기 위해 아이디어를 떠올리는 것)이 있다. 창의성 교육을 위해 널리 사용되고 있는 9가지 창의성 기법('자유연상법'인 브레인스토밍 기법, 육색모자, PMI 기법과 '강제연상법'인 색다른 용도법, 강제결합법, 스캠퍼 기법, 결점열거법, 희망열거법)의 특성과 진행방법을 제시하고자 한다. 9가지 기법 중에서 발산된 아이디어를 평가할 때 사용하는 육색모자 기법과 PMI 기법이 있고, 어떤 문제상황에 대한 아이디어 발산을 할 때 사용하는 브레인스토밍, 색다른 용도법, 스캠퍼 등이 있으므로 주제와 상황에 따라 기법을 선택하여 사용하면 된다.

1) 자유연상법

(1) 브레인스토밍(brainstorming)

브레인스토밍 기법은 미국의 알렉스 오스본Alex Osborn이 개발하였고 전세계적으로 널리 사용되는 창의성 기법이다. 브레인스토밍은 '두뇌'라는 뜻의 브레인과 '폭풍'이라는 뜻의 스토밍이 결합된 단어로 '두뇌폭풍'brainstorming을 의미한다. 즉, '두뇌폭풍'이란 말뜻과 같이 특정한 문제나 주제에 대해 두뇌에서 마치 폭풍이 몰아치듯이 생각나는 아이디어를 모두 내놓는 기술이다. 따라서 브레인스토밍을 할 때는 어떤 아이디어라도 수용하고 자유분방하고 엉뚱한 아이디어도 모두 받아들이는 일종의 자유연상법이다. 이는 개인 브레인스토밍 또는 집단발상 방법으로 문제 해결의 단계 중 빠른 시간에 많은 아이디어를 낸다는 것에 역점을 둔 아이디어 발상법이다.

브레인스토밍 기법은 창의성 신장에 도움을 줄뿐만 아니라, 민주 시민으로서 성장하고 활동하기 위해 요청되는 필수적인 토론과 대화기술을 함양시킬 수 있다(전경원, 2015). 그러므로 영유아기부터 브레인스토밍 기법을 익혀서 민주 시민으로서의 자질을 향상시켜, 자기 의견만을 내세우는 사람이 되지 않도록 해야 한다.

오스본(1949)은 브레인스토밍 기법을 실시할 때 지켜야 할 4가지 기본규칙을 제시했다.

첫째, 발표한 아이디어를 비난하거나 평가해서는 안 된다.

아이디어의 산출을 저해하는 비판이나 평가 또는 판단을 마지막까지 유보하는 것이 중요하다. 일반적으로 비난이나 평가(긍정적 평가, 부정적 평가)를 하게 되면 아이디어가 나올 가능성이 낮아진다. 이 규칙은 비판엄금, 비판금물, 평가보류, 평가유보라는 단어로 사용되기도 하는데, 사용하는 사람에 따라 약간의 차이는 있지만 '평가유보'deferred judgment의 개념으로 받아들이면 된다. 첫 번째 규칙을 지키는 것이 쉽지 않기 때문에, 학습자에게 1주일 정도 첫 번째 규칙만 지키도록 하는 것이 좋다.

둘째, 아무리 엉뚱한 아이디어라도 수용해야 한다.

창의적인 사고는 자유로운 분위기에서 일어난다. 자유로운 느낌이나 생각을 표현하게 함으로써 두뇌 활동은 더욱 촉진되고, 더 많은 양의 아이디어를 낼 수 있다. 그러므로 다소 어리석어 보이거나, 엉뚱하거나, 황당한 아이디어도 수용해야 한다. 창의적인 학습자는 엉뚱한 생각을 많이 표현하므로 브레인스토밍 시간에는 이를 수용하는 분위기를 제공해야 한다.

셋째, 아이디어는 많을수록 좋다.

브레인스토밍에서는 아이디어의 개수가 중요하다. 질 높은 아이디어보다는 많은 양의 아이디어가 더 중요하다는 것인데, 이는 많은 양의 아이디어 속에서 질 높은 아이디어가 나올 수 있다고 보기 때문이다. 그러므로 어떤 평가도 내리지 않고, 생각할 수 있는 모든 아이디어를 떠올려 보는 것이 중요하다.

넷째, 이미 제안된 아이디어로부터 다른 아이디어를 이끌어 낼 수 있도록 한다.

이 규칙은 남의 아이디어에 편승한다는 의미로 '히치하이크'나 '무임승차'라고 불리기도 한다. 타인의 아이디어로부터 착안하여 자신만의 아이디어를 생각해 내거나, 2개 이상의 아이디어를 결합하여 제3의 아이디어를 내놓는 것을 의미한다.

이러한 4가지 규칙을 설명할 때는 학습자가 쉽게 이해할 수 있도록 적절한 예를 들어 구체적으로 설명해 주고, 한 번에 한 가지 규칙을 익힐 수 있도록 지도하는 것이 바람직하다. 브레인스토밍을 할 때는 규칙을 지켜야 하고, 진행을 하는 진행자 1명과 기록자 1~2명 정도를 포함하여 5~7명으로 구성한 다음에 진행단계에 따라서 실시하는 것이 효과적이다(Rossiter & Lilien, 1994).

브레인스토밍은 타인의 아이디어를 듣는 동안 자신의 아이디어 발상이 막히는 경우가 있고, 자신은 아이디어를 내지 않고 타인의 아이디어에 얹혀가는 경우도 있고, 자신의 아이디어가 평가를 받을 불안감을 느끼기도 하므로(전경원, 1997), 이러한 한계를 극복하여 브레인스토밍이 제대로 이루어지도록 해야 한다.

브레인스토밍의 유형(개별 브레인스토밍, 집단 브레인스토밍, 집단 브레인라이팅)에 따라 창의성 효과가 다르기 때문에, 교사는 학습자의 수준에 따라 적절한 브레인스토밍을 선택해야 한다. 홍기칠(2013)은 개별 브레인스토밍, 집단 브레인스토밍, 그리고 집단 브레인라이팅 유형이 초등학생과 대학생의 집단창의성에 미치는 효과를 분석하였다. 이 연구에서 초등학교 5학년 36명과 대학교 4학년 29명을 3가지 유형의 브레인스토밍 집단에 각각 무선배치하고 브레인스토밍 2가지 문제에 대한 해결 아이디어를 산출하게 한 결과, 첫째, 초등학생의 경우 개별 브레인스토밍이 집단 브레인스토밍보다 집단창의성에 더 효과적이었다. 그러나 집단 브레인라이팅의 집단창의성 평균점수는 개별 브레인스토밍보다 낮고 집단 브레인스토밍보다 높았으나 통계적으로는 유의미한 차이가 나타나지 않았다. 둘째, 대학생의 경우 개별 브레인스토밍이 집단 브레인스토밍이나 집단 브레인라이팅보다 집단창의성에 더 효과적이었다. 그리고 집단 브레인라이팅이 집단 브레인스토밍보다 집단창의성에 더 효과적이었다. 즉, 개별 브레인스토밍, 집단 브레인라이팅, 집단 브레인스토밍 순으로 집단창의성에 더 효과적이었던 것으로 밝혀졌다. 연구에 따르면 연령과 브레인스토밍 유형에 따라 창의성 효과가 다르므로, 교사가 교수-학습을 준비할 때 적절한 브레인스토밍 유형을 선택해야 한다.

(2) 육색모자 기법(six thinking hats)

몰타에서 태어난 심리학자인 에드워드 드 보노Edward de Bono가 창안한 기법으로, 각기 다른 6가지 모자를 바꾸어 쓰면서 모자 색깔이 상징하는 유형의 사고자 역할을 해보는 기법이다(De Bono, 1972, 1990a, b, c, 1992). 한 가지의 아이디어에 대해 다양한 측면을 생각해 볼 수 있다. 사회를 보는 리더가 6가지 모자를 바꾸어 쓸 때, 그 모자가 요구하는 사고만 하도록 하여, 폭넓은 사고를 유도하는 데 있다. 아이디어를 생성하기 위한 확산적 사고를 할 때 사용할 수도 있고, 아이디어를 평가할 때 사용할 수 있다.

6가지의 모자별로 질문을 다르게 하여 주어진 아이디어를 평가하면 효과적이다. 하얀색 모자는 객관적이고 사실적인 사고 유형이고 내용은 사실이나 정보를 다루는 것이다, 빨간색 모자는 감정적이고 직관적 사고유형으로 느낌, 직관, 예감 등의 내용이 포함된다. 검정색 모자는 부정적인 사고 유형으로 불가능성, 단점, 실패 이유 등의 내용으로 생각해 보는 것이 해단된다. 노랑 모자는 낙관적이고 긍정적인 사고유형으로, 장점, 가능성, 성공 이유 등의 내용이 해당된다. 초록 모자는 창의적이고 생산적인 사고유형으로 새로운 생각, 다양한 해결방안, 흥미로운 생각 등이 해당된다. 끝으로, 파란색 모자는 이성적이고 실천적인 사고유형으로 요약, 결론, 조직화 등의 내용이 해당된다.

예를 들어 하얀색 모자를 썼을 때, 아이디어를 듣고 그 아이디어가 객관적이거나 사실적인지 평가하는 것이다. 파란색 모자를 썼을 때 현실적으로 실천 가능한지 평가해 보는 것이다. 어떤 아이디어에 대해 평가하기 위해 다양한 시각으로 생각해보는 데 활용할 수 있다. 초등학교 현장에서 교과 주제에 적절하게 사용하면 창의적인 사고력이 증진될 수 있다.

(3) PMI 기법

드 보노가 창안한 창의적 사고력 프로그램 CoRT Cognitive Research Trust에 포함되는 기법이 PMI 기법이다. PMI는 CoRT 수업의 첫 번째 훈련과정이다. 드 보노는 지난 30년 동안 인간의 창의적인 사고력에 대해 연구한 전문가로 수평적 사고 lateral thinking를 창안한 창의성 연구자로 널리 알려져 있다. 그의 수평적 사고 활동에서 PMI를 사용했다.

이 기법은 어떤 문제에 대한 아이디어에 대해 얻게 되는 플러스plus가 되는 이점을 생각해 보고, 얻게 되는 아이디어에 대해 마이너스minus가 되는 불리한 점을 생각해 보고, 이점이나 불리한 점이 아닌 흥미로운interesting 결과를 생각해 보는 간단한 창의성 기법이다. 어떤 아이디어에 대해 가능한 한 다양한 장점과 단점을 열거해 보고, 잠재적이고 흥미로운 점들을 떠올려 보는 것이다. 드 보노는 PMI를 할 때는 우선 플러스 요소들에 주의를 기울이고, 그 다음에 마이너스요소들에 주의를 기울이며, 마지막으로 흥미로운 요소들에 주의를 기울이라고 한다. 이 방법은 2분에서 3분 동안 침착하게 해야 한다고 제안한다(De Bono, 2010).

PMI 기법은 제안된 아이디어에 대해 잠재적인 가능성을 평가해 볼 수 있는 창의성 기법으로 유아부터 대학원생에 이르기까지 폭넓게 사용할 수 있는 기법이다. 교과와 관련된 다양한 창의성 활동에서 제안된 아이디어나 문제해결 방안을 평가해 보는 간단한 창의성 기법으로 널리 활용하면 창의적인 사고에 도움이 된다.

2) 강제연상법

(1) 색다른 용도법

'색다른 용도법'unusual uses은 원래의 용도 외에 다른 용도로 사용할 수 있는 방법을 찾아보게 하는 것으로, 영유아의 창의성 발달에 많은 도움이 된다. 즉, 원래 용도 이외의 다른 용도로 전환시키는 능력을 발전시켜, 궁극적으로는 창의성과 창의성을 신장시킬 수 있도록 하는 데 목적이 있다. 일상생할 속에서 흔히 볼 수 있는 물건을 원래의 용도 이외의 방법으로 사용하도록 아이디어를 유도하는 데 주안점을 두고 있다. 예컨대 종이컵, 보자기, 색종이, 안경, 운동화 등을 한 번에 한가지씩 소개하며 원래의 용도를 물어보고, 또 다른 용도로 사용할 수 있는 방법을 가능한 한 많이 떠올리게 하면 된다. 가장 쉬운 방법으로 학습자로 하여금 창의성 훈련을 할 수 있는 창의성 기법이다. 하루에 한 가지씩 물건을 선택하여, 원래 용도 외에 또 다른 사용법을 가능한 한 많이 재미있는 방법을 생각해 보게 하면 좋다.

유아교육 현장에서도 색다른 용도법은 창의성 발달에 효과가 있는 것으로 나타났다. 김경숙 · 홍혜경(2012)은 유아들의 창의성 증진을 위해 색다른 용도법을 활용한 표상활동이 유아들의 창의성에 미치는 효과를 검증하였다. 실험집단(25명), 비교집단(25명)에 만 5세 유아 50명이 참여하였으며, 실험집단의 유아들은 주 2회 6주간 12회의 색다른 용도법을 적용하는 표상활동과 비교집단 유아들은 색다른 용도법 활동을 실시하였다. 색다른 용도법에서 사용했던 사물은 보자기, 막대, 종이컵, 세모, 모자, 다리미, 바가지, 신문지, 밀짚모자, 페트병, 수건이었다. 활동의 효과를 검증하기 위해 유아 도형 창의성 검사를 실시하였으며 색다른 용도법을 활용한 표상활동을 적용한 결과 실험집단의 창의성 점수의 평균이 비교집단보다 통계적으로 유의미하게 향상되었다. 또한 유창성, 독창성, 개방성의 하위 요인별 평균 점수의 차이에서도 통계적으로 유의미하게 향상되었다. 이 연구로 미루어 보아 단순하게 색다른 용도법 수업을 하는 것보다 창의성 교수매체 활용 및 다양한 표상활동(조형, 언어, 조작, 신체 등)을 하는 것이 창의성 교육 효과가 크다는 것을 알 수 있다.

(2) 강제결합법

영국의 작가 찰스 화이팅Charles Whiting이 창안한 '강제 결합법'forced relationships은 억지로 관계를 맺어 보도록 하는 방법으로, 어떤 사물이나 아이디어를 색다르게 생각해 보는 능력을 계발하도록 돕는 연합사고 활동이다. 즉, 문제를 창의적으로 해결하기 위해 전혀 관계가 없어 보이는 아이디어나 물건을 강제로 연관시키는 훈련 방법이다. 겉으로 보기에는 전혀 관계가 없어 보이는 2가지 아이디어나 사물을 억지로 결합시키는 활동을 통해 창의적인 사고력을 신장시키는 데 그 의의가 있다(전경원, 2015). 주변에 있는 물건 2개를 선택하여 결합하면 어떤 물건이 만들어지게 될지, 2개의 동물을 합체하면 어떤 동물이 탄생할 것인지에 대해 강제로 결합을 해본 후 이에 대한 아이디어를 말이나 몸으로 표현해보거나 그림으로 그려보게 한다.

3) 스캠퍼 기법

브레인스토밍 기법의 4가지 기본 규칙을 보완하기 위해서 창의성 체크리스트를 사용할 수 있다. 대표적인 체크리스트 중의 하나인 스캠퍼SCAMPER 기법은 각 내용은 외우기도 쉽고 실생활에 많은 도움을 주기 때문에 널리 사용되어 왔다. 스캠퍼 기법은 7개 단어의 약자로 구성되어 있으며, 특정대상이나 특정문제에서 출발해서 그것을 변형시키는 방법으로, 아이디어와 상상력을 동원하도록 도와주는 체크리스트 기법이다. 이 기법을 활용하면 용도를 개발하거나, 품질을 개선하거나, 실용성을 증진하는 등의 아이디어 계발에 유용하다(전경원, 2015).

스캠퍼 기법을 진행하기 위한 7개 단어의 약어의 개념은 다음과 같다.

- S(substitute, 대치하기): 무엇으로 대치할 것인가?
- C(combine, 결합하기): 무엇과 결합할 수 있는가?
- A(adapt, 순응하기): 순응이 어떠한가?
  다른 무엇이 이것과 비슷한가?
  과거에 동일한 것이 있었나?
- M(modify, 수정하기): 수정은 어떠한가?
  색, 모양 등은 어떻게 바꿀 수 있는가?
- M(magnify, 확대하기): 확대는 어떠한가?
- M(minify, 축소하기): 작게, 보다 가볍게, 짧게 만들 수 있는 방법은?
  가볍게 하면? 속도를 늦추면? 분할하면?
  횟수를 줄이면?
- P(put to other uses): 다른 용도로 사용할 수 있는가?
- E(eliminate, 제거하기): 제거하는 것은 어떠한가?
- R(rearrange, 재정리하기: 어떻게 재정리할 수 있는가?
  어떻게 하면 형식, 순서, 구성을 바꿀 수 있나?
- R(reverse, 반대로 하기 또는 순서 바꾸기):
  반대로 하는 것은 어떠한가?
  순서를 바꾸는 것은 어떠한가?
  어떻게 하면 방향을 돌리거나 원래의 위치와 반대되는 곳에 놓을 수 있을까?

양상미(2014)는 스캠퍼 기법을 활용한 과학 수업이 학생들의 창의적 사고 및 창의적 성향에 미치는 효과를 알아보기 초등학교 5학년 영재학급 학생들을 대상으로 15주 동안 과학 수업을 진행하였다. 실험 처치 전에 사전 창의적 사고력과 창의적 성향 검사를 실시하였고, 실험처치 사후에 창의적 사고력과 창의적 성향

검사를 실시하였다. 본 연구 결과, 첫째, 스캠퍼 기법을 활용한 영재학급의 과학 수업은 창의적 사고에서 차이를 보이지 않았다. 그러나 창의적 사고 하위요소인 개방성에서는 효과가 있었다. 둘째, 스캠퍼 기법을 활용한 영재학급의 과학 수업은 창의적 성향에서 효과가 있었다. 셋째, 스캠퍼 기법을 활용한 과학 수업에 대한 학생들의 반응에서 대다수의 학생들은 스캠퍼 기법에 대하여 아주 긍정적인 반응을 보였다. 본 연구의 스캠퍼 기법을 활용한 과학수업은 전체적인 창의적 사고력 신장에는 영향을 미치지는 못했지만, 창의적 성향에서는 긍정적으로 향상될 여지가 높다고 본다. 따라서 학교 수업에서 스캠퍼 기법을 활용한 과학 수업이 필요하다는 긍정적인 측면을 시사한다고 밝혀졌다. 스캠퍼 기법으로 창의적 사고력 신장보다는 창의적 성향에 긍정적인 것으로 미루어 보아, 스캠퍼 기법 적용의 기간을 좀 더 길게 하거나, 평재 학생들에게 스캠퍼를 적용해 보면 효과가 나타날 수도 있다는 가능성을 보여주는 연구라고 할 수 있다.

4) 결점열거법

어떤 물건의 결점을 떠올리다 보면 이를 해결하기 위해 다양하고 신선한 해결책을 생각하게 되고 새로운 아이디어를 찾아낼 수 있게 된다. 현재의 상태에 만족하지 않고 결점을 찾아보는 것에서 시작하여 새로운 아이디어를 찾는 방법을 '결점열거법'이라고 한다(전경원, 2015). 일상생활 속에서 사용하는 물건들의 결점을 최대한 많이 찾아내어 더욱 좋은 제품을 개선하거나 태도 등을 개선해 보는 발상법으로 내용이 쉽고 진행하기가 간단하다. 예컨대 운동화, 색연필, 가위, 물컵, 가방 등 영유아가 사용하는 물건들의 결점을 최대한 많이 떠올려보면 된다.

5) 희망열거법

주변에 있는 물건을 관찰하고, 각 물건을 원하고 바라는 상태로 생각해 보는 기법이다. 물건에 대한 희망사항을 찾아보는 것으로, 물건이 어떻게 바뀌면 좋겠다는 희망사항을 많이 떠올릴 수 있는 아이디어를 이끌어 내는 기법이다. '이런 것이 있으면 좋겠다' '이렇게 되어 주면 좋겠다'는 희망을 생각해 보는 것이다. 이는 적극적인 방법으로 창의적인 문제해결을 해 보게 하는 것이다. 이렇게 희망사항을 열거하다 보면 교사가 기대했던 것 이상의 것을 얻을 수도 있다.

학습자의 수준과 교과의 주제에 따라 다양한 창의성 기법을 선택하여 사용하는 것이 좋다. 유아교육 현장에서부터 대학원 수업까지 사용하면 효과가 있다. 이윤옥(2014)의 연구에서는 다양한 창의성 기법을 활용하였다. 이윤옥(2014)은 동화를 활용하여 창의적 사고기법을 연계시켜 구성한 감정코칭 문제해결 활동 경험이 만 5세 유아의 창의성에 미치는 영향을 알아보았다. 유치원 2개 학급 원아 26명을 선정하여 실험집단에는 존 가트맨John Gottman 외(2011)의 감정코칭이론과 창의적 사고기법을 연계시켜 구안한 감정코칭 문제해결 활동을 9주 동안 실시하였다. 감정코칭 문제해결 활동은 동화에 기초하여 감정 인식하기, 동화 속에서 감정 발견하기, 동화에 나타난 감정에 공감하고 경청하기, 유아 자신의 감정 표현하기, 감정 해결하기의 5단계 교수학습 과정에, 창의적 사고기법(브레인스토밍, 마인드맵, 강제 결합법, 스캠퍼, 연상법, 희망열거법, 육색사고 모자, 색다른 용도법)을 연계시켜 구안하여 창의적 역량 증진을 위한 문제해결 활동을 의미한다. 연구결과, 실험집단 만 5세 유아들의 창의성이 증진된 것으로 나타났다. 따라서 본 연구에서 구안한 창의적 기법을 연계한 감정코칭 문제해결 활동은 유아의 창의적 사고를 향상시키는 데 효과적인 교수학습 방법임을 확인할 수 있었다.

6) 창의적인 교수·학습 방법

(1) 교실에서 창의성을 신장시키는 교사

우리나라의 교사들은 창의적인 학생을 좋아할까? 싫어할까? 약 45년 전 미국의 존 펠듀슨John Feldhusen과 도날드 트레핀저Donald Treffinger(1975)의 연구에 따르면, 그 당시 교사들의 96%가 교실에서 창의성을 신장시켜야 한다는 주장에 동의한 것으로 나타났다. 그런데 흥미롭게 실제수업을 할 때 교사들은 창의적인 특성을 지닌 대담하고, 참신하고, 독창적인 생각을 추구하는 학생을 좋아하지 않는 경우가 종종 있는 것으로 나타났다. 토란스Torrance(1965)의 유사한 연구에서 교사들은 공손하고, 시간을 잘 지키고, 순종하며, 타인의 의견을 수용하는 학생들을 더 선호하는 경향을 보였다. 또한 교사들은 기억력이 좋거나, 정확한 회상을 잘하고 비판적 사고능력이 좋거나, 의사결정 능력이 뛰어난 것을 선호하는 경향을 나타냈다. 심지어 브렌다 스톤Brenda Stone(1980)의 연구에서는 창의성 점수가 가장 높은 초등학교 2학년 학생을 문제 있는 골칫덩어리로 인식하는 교사도 있는 것으로 밝혀졌다.

40~50년 전 미국의 교사들은 이론적으로는 창의성 교육이 필요하다고 생각하지만, 실제 수업 현장에서는 기억을 잘하고 순종하는 학생을 선호하는 것을 보면, 교사들의 편견을 없애는 일이 필요하지 않을까? 그 이후 1990년대의 미국 연구뿐만 아니라 터키 등 다른 나라의 연구들에서도 비슷한 연구 결과가 나타나고 있어서 교사들의 창의적인 학생에 대한 올바른 이해가 필요하다. 그렇다고 해서 모든 연구가 창의적인 학생에 대해 부정적인 시각을 갖고 있는 것은 아니다(Runco, Johnson, & Bear, 1993). 창의적인 학생에 대해 긍정적인 시각을 갖고 있는 교사도 창의성이 무엇인지 잘 모르기 때문에 창의성이 나타나는 학생에게 호의적이지 않을 수 있다. 창의성의 본질, 독창성과 과제의 적절성 간의 결합에서 창의성을 명확하게 이해하는 교사는 창의성에 대한 부정적 관념과 신화를 불식시킬 수 있고, 그에 따라 교육과정을 운영하면서 학생들의 창의성을 신장시킬 수 있다(Beghetto & Plucker, 2006).

그렇다면 2020년 우리나라의 교사들은 어떨까? 교사들은 창의적인 아이디어를 발표하고 순종하지 않는 학생을 좋아할까? 혹시 교사의 입장에서 창의성을 제대로 이해하여, 창의적인 학생을 자제력이 부족하거나, 순종하지 않고, 파괴적이고, 호전적이라고 인식할 수도 있다는 점을 고려하여, 창의적인 학생의 특성 및 교수방법을 잘 연구해서 적용해야 한다. 창의적인 수업이 이루어지려면 창의적인 교수방법 및 창의성을 신장시켜줄 수 있는 다양한 방안을 제시하는 교사교육이 필요하다.

교실에서 수업을 할 때 학생들에게 좋은 행동 모델을 제시하는 교사는 학생들이 창의적인 행동을 할 때 격려해 주고 강화시켜 준다. 교실에서 학생들의 창의성을 촉진시키는 교사는 다음과 같다(Cropley, 2001).

- 학생들이 독립적으로 배우도록 격려한다.
- 상호협동적이고 사회적으로 통합적인 교수법을 활용한다.
- 사실적인 지식의 습득을 소홀하게 여기지 않는다.
- 건설적인 오류나 터무니없는 실수를 허용한다.
- 자기평가를 격려한다.
- 모든 질문을 심각하게 여기지 않는다.
- 다양한 자료를 활용하여 학습할 수 있는 기회를 제공한다.
- 좌절과 실패를 통해서 학습할 수 있도록 도와준다.
- 올바른 활동은 물론 용기있는 활동에도 보상을 해준다.

펠듀슨과 트레핀저Feldhusen & Treffinger(1975), 제롬 새틀러Jerome Sattler(1992), 애니타 울포크Anita Woolfolk(2019)는 교실에서 창의성을 촉진시킬 수 있는 지침을 예를 들어 제시하고 있다.

- 확산적 사고를 수용하고 격려한다.
  - 예 1) 수업시간에 토론할 때 "이 문제를 다른 시각으로 생각할 수 있는 사람이 있는지" 물어본다.
  - 예 2) 학생이 제시한 문제해결 방안이 그다지 독창적이지 않더라도 강화해준다.
- 이의제기를 너그럽게 받아들인다.
  - 예 1) 어떤 문제에 대해 이의를 제기했을 때 그것을 뒷받침할 증거를 제시한다.
  - 예 2) 동조하지 않는 학생들도 다른 학생들과 마찬가지로 동등한 대우와 보상을 받도록 한다.
- 학생 스스로 자신의 판단을 신뢰하도록 한다.
  - 예 1) 학생들이 스스로 답할 수 있는 질문을 한다고 생각하면, 그 질문을 조금 수정하거나 더 명확하게 질문한다.
  - 예 2) 때때로 성적을 매기지 않는 숙제를 제공하여 학생 스스로 판단하도록

한다.

- 학생 개개인은 누구나 창의성을 갖고 있다는 것을 강조한다.
  예 1) 훌륭한 예술가나 발명가의 업적을 마치 초인간적인 성취인 것처럼 묘사한다.
  예 2) 학생 개개인의 창의적인 노력을 인정해 준다. 어떤 과제물에는 별도로 독창성 점수를 준다.

- 창의적인 사고를 자극한다.
  예 1) 수업시간에 가능하면 자주 브레인스토밍을 실시한다.
  예 2) 모든 가능성이 고려될 때까지 제안된 아이디어에 대한 판단을 보류한다.

창의성을 신장시킬 수 있는 교육방법은 다양하다. 전경남(1999)의 메타분석 연구에서 1974년도부터 1998년까지 연구된 실험연구 36편의 창의성 프로그램의 효과를 알아보았다. 유아와 초등학생을 대상으로 실시된 창의성 훈련유형을 발문기법, 창의적 예술활동, 창의적 사고기법 및 기타로 분류하여 연구한 결과 4가지 범주 모두 효과적인 것으로 나타났다. 전체평균 효과 크기는 .822로 창의성 훈련은 일반적으로 효과적인 것으로 나타났다.

강현숙과 박병기(2014)의 메타분석 연구에 의하면 우리나라에서 창의성 신장을 위한 프로그램 연구들 266편(1999~2010)을 11가지의 프로그램 유형에 따라 분류한 내용은 다음 〈표 4-2〉와 같다. 프로그램의 연구들을 종합적으로 분석한 결과, 평균 효과 크기는 .341로 창의성 프로그램 효과가 있는 것으로 나타났다. 창의성 프로그램이 효과적이기 위해서는 전반적으로 충분한 시간과 노력이 투입돼야 하지만, 너무 많은 투입은 오히려 역효과를 가져올 수 있음이 시사되었다.

〈표 4-2〉 창의성 프로그램의 유형과 내용

유형	내용
1. 창의적 사고 기법	• 브레인스토밍, 시네틱스, 여섯 색깔 사고모자 기법, 스캠퍼 기법, 창의적 사고 프로그램 등
2. 창의적 문제 해결	• 창의적인 문제 해결력(creative porblem solving, CPS), 창의적인 문제해결력 한국판(creative porblem solving-Korea, CPS-K), 창의적인 과정프로그램(creative a process approach, CAPA), 미래문제해결 프로그램(future problem solving program, FPSP) 등
3. 창의성 신장 프로그램	• 창조적 아이디어 훈련, 확산적 표현력 훈련, 협력 창의성 계발 학습모형, 창의성 강좌, 창의성 신장 교재, 종합 창의성 프로그램(이하 창의성 프로그램 생략), 통합적, 우뇌 · 전뇌, 언어적, 도형적, 과학, 만화 · 애니메이션 활용, 대학생용 등
4. 발문기법	• 확산적 발문 프로그램, 창의성 신장을 위한 교사 발문, 질문유형, 문답형태 등
5. 사고활동	• 인지전략 사용, 인지적 훈련, 메타-인지적 훈련, 초인지-사칙연산적 사고활동, CoRT 사고교육 프로그램, 3차원 입체사고 프로그램, 비판적 사고, 기초 사고기능 훈련, 다중지능이론, 지능계발 프로그램(STSC, FIE), SIGT 논리수학(MI-LM) 프로그램, 4MAT system 학습방법, 뇌 과학적 접근, 뇌 학습 프로그램(우뇌 · 전뇌), 뇌 기능 훈련 프로그램(우뇌 · 전뇌) 등
6. 교육과정 및 교수방법에서의 창의적 방안 *	• 프로젝트 학습, 협동학습, 토의학습, 탐구학습, 순환학습, PBL(문제 중심 학습), 문제해결 학습, 문제해결 활동, 문제해결 토의활동, 적극적 과제해결 프로그램, 시각적 비유학습, 가설 · 연역적 수업, 포트폴리오 수업, 개념도 작성, 역할놀이, 열린 교수 · 학습 모형, 열린 교실 운영 등 • 프뢰벨 은물교육, 몬테소리, 가베, 발도르프 프로그램, 레지도 에밀리아 접근법(다상징적 접근), 아르미 프로그램, 창조교육 5단계 교수법, 자연친화적 유아교육(보육) 프로그램, 생태유아교육, 텃밭중심 집단탐구활동, 자연물을 활용한 교육활동, 쌓기 놀이 활동 프로그램, 칠교놀이, 유머활동, NIE 활동, 만화 등 • 발명 프로그램, 발명교육 프로그램, 발명캠프, 트리즈 40가지 발명원리 적용, NFTM-TRIZ 적용 등 • 창의적 문제발견 학습, 문제설정 수업, 문제제기 수업, 비계설정, 또래 튜더링 질문생성 훈련 프로그램, 자문자답 훈련, 교수활동 유형(지시, 비지시, 교사 수용성), 수업 방식(개방형, 지시형) 등 • 주제통합 활동, 교육과정 통합, 통합교육 활동 등
7. 교과 관련 활동*	• 동화활동(동화책 읽어 주기, 동화 들려 주기, 동화 제시방법, 동화 만들기, 상황 의존적 동화활동, 전래동화), 동극, 동시 활동(동시 짓기, 관련 활동), 그림책 관련활동(읽기, 만들기, 슬라이드, 그림책, 정보 그림책), 언어활동(문학적, 동화중심, 프로젝트 스펙트럼), 언어경험 접근법 · 학습지 접근법 · 문학적 접근법, 이야기 꾸미기, 메이킹 북 프로그램, 문학 활동, 독후 활동, 독서교육, 글쓰기, 노랫말 바꾸기 활동 등

유형	내용
7. 교과 관련 활동*	• 수학 퍼즐, 수학적 의사소통하기 및 표상활동, 수학 개방형 문제 중심 프로그램, 수학 개방형 학습활동 등 • 과학 교수 · 학습(인식론적 V도 활용, 탐구학습중심, 구성주의 프로그램 e-Learning 기반), STS 생물학습(전통, 웹기반) 등 • 실과 만들기 활동, 수공노작학습 등 • 창의공학 설계교육 프로그램, 상상설계 공학 등
8. 예술 관련 활동*	• 극 놀이, 창작음악극, 표현활동, 그림읽기 활동 등 • 미술교육(조형요소를 활용한 프로그램, 다중지능에 기초한 프로그램, 다문화 미술활동, 미술작품 감상활동, 평면 미술활동 · 입체 미술활동, 열린 미술교육 방법 · 단원 미술교육 방법 등) • 음악교육(코다이 교수법, 칼 오르프 음악교육, 감상활동 등)
9. 신체 · 동작 관련활동*	• 놀이활동(전통놀이 포함), 신체활동 증진 프로그램, 신체표현 활동(다문화적 접근, 단계적 활동), 신체놀이 활동, 움직임 교육, 동작교육 프로그램, 무용학습(즉흥무용, 창작무용, 발레교육, 춤 교육), 체육활동(준비운동, 순환운동) 등
10. 컴퓨터 관련 활동*	• 컴퓨터 활용, 프로그래밍 교육(로봇 활용, 두리틀 활용), 로봇교육 프로그램, 개방적 · 폐쇄적 소프트웨어 경험, 협력적 멀티미디어 활동 등 • 정보통신 기술교육, 컴퓨터 그래픽 수업, 애니메이션 수업, 파워포인트 수업 등
11. 기타	• 영재 수업, 영재 프로그램(창의영재, 과학영재, 수학영재, KEDI 심화 교수 · 학습모형), 부모교육 · 교사교육(아동 창의성 신장을 위한), 이미지 트레이닝, 명상활동, 사회극 프로그램, 심리치료(독서치료, 원예치료, 무용치료), 지능변화신념 프로그램 등

※ 2가지 이상 활동이 통합된 경우, '주'가 되는 영역으로 분류함

출처: 강현숙·박병기(2014).

7) 창의성을 발휘하기 위한 제언

학생들이 창의성을 발휘하기 방법은 다양하지만, 가장 중요한 것은 몰입과 뇌의 휴식을 적절하게 조절하고, 창의적인 마인드셋을 가지도록 하고, 일상생활 속에서 지속적으로 창의성 향상을 위해 노력하는 것이다.

첫째, 뇌가 휴식을 취하도록 한다.

창의성 연구의 대가인 칙센트미하이는 몰입의 중요성을 강조하지만 늘 몰입의 상태를 유지하기는 쉽지 않다. 어느 정도 몰입을 한 후에는 반드시 뇌가 휴식을

하도록 해야 한다. 휴식 시간 동안 창의적인 아이디어가 나올 수 있기 때문이다. 2001년 미국의 신경과학자 마르쿠스 라이클Marcus Raichle은 아무런 인지활동을 하지 않고 멍하게 있을 때 오히려 활성화되는 뇌의 특정 부위를 디폴트 모드 네트워크Default Mode Network 또는 휴지상태 모드resting-state mode라고 했다. 학습을 할 때 정신을 집중해 생각에 주의를 기울이고, 아무것도 안할 때는 우리의 생각이 여기저기를 떠돌게 된다. PET(양전자단층촬영)기법과 fMRI(자기공명영상) 기법을 활용하여 아무것도 안 할 때 뇌의 어떤 부분이 활성화되는지 알아보았는데, 흥미롭게도 쉴 때 유난히 활성화되는 영역이 있다는 것을 밝혀냈다.

일본이나 미국 등에서 관련된 연구 결과가 발표되고, 뇌과학자들은 디폴트 모드 네트워크가 잘 기능하면 창의성, 자아성찰, 정서조절 등에 기여할 수 있다고 한다. 창의성을 발휘하려면 계속 집중하여 일하는 것보다 멍하게 있거나 딴생각을 하는 시간이 필요한 것이다. 디폴트 모드 네트워크가 활성화되면 단기 기억을 담당하는 해마 영역도 함께 활성화된다고 밝혀졌다. 따라서 기억력을 높이고, 학습 성취도를 높이고, 창의성을 발휘하려면 뇌를 지나치게 혹사하여 지치게 하지 말고, 디폴트 모드 네트워크의 기능을 유지하는 것이 좋다. 뇌가 소진되면 인지기능이 제대로 작동하지 않는다는 것을 고려하여 디폴트 모드 네트워크를 가동시키도록 조정하는 것이 좋다. 수업시간에 집중하지 않고 멍하게 딴생각을 하는 학생이 있다면 어떻게 할 것인가? 지적을 할 것인가? 잠시 멍 때리도록 내버려 둘 것인가? 집중시간과 휴식시간의 조절을 잘해야 학습의 효과를 높일 수 있다.

한국 학생들은 과도한 학습시간으로 인해 피곤한 상태로 보여진다. 2019년 초(4~6) · 중 · 고등학생 10명 중 5명은 하루 평균 3시간 이상 학습하는 것으로 나타났다. 2019년 초 · 중 · 고등학생 10명 중 5명(47.3%)은 평일에 정규 수업시간을 제외하고 평균 3시간 이상 학습하고, 초 · 중 · 고등학생 10명 중 2명(21.3%)은 하루 평균 2~3시간 학습하며, 10명 중 3명(31.4%)은 2시간 미만 학습하는 것으로 나타났다.

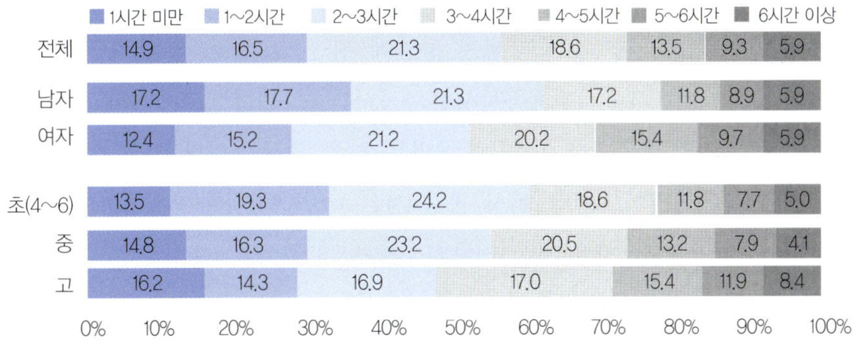

출처: 한국청소년정책연구원(2019).

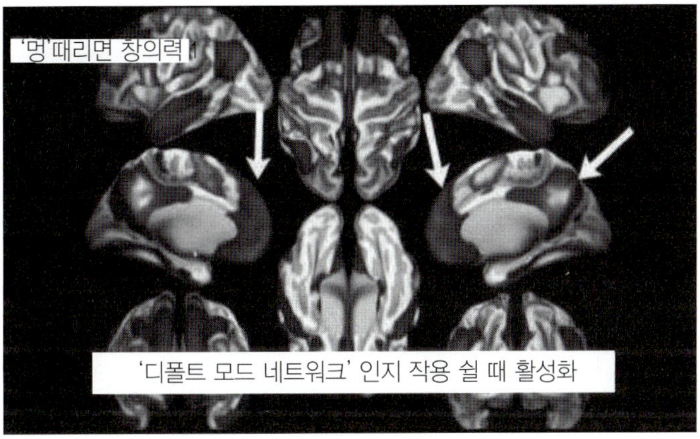

[그림 4-5] 디폴트모드

출처: YTN 사이언스(2015. 11. 18).

미국 수면재단에 따르면 청소년의 경우 9시간의 충분한 수면을 권유하고 있다. 그런데 한국 학생들은 권유하는 9시간에 훨씬 못 미치는 7시간 30분 자면서 다른 나라 아이들보다 피곤한 삶을 살고 있다. 한국 학생들은 운동도 못하고, TV 시청도 및 유튜브 등 자신이 선호하는 취미 활동 시간을 자제하면서 공부에 시간을 집중하고 있지만 학업성취도는 별다른 차이가 없고 갈수록 수준이 떨어지고 있다. 이런 이슈에 대해 교사와 부모는 깊이 있게 성찰해봐야 한다.

2019년 초(4~6)·중·고등학생은 평일에 평균 7.3시간 잠을 자는 것으로 나타났다. 2019년 초·중·고등학생은 평일에 평균 7.3시간 잠을 자며, 학교급별로 보면 초등학생은 8.7시간, 중학생은 7.4시간, 고등학생은 6.0시간 잠을 자는 것으로 밝혀졌다. 초등학생 10명 중 8명은 하루 평균 8시간 이상 잠을 자고 중학생은 10명 중 9명이 6시간 이상 잠을 자는 반면, 고등학생은 10명 중 약 5명(45.9%)이 6시간 미만 잠을 자는 것으로 나타났다.

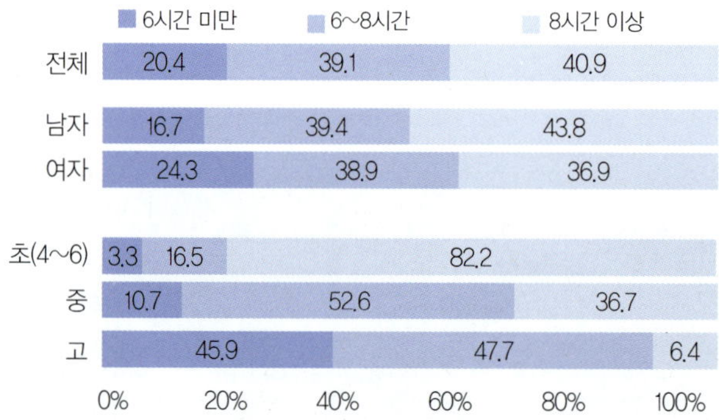

[그림 4-6] 한국 학생의 총공부시간(주간전체)

출처: 통계청·여성가족부(2020).

한기순과 유경훈(2013)은 피로사회로 대변되는 현대의 성과주의와 자기착취에 관하여 비판적으로 고찰하고 피로사회가 던지는 문제의식을 바탕으로 우리 사회와 학교가 안고 있는 창의성과 행복에 관한 이슈를 논의하였다. 또한 피로사회가 학교 문제와 어떻게 연결되어 있는가를 교사들의 소진이라는 측면에 비추어 논의하였으며, 우리의 학교가 창의성을 추구한다고 하면서 동시에 얼마나 반창의적인 편향을 보이고 있는가에 대하여도 비판적으로 고찰하였다. 이 논문에서는 이러한 맥락에서 우리 학교의 창의성과 행복의 회복을 위하여 어떠한 구체적인 노력이 필요한가를 탐색한다. 이러한 맥락에서 본고는 한병철이 피로사회에서 제시하는 깊은 심심함, 중단하는 본능, 머뭇거리는 능력, '아니오'라고 말할 수 있는 힘, 쓸모없는 것의 쓸모의 함의를 창의성의 이해와 계발이라는 측면에서 논하였다. 좀

더 깊이 있게 알아보려면 한기순과 유경훈(2013)의 「'피로사회'속 창의성과 행복에 관한 담론」 논문을 참고하면 된다.

둘째, 창의적인 마인드셋을 가지도록 한다. 마인드셋은 캐럴 드웩Carol Dweck (2000, 2006)에 의하여 주창된 개념으로 개인의 능력이 성장할 수 있다고 믿는 사람들은 자신의 능력을 보다 높게 평가하고 또한 발전을 위해 노력하는 모습을 보이며 성장 마인드셋growth mindset을 가지고 있다는 것이다. 반면에 개인의 능력이 타고났다고 믿는 사람들은 자신의 발전을 위해 노력을 덜 하고 그만큼 발달을 덜 하는 모습을 보였으며, 이를 고정 마인드셋fixed mindset을 가지고 있다고 하였다. 드웩은 사고방식에 고정 마인드셋과 성장 마인드셋 2가지가 있고, 동기 부여에도 노력이 필요하다고 했다.

이러한 마인드셋이 주로 개인의 지적인 능력에 초점을 맞추고 있어서 개인의 창의적 능력과는 관련이 없다는 연구결과가 나타났고(Makel, 2008), 창의성에 대한 고정 마인드셋이 창의적 문제해결력과 부적인 관련성이 있다는 연구(O'Connor, Nemeth, & Akutsu, 2013)가 제시되면서 메시에 크라우스키Maciej Karwowski(2014)는 창의성에 대한 인식, 즉, 창의적 마인드셋에 대한 연구의 필요성을 주장하며, 창의적 마인드셋 척도(Creative Mindsets Scale)를 개발하였다. 창의성에 대한 마인드셋에 대한 연구는 국내에서도 이명숙과 최병연(2014)이 '창의적 마인드 셋 척도의 개발 및 타당화'를 수행했다.

크라우스키(2014)는 창의적 마인드셋의 경우 창의성의 수준을 창의성의 수준이 뛰어난 창의성big-C, 전문적 창의성pro-c, 개인적 창의성little-c, 잠재적 창의성mini-c과 같이 4가지 수준으로 나눴다(Kaufman & Beghetto, 2009). 개인적 창의성의 경우 태어날 때 가지고 태어난다고 생각하는 사람은 노력하면 성장해서 획득할 수 있다고 생각할 수 있기 때문에 창의성에 대한 성장 및 고정 마인드셋은 사람마다 다양하게 나타날 수 있음을 크라우스키(2014)는 언급하였다. 이와 같은 연구를 보면, 교사가 학생 상담을 할 때 학생 개개인이 태어날 때부터 뛰어난 창의성을 가지고 태어났다고 생각할 수 있도록 지원해주는 것이 좋다고 여겨진다.

셋째, 창의성 향상 시도를 한다.

칙센트미하이(1996)는 그의 저서 『창의성의 즐거움』에서 창의성 향상을 시도하기 위해 9가지를 강조한다. 학생들에게 다음 9가지 중에 몇 가지라도 해볼 수 있는 기회를 제공하는 것도 좋은 방법이다.

1. 매일 무언가에 놀라움을 느껴 보자.
2. 매일 적어도 한 사람을 놀라게 해 보자.
3. 매일 자신이 경험한 것들을 기록해 보자.
4. 무언가에 흥미가 당길 때 그것을 따라가자.
5. 성찰과 휴식을 위한 시간을 갖자.
6. 자신만의 공간을 꾸미자.
7. 삶에서 좋은 것과 싫은 것을 가려 보자. 의외로 자신의 감정에 대해 모르는 사람이 많다.
8. 좋아하는 일을 늘이고, 싫어하는 일은 줄이자.
9. 복합성을 겨냥하자.

CHAPTER 5

학습의 다양성

학생들은 각기 다른 학습 유형을 선호하고, 사회 · 문화적 차이 및 발달의 특성으로 인해 학습하는 속도와 성취의 수준이 다르다. 이러한 차이를 세밀하게 관찰한다면 학생들을 지도하는 데 도움이 될 것이고, 교육 내용과 교수 · 학습 방법을 계획하는 데 고려해야 할 유의사항을 파악하는 데 일조를 할 것이다. 교육심리학 측면에서 개인의 학습유형을 잘 파악한다면 학생들은 효율적으로 더 잘 배우게 될 것이다. 모든 학생이 자신만의 학습유형을 갖고 각기 다르게 학습하고, 자신의 유형에 맞는 방식으로 학습할 때 학습을 가장 잘하게 된다는 것을 지지한다면 교사로서 학생들의 학습유형에 관심을 갖는 것이 개인 맞춤 학습에 도움이 될 것이다.

1. 학습유형/인지유형

학습유형learning style은 학습할 때 선호하는 유형을 의미하기 때문에 어떤 유형이 더 좋고, 더 나쁜 것이라고 하기 어렵다. 학생이 선호하는 학습 양식은 학생의 성취와 밀접한 관련이 있고, 교사가 선호하는 학습양식은 교사의 수업 전개에 영향을 미치게 된다. 학생과 교사가 선호하는 학습유형이 유사하다면 학생이 성취를 하는 데 별 문제가 없겠지만, 만일 교사가 선호하는 학습양식과 학생이 선호하는 양식이 상이하다면 학생은 수업하는 데 어려움을 겪을 수도 있다. 교육심리학자들은 학습유형에 관심을 갖고 다양한 연구를 했다. 널리 알려진 학습유형/인지유형 3가지(Dunn & Dunn의 학습유형, 장독립성/장의존성 유형, 충동적 인지유형/반성적 인지유형)를 살펴보면 다음과 같다.

1) 던 앤 던의 학습유형

리타 던Rita Dunn과 케네스 던Kenneth Dunn, 게리 프라이스Gary Price(1984)는 학습유형은 정보를 선택하고 획득하는 능력에 영향을 주는 학습자세 또는 선호하는 학습환경이라고 정의했다. 그들은 [그림 5-1]과 같이 학습유형을 형성하는 중요한 구성요소로 환경요인, 정서요인, 사회요인, 생리요인, 심리요인 등 5가지 자극과 이에 대한 요소를 제시하고 있다.

(1) 환경요인(environmental stimuli)

- 소리sound는 공부할 때 들리는 소리에 대한 반응을 말한다. 예컨대 어떤 학생은 공부할 때 조용해야 학습이 잘되는 경우가 있고, 어떤 학생은 시끄러운 음악을 들어야 학습에 집중이 잘되는 경우가 있어서 늘 음악을 들으며 공부를 한다.
- 빛light은 학생들이 공부할 때 빛에 대한 반응의 정도를 말한다. 어떤 학생은 햇빛이 드는 창가를 좋아하지만, 어떤 학생은 빛이 전혀 들지 않는 곳을 선호하기도 한다.
- 온도temperature는 공부할 때 온도에 따라 다른 경향성을 보이는 것을 말한다. 어떤 학생은 시원한 환경에서 학습하는 것을 좋아하지만, 어떤 학생은 약간 따뜻한 것을 좋아한다.

- 가구 및 좌석의 디자인design은 학생들이 공부할 때 어떤 형태의 가구에 앉아서 학습할 때 성취를 더 잘할 수 있는 선호도를 의미한다. 어떤 학생은 소파를 좋아하지만, 어떤 학생은 딱딱한 의자에서 학습할 때 더 집중이 잘되고 학습이 잘되는 것과 같은 차이를 말한다.

만일 교사는 조용한 학습환경을 좋아하는데, 학생은 시끄러운 환경에서 공부하기를 원한다면 어떻게 할 것인가, 약간 추운 교실 환경을 좋아하는 교사와 추우면 학습이 잘 안 되는 학생이 있다면 어떻게 하는 것이 좋을지 생각해 본다.

(2) 정서요인(emotional stimuli)

- 동기motivation는 어떤 학생은 외적으로 동기화가 되고, 어떤 학생은 내적으로 동기화가 되는 것을 말한다.
- 집착력persistence은 과제를 수행할 때 시작한 과제를 끝까지 하는 것을 좋아하는 학생이 있고, 중간에 그만두는 학생이 있는 것을 의미한다.
- 책임감responsibility은 학생이 결정한 일에 대해서만 책임감을 느끼는 학생이 있고, 학생이 해야 한다고 하는 것을 잘 따르는 경우도 있다.
- 구조화structure는 학생들이 학습할 때 구조화된 것을 선호하는지, 스스로 선택하는 것을 좋아하는지를 말한다. 어떤 학생은 과제를 할 때 자세한 지시사항을 선호하지만, 반면에 어떤 학생은 자기방식으로 하는 것을 좋아하기도 한다.

(3) 사회요인(social stimuli)

- 사회적 요인은 학생들이 공부할 때 혼자 하는 것을 좋아하는지, 둘이 짝을 지어서 공부하는 것을 좋아하는지, 집단으로 공부하는 것을 선호하는지, 어른과 함께 공부하는 것을 좋아하는지에 대한 선호방식을 의미한다.

(4) 생리요인(physiological stimuli)

- 지각perception은 감각기관의 차이를 나타낸다. 어떤 학생은 시각을 통해 학습 자료를 잘 받아들이고, 어떤 학생은 청각을 통해 자료를 잘 받아들인다. 또 어떤 학생은 직접 눈으로 보고 읽을 때 정보를 잘 받아들인다.
- 음식물 섭취in-take는 공부할 때 음료수나 음식을 섭취하는 정도를 말한다. 공부에 열중할 때 아무것도 먹지 않을 때 학습이 잘되는 학생이 있고, 어떤 학생은 간식이 없으면 학습이 잘되지 않는 경우도 있다.
- 시간time은 학생이 언제 능률적으로 학습의 효과가 가장 높아지는 것에 대한 것을 말한다. 어떤 학생은 아침에 능률이 오르고, 어떤 학생은 밤에 능률이 오른다.
- 움직임mobility은 공부하는 동안 움직이는 정도를 말한다. 어떤 학생은 학습할 때 움직이지 않고 학습하지만, 어떤 학생은 가만히 앉아서 학습하는 것을 어려워하고 계속 움직여야 공부가 잘된다.

(5) 심리요인(psychological stimuli)

- 전체적/분석적global/analytic 요인은 학생이 학습과제를 할 때 전체적인 형태나 인상에 집중하는지, 분석적으로 학습과제의 차이점을 잘 분별해 내는지에 관한 경향성을 의미한다. 전체적인 경향성을 보이는 학생은 전반적으로 과제를 분석하지만, 분석하는 능력은 부족하다.
- 좌뇌/우뇌left/right 요인은 학생이 학습을 할 때 좌뇌 사용을 선호하는지, 우뇌 사용을 선호하는지에 대한 뇌사용의 경향성을 의미한다.
- 충동적/숙고적impulsive/reflective 요인은 학생이 생각을 하거나 행동을 할 때 충동적으로 반응하는지, 숙고적으로 반응하는지에 대한 경향성을 의미한다. 충동적인 학생은 빠르게 반응하지만 오류가 많고, 숙고적인 학생은 빠르지는 않지만 복잡한 개념을 철저하게 분석해서 구별하는 경향성이 있다.

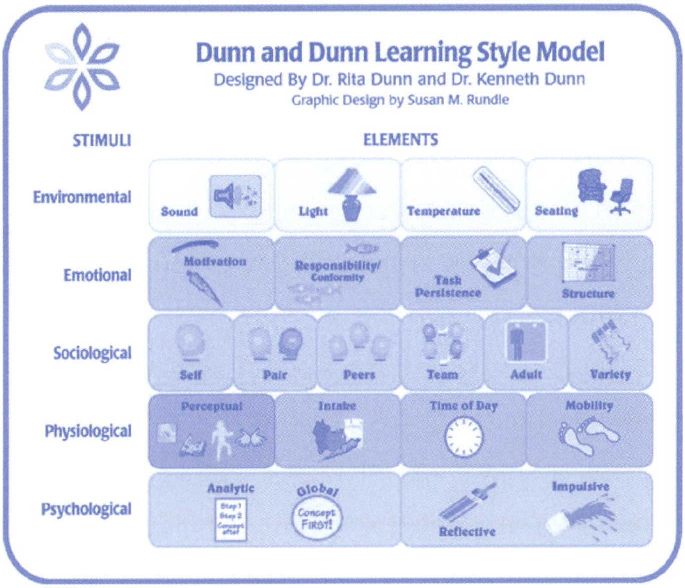

[그림 5-1] 던 앤 던 학습 유형

출처: learningstylesforkids.com.

2) 장독립형(field dependence)/장의존형(field independence) 인지유형

허만 위트킨Herman Witkin은 구름 속에서 비행기가 거꾸로 날고 있는데도 그 사실을 전혀 인식하지 못하는 조종사가 있다는 사실에 흥미를 느끼고 무수한 연구를 했다. 그의 관심은 사람들이 어떻게 전체 시각장total visual field으로부터 하나의 요소를 분리해 내는가에 대해 연구했고, 연구에 기반해서 장독립적 인지양식과 장의존적 인지양식을 구분하였다(Witkin, Moore, Goodenough, & Cox, 1977). 장독립적인 학생은 전체 유형의 별개 부분들을 지각할 가능성이 많고, 그 구성요소에 따라 유형을 분석하는 능력을 가지고 있다. 이런 학생은 사회적 관계와 조화를 잘 이루지 못하기 때문에 사람 간의 상호작용을 덜 중시하는 수학이나 과학같은 교과목을 선호한다. 비사교적이고, 다양한 자극 중에 추상적인 자극을 선호하기 때문에 공학, 천문학 등과 같은 직업을 선호한다.

반면에 장의존적인 학생은 전체 시각장으로부터 한 요소를 분리하지 않고 전체로서 하나의 유형을 지각한다. 이런 학생은 상황의 한 면에만 집중하거나, 세부사항을 분리하는 일, 또는 한 요소를 다른 부분들로 분석하는 일을 할 때 어려움을 겪는다. 이런 학생들은 집단으로 학습을 할 때 좋은 결과를 얻게 되고, 사회와 관련된 정보를 잘 기억하고, 문학이나 역사와 같은 교과목을 좋아한다. 다른 사람과의 관계를 선호하기 때문에 사회과학과 같은 학문이나 가르치는 직업을 선호하며 매우 인간적이다.

교사가 장독립형이고, 학생은 장의존형이라면 서로 선호하는 양식이 다르기 때문에 소통하는 데 다소 불편할 수도 있다. 예컨대 장독립형 교사는 장의존형 교사보다 학생들과 상호작용하거나 인간적으로 대화하는 것을 그다지 좋아하지 않을 수도 있다. 교사가 학생들의 장독립성과 장의존성을 모두 파악할 필요는 없으나, 학생들의 인지 선호도가 다르다는 것을 인식하고 교수유형이나 학생의 동기방법을 연구할 필요가 있다.

〈표 5-1〉 장독립형과 장의존형의 차이

학습유형	
장독립형	장의존형
• 분석적으로 지각 • 세세한 방식으로 경험: 구조나 제한조건을 부여 • 개념을 구체적으로 구분 • 사회과목은 과제로 학습 • 개념 자체에 관심 • 자신이 설정한 목표와 강화를 갖고 있음 • 자신이 구조화할 수 있음 • 비판에 영향을 적게 받음 • 개념 획득을 위해 가설 검증 접근	• 전체적으로 지각 • 전체적 방식으로 경험: 주어진 구조에 고착 • 개념을 일반적인 관계로 폭넓게 봄 • 가장 잘 학습하는 과목이 사회과목 • 자신의 경험과 관련된 자료에 관심 • 외적으로 부과된 목표와 강화가 필요 • 구조화된 것이 필요 • 비판에 영향을 많이 받음 • 개념 획득을 위해 관망자적 접근

교수유형	
장독립형	**장의존형**
• 강의법과 같은 교수상황을 선호: 수업의 인지적 측면을 강조 • 주제를 소개하기 위해 질문을 사용 • 교사가 조직한 학습상황을 이용 • 교사를 원리 적용을 조장하는 사람으로 인식 • 정확한 피드백을 줌: 부정적 평가를 사용 • 학습을 조직하고 안내하는 학습환경을 형성	• 학생들과 상호작용이나 토론을 허용하는 교수상황을 선호 • 수업 상황을 학인하기 위해 질문 사용 • 학생 중심의 활동을 이용 • 교사를 사실을 가르치는 사람으로 인식 • 적은 피드백: 부정적 평가를 피함 • 따뜻하고 인격적인 학습환경을 형성
학생 동기화 방법	
장독립형	**장의존형**
• 점수를 통해서 • 경쟁을 통해서 • 활동의 선택, 개인 목표를 통해서 • 과제가 그에게 얼마나 유용한지 보여주는 것을 통해서 • 구조를 디자인할 자유를 주는 것을 통해서	• 언어적 칭찬을 통해서 • 교사를 돕는 것을 통해서 • 외적 보상을 통해서(별, 스티커, 상) • 타인에게 과제의 가치를 보여주는 것을 통해서 • 윤곽과 구조를 제시하는 것을 통해서

출처: Garger & Guild(1984).

3) 충동적 인지유형(impulsive cognitive style)/반성적 인지유형(reflective cognitive style)

네이슨 코간Nathan Kogan과 그의 동료들은 학생들이 학습할 때 충동적인 경향이 있는지, 반성적인 경향이 있는지에 대한 연구를 했다. 충동적인 학생은 빨리 일을 처리하지만 실수를 많이 한다. 반면에 사려 깊은 반성적 사고를 하는 학생은 일을 천천히 하지만 실수가 적다. 이런 인지유형이 지능과 관계는 없지만 일반적으로 나이가 들어갈수록 반성적인 사고를 하게 되는 경향이 있다(Kogan, 1983; Smith & Caplan, 1988).

마감기한이 있는 과제가 주어지거나, 주어진 시간 내에 시험을 치르는 학생들의 예를 들어 보면 2가지 인지양식으로 인해 어떤 상황이 발생할지 예측 흥미가능하다. 반성적인 사고를 하는 학생은 하루 정도면 수행할 수 있는 과제를 자료를 찾고 문제해결을 하기 위해 깊이 생각하기 때문에 일주일 정도가 필요할 수도 있고, 때에 따라서는 마감기한을 넘기기도 한다. 반면에 충동적인 학생은 시험을 볼 때 선택지를 차분하게 살펴보지 않고, 답을 하기 때문에 실수를 할 수도 있다. 각 유형에 따른 단점을 보완하기 위해 보고서를 작성하거나 시험을 보는 방법 등과 같은 구체적이고 효율적인 교수전략이 필요하다.

2. 성차와 성역할 고정관념

성에 따라서 학교에서 제공하는 교육적, 사회적, 문화적 경험이 다르기 때문에 성이 학교의 사회 · 문화적 환경에 어떤 역할을 하는지 이해하는 것이 중요하다. 과거의 성에 대한 개념과 근래에 들어 Z세대들의 성에 대한 개념 차이가 많다. 이러한 성차를 고려하지 않는 교육은 성역할 고정관념을 강화시킬 우려가 있기 때문에, 성차, 성역할, 성 고정관념에 대해 이해하는 것이 중요하다.

1) 성차(sex/gender difference)

'sex differences'와 'gender differences' 는 우리말로 성차라는 같은 용어로 번역되지만, 'sex differences'는 남성과 여성의 신체 차이에 기반을 둔 생물학적 성차를 말하고, 'gender differences'는 남성과 여성에게 부여되는 사회문화적 입장에서의 성차를 말한다. 즉, 성차는 여성과 남성 간의 신체 및 정신에서 드러나는 차이를 의미한다(상담학 사전, 2016). 생물학적 성차는 신체적 · 생리적 차이를 의미하고, 사회적 성차는 문화적으로 남녀에게 적합하다고 여기는 특성의 차이를 의미한다. 성차는 생리, 신체적인 차이뿐만 아니라 흥미, 태도, 행동, 능력에서도 차이를 보이고, 출생 직후부터 평생 관찰 가능하다. 성차의 발달은 형태적 · 기능적 차이를 보이게 되고, 유전적 특성과 환경적 요인과 사회적 배경에 따라서 달라질 수 있다. 3~4세 아동은 자신의 성을 인식하고 구별하는 데 의복이나 머리 모양 등과 같은 단서를 사용한다. 성취, 태도, 관심에 있어서의 성차에 대한 인식은 학령기 이후부터 발달하며, 사춘기 동안 절정에 이른다(한국교육심리학회, 2000).

보통 임신 4개월경의 태아부터 생식기관에서 명확한 성차가 나타나고, 출생 후 성차는 점점 더 커진다. 수정 이후부터 나타나는 성차를 1차 성징이라고 하고, 사춘기 이후부터 나타나는 성차를 2차 성징이라고 한다. 특히 사춘기 이후 생식능력의 발달과 함께 여성성과 남성성의 급격한 차이를 나타낸다. 인간의 경우 신체적으로 만 10세까지는 1차 성징에 해당하는 생식기관의 형태 외에 큰 차이를 보이지 않지만, 10세가 넘어 사춘기에 들어서면서 2차 성징이 나타나게 되고, 생식샘자극 호르몬의 영향으로 성차가 뚜렷하게 나타나기 시작한다. 여성은 골반과 유방이 발달하고, 피하지방이 증가하고, 몸의 근육비율이 적어진다. 남성은 목소리가 변하고 수염, 흉모 등 체모가 나기 시작한다(심리학용어사전, 2014).

엘리노어 맥코비Eleanor Maccoby와 캐롤 재클린Carol Jacklin(1980)의 연구에 따르면, 인간은 선천적으로 4가지 능력에서 기본적인 차이가 있다. 여성은 남성보다 언어적 능력이 뛰어난 반면, 남성은 여성보다 시각적, 공간적, 수학적 능력이 뛰어나다. 성격적인 특성으로는 대개 여성은 수동적, 보호적, 감성적이라고 보는 반면, 남성은 공격, 적극적, 이성적이라고 여긴다. 이러한 차이는 성호르몬의 차이로 설명하는데, 여성 호르몬인 에스트로겐, 남성 호르몬의 테스토스테론이 분비되기 때문에 성격적인 차이가 있고, 능력적인 면에서도 차이가 있다고 여긴다. 또한 이런 차이를 뇌의 기능 차이로 설명하기도 한다. 여아가 뇌의 좌반구와 우반구를 연결하는 뇌량의 크기가 남아에 비해 상대적으로 크기 때문에, 언어기능을 수행할 때 여아는 좌우반구가 함께 활성화되어 언어능력에서 남아보다 조금 더 능력이 뛰어난 것으로 나타난다.

왜 여성은 남성보다 공감하는 능력이 뛰어날까? 시몬 배런코헨Simon Barron-Cohen(2003)은 여자와 남자는 다른 뇌를 가지고 있다고 주장하며, 남녀 간의 행동적 · 인지적 차이를 호르몬과 관련된 생물학적 원인에 의해 발생하는 공감하기 능력과 체계화하기의 능력 차이로 설명한다. 그는 인간의 뇌는 3가지 유형(E형Empathizing, S형Systemizing, B형Balenced)이라고 강조한다. E형은 공감형, S형은 체계화형, B형은 E와 S가 균형잡힌 형태라고 할 수 있다. 대부분 여자는 E형, 남자는 S형이지만, 반드시 그렇지 않다. 여자도 S형이 있고, 남자도 E형이 있을 수 있다고 강조하며, 각 유형의 장단점이 있다고 설명한다. 아울러 부모의 호르몬 수준에 따라 자녀에게 미치는 영향도 있다고 강조한다. 그는 1세에서 2세 사이의 영아들을 연구한 결과, 부모의 테스테론 호르몬 수준이 높으면 자녀에게 언어사용을 많이 하지 않고, 눈맞춤도 많이 하지 않는다고 설명했다. 성차와 관련된 연구는 다음과 같다.

(1) 김명희(2009) 연구

김명희(2009)는 우리나라 유아용 TV 애니메이션이 중요한 사회화 매체로서 작용하며 특히 성역할 학습에 중요한 역할 모델을 제공한다는 측면에서, 유아들이 가장 선호하는 TV 애니메이션 '뽀롱뽀롱 뽀로로'에 등장하는 캐릭터의 성차를 분석하였다. '뽀롱뽀롱 뽀로로' 중 30편의 에피소드를 대상으로 캐릭터에 반영된 성차를 역할, 형태, 색채, 언어 측면에서 분석하였다.

연구의 결과는 다음과 같다.

첫째, 역할 분석에서 남성 캐릭터는 반사회적 행동을 더 보이며 전반적으로 독립적이고 적극적이며 도전적이고 호기심이 많은 승부욕이 강한 성향으로 나타난 반면, 여성 캐릭터는 얌전하고 남성에게 잘 보이고 싶어 하며 자신감이 없고 잘 삐치고 우는 행동 등 소극적인 모습으로 나타났다.

둘째, 형태 분석에서 캐릭터들의 디자인에 있어 몸에 관련된 성차는 나타나지 않았으나 캐릭터가 몸에 지니고 있는 장신구나 소품에서는 성차가 나타났다.

셋째, 색채 분석에서 남성 캐릭터는 진보적이며 자기주관이 뚜렷함을 주는 회색과 파란색, 주황색, 연두색, 진분홍색을 사용하였고, 여성 캐릭터는 다정하고 여성적이며 차분한 느낌을 주는 분홍색, 붉은색, 파란색 등을 사용한 것으로 나타났다.

넷째, 언어 분석에서 남성 캐릭터는 권위적이고 자신감이 있고 이성적이고 단언적인 표현을 사용하였고, 여성 캐릭터는 감성적인 언어를 사용하여 친근감을 높이고 부드러운 어법을 사용하는 경향이 있었다.

(2) 성은현, 김명소(2003) 연구

성은현, 김명소(2003)의 연구에서 창의적 인성에서의 성차가 있는 것으로 밝혀졌다. 창의성 연구에서는 확산적 사고력과 같은 인지적 특성과 함께 성격이나 동기와 같은 창의적 인성의 중요성이 강조되고 있다. 연구자들은 대학생을 대상으로 확산적 사고력의 구성 요인인 유창성, 융통성, 독창성과 함께 창의적 인성의 구성 요인인 집요성, 호기심, 독자성, 개방성에서 성차가 존재하는지를 알아봤다. 연구 결과 확산적 사고력의 요인들에서는 유의한 성차가 존재하지 않았으나 창의적 인성의 몇몇 요인들에서는 유의한 차이가 나타났다. 구체적으로, 창의적 인성 요인 중 호기심과 독자성 및 개방성에서 남학생이 여학생보다 높은 것으로 나타났다.

2) 성역할 고정관념(sex-role stereotype)

성역할 고정관념은 여성과 남성을 구분하여 성별로 다른 사회적 역할을 기대하는 특정 사회나 문화가 가지고 있는 사고방식이나 신념이다. 한 문화권이 공유하고 있는 여자와 남자의 성별에 따라 각기 다르게 기대하는 행동 양식, 태도 및 특성 등을 포함한다. 그렇기 때문에 성에 따라서 사회적, 문화적으로 승인되는 행동이나 태도, 정서적 특징 등을 구분짓는 사고방식이기 때문에 한 문화권 내에서 비슷한 성 역할 고정된 관념을 공유하게 된다. 여자는 ㅇㅇ한다, 남자는 ㅇㅇ해야 한다는 식의 고정된 기준을 갖게 된다. 예컨대 여자는 순종적이어야 하고, 남자는 강인해야 한다는 방식의 고정관념과 같은 사회 문화적 사고방식과 같은 것을 의미한다.

성역할 고정관념에 대한 연구는 국내외에서 다양하게 진행되어 왔다. 성역할에 대한 고정관념은 여성과 남성에게 차별적으로 적용될 수 있는데, 특히 여성은 역사적으로 사회의 비주류로 인식되었으며 여성들의 심리사회적 발달에 체계적으로 부정적인 영향을 미칠 수 있다(김태련 외, 1996). 성역할의 차이가 초기에는 생물학적 차이로 여겼으나, 1970년대 이후 성역할 고정관념은 사회적으로 형성되는 것으로 밝혀졌고, 남녀 간의 차이보다 개인 간의 차이의 범위가 크다고 알려져 왔다(김태련 외, 1996).

부모와 교사는 어린이의 성역할 고정관념을 형성하는 데 영향을 미친다. 부모는 성별에 따라 각기 다른 부모 양육태도를 갖게 되거나, 교사가 여학생과 남학생에게 다른 행동이나 태도를 기대하게 된다. 이제는 양성적인 성역할에 대해 연구가 활발하게 되고 있고, 고정관념을 감소시키려는 인식이 확산되고 있으므로, 교사는 성역할 고정관념에 대해 이해하고 학교 환경에서 이를 감소시키려는 노력을 기울여야 한다.

여아와 남아는 태어날 때부터 차별 아닌 차별을 받는다. 서양문화에서는 산후조리원이나 병원에서 태어난 신생아의 경우, 여아는 분홍색, 남아는 파란색의 담요로 구분하는 경향이 있다. 우리나라에서도 이와 유사한 현상이 있다. 즉, 파란색은 남아, 분홍색은 여아를 상징하는 것이다. 아직도 남아는 파란색 담요를, 여아는 분홍색의 담요를 사용하는 경우가 많다. 이런 성편견에 대한 인식은 부모가 자녀를 양육할 때도 중요한 영향을 미치게 되고, 만 3~4세경이 되면 어린이들은 성에 대한 구분을 하게 되고 성에 대한 선호도를 보이게 된다. 그래서 어린이들은 지역사회의 기대에 따라 학교에 들어가면 적절한 성역할 행동을 하도록 사회화된다(Delamont, 2001, 2002). 남아와 여아의 성역할을 받아들이는 차이는 사회경제적 정도가 높은 가족보다 낮은 가족에서 훨씬 더 강하게 나타난다(Flanagan, 1993).

이와 같은 성역할 행동의 사회화는 일생동안 계속되고, 학교생활에서도 이런 현상을 보이게 된다. 성역할의 사회화에 대한 기대와 성취도 간의 상호작용은 복잡하게 나타난다. 이런 연구 결과를 일반화하기는 어렵고, 학교환경에서는 성역할에 대해 구별하는 경향이 있다. 일반적으로 남학생은 여학생들보다 교사들의 관심을 더 받는다(Koch, 2003).

잉게 브로버만Inge Broverman(1972) 등은 남성적 특성은 지배적, 독립적, 자기 주장적, 경쟁적, 지적, 건강함, 자신감, 공격적, 결단적, 논리적인 것으로 묘사되며, 여성적 특성은 수동적, 가정지향적, 주관적, 양육적, 협조적, 온정적, 표현적, 순종적인 것으로 묘사된다고 했다. 즉, 남성은 도구적이고 기능적이며 과업

지향적인 특성을 지닌 것으로, 여성은 표현적이고 공감적인 특성을 지닌 것으로 나타났다. 그렇다면 우리나라에서는 성역할 고정관념에 대한 연구에서 여성과 남성을 어떻게 나타냈을까? 정태연, 류원정(2004)의 연구 결과에서 우리나라의 남자다운 어른의 특성 및 여자다운 어른의 특성을 살펴보면 다음과 같다.

〈표 5-2〉 남자다운 어른의 특성 및 여자다운 어른의 특성

차원	남자다운 어른의 특성	여자다운 어른의 특성
외향성	지도력, 대범, 용기, 과묵, 추진력, 진취적, 자신감	섬세함, 차분함, 조용함
호감성	정의심, 이해심, 배려, 포용, 자상, 의리, 신뢰, 인내	자상, 포용, 배려, 이해, 센스, 순수, 인자, 상냥, 예의
성실성	책임감, 신중, 솔선수범, 가정 충실, 성실, 법 준수	꼼꼼, 검소, 책임감, 가정 충실, 성실, 깔끔, 헌신적
정서 안정성	감정조절력, 여유	차분함, 감성 풍부, 감정 조절
교양	생각 깊은, 이성적, 판단력, 지적	교양, 현명한, 지혜로운, 이성적, 지적
신체 특성	힘센, 운동 잘하는, 멋있는, 건강한	잘 꾸미는, 예쁜, 여성스런 외모, 날씬, 목소리 고운
과업 특성	경제력과 능력, 일에 전념, 비전 있는, 미래를 설계하는	가정 충실, 살림과 내조, 요리, 자식 양육, 전문 능력
자아 특성	뚜렷한 주관, 독립심	뚜렷한 주관, 독립심, 자기 계발, 자기 관리

출처: 정태연·류원정(2004).

3) 고정된 성역할 개념 형성 과정

성역할 개념 형성 과정에서 중요한 역할을 하는 요인이 이론적 접근마다 조금씩 다르게 파악한다.

(1) 정신분석학 이론적 접근

정신분석학 이론에서는 성역할의 행동을 부모와 동일시의 결과로 본다. 동일

시는 어떤 훈련이나 보상 없이 또는 학습하려는 의도 없이 무의식적으로 이루어지는 과정이다. 정신분석학자 프로이트는 어린이가 3~6세가 되면 여아는 남근 선망, 남아는 거세 불안이 나타나면서 성 정체감을 발달시킨다고 했다. 이 시기에 어린이는 동성의 부모를 동일시하면서 성역할 행동과 태도 및 부모의 특성을 내면화하면서 자신의 성역할 정체성과 성 역할 행동을 발달시킨다.

프로이트의 성심리 발달이론에 나오는 2가지의 콤플렉스 용어는 오이디푸스 콤플렉스Oedipus Complex와 엘렉트라 콤플렉스Electra Complex다. 여아는 엘렉트라 콤플렉스, 남아는 오이디푸스 콤플렉스를 해결해 나가면서 사회가 요구하는 성역할 기대에 적합한 행동을 발달시켜 나간다고 주장했다. 오이디푸스 콤플렉스는 남아는 동성인 아버지에게는 적대적이지만 이성인 어머니에게는 호의적이며 무의식적으로 성적 애착을 가지는 복합적인 감정이다. 어머니에 대한 성적 애착은 아버지가 갖는 욕망을 모방하는 것으로, 정신 발달에 중요한 전환점이라고 할 수 있다. 오이디푸스 콤플렉스는 일반적으로 남근기 동안에 나타났다가 해소되지만, 완전히 사라지는 것은 아니고 생애 전반에 걸쳐 무의식적 조직자로 남게 된다.

엘렉트라 콤플렉스는 오이디푸스 콤플렉스와 대비되지만 그만큼 중요시되지 않는다. 여아는 아버지에게 애정을 품고 어머니를 경쟁자로 여겨 반감을 갖게 된다. 프로이트에 의하면 남근기의 여아는 아버지나 남동생이 갖고 있는 성기가 없다는 사실을 알고 남성을 부러워하게 되고, 성기를 주지 않은 어머니를 원망한다고 한다. 이런 욕구는 어머니의 여성적 가치를 자신과 동일시하고 초자아가 형성되면서 사라지게 된다.

(2) 사회학습 이론적 접근

알버트 반누라Albert Bandura를 비롯한 사회학습이론가들은 사회화 과정 동안에 어린이들은 주변 사람을 관찰하여 자신의 성에 적합한 방식으로 행동하는 것을 배우고, 자신과 같은 성의 행동을 모방함으로써 여아와 남아가 각기 다른 성역할을 발달시킨다고 본다. 인간은 개인, 환경 및 행동 사이에 발생하는 역동적인 상호작용을 통하여 학습하게 되는데, 학습 초기에는 환경 요인의 영향을 받기 때문에 주변 사람들을 직접 눈으로 관찰하면서 배우는 관찰학습을 통하여 익힌다. 한 개인의 생각이 행동으로 나타나게 되고 나아가 개인의 기대나 자기 효능감self-efficacy에 영향을 미친다. 학습 후기에 접어들면 외부 환경을 받는 초기의 관찰학습에서 벗어나 자신의 행동 결정 권한을 개인이 더 많이 갖게 되고 자기 조정 학습으로 옮겨가게 된다.

어린이는 일생동안 사회화 과정을 통해 모든 사회관계를 이뤄나가는데, 사회화 과정에서 제일 먼저 가정에서 부모로부터 여자와 남자에 대한 성 개념과 역할에 대한 내용을 전달받게 된다. 부모는 딸에게 여성의 전형적인 역할에 적합한 착하고 순하고 순종적으로 자라기를 기대하고 아들에게는 용감하고 책임감 있는 모습으로 성장하기를 기대하고 양육한다. 그런 과정에서 딸에게는 인형이나 소꿉놀이 장난감을 제공하고, 아들에게는 로봇이나 블록 또는 자동차와 같은 장난감을 제공하고 수학과 과학에 관심을 갖게 하며 각기 다른 성역할 개념을 발달시킨다.

또한 어린이들은 교사와 또래집단 및 대중매체를 통해서 성역할 모델의 행동을 직·간접적으로 관찰하고 자신의 성에 적합한 행동을 학습하게 된다. 대중매체에 등장하는 연예인이나 광고 속 인물을 보면서 관찰하게 되어 성역할 개념을 발달시켜 나간다. 교과목에서도 성 고정관념을 형성시키는 내용이 다르게 구성되어 있어 여학생에게는 가족생활이나 식사관리에 대한 내용을 다루고 있고, 반면에 남학생들은 기계의 원리나 기술과 관련된 내용을 학습하게 하여 성에 따라 역할이 다르다는 것을 학습하게 된다.

(3) 인지이론적 접근: 인지발달 이론과 성 도식이론

성역할 개념 형성에 대한 인지이론은 인지발달 이론과 성 도식이론 2가지다. 성역할 개념을 형성하는 데 아동의 나이와 인지능력 발달에 따른 것으로 보는 입장과 성역할 개념 발달을 정보 처리 관점에서 설명하는 성 도식이론이다. 인지발달 이론에서는 콜버그(1966)가 대표적인데, 그는 아동이 성역할을 획득하는 과정을 세 단계로 나누어 설명했다. 첫 번째 단계에서는 만 3세경에 성 정체감의 단계에 들어서게 되고, 자신의 성별에 대해 인식하게 되지만 경우에 따라서는 성별이 변경될 수 있다고 여긴다. 두 번째 단계에서는 성 안정성의 단계로 성은 시간이 지나도 변하지 않는다는 것을 알게 되는 시기다. 또한 자신의 성별 구분만 가능했던 시기에서 타인의 성별도 구분이 가능해진다. 세 번째 단계에서는 만 6~7세 경인데, 이 시기가 되면 시간과 상황이 변화돼도 성은 변함없이 안정된 것이라는 것을 인식하게 된다. 즉, 여아가 남아 옷을 입거나 남아처럼 행동해도 겉으로 보이는 특성이 성별 구분에 별로 중요하지 않다는 것을 알게 된다. 이로 인해 성 고정관념은 2~7세경에 증가하여 7세 이후에는 유연해져서 절대적 고정관념에서 벗어날 수 있다.

캐롤 마틴Carol Martin과 찰스 할버슨Chales Halverson(1981, 1987)은 성 도식이론으로 성별의 기본적인 인지 구성 체계 도식을 제안했다. 즉, 아동은 성과 관련된 인지적인 틀인 성도식을 만들어나가면서 성역할 개념을 형성한다고 설명한다. 자신의 성에 적절한 행동을 수행하게 되는 자기 성도식을 형성한다. 성도식을 획득한 아동은 성과 관련된 전형적인 행동에만 관심을 갖기 때문에 성역할 고정관념 도식을 통해서 세상을 보게 된다. 성도식은 아동이 성과 관련된 행동을 선택하고 통제하는 데 영향을 미치게 되고, 아동은 자신의 성도식에 적합한 행동을 선택하고 적합하지 않은 행동은 피하게 된다. 예컨대 여성 성역할 도식을 가진 아동은 인형놀이나 소꿉놀이를 선택하고, 로봇이나 블록 놀이에 관심을 보이지 않는다. 또한 TV를 볼 때도 여아는 드라마나 순정물을 원하고, 남아는 전쟁이나 운동과 관련된 프로그램을 원하게 된다. 자신의 어머니가 변호사나 의사일지라도 남아는 변호사나 의사는 남자의 직업이고 간호사나 비서는 여자의 직업이라고 구분하게 된다. 즉, 성도식 이론에 따르면, 아동은 기본적인 성 정체성을 확립한 이후에 이를 토대로 성에 관한 정보들을 학습하게 되며, 학습된 정보는 이미 형성된 성 도식에 맞춰 정리한다. 성역할 고정관념을 타파하기 위해서 성역할 도식이 없는 아동으로 양육하는 데 달려 있다고 강조한다.

4) 성역할 고정관념 피하기

최근 들어 여성에게 여성성을, 남성에게는 남성성을 강조하는 것이 잘못된 것이며, 남녀 모두 양성성을 가져야 한다는 주장이 대두되고 있다. 양성성은 여성을 의미하는 'gyn'과 남성을 의미하는 'andro'가 결합된 'androgyny'라는 용어로, 한 인간에게 여성성 또는 남성성만 있는 게 아니라 여성과 남성의 특징이 함께 내재되어 있는 상태를 말한다. 즉, 양성성이란 성역할 고정관념을 이루는 여성성과 남성성을 구분하지 않고 한 인격체 내에 여성성과 남성성을 동시에 갖춘 것으로 인식하는 것이다.

1970년대에 산드라 벰Sandra Bem은 양성성에 대한 연구를 하면서 양성성 연구가 촉발되었다. 벰(1981)은 심리적 양성성에 대해 논의함으로써 전통적인 성역할 개념을 변화시켰다. 그의 심리적 양성성 모델은 성별에 관계없이 개인 안에 남성적 특성과 여성적 특성이 공존한다고 보고 있다. 다만 어느 특성이 강한지에 따라 여성적 유형, 남성적 유형, 양성적 유형, 미분화 유형으로 나뉜다고 주장했다. 그는 양성적 유형이 다른 유형의 사람들보다 적응력이 높고 유연성(창의성)을 보인다고 강조하면서 가장 바람직한 유형이라고 했다.

이 연구를 통해 남녀 간의 성차를 두기보다 남녀의 유사성과 동성 내에서의 차이점에 대한 관심을 갖게 되었고, 근래에는 전통적인 성역할 대신 양성적인 성역할에 대한 연구가 활발하게 진행되어 개인의 잠재력 계발에 초점을 두고 있다. 특히 우리나라는 여성의 사회적 진출과 활동이 활발해져 이에 대한 연구가 지속적으로 필요하다.

성역할 고정관념을 감소시키려는 노력은 유아기부터 이루어져야 한다. 우리나라에서는 유아교육 관련 논문에서 성역할 평등 개념에 기초한 교수방법을 활용하는 동화, 그림자료 등을 활용하여 유아의 성역할 고정관념을 변화시키려는 연구가 지속적으로 이뤄지고 있어 바람직해 보인다. 성역할 고정관념에서 벗어난 교육 환경에서 성장한 개인은 그의 능력과 적성에 맞는 성역할 개념을 가지고 잠재능력을 최대한 발휘하여 행복한 삶을 추구하게 된다.

제프리 코크Jeffrey Koch(2003), 프란시스 마허Frances Maher와 제니 워드Jenie Ward(2002), 로버트 슬라빈Robert Slavin(1995, 2019) 등은 성 고정관념을 피하기 위해 다음 3가지를 강조하고 있다.

첫째, 전형적인 성 고정관념을 피한다.

교사는 최대한 성역할 고정관념을 피하기 위해 노력해야 한다. 무의식중에 수업시간에 남학생에게 발표를 더 많이 시키거나, 수학이나 과학 시간에 남학생에게 더 많은 관심을 갖고 강화하는 등의 행동을 피해야 한다. 또한 남자는 울면 안 되고, 여자는 싸우면 안 된다는 식의 언행을 주의해야 한다. 유아교육기관에서도 남아는 인형놀이를 하면 안 되고, 여아는 로봇이나 블록 장난감을 갖고 노는 것에 대해 별로 곱지 않게 보는 시선도 유의해야 한다.

둘째, 통합을 증진시킨다.

교실환경에서 여학생과 남학생이 함께 어울려 활동하도록 한다. 테이블에서 함께 활동을 하게 하거나, 프로젝트를 함께 협동하게 하거나, 체육 시간에 함께 자연스럽게 어울리도록 하는 것이 좋다. 같은 성끼리 활동을 하는 것보다 여학생과 남학생이 함께 활동하면서 성역할 고정관념을 피할 수 있다. 여자도 역도나 축구 등을 할 수 있는 시대이기 때문에 과격한 운동이라고 해서 여학생에게는 피구와 같은 활동만 선택하도록 분위기를 조성하는 것은 피해야 한다.

셋째, 여학생과 남학생을 동등하게 대한다.

서양이나 우리나라에서 교사들은 여학생과 남학생을 동등하게 대하지 않는 경우가 많다. 남학생들에게 리더 역할을 하도록 하거나, 수업 시간에 질문을 많이 하는 등 여학생과 남학생을 동등하게 대하지 않는 경우가 있다. 특정한 활동이나 과제가 남학생이나 여학생에게 더 적절하지는 않기 때문에 가능한 한 학교 환경에서 실시되는 활동에 동등하게 참여하게 해야 한다.

울포크(2019)는 『교육심리』 저서 6장에서 성역할 고정관념을 피하기 위해 교사는 다음과 같은 내용을 점검하라고 권장한다.

- 사용하고 있는 교과서와 교재에 있는 선택 사항이 여자와 남자에게 공평한 견해를 제시하고 있는지 검토한다. 예컨대 여자와 남자 모두 직장, 취미생활, 가정에서 전통적인 역할과 비전통적인 역할에 대해 잘 표현하고 있는지 검토한다.
- 수업을 할 때 의도하지 않았던 편견이 있었는지 세밀하게 살펴본다. 특정한 활동에서 학생들의 성에 따라서 집단 편성을 했는지, 그런 집단 편성이 타당했는지 살펴본다. 또한 어떤 활동에서 특정한 대답을 한쪽 성에게서만 들으려고 했는지 살펴본다.
- 학교에서 여학생 또는 남학생에게 선택사항을 제한하는 것이 없었는지 검토한다. 진로나 과목 선택을 결정하는 데 교사가 학생에게 어떤 조언을 하는지 검토한다.
- 역할 모델을 제공한다. 과학, 수학, 공학 또는 다른 기술 분야를 전공하는 여자 졸업생 또는 간호사나 보육교사로 일하는 남자 졸업생을 교실로 초대하여 이야기를 나누도록 한다.
- 모든 학생에게 복잡한 기술적 직업을 경험할 기회를 제공한다. 예컨대 과학 실험을 할 때 여학생은 항상 조수가 되고, 남학생은 항상 실험을 하는 일은 피한다. 집단 내에서 맡는 일을 교대하도록 하거나 무작위로 책임을 지운다.

성역할 고정관념과 관련된 연구는 다음과 같다.

(1) 유아: 성평등 동화의 효과의 지속성

이주경, 오연주, 김혜옥(2008)은 성평등 그림 동화를 활용한 통합적 활동이 성역할 고정관념과 조망수용능력에 미치는 영향을 살펴보기 위해, 성평등 동화만을 들려주는 경우와 동화를 들려준 후 통합적 활동을 실시한 경우, 유아의 성역할 고정관념과 조망수용능력의 차이를 밝혀 그 교육적 효과의 지속성에 대해 연구했다. 연구 결과 성평등 그림 동화 개입은 유아의 성역할 고정관념과 조망수용능력에 있어 긍정적 효과를 얻었으며, 성평등 동화를 들은 후 관련 통합적 활동 실시는 긍정적 효과의 지속성을 높여주었다. 남녀아 모두 성역할 고정관념의 완화 효과는 균등하였으며, 지각조망과 타인의도조망을 제외한 나머지 조망수용능력에 대한 효과도 균등하였다. 이 연구를 보면 성평등 동화만 들려줘도 성역할 고정관념의 효과가 일시적이 아니라 지속된다는 시사점을 남기고 있어, 유아기부터 성평등 그림 동화를 활용하여 개인의 삶에 긍정적인 영향을 줄 수 있도록 교사와 부모가 노력하는 자세와 태도가 필요하다는 것을 알 수 있다.

(2) 초등학생: 성역할 고정관념에 대한 학년 및 성별 차이 연구

구정화(2009)는 초등학교 학생이 인식하는 성역할 고정관념에 대한 학년 및 성별 차이를 살펴보고, 사회과 양성평등 교육의 방향에 관하여 논의했다. 한국 청소년정책연구원에서 제주도를 제외한 전국의 초등학생 3,000여 명을 층화표집에 의해 패널로 선정하여 2004년부터 4년간 추적조사를 한 연구대상의 4학년(조사 1년 차) 시기의 자료와 6학년(조사 3년 차) 시기의 자료를 대상으로 분석하였다.

조사 결과는 다음과 같다. 초등학생은 4학년 시기에 비하여 6학년 시기에 성역할 고정관념이 줄어드는 것으로 나타났으며, 남학생에 비하여 여학생의 감소 폭이 더 크다. 초등학교 여학생이 남학생에 비하여 성역할 고정관념이 낮았다. 또한 학년과 성별 구별 없이 여학생에 대한 성역할 고정관념보다는 남학생에 대한 성역할 고정관념이 높은 것으로 나타났다. 이런 점에 비추어 보아 사회과에서 양성평등 교육 내용을 초등학교 시기에 다루는 것은 필요해 보이며, 특히 성역할 고정관념이 높게 나타난 4학년 시기의 내용 구성은 적합해 보인다고 강조했다.

(3) 중학생: 양성평등 의식과 성 고정관념 실험연구

서정임(2006)은 중학생을 대상으로 이미지와 영상에 익숙한 청소년을 대상으로 하여 청소년기 남녀에게 매우 중요한 발달과제인 올바른 성역할 정체감 획득을 위한 방안으로 영화 치류를 실시하여 양성평등 의식과 성 고정관념에 미치는 영향을 알아보기 위해 실험연구를 했다.

연구가설을 검증하기 위하여 영화 치료와 양성평등 교육을 주 내용으로 하는 선행연구와 문헌연구를 토대로 본 연구의 목적에 맞게 연구자가 총 8회기로 재구성한 영화치료 프로그램을 적용하였고, 프로그램 내용을 성역할 발달에 영향을 미치는 영역인 가정생활, 학교생활, 사회 · 문화생활, 직업생활의 4가지로 구분하여, 각 영역에서의 성에 대한 고정관념을 파악하고, 양성평등적 의식을 높이기 위해 영화 관람을 곁들인 토의활동으로 구성하였다.

본 연구의 피험자는 자발적으로 프로그램에 참여하기를 희망한 26명 중 실험집단과 통제집단에 각각 13명씩 무선 배치하였다. 실험참가자 13명을 대상으로 일주일에 세 번씩 총 8회기의 영화 치료 프로그램을 실시하였다. 두 집단 모두 프로그램 시작 전후에 한국여성개발원(2002)에서 개발한 표준화된 청소년용 한국형양성평등 의식검사KGES-A와 김동일(2003)의 성 고정관념 검사를 실시하였다.

본 연구에서 도출된 결론은 다음과 같다. 첫째, 영화 치료 프로그램은 중학생의 양성평등 의식 향상에 긍정적인 영향을 미쳤다. 즉 본 프로그램에 참여한 학생들은 양성평등 의식의 4가지 하위 요인인 가정, 학교, 직업, 사회 · 문화생활 등 모든 면에서 성에 대한 편견을 줄이고 성 차별적인 태도를 수정하는 데 긍정적인 영향을 미쳤다고 할 수 있다. 둘째, 영화 치료 프로그램은 중학생의 성 역할 고정관념을 완화시키는 데 긍정적인 영향을 미쳤다. 성 고정관념의 하위 요인인 직업 및 외형적 특성, 가정적 성역할, 사회심리적 특질, 지적 특질 척도에서 효과가 있었던 것으로 나타났다.

3. 다문화

대부분의 아동들은 문화에 영향을 받게 된다. 학생들이 학교에 들어갈 무렵에는 언어, 신념, 태도, 선호하는 음식, 행동양식 등이 어느 정도 익숙하게 된다. 민족성, 사회경제적인 지위, 종교, 모국어, 성, 집단의 정체성과 경험 등은 한 개인의 문화적인 배경에 영향을 미치게 된다. 제임스 뱅크스James Banks(1993)는 이러한 문화적인 다양성과 개인의 정체성을 7가지로 정리했다. 즉, 한 개인은 국적nationality, 인종race, 인종 집단ethnic group, 능력과 장애abilities and disabilities, 종교religion, 지역 geographical region, 성gender, 사회적 계급social class에 따라 개인의 정체성이 생기게 된다.

유네스코 내에서도 문화적인 다양성cultural diversity에 대한 논의가 계속 되고 있다. 이러한 국제적 논의과정은 2001년 제31차 유네스코 총회에서 '유네스코 문화다양성 선언'으로 채택되었고, 2005년에는 '문화적 표현의 다양성 보호와 증진에 관한 협약'으로 이어지게 된다. 이러한 흐름은 국제적인 추세이고, 문화의 다양성은 개인과 집단의 정체성과 독창성을 유지함으로써 현재와 미래를 창의적으로 발전시키는 중요한 전제임을 확인하게 한다(유네스코 뉴스, 2019).

근래에 들어 우리나라는 다른 인종, 민족, 계급 중 여러 집단이 지닌 다양한 문화가 공존하는 다문화 사회가 되었다. 우리나라는 2007년 이후 다문화가정의 구성원이 계속 증가하여 다문화가정의 국적에 따라 다양한 문화가 함께 존재하는 사회가 되었다.

1) 다문화가정

단일민족이었던 우리나라가 근래 들어 다문화 사회로 급속하게 변화하고 있다. 1990년대 중 · 후반을 기점으로 국제결혼이 이루어지면서 이제 우리나라는 다문화가정을 이루는 사회로 접어들기 시작했다. 세계화 추세에 따라 국가 간의 이동이 활발해지기도 했지만, 한국에서는 주로 혼인 적령기를 넘긴 농촌지역의 미혼 남성 위주로 국제결혼이 이뤄지고 있다(이현주, 2013). 이런 이유로 국제결혼 이주민 여성이 급속하게 한국인 남성과 결혼하고, 외국인 근로자들이 집단으로 국내에 들어오기 때문이다.

2019년 8월 29일 통계청이 발표한 '2018년 인구주택 총조사 집계결과'에 따르면 2018년 11월 1일 기준 국내 거주하는 총 인구는 외국인을 포함해 5,163만 명으로 나타났다. 총 인구 중에 외국인은 전체 인구의 3.2%인 165만 2,000명이다. 이는 전년 대비 17만 2,000명(11.6%) 증가했다. 2018년 국내 다문화가구 구성원이 처음으로 100만 명을 돌파했다. 2017년에는 다문화 가구가 33만 5,000가구이며 가구원은 100만 9,000명이었다. 다문화가구는 귀화자가 있거나 외국인이 한국인 배우자와 결혼한 경우 등을 포함한다. 다문화가구는 2017년 31만 9,000가구에서 1만 6,000가구(5.0%) 늘어난 33만 5,000가구였다.

국적별로 한국계 중국인이 53만 1,000명(32.2%)으로 가장 많고, 중국 21만 5,000명(13.0%), 베트남 16만 9,000명(10.2%) 등이다. 국적별 증감률은 태국 5만 8,000명(9.1%), 카자흐스탄 9,000명(52.1%) 증가한 반면 대만 2,000명(−11.0%), 방글라데시 1,000명(−8.3%) 감소했다. 2017년과 비교하면 태국과 중국 국적 외국인이 많이 증가했다. 대만과 방글라데시 국적 외국인이 감소세를 보였다.

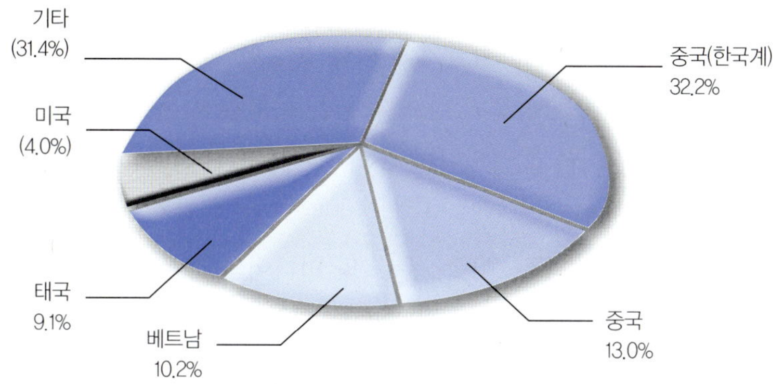

[그림 5-1] 국적별 외국인 인구

출처: 통계청(2019).

다문화 학생은 국제결혼 가정 자녀(한국인 부모와 외국인 부모 사이에 태어난 자녀)와 외국인 가정 자녀(외국인 사이에서 출생한 자녀)를 의미한다.

2019년 초 · 중 · 고 다문화 학생은 전년 대비 12.3% 증가한 13만 7천 명으로 나타났다. '19년 다문화 학생은 13만 7천 명으로 전체 학생의 2.5%를 차지한다. 전체 학생 수가 감소하고 있는 것과 달리 다문화 학생 수는 계속 증가하고 있으며, '12년 대비 약 3배 수준으로 증가하였다.

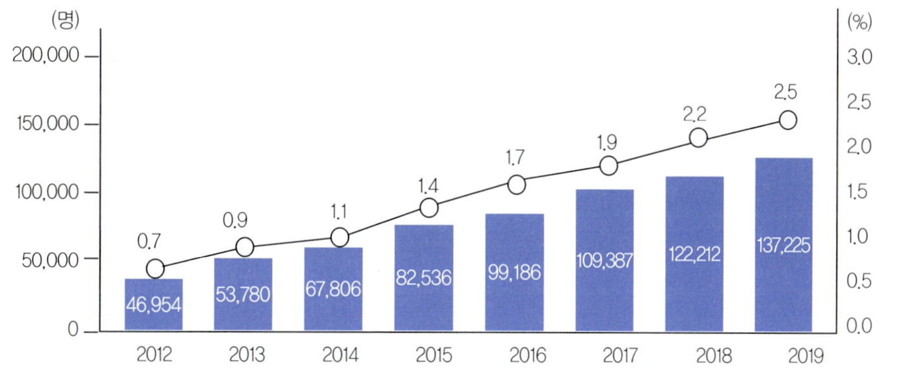

[그림 5-2] 다문화 학생 수 및 비중

출처: 한국교육개발원·교육부(2019).

다문화 교육의 정의는 다양하지만 종합해보면, 다문화 교육은 인종, 민족, 종교, 성별, 계층, 문화에 따른 집단의 문화를 동등한 가치로 인식하며, 균등한 교육 기회를 보장하는 것을 목표로 하여 다양한 문화를 이해하기 위한 지식, 태도, 가치 교육을 하는 것이라고 정의한다(유의정 · 전형진, 2011; 이성미, 2012; 정의철, 2013; Banks, 2008).

다문화 교육은 학교, 가족, 이웃, 동료 및 미디어와 같은 사회적인 맥락 속에서 일상적으로 이루어진다. 즉, 학교교육, 가정, 또래집단, 대중매체 등을 통해 다문화에 대한 올바른 인식을 갖게 하고, 특정한 태도와 행동을 이끌어 내는 교육적 역할이 필요하다. 다문화 교육을 통해 서로 다른 문화가 공존하는 현실에서 상호 존중할 수 있는 태도를 갖고, 자신의 고유한 문화를 지켜가는 것을 인정함으로써 사회의 갈등과 분열을 해소하고 조화로운 공동체를 형성하도록 도우며, 정체성 확립을 목적으로 한다(안정임 · 전경란 · 김양은, 2009)

2) 다문화가정의 문제점과 방향

현재 우리나라에서는 이중문화가정, 국제결혼가족, 혼혈인가족 등의 국적, 문화, 인종차별을 내포하던 부정적 의미에서 다양한 가족의 형태 중의 하나인 '다문화가정'이라는 용어를 사용한다. 한 가족 내에서 다양한 문화가 공존하고 있는 다문화가정의 용어는 긍정적이고 새로운 개념으로, 국가, 성, 계급 등의 결합을 포함하는 개념이다.

다문화가정에 대해 알아보려면 언어 및 문화 적응을 포함한 결혼 이주 여성의 한국 사회 적응, 다문화가정 내 부부 관계 및 부모자녀 관계의 형성, 다문화가정의 사회 내 적응 등의 문제를 중요하게 살펴보아야 한다(심리학용어사전, 2014). 최근 저임금 외국인 노동자의 고용정책으로 외국인 유입이 증가하고, 아시아 지역의 주변국 여성이 빈곤탈출을 위해 한국인 농촌남성과 결혼 사례가 증가하면서 빈곤문제, 미혼모의 혼혈아동문제, 교육문제 등 다양한 사회문제가 발생되고 있어, 이런 문제를 해결하고 우리 사회에 적응하고 빠른 시일 내에 안착할 수 있도록 다문화가정에 대한 교육적, 사회문화적 지원이 필요하다.

다문화가정의 여성은 의사소통, 언어장벽에 대한 노력, 양육 문화의 부적응 등 다양한 문제가 발생하게 된다. 다문화가정의 외국인 여성들은 배우자와의 문화 차이와 언어 장벽에 대한 어려움으로 자녀양육에도 많은 어려움을 겪게 된다(이윤호, 2007; 조미영, 2010). 특히 결혼 이주 여성들은 언어로 인한 의사소통의 어려움, 문화적 차이로 인한 적응 문제가 가장 큰 것으로 나타났다(이금연, 2003).

다문화가정 여성, 자녀, 가족이 사회에서 경험하는 내용은 다음과 같다.

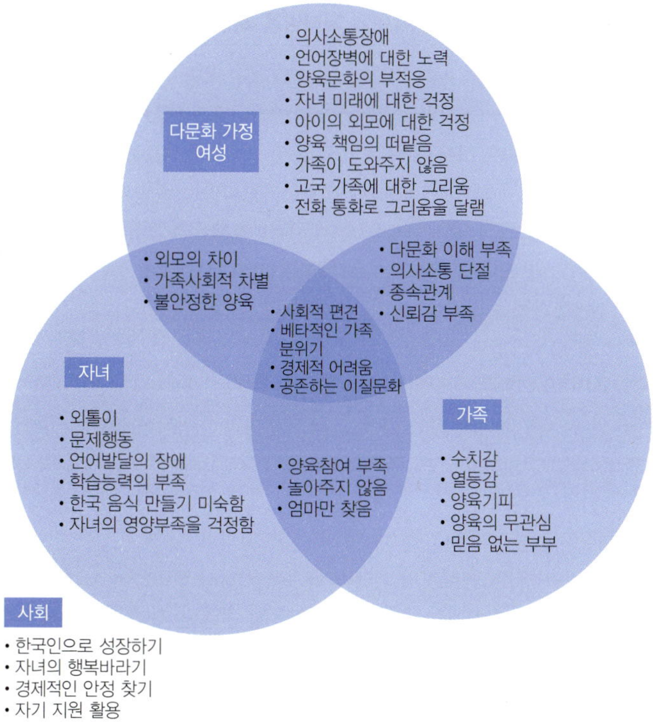

[그림 5-3] 다문화가정 여성의 자녀 그리고 가족의 양육 경험

출처: 한상영(2011).

특히 자녀들이 초등학교에 입학하면 혼혈인에 대한 차별적 문화로 인해 다문화 가정에 위기가 올 수 있으므로, 부모가 적절하게 잘 대처할 수 있도록 사회적 지지망을 효과적으로 활용할 수 있도록 해야 한다. 따라서 초등학교 입학 전에 영유아기의 자녀양육 지원을 위한 프로그램을 개발하여 실제적인 도움을 줄 수 있어야 한다. 조미영(2011)은 다문화가정 어머니들의 영유아기 자녀양육 지원을 위한 멘토링 과정을 문화기술적 연구방법으로 접근했다.

(1) 조미영(2011)의 문화기술적 연구

다문화가정 어머니들의 영유아기 자녀양육 지원을 위한 멘토링 과정 탐색

본 연구의 목적은 영유아기 자녀를 둔 다문화가정의 어머니들이 경험하는 어려움과 자녀양육을 돕기 위한 멘토링 과정에서 나타나는 다문화가정 어머니들의 변화과정 및 멘토의 역할에 대해서 분석했다. 본 연구에서 첫째, 다문화가정 어머니들이 영유아기 자녀를 양육하면서 겪는 어려움은 무엇인가? 둘째, 멘토링 과정에서 나타나는 다문화가정 어머니들의 변화 양상은 어떠한가? 셋째, 다문화가정 어머니들을 돕기 위한 멘토링에서 멘토의 역할은 무엇인가?를 알아봤다. 문화기술적 연구방법으로 수행된 본 연구에서는 다문화가정의 어머니 9명에게 집단 멘토링을 적용하였고, 참여한 어머니들의 변화과정을 알아보고자 심층면담을 진행하였다.

본 연구의 주요 결과는 다음과 같다.

첫째, 다문화가정 어머니들은 한국문화나 한국어를 제대로 습득하지 못한 상황에서 결혼을 통해 한국에 이주하여 가정을 이루며 살고 있다. 그리고 결혼과 동시에 출산을 경험하고 자녀를 양육하게 되면서 어려움들을 경험하고 있는 것으로 나타났다. 다문화가정 어머니들이 자녀를 양육하면서 겪는 어려움은 한국어 이해의 부족, 자녀의 문제행동에 대한 이해 부족, 경제적 문제, 양육문화의 차이, 그리고 새로운 인간관계 형성의 어려움과 연관되어 나타났다.

둘째, 자녀양육을 돕기 위한 멘토링 초기에 양육관련 지식이 부족하여 자녀양육 과정에서 어려움을 겪고 있던 어머니들은 멘토링을 통하여 자녀양육에 관련된 지식을 지속적으로 전달받았다. 새롭게 알게 된 자녀양육에 관한 지식과 정보를 실제 자녀를 양육하는 데 적용하기 시작하였고, 이와 관련된 경험을 다른 다문화가정 어머니들과 공유하였다. 멘토링 과정에서 멘토는 자녀가 다니고 있는 유아교육기관과 연계하여 어머니들에게 보조교사, 일일교사 등의 역할을 수행하도록 하였다. 이러한 기회를 통해 어머니들은 자녀교육에 관한 교육정보를 얻음으로써 자녀교육에 적극적으로 관심을 갖는 변화가 나타났으며, 어머니 역할에도 자신감을 갖게 되는 것으로 나타났다.

셋째, 어머니의 자녀양육을 돕기 위한 멘토링 과정에서 멘토의 역할은 양육과 관련된 지식과 정보 제공, 자녀양육 지원, 환경적 배려, 공감대 형성, 멘티 간에 관계 맺기를 위한 노력, 어머니 역할에 대한 기회 제공으로 이루어졌다.

(2) 박민정, 이병인(2010)의 근거이론적 연구

다문화가정 유아의 교육기관 적응과정과 상호작용 행동유형에 관한 근거이론적 접근

본 연구는 근거이론적 접근 연구방법으로 다문화가정 유아들을 지도하고 있는 교사와의 심층면담과 다문화가정 유아를 대상으로 비참여 관찰을 실시하여, 다문화가정 유아의 교육기관 적응과정과 상호작용 행동유형에 대하여 고찰하였다. 본 연구 결과 첫째, 다문화가정 유아들은 '유치원 적응에 어려움'이라는 중심현상 안에서 '교수-활동 참여의 어려움'과 '놀이 활동 참여의 어려움'을 경험하였으며, 이러한 현상의 인과적 조건으로는 '어머니의 한국어 능력'과 '부모의 양육태도'로 나타났다. 둘째, 중심현상에 대한 맥락적 조건으로 '다문화가정 교육여건의 미비'와 '가정의 어려움과 지역사회와의 연계 부족'을 나타내었으며, 중재적 조건으로는 '교사와 또래의 지원'과 '유아의 언어능력'으로 나타났다. 셋째, 중심현상에 대하여 다문화가정 유아가 주변세계와 상호작용하며 대처할 작용/상호작용은 눈치 보기', '무조건 참기', 모방하기', '또래와 어울리려는 시도하기', '힘을 사용하기'의 전략으로 나타났으며, 작용/상호작용에 따른 결과로서 '심리적 불안', '적응노력', '제한된 관계'를 나타내었다. 이와 더불어 다문화가정 유아의 상호작용 행동유형으로는 '주변탐색형', '모방하기형', '관심끌기형', '무력사용형'으로 나타났다.

(3) 손민정(2008)의 프로그램 연구

다문화가정 초등학교 저학년 학생을 위한 학교적응력 향상 프로그램 구안

다문화가정 초등학생은 다양한 개인적 · 사회적 특성의 차이로 인해 '학교적응 과정에서 어려움을 겪고 있으며 학생 스스로 이러한 어려움을 해결할 수 있도록, 다문화가정 초등학교 저학년 학생의 학교적응력을 향상시킬 수 있는 프로그램을 체계적으로 구안하고 그 타당성을 검증했다.

따라서 본 연구의 내용은 요구조사를 통하여 다문화가정 초등학교 저학년 학생의 학교적응을 위해 필요한 내용에 대한 요구를 분석하고, 이론적 고찰과 요구조사 분석 결과를 토대로 학교적응력 향상 프로그램을 구안하여 타당성을 확인했다. 본 연구에서는 다문화가정 초등학생의 특성을 탐색하고 이들이 학교적응 과정에서 겪는 어려움을 학교적응 영역에 따라 분류하여 해당 영역의 학교적응력을 높여 줄 수 있는 다양한 방법들을 고찰했다. 요구조사와 이론적 고찰을 통해 프로그램의 구성요소를 도출했으며 도출된 구성요소를 중심으로 프로그램의 회기별 목표를 선정하고 목표를 달성하기 위한 활동으로 프로그램을 구안하였다.

이 연구의 결과는 첫째, 요구조사 결과 다문화가정 초등학교 저학년 학생은 학교적응 영역 중 특히 교우관계와 교사관계의 적응에 어려움을 겪고 있다고 볼 수 있으며, 둘째, 다문화가정 초등학생의 학교적응력 향상 프로그램은 자신에 대한 올바른 이해를 통해 정체감을 형성할 수 있도록 돕는 것에 초점을 두고, 학교에서 이루어지는 대인관계인 교우 및 교사와의 관계를 향상시킬 수 있는 기술을 연습할 수 있도록 구안되어야 하고, 셋째, 구안된 학교적응력 향상 프로그램에 대한 전문가 검토 결과 목적 및 목표가 적절하게 선정되었다.

3) 교실에서의 적용

(1) 용광로 이론과 샐러드볼 이론

만약에 교사에게 올해의 업무로 다문화 교육이 주어진다면 어떻게 할 것인가? 현황을 조사해보면, 다문화 학생들의 국적이 다양하고, 한국에서 출생한 경우도 있고, 외국에서 출생한 다음 중도에 입국한 경우도 있을 것이다. 이런 경우에 어떤 교육적 접근을 할 것인지에 대해 연구하게 될 것이다. 울산교육청의 2019년 다문화 교육 지원계획은 다문화 학생 지원을 제외한 주요 과제 3가지가 학교 다문화교육 활성화 지원, 교원 다문화교육 역량 강화, 다문화교육 지원 체계 구축이었다. 이와 같은 환경에서 다문화 교육을 받은 학생들이 점점 더 늘어날수록 다문화 학생들을 좀 더 이해하게 될 것이다.

우선 다문화 교육을 하기 위해 어떤 이론을 적용할 것인지 고려해야 한다. 여기에는 사회 용광로 이론과 샐러드 볼 이론이 있다. 미국의 경우에는 다양한 이민자 세대들이 함께 녹아들어, 그들 고유의 문화를 버리고 미국 사회에 동화되었다. 영국의 경우에는 이민자들의 전통과 언어를 유지하도록 장려했고, 마치 다양한 샐러드가 담긴 샐러드 볼처럼 다른 문화의 사람들이 각자의 정체성을 유지하면서 조화롭게 살아간다.

① 용광로 이론

용광로 이론은 다양한 민족들의 고유한 문화가 그 사회의 지배적인 주류 문화 안에서 변화를 일으키고 서로에게 영향을 주어 주류문화 속에 녹아들며 동화되는 것을 말한다. 다양한 샐러드들이 지배적인 문화 속으로 들어가서 각자 고유의 샐러드 맛이 섞이면서 새로운 문화를 만들어 나가기 때문에 자신의 고유한 샐러드 맛을 내지는 않는다.

② 샐러드 볼 이론

다문화 교육이 수많은 다문화 학생들의 다양성을 인정하면서 기존의 문화와 융합시키는 것이 샐러드 볼 이론salad bowl theory이다. 큰 그릇 안에서 각각의 샐러드가 자신만의 고유한 맛을 가지고 샐러드의 맛을 만들어 나가는 것이다. 샐러드 볼 이론을 다문화주의multiculturalism라고도 하는 데 특정 문화를 주류 문화의 존재를 인정하지 않고 모든 문화가 평등함을 인정하는 것이다. 이런 이론을 적용한 다문화 교육 프로그램을 경험한 학생은 성인이 되었을 때 다문화가정에 대해 개방적이고 수용적인 태도를 갖게 될 것이다. 언어, 피부색 등이 다른 다양한 다문화 친구들과 샐러드 볼 사회를 경험한 학생은 지금보다는 훨씬 더 다문화 포용력이 생길 것이다.

우리나라에서는 국가 정책적으로 용광로 이론 쪽을 따르고 있지만, 다문화 관련 단체에서는 샐러드 볼 이론을 따라야 한다고 주장하고 있다. 2018년 국내 다문화가구 구성원이 처음으로 100만 명을 돌파한 것을 보면, 앞으로는 우리나라도 샐러드 볼 이론을 따르는 정책이 좀더 증가할 것으로 보인다.

4) 다문화 교육의 영역

다문화 교육이 조기부터 일상적인 학교생활을 통해 체화될 수 있도록, 유치원부터 대학교까지 학교의 교육과정과 교육환경에서 다양한 문화의 감수성을 배양할 수 있는 프로그램을 적극적으로 실행하고, 모든 학생을 대상으로 다문화에 관한 적극적인 교육을 확대하는 것이 필요하다.

다문화 교육의 영역은 문화와 관련된 내용을 떠올리게 되지만, 이는 문화와 관련된 내용만을 학습하는 것을 넘어서 다문화 사회에서 필요로 하는 지식, 기술, 가치 및 태도 등 다양한 내용이 포함되어야 바람직한 교육이 이루어질 수 있다. 학생들에게 문화적 차이를 인정하고 편견이 없는 교실환경에서 누구에게나 평등하고 동등한 학습 기회를 제공하고, 자신의 잠재능력을 기를 수 있어야 한다. 그렇기 때문에 다문화 교육 영역 전문가인 뱅크스는 다문화 교육의 영역을 내용통합, 지식구성, 공평한 교육법, 편견감소, 역량강화 등 5가지로 제안하고, 크리스틴 베네트Christine Bennett는 평등교육, 교육과정 개혁, 다문화 역량, 사회정의를 위한 교육 등 4가지 차원에서 제시하였다.

뱅크스(2008)는 〈표 5-3〉과 같이 내용통합, 지식구성, 공평한 교수법, 편견감소, 학생의 역량을 강화하는 학교문화와 사회적 구조의 5가지 차원이 있다고 제시하였다.

〈표 5-3〉 다문화 교육의 5가지 차원

영역	내용
1. 내용통합 (content integration)	교사들이 언어나 사회 및 과학 등 자신이 교과목에 등장하는 주요 개념, 원칙, 이론 등을 설명하기 위해 다양한 문화의 개별 및 집단 사례, 자료, 정보를 활용하여 교과내용을 통합한다.
2. 지식구성 (knowledge construction)	교사는 학생으로 하여금 지식을 구성하고 그것이 개인과 집단의 인종, 성, 민족, 사회계층과 같은 지위에 따라 어떤 영향을 받는지 이해할 수 있도록 도와주는 역할을 한다. 즉, 특정 학문 영역에서 암묵적인 준거의 틀, 문화적인 가정, 관점, 편견 등이 해당 학문 영역에서 지식이 구성되는 과정에서 어떤 영향을 미치는지를 의미한다.
3. 공평한 교수법 (equity pedagogy)	교사가 학생들의 수업성취도를 향상하기 위해 자신의 수업 방식을 다양한 인종 집단과 성, 민족 내에 존재하는 특별한 학습양식에 부합하는 공평하고 다양한 교수법을 사용하여 수업방식을 수정하는 것을 의미한다.
4. 편견감소 (prejudice reduction)	교사가 학생들로 하여금 다문화에 대한 긍정적인 태도를 갖도록 자신의 교수법 및 교재에 의해 다양한 인종에 대한 편견을 감소시킬 수 있도록 교실에서 노력한다.
5. 학생의 역량을 강화하는 학교문화와 사회적 구조 (empowering school culture and social structure)	문화적 차이를 극복하고 교육의 형평성을 증진하기 위해 학교 교직원과 학생이 상호작용하는 학교문화에서 다양한 인종, 민족, 문화집단 출신의 학생들의 역량을 강화한다. 학생들의 역량강화를 위해 바람직한 학교 문화를 창조하기 위해 학교문화의 성취의 불균형, 낙인의 관행, 스포츠 참여 등 다양한 요소를 검토해야 한다.

출처: Banks(2008).

베네트(2019)는 다음 〈표 5-4〉와 같이 다문화 교육 영역으로 4가지 차원을 제시한다.

〈표 5-4〉 다문화 교육 영역 4가지 차원

1. 평등교육 (equity pedagogy)	모든 학생에게 동등한 교육 기회를 제공하여 학교환경의 총체적인 변화를 가져오는 것을 의미한다. 평등교육은 학생의 사회문화적 배경, 경제적 조건 등 모든 교수 학습과정에 포함되는 요인을 고려하여 교육의 평등성을 높이고 학업성취도를 높이는 것이다.
2. 교육과정 개혁 (curriculum reform)	기존의 전통적인 교육과정에서 나타나는 단일민족 중심적인 관점에서 서술되었던 교육내용을 전지구적인 관점에서 다시 서술하는 등 다양한 관점에서 전통적인 교육과정을 재검토하는 것을 의미한다.
3. 다문화 역량 (multicultural competency)	다양한 방식으로 생각하고 평가하며 행동할 수 있는 역량으로, 문화에 대한 자신의 관점과 타인의 관점을 이해함으로써 집단 간에 존재하는 문화 다양성을 인정하고 존중하는 것을 말한다. 다문화 역량을 갖춘 사람은 특정 문화권에 제한되지 않고 전지구적이며 전세계의 근본적인 화합을 추구한다(Gudykunst & Kim, 2002).
4. 사회정의를 위한 교육 (teaching toward social justice)	성차별을 포함한 인종차별 등 다양한 차별과 편견을 인식하고, 이에 따라 발생하는 문제를 해결할 수 있는 기술과 태도를 발달시켜 문제해결을 위한 행동을 실천하기 위해 일련의 교육을 하는 것이다. 편견이나 차별에 대한 문제의식 수준에서만 그치는 것이 아니라, 편견이나 차별을 타파하고 사회정의를 지향하기 위한 행동을 실천하기 위해 적극적인 교육이 필요하다.

출처: Bennett(2019).

우리나라보다 먼저 다문화 교육을 실시해왔던 캐나다, 호주, 미국의 사례를 참고하여 다양한 민족의 학생에 대한 언어 적응 프로그램 및 편견과 인종 차별주의 및 고정관념에 대한 해결 방안 전략을 위한 프로젝트를 진행하는 것이 좋다.

CHAPTER 6

특수한 학습자

1. 특수교육 주요현황

2018년 특수교육 연차보고서에 의하면 2018년 특수교육의 주요현황은 〈표 6-1〉과 같다. 2018년 특수교육 대상자는 총 90,780명인데, 장애 영역별(시각장애, 청각장애, 지적장애, 지체장애, 정서행동장애, 자폐성장애, 의사소통장애, 학습장애, 건강장애, 발달지체) 특수교육 대상자와 학교 과정별(장애 영아, 유치원, 초등학교, 중학교, 고등학교, 전공과) 특수교육 대상자로 구분하여 〈표 6-1〉에 제시하고 있다.

학교과정별 특수교육대상자 현황을 보면 [그림 6-1]에 제시된 것처럼 장애 영아가 582명, 유치원이 5,630명으로 장애 영유아의 특수교육 대상자는 총 6,212명으로 전체 특수교육 대상자 90,780명 중 6.8%로 초 · 중 · 등에 비해 대상자가 적은 것으로 나타났다. 장애유형별 특수교육 대상자 현황 〈표 6-2〉와 [그림 6-2]를 보면 지적장애(48,747명, 53.7%)가 제일 많았고, 그 다음이 자폐성 장애(12,156명, 13.4%)로 나타났고, 지체장애(10,439명, 11.5%)가 세 번째로 많은 장애 영역으로 나타났다.

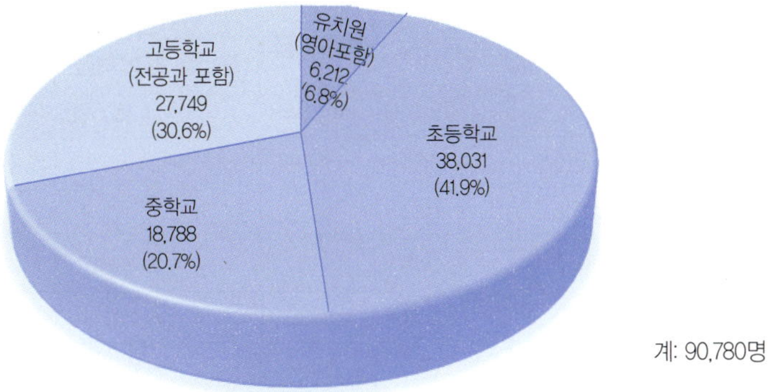

[그림 6-1] 학교과정별 특수교육 대상자 현황

출처: 국립특수교육원(2018).

〈표 6-1〉 특수교육 주요현황

배치별			특수학교	일반학교		특수교육 지원센터	계
				특수학급	일반학급 (전일제 통합학급)		
특수교육 대상자 수			**25,919**	**48,848**	**15,595**	**418**	**90,780**
학생 수	장애 영역별	시각장애	1,260	267	450	4	1,981
		청각장애	762	687	1,801	18	3,268
		지적장애	14,390	30,041	4,268	48	48,747
		지체장애	3,680	3,924	2,714	121	10,439
		정서행동장애	214	1,337	670	–	2,221
		자폐성 장애	5,065	6,283	803	5	12,156
		의사소통장애	124	1,150	802	5	2,081
		학습장애	20	1,062	545	–	1,627
		건강장애	30	154	1,574	–	1,758
		발달지체	374	3,943	1,968	217	6,502
		계	**25,919**	**48,848**	**15,595**	**418**	**90,780**

<table>
<tr><th colspan="3" rowspan="2">배치별</th><th rowspan="2">특수학교</th><th colspan="2">일반학교</th><th rowspan="2">특수교육
지원센터</th><th rowspan="2">계</th></tr>
<tr><th>특수학급</th><th>일반학급
(전일제 통합학급)</th></tr>
<tr><td colspan="3">특수교육 대상자 수</td><td>25,919</td><td>48,848</td><td>15,595</td><td>418</td><td>90,780</td></tr>
<tr><td rowspan="7">학생 수</td><td rowspan="7">학교과정별</td><td>장애 영아</td><td>164</td><td>–</td><td>–</td><td>418</td><td>582</td></tr>
<tr><td>유치원</td><td>944</td><td>3,058</td><td>1,628</td><td>–</td><td>5,630</td></tr>
<tr><td>초등학교</td><td>7,245</td><td>24,169</td><td>6,617</td><td>–</td><td>38,031</td></tr>
<tr><td>중학교</td><td>5,534</td><td>9,990</td><td>3,264</td><td>–</td><td>18,788</td></tr>
<tr><td>고등학교</td><td>7,076</td><td>11,422</td><td>4,086</td><td>–</td><td>22,584</td></tr>
<tr><td>전공과</td><td>4,956</td><td>209</td><td>–</td><td>–</td><td>5,165</td></tr>
<tr><td>계</td><td>25,919</td><td>48,848</td><td>15,595</td><td>418</td><td>90,780</td></tr>
<tr><td colspan="3" rowspan="2">학교 및 센터 수</td><td rowspan="2">175</td><td>7,954</td><td>7,725</td><td rowspan="2">199</td><td rowspan="2">11,501</td></tr>
<tr><td colspan="2">11,127</td></tr>
<tr><td colspan="3">학급 수</td><td>4,747</td><td>10,676</td><td>14,712</td><td>77</td><td>30,212</td></tr>
<tr><td colspan="3">특수학교(급) 교원 수</td><td>8,483</td><td>11,077</td><td>–</td><td>479</td><td>20,039</td></tr>
<tr><td colspan="3">특수학교 보조인력 수</td><td>4,480</td><td>7,596</td><td>373</td><td>–</td><td>12,449</td></tr>
</table>

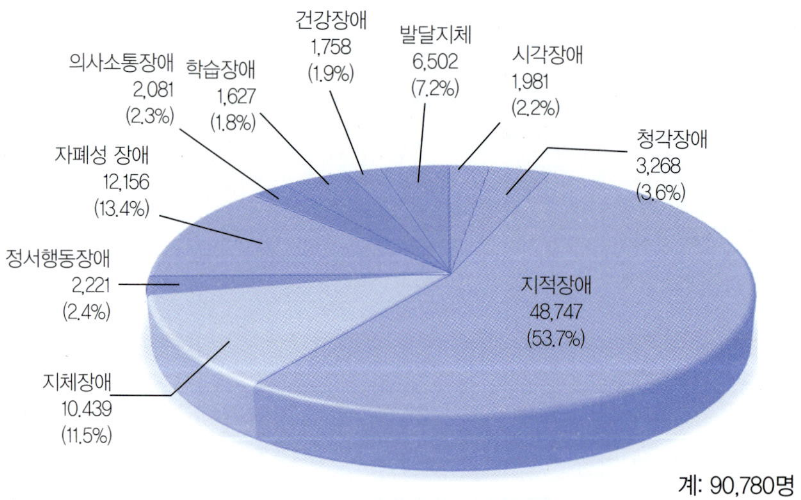

[그림 6-2] 장애 영역별 특수교육 대상자 현황

출처: 국립특수교육원(2018).

〈표 6-2〉 장애 영역별 특수교육 대상자 현황

시각 장애	청각 장애	지적 장애	지체 장애	정서 행동 장애	자폐성 장애	의사 소통 장애	학습 장애	건강 장애	발달 지체	전체 학생 수
1,981 (2.2%)	3,268 (3.6%)	48,747 (53.7%)	10,439 (11.5%)	2,221 (2.4%)	12,156 (13.4%)	2,081 (2.3%)	1,627 (1.8%)	1,758 (1.9%)	6,502 (7.2%)	90,780 (100%)

출처: 국립특수교육원(2018).

연도별 특수교육의 변화 추이를 보면 장애 영아는 2017년 549명에서 2018년 582명으로 33명이 증가했고, 유치원은 2017년 5,437명에서 5,630명으로 193명이 증가해서 장애 영유아는 2017년에서 2018년도에 총 226명으로 대상자가 늘어났다.

2018년에 특수학교 2개교(2017년에는 173개에서 2018년 175개)가 신설되었으며, 특수학급은 351학급이 증설(2017년에는 10,325학급에서 2018년에는 10,676학급)되는 등 최근 5년간 연평균 267학급이 증가했다. 2018년 특수교육 대상자는 90,780명으로 2017년 89,353명보다 1,427명이 증가하였으며, 이에 따라 학급 수와 교원 수는 지속으로 증가하여 특수교육 대상자의 교육기회 확대 및 지원 서비스가 더욱 강화되고 있는 추세다.

2. 특수교육 대상자 현황

1) 특수학교 배치 특수교육 대상자

2018년 4월 특수학교의 재학생은 25,919명으로 2017년의 25,798명에 비해 121명이 증가했다. 최근의 특수학교 학생의 증가 폭 감소 추세는 통합교육 확대에 따라 일반학교의 특수학급 및 일반학급 배치를 희망하는 특수교육 대상자의 증가에 기인했다(표 6-3 참조).

〈표 6-3〉 연도별 특수학교 배치 특수교육 대상자 수

연도	'72	'77	'82	'87	'92	'97	'00	'09	'10	'11	'12	'13	'14	'15	'16	'17	'18
학생 수	5,188	7,342	10,679	17,373	20,690	22,789	24,196	23,606	23,776	24,580	24,720	25,138	25,288	25,531	25,487	25,789	25,919

출처: 국립특수교육원(2018).

2) 특수학급 배치 장애유아 및 초중등 학생

통합교육의 확산 및 조기에 장애교육을 실시하기 위해 유치원에 배치되는 장애유아의 숫자가 증가하고 있다. 〈표 6-4〉에 제시한 바와 같이 2018년 4월 특수학급의 학생 수는 48,848명으로 2017년의 47,564명에 비해 1,284명이 증가했고, 최근 통합교육의 확산에 따라 일반학교 배치 특수교육 대상자와 특수학급이 증가하고 있으며 2017년도에 비해 351개의 특수학급이 증가했다. 유치원에 배치되어 있는 특수학급의 학생 수이다. 2018년 4월 자료에 의하면 유치원에 배치된 유아는 3,058명으로 국립에 9명, 공립에 3,028명, 사립에 21명이 배치되어 있다(표 6-5 참조).

초등학교에 배치된 장애아는 24,169명(국립 82명, 공립 24,051명, 사립 36명), 중학교에 배치된 장애아는 9,990명(국립 60명, 공립 9,577명, 사립 353명), 고등학교에 배치된 장애아는 11,631명(국립 104명, 공립 10,639명, 사립 888명)이 전국적으로 배치되어 있다.

〈표 6-4〉 연도별 특수학급 학생 수

연도	'71	'82	'86	'91	'96	'00	'09	'10	'11	'12	'13	'14	'15	'16	'17	'18
학생 수	30	7,665	30,876	28,795	26,087	26,627	39,380	42,021	43,183	44,433	45,181	46,803	46,351	46,645	47,564	48,848

출처: 국립특수교육원(2018).

〈표 6-5〉 학교과정별 및 설립별 특수학급 배치 특수교육 대상자 수

시도	유치원				초등학교				중학교				고등학교*				전체			
	국립	공립	시립	계	국립	공립	시립	계	국립	공립	시립	계	국립	공립	시립	계	국립	공립	시립	계
서울	–	312	–	313	14	3,100	–	3,114	13	1,220	–	1,233	25	1,196	175	1,398	52	5,829	175	6,056
부산	–	103	–	103	5	1,346	–	1,351	–	527	–	527	7	558	71	636	12	2,534	71	2,617
대구	–	95	–	95	13	969	–	982	6	453	–	459	7	492	–	499	26	2,009	–	2,035
인천	–	259	–	259	4	1,684	–	1,688	–	557	6	563	–	615	53	668	4	3,115	59	3,178
광주	–	62	–	62	5	645	–	650	7	245	6	258	12	261	44	317	24	1,213	50	1,287
대전	–	170	–	170	–	811	–	811	–	346	9	355	–	342	60	402	–	1,669	69	1,738
울산	–	86	–	86	–	664	–	664	–	236	–	238	–	262	–	262	–	1,248	–	1,248
세종	–	66	–	66	–	153	–	153	–	57	–	57	–	49	–	49	–	325	–	325
경기	–	954	10	964	–	6,007	18	6,025	–	2,619	124	2,743	–	3,318	135	3,453	–	12,898	287	13,185
강원	3	89	–	92	5	801	–	806	–	337	–	337	9	313	–	322	17	1,540	–	1,557
충북	2	172	–	174	10	937	–	947	10	388	2	400	18	481	13	612	40	1,978	15	2,033
충남	4	237	11	252	2	1,474	–	1,476	5	523	29	557	3	654	22	679	14	2,888	62	2,964
전북	–	77	–	77	10	871	–	881	–	331	17	348	6	326	14	346	16	1,605	31	1,652
전남	–	114	–	114	4	1,152	–	1,156	–	501	14	515	–	548	19	567	4	2,315	33	2,352
경북	–	50	–	50	3	1,235	10	1,248	–	477	71	548	–	421	178	599	3	2,183	259	2,445
경남	–	165	–	165	3	1,860	8	1,871	4	659	75	738	5	689	101	795	12	3,373	184	3,669
제주	–	16	–	16	4	342	–	346	15	101	–	116	12	114	3	129	31	573	3	607
계	9	3,028	21	3,058	82	24,051	36	24,169	60	9,577	363	9,990	104	10,369	888	11,631	255	47,259	1,298	48,848

※ 일반학교 전공과 학생 217명(대구 11명, 인천 22명, 경기 153명, 충북 31명) 고등학교에 포함

출처: 국립특수교육원(2018).

3. 통합교육

통합 교육의 기본 철학은 장애아들도 일반아들과 같이 정상적인 환경에서 인간다운 삶을 영위하고 존엄성과 존재 가치를 가진 자로서 존중되어야 한다는 것이다. 즉, 어떤 학생도 장애로 인하여 교육 환경에서 소외되어서는 안 되며, 장애 여부와 관계 없이 모든 학생에게 동등한 교육적 혜택을 받을 수 있는 권리가 주어져야 한다. 그러므로 통합 교육이 목적하는바, 교사나 일반아, 장애아가 서로 서로 가치 있는 인간으로 존중하여 함께 어울려 지내는 인간관계 형성이 무엇보다 중요하고, 장애아 개개인의 잠재능력을 최대한으로 신장시키는 것이 중요하다(전경원 · 권미은, 2015; Causton & Tracy-Bronson, 2015).

장애인 등에 대한 「특수교육법」(약칭 특수교육법) 제2조 제6항에서는 '통합교육'이란 특수교육 대상자가 일반학교에서 장애유형 · 장애 정도에 따라 차별을 받지 아니하고 또래와 함께 개개인의 교육적 요구에 적합한 교육을 받는 것을 말한다고 명시되어 있다.

장애아 90,780명 중에 특수학급에 48,848명, 특수학교에 25,919명, 특수교육지원센터에 418명이 배치되어 있고, 15,595명은 일반학급(전일제 통합학급)에 배치되어 있어서(표 6-1 참조), 일반 교사들은 전일제 통합학급에 배치된 학생들을 위한 교육을 염두에 두고 통합교육의 개념과 발달 및 지도방법을 이해하고 적용해야 한다.

통합교육은 장애아 본인과 부모 입장에서는 분리교육 환경인 특수학교나 특수학급 외에 학교 선택의 폭을 넓혀준다. 통합교육은 특수교육 대상 학생의 학교교육 환경으로 특수학교만 있던 시기에 비교하면 일반학교의 특수학급 및 일반학급에서의 교육기회를 제공함으로써 특수교육 기회의 양적 확대를 가져오게 되었고, 이제는 질적인 문제도 고려해야 할 때가 왔다.

1) 통합 교육의 개념과 발달

통합교육은 장애아를 특수학교에 격리하여 교육하는 것이 아니라 어린이집 또는 유치원을 포함한 일반 학교에서 일반아와와 함께 교육하는 것을 의미한다. 이때 단지 일반아와 함께 물리적으로 일반학급에 배치하는 것만으로는 교육적 효과를 거둘 수 없기 때문에, 장애아이 일반아와 통합교육을 받기 위한 시설 · 설비 및 교재 · 교구를 갖추어 교육하는 것을 의미한다. '통합 교육'이라는 개념은 여러 학자나 전문가들에 의해 다양하게 사용되어 왔다. 줄리 코스톤Julie Causton과 첼시 트레이시 브론슨 Chelsea Tracy-Bronson(2015), 제임스 코프만James Kauffman 등(1975)에 의하면, 통합은 장애아의 일반 학급으로의 시간적 통합뿐만 아니라 교수 활동의 통합, 사회적 통합을 의미한다. 통합 교육의 요청과 더불어 80년대 완전 통합에 이르기까지 통합 교육의 발달은 꾸준하게 이루어졌다. 특수 교육의 주요 흐름은 분리 교육을 지양하고, 정상화 개념의 대두로 탈시설화와 완전 통합 교육을 추구하게 되었다(전경원 · 권미은, 2015).

1990년 중반 이후에는 완전통합을 하는 추세다. 통합교육inclusion은 일반교육 주도를 실현하기 위한 프로그램 모델을 일컫는 용어다(Smith, 2004). 완전 통합 full-inclusion은 일반교육 주도의 특별한 형태로, 통합 'inclusion'이라는 용어로 시작되었다(Causton & Tracy-Bronson, 2015). 완전 통합은 장애아가 전적으로 일반 학급 내에서 일반아와 함께 시간적 통합, 물리적 통합은 물론 교수활동의 통합과 사회적 통합까지의 완전한 통합을 의미한다. 즉, 일반학급에서 일반 교육은 물론 특수 교육까지 겸하여 받는 것을 의미하고, 장애아를 위한 가장 도덕적, 윤리적이고 인간적인 교육의 방법이라는 점에서 주목받고 있다. 코프만과 다니엘 할라한Daniel Hallahan(2005)은 완전통합이 모든 학생에게 효과적은 아니며, 어떤 학생에게는 분리되었을 때 더 향상할 수 있다고 하였다.

2007년에 제정된 「장애인 등에 대한 특수교육법」 제2조 제6항에서는 "통합교육이란 특수교육 대상자가 일반학교에서 장애유형 · 장애 정도에 따라 차별을 받지 아니하고 또래와 함께 개개인의 교육적 요구에 적합한 교육을 받는 것을 말한다."고 규정하고 있어 통합교육의 발전은 더욱 양적으로 가속화되어 왔고, 질적으로도 향상되고 있다.

통합교육의 목표 및 내용은 다음과 같다(한국통합교육학회, 2009; 한국통합교육연구회, 2014).

1. 다양성의 인정 및 수용: 개인 간의 차이를 인정 · 수용 · 존중하고 개인의 능력이 서로 다름에 대해 차별하지 않고 독특한 요구로 인정
2. 교육의 평등성 추구: 동일한 교육을 제공하는 것이 아닌 개인이 지닌 학습 능력과 요구에 적합한 교육 서비스를 제공
3. 교육의 수월성 보장: 수월성을 보장하는 것을 영재아 교육에 국한하지 않고 개인의 잠재력을 최대화한다는 측면에서 이해하는 것이 필요하며, 장애아의 잠재력을 최대한 계발시켜 준다는 측면에서의 수월성 보장
4. 공동체 사회의 구현: 단 한 명의 구성원도 소외시키지 않고 각자 역할에 맞는 수행을 하며 집단으로 공동의 이익에 기여하고 조화를 이루며 더불어 살아가는 사회 구현

2) 통합교육의 효과

(1) 장애아에게 기대되는 효과

통합 교육으로 인해 장애아에게 기대되는 효과는 여러 가지가 있다(전경원 · 권미은, 2015).

- 일반아와 함께 학교생활을 하면서 경험의 폭이 넓어진다.
- 적절한 나이에 맞는 행동을 관찰, 모방하여 바람직한 행동을 학습하게 된다.
- 정상적인 발달을 보이는 또래들과의 상호 작용으로 의사소통과 사회성 발달이 촉진된다.
- 통합 환경에서 규칙적인 행동과 올바른 생활습관이 습득된다.
- 부모와의 밀착 관계에서 벗어나 자발적인 활동과 자신의 존재감을 인식한다.
- 학생에게 내재되어 있던 잠재 능력이 발견되어 자기 신뢰감을 획득한다.

(2) 일반아에게 기대되는 효과

통합교육을 실시하면 일반아에게 부정적인 영향이 있을지도 모른다는 우려가 많지만, 통합교육은 장애아뿐만 아니라 일반아에게도 혜택이 있다(전경원 · 권미은, 2015).

- 장애아도 나와 비슷한 점을 많이 가지고 있는 사회구성원으로 인식하고, 수용한다.
- 일반아들은 장애아들에 대해 상호 협력자, 모델 등의 역할을 함으로써 상대방을 돕는 마음, 양보심, 배려심 등과 같은 사회적인 행동을 학습하게 된다.
- 통합 교육을 통해 장애아에 대한 긍정적인 태도와 행동 변화를 가져온다.
- 자신의 지식을 장애아에게 가르쳐줌으로써 자신의 지식을 보다 확실하게 할 수 있다.

3) 통합교육에서의 교사 유의사항

성공적인 장애아 통합교육을 하기 위해서 장애아, 교사, 부모가 협동하여 실시해야 효과가 있다. 일반교사는 장애아 통합교육에 대한 이해를 하기 위해서 직전 교육에서 장애 교육과 관련된 교과목을 이수하고, 교사 재교육을 위한 교사연수 프로그램에서 통합교육을 접하면 좋다. 특수교육이나 장애아 통합교육 교과목을 이수한 교사는 통합교육에 대한 이론과 실제를 이해하게 될 것이고, 장애아에 대한 긍정적 태도를 갖게 되고, 장애아 교수기술에 대한 기초적인 내용을 알게 된다면 양질의 통합교육을 할 수 있을 것이다. 장애아가 완전통합교육을 받게 될 때 일반교사들은 초기에 두려움을 느끼고 당황할 수 있지만 시간이 지남에 따라 긍정적인 태도로 변하게 될 것이다.

4. 특수교육

유 · 초 · 중 · 고 교사들은 다양한 학생들을 만나게 된다. 교사로서 교육에 몰두하여 학습목표를 달성하는 것이 중요하지만 다양한 학생들의 욕구와 특성을 관찰하여 개개인이 만족하고 행복한 학교생활을 할 수 있도록 지원해주는 노력이 필요하다. 점점 학생 수가 감소하고 있기 때문에 그전보다 학생들에게 더 많은 개인적 관심과 배려를 할 수 있는 시간이 있으므로, 학생 한 명 한 명을 특별한 학생으로 보고 프로파일을 작성하고 도움과 상담을 하는 것이 좋다.

학생들 중에는 손톱을 물어뜯거나, 게임에 몰두하거나, 과도하게 산만하거나, 다문화가정에서 생활하거나, 자기비하적인 행동을 보이거나, 우울하거나, 사회적으로 고립되어 있거나, 교사에게 불복종하거나, 학교의 기물을 파괴하거나, 집중시간이 짧아서 학습하기 어렵거나, 의사소통이 잘 안 되거나, 교사에게 공격적인 행동을 하거나, 다른 학생들을 괴롭히거나, 절도를 하거나, 거짓말을 하거나, 자폐적인 행동을 하거나, 손을 계속 씻거나, 욕을 하거나, 다른 학생을 왕따시키는 등 다양한 경우가 있다. 지적인 능력이 너무 우수하여 교육과정에 적합하지 않은 학생이 있는 반면에 발달이 지체되거나 정신 지체가 있는 학생도 있어서 교사의 민감한 관찰과 인식이 필요하다. 학생 개개인에게 관심을 갖고 교육적, 심리적, 사회적 도움을 줄 수 있는 교사로서의 임무와 역할이 중요하다.

1) 특수아의 개념

'특수아'란 정상 분포의 범위를 벗어난 학생으로서 양쪽 극단에 있는 영재아와 장애아가 포함된다. 어떤 의미에서 모든 학생들은 특별하다. 학습 동기, 학습 스타일, 학습방법, 인지양식, 행동방식이 각기 다르기 때문에, 개별화된 교육이 필요하다. 그러나 일반학교에서 모든 학생의 개별적인 요구를 충족시키기 어렵다. 대부분의 학생에게는 적절하지만 어떤 학생에게는 부적절할 수도 있다. 그렇기 때문에 일반학급에서 실시되는 교육 활동에 어려움이 따르게 된다. 예컨대, 주의력결핍 과잉행동을 보이는 정서 · 행동장애아나 학습장애아는 일반학급에서 통합교육을 받으려면 특별한 교육적 도움이 필요하다. 또한 지적인 능력이 매우 탁월한 영재/재능/창의 학생의 경우 일반학급에서 실시하는 교육 프로그램이 지적 요구를 충족시켜 주기 어렵기 때문에, 특별한 도움이 필요하다. 이와 같은 특수교육 프로그램의 혜택을 받으려면 영재 또는 장애로 판별되어, 분류되고 적절한 교육을 받게 된다.

우리나라에서는 2002년도부터 「영재교육진흥법」이 시행됨에 따라 초등과 중등에서 과학, 수학, 예술, 언어, 정보, 발명, 융합 분과의 영재교육이 실시되고 있다. 2007년에 제정된 「장애인 등에 대한 특수교육법」의 제2조, 제15조의 내용은 다음과 같다. 제2조 [정의] "특수교육기관"이란 특수교육 대상자에게 유치원, 초등학교, 중학교 또는 고등학교(전공과를 포함)의 과정을 교육하는 특수학교 및 특수학급을 말한다. 제15조 [특수교육 대상자의 선정]에서는 1. 시각장애, 2. 청각장애, 3. 정신지체, 4. 지체장애, 5. 정서 · 행동장애, 6. 자폐성 장애, 7. 의사소통장애, 8. 학습장애, 9. 건강장애, 10. 발달지체, 11. 그 밖에 대통령령으로 정하는 장애로 유형을 제시하고 있다.

우리나라의 「영재교육진흥법」과 「장애인 등에 대한 특수교육법」을 참고하여 각 특수아를 간략하게 정의해 보면 다음과 같다. 특수아에게 적절한 교육을 제공하기 위해서는 각 특수아에 대한 특성을 이해해야 한다.

① 영재아: 뛰어난 능력을 갖고 있어서 높은 성취를 보일 가능성이 있는 자로서, 정규 학교가 제공하는 것 이상의 특별한 교육 프로그램이나 도움을 필요로 하는 자를 말한다. 보통 영재라고 하면 학교 성적이 높은 학생들을 일컫는 것 같지만, 그보다 더 넓은 범위의 우수한 학생들을 의미한다. 현대적 의미에서 영재는 영재아/재능아/창의아를 혼용하고 있고, 성취를 보일 잠재적인 능력이 있는 학생까지 포함하고 있다.

② 지적장애아: 지적 능력이 평균에서 떨어지며 동시에 적응 행동에 결함이 존재하는 상태로, 교육 수행 능력에 불리한 영향을 주는 학생을 말한다.

③ 정서 · 행동장애아: 심리적 문제(불안감, 우울감), 부적절한 행동(공격성, 주의 산만, 과다 행동 등), 사회적 대인관계에 부정적 특성을 지속적이고 두드러지게 나타내어 학습에 어려움이 있는 학생을 말한다.

④ 학습장애아: 학업 성취상의 어려움을 나타내는 유아로 지각, 주의집중, 기억 3R(읽기, 쓰기, 셈하기), 산수 계산하기 등 학습 기능이나 학업 성취상의 어려움을 보이는 학생을 의미한다.

⑤ 의사소통장애아: 말 유창성장애(말더듬), 조음장애(음의 생략, 왜곡, 첨가), 음성장애(음의 고저, 장단, 음색 이상) 등 의사소통장애를 보이는 학생을 말한다.

⑥ 청각장애아: 청력의 손상이 너무 심해서 보청기를 사용해도 언어 전달에 장애가 있어 청각을 통한 교육적 성취가 어려운 학생을 의미한다.

⑦ 시각장애아: 시각적 손상이 심하여 시각 기능을 전혀 사용하지 못하거나 보조공학기구의 지원을 받아 과제 수행이 가능한 학생으로, 안경이나 시각 교정을 하여 정상 수준의 시력을 갖는 학생은 제외된다.

⑧ 지체장애아: 기능 · 형태상의 손상이나 신체적 부자유로 인해 이동하거나 학습하는 데 어려움이 있어 특수한 서비스나 기구, 시설 등이 요구되는 학생을 말한다.

⑨ 자폐성 장애아: 사회적 상호작용이나 의사소통에 결함이 있고 제한적이고 반복적인 행동을 보여 학업 성취나 일상생활 적응에 어려움을 보이는 학생을 말한다.

⑩ 발달지체아: 인지, 의사소통, 사회성, 운동, 적응행동 영역 중 1개 이상의 발달이 또래에 비해 현저하게 지체되어 조기중재가 필요한 영아 및 9세 미만의 학생을 말한다.

⑪ 건강장애: 심신장애, 신장장애, 간장애 등 만성질환으로 인하여 3개월 이상 장기 입원 또는 통원 치료 등 계속적인 의료적 지원이 필요하며, 학교생활, 학업수행 등에 있어서 교육적 지원을 지속적으로 받아야 하는 학생을 말한다.

특수학생 중에서 학교환경에서 선별하기 어려운 영재아, 장애아(정서 · 행동장애아, 지적장애아 · 의사소통장애아, 학습장애아, 주의력결핍 과잉행동 장애아ADHD를 중심으로 개념, 특성, 교수방법을 이해하고, 또한 통합교육에서 대해서 알아보자.

2) 영재아

학생들 중에 영재아가 있다면 어떻게 해야 할까? 이미 탁월한 능력이 있는데 특수한 교육이 필요한 것일까? 특수교육이 필요하다면 어떤 도움을 줄 수 있을까? 교사로서 영재교육에 대한 철학이 필요하다.

과거, 현재, 그리고 미래에도 영재교육은 국가적인 차원은 물론 개인적인 차원에서도 필요하다. 정치적 이데올로기에서 벗어나 급변하는 국제경쟁 사회에서 생존하기 위해서는 개개인의 잠재능력 개발과 인간으로서의 행복한 삶을 영위하기 위해서 영재교육이 필요하고, 국민경제의 활성화는 물론 나아가서 국가의 문화 · 문명 발전에 기여하기 위해 영재교육은 필요하다. 이를 위해서 다양한 형태의 영역에서 영재성과 재능을 조기에 발굴하여 창의성 계발을 극대화하여 영재교육 프로그램을 개발 · 보급하는 데 관심을 기울여야 한다.

(1) 영재교육과 영재의 개념

영재교육은 자국의 발전을 위해 오래전부터 다양한 형태로 운영되고 있다. 중국은 수천 년 전부터 적극적으로 영재교육을 실시해왔다. 신동들을 발굴하여 '황제학교'를 운영하며 국가적인 차원에서 고도의 영재교육을 해왔다. 현대에도 여러 국가에서 영재교육 실험학교를 설치 · 운영하고 있고, 영재 아동을 위한 교육법을 개발하며 다각도로 영재교육을 장려하고 있다.

미국은 1920년대부터 영재교육에 관심이 있었고, 1921년 터만의 영재연구를 시작으로 영재연구에 대한 관심이 증대하기 시작했다. 1950년대까지도 영재의 특수한 욕구에 대한 인식과 수용적인 태도가 부족했다. 그런데 1957년 소련의 스푸트니크호 발사에 자극을 받아서 1958년「국가방위교육법」을 제정하고 영재교육에 박차를 가하기 시작했다. 그 결과 물리, 생물, 지구과학, 수학 등 과학과 관련된 새로운 교육과정 개발의 개혁을 가져오게 되었다. 이에 따라 심화학습과 속진학습 등을 허용해왔고, 각 교육지구에 영재교육센터가 설치 · 운영되고, 대학교에서도 영재교육 관련 부설기관을 두고 영재 담당 교사 교육을 실시해왔다. 미국의 혁신적인 교육과정 개혁은 영재교육 발전에 큰 영향을 미쳤다.

우리나라에서는 2002년이 돼서야 영재교육과 관련된 법이 제정되어 영재를 위한 교육이 시작되었다. 2002년에 제정된「영재교육진흥법」제2조에서 '영재'란 재능이 뛰어난 사람으로서 타고난 잠재력을 계발하기 위하여 특별한 교육이 필요한 사람으로 정의하고 있다. '영재교육'이란 영재를 대상으로 각 개인의 능력과 소질에 맞는 내용과 방법으로 실시하는 교육을 의미한다. 영재교육을 하기 위해, 영재학교, 영재학급, 영재교육원이 운영되고 있다. 영재학교는 영재교육을 위하여「영재교육진흥법」에 따라 지정되거나 설립되는 고등학교 이하의 학교를 말하고, 영재학급은「초 · 중등 교육법」에 따라 설립 · 운영되는 고등학교 과정 이하의 각급 학교에 설치 · 운영하여 영재교육을 실시하는 학급을 말한다. 이와 같이 영재학교와 영재학급 외에 영재교육원이 있다. 영재교육원은 영재교육을 실시하기 위해 설치 · 운영되는 부설기관을 말한다.

「영재교육진흥법」제5조 '영재교육 대상자의 선정' 제1항에는 영재교육기관의 장은 다음 각 호의 어느 하나의 사항에 대하여 뛰어나거나 잠재력이 우수한 사람 중 해당 교육기관의 교육 영역 및 목적 등에 적합하다고 인정하는 사람을 영재교육 대상자로 선발한다고 규정되어 있다. 영재교육 대상자는 1. 일반 지능, 2. 특수 학문 적성, 3. 창의적 사고능력, 4. 예술적 재능, 5. 신체적 재능, 6. 그 밖의 특별한 재능이 우수한 사람으로 보고 있다.

미국의 경우는 "지능, 특수학업 적성능력, 창의성, 리더가 될 수 있는 역량, 예술적 능력을 보이는 학생으로 정규교육 과정과 구별되는 교육이 필요한 학생"을 영재로 규정하고 있다. 또한 "전문가에 의해 판별되고, 높은 수행능력을 보이는 아동, 자기 자신과 사회로의 공헌을 위하여 특별한 교육 프로그램이 필요한 아동"으로 규정하고 있다. 우리나라의 영재의 개념 및 영재교육 운영방식은 미국의 영향을 많이 받았는데, 큰 차이점은 리더가 될 수 있는 역량을 보이는 학생은 영재에 포함되어 있지 않다는 것이다.

영재의 개념을 규정하는 데 널리 사용되는 것은 조셉 렌줄리Joseph Renzulli의 이론이다. 렌줄리에 의하면, 영재성이란 특정 영역에서 평균 이상의 능력과 창의성 및 강한 과제집착력이 복합적으로 상호작용하는 심리적인 특성을 의미한다. 그의 이론은 특정 영역에서 매우 높은 능력이 아니고 평균 이상의 능력과 창의성과 강한 과제집착력 등 3가지 요인이 잠재적으로 있으면, 이에 적절한 특수교육 프로그램이 필요하다고 보기 때문에, 그의 이론에 따르면 많은 학생들이 영재 교육 대상자가 될 수 있다는 것에 주목해야 한다.

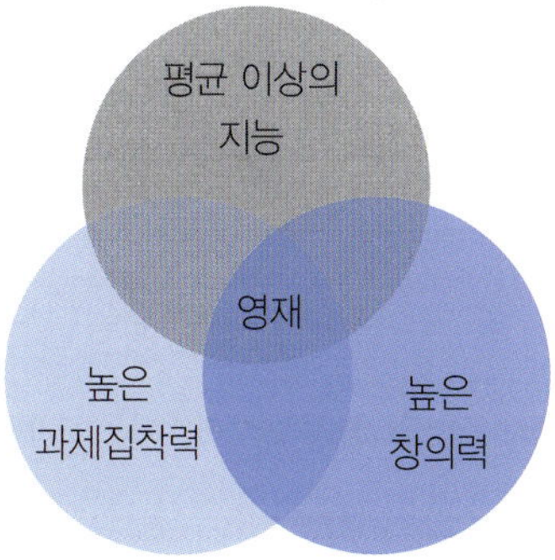

[그림 6-3] 렌줄리의 영재성 개념

출처: 전경원(2004).

영재의 개념은 다양하고 시대적인 가치에 따라 변하지만 영재성을 규정함에 있어서 몇 가지 공통점이 있다.

- 영재성이 높은 성취만을 의미하는 것은 아니다.
- 영재성이 높은 지능만을 의미하지 않는다.
- 영재성은 인지적인 요인뿐만 아니라 비인지적인 요인도 포함한다.
- 영재성은 복합적인 형태로 구성되어 있기 때문에 다양한 방법으로 측정해야

한다.

2002년에 제정되고 몇 차례 개정된 「영재교육진흥법과 시행령」(2017년 12월 19일 개정)을 참고하면 자세한 내용을 알 수 있다.

(2) 영재의 특성

영재의 특성은 연구자에 따라 영재아의 특성을 지적 특성, 비지적 특성, 동기적 특성, 학습 특성 등으로 구분하기도 하지만, 국내 · 외에서 연구된 영재/재능의 특성들을 종합한 결과 다음과 같은 3가지 유형의 일반적인 특성이 나타난다(전경원, 2017, 2018, 2019). 인지적인 특성과 창의적인 특성을 다른 특성으로 간주해서, 8가지 인지적 특성, 5가지 창의적 특성, 6가지 사회 · 정서적 특성으로 구분해 보면 다음과 같다.

가. 인지적 특성

- 높은 수준의 언어 발달: 또래에 비해 어휘 수준이 발달되어 있고, 언어적인 표현이 유창하다.
- 풍부한 지식 보유: 풍부한 독서 수준과 또래보다 2년 정도 앞선 높은 수준의 독서 및 광범위한 독서로 인해 풍부한 지식을 보유하고 있다.
- 비상한 기억력: 영재의 기본적인 특성으로 한 번 보고 들은 것에 대해 자세하게 기억한다.
- 탁월한 학습 능력: 또래에 비해 학습에 대한 이해력이 높아 쉽고 수월하게 학습한다.
- 뛰어난 사고 능력: 논리적, 비판적으로 사고하고 추상적 · 상징적 사고를 즐긴다. 또한 단순한 것보다는 복잡한 생각을 즐긴다.
- 광범위한 흥미 영역: 흥미와 취미가 다양하고, 자신에게 관심 있는 것을 수집한다.
- 탁월한 성취 능력: 어떤 특정 분야에서 반드시 성취하고자 한다.
- 탁월한 문제해결력: 효율적인 방법으로 복잡한 문제를 해결하는 것을 좋아한다.

나. 창의적 특성

- 뛰어난 상상력: 한 가지 답이 정해진 활동보다는 상상을 해서 다양한 반응을 할 수 있는 창의적인 활동을 좋아한다.
- 뛰어난 관찰력: 사람, 사물들을 관찰할 때 매우 구체적이고 세부적인 것까지 잘 관찰한다.
- 끝없는 호기심: 주변의 사물과 환경 등에 대해 호기심을 갖고 질문한다.
- 우수한 민감성: 남들은 간과하는 점들을 놓치지 않고 잘 지각한다.
- 뛰어난 유머감각: 날카로운 유머감각을 지니고 있다.

다. 사회 · 정서적 특성

- 탁월한 지도력: 다른 사람에게 영향력을 행사하고, 인기가 있고, 솔선수범하며, 다른 사람을 지도하기를 좋아한다.
- 탁월한 과제집착력: 어떤 어려움이 있어도 흥미 있는 일은 지속적으로 진행한다.
- 긍정적인 자아개념: 자신에 대한 긍정적인 자아개념을 갖고 있다.
- 높은 독립심: 외부의 통제 없이 스스로를 통제할 줄 안다.
- 도덕 · 윤리적 가치관: 또래에 비해 선과 악, 정오의 판단 등 도덕 · 윤리적인 가치에 대해 관심이 많다.
- 높은 동기 유발: 내적인 동기 유발이 잘되어 자신에게 흥미 있는 일을 할 때 장시간 동안 몰입하여 열정적으로 활동한다.

(3) 영재아 판별

「영재교육진흥법 시행령」 제12조 '영재교육 대상자의 선정기준 등' 제1항에서는 "영재교육 대상자는 영재교육기관의 교육영역 및 목적에 적합하고, 교육내용을 이수할 능력이 있다고 인정되는 다음 각 호의 어느 하나에 해당하는 자로 한다." 고 되어 있다. 각호는 다음과 같다.

1. 표준화된 지능검사, 사고력검사, 창의적 문제해결력검사 그 밖의 소정의 검

사 · 면접 또는 관찰의 방법에 따라 특정교과 또는 특정분야에서 일정 수준 이상의 뛰어난 재능 또는 잠재력이 있다고 인정되는 자

2. 실기검사 그 밖의 소정의 검사 · 면접 또는 관찰의 방법에 따라 예술적 · 신체적 분야에서 일정 수준 이상의 재능 또는 잠재력이 있다고 인정되는 자

제2항에서는 "제1항에도 불구하고 사회 · 경제적 이유로 잠재력이 발현되지 못한 다음 각 호의 자로서 영재교육기관의 교육영역 및 목적에 적합하고, 교육내용을 이수할 능력이 있다고 인정되는 자는 영재교육 대상자로 선발될 수 있다."고 규정하고 있다. 각호는 다음과 같다.

1. 「국민기초생활 보장법」 제7조 제1항 제4호에 따른 교육급여 수급권자
2. 「도서 · 벽지 교육진흥법」 제2조에 따른 도서 · 벽지에 거주하는 자
3. 「장애인 등에 대한 특수교육법」 제15조에 따른 특수교육 대상자
4. 행정구역상 읍 · 면 지역에 거주하는 자
5. 그 밖에 사회 · 경제적 이유로 교육기회의 격차가 발생하였다고 인정되는 자

이와 같이 우리나라에서는 영재를 판별하기 위해 지능검사, 창의적인 문제해결력 검사, 사고력 검사 등과 같은 다양한 검사를 사용하고, 이러한 검사도구 및 면접이나 관찰로 판별되지 않은 사회 · 경제적으로 열악한 학생을 대상으로 영재교육 대상자에 포함시키고 있다.

현재 우리나라에서는 교육지원청 및 단위학교 영재교육원은 2016년도부터 도입된 GED(온라인 영재선발 시스템)를 적용하여 영재교육 대상자를 선발하고, 대학부설 영재교육원 및 영재학급은 기관별로 교사의 관찰 · 추천에 기반을 두고 기관별 방법을 적용하여 영재교육 대상자를 선발하고 있다. GED를 적용하는 기관과 미적용하는 기관에서 교사 관찰 · 추천 선발과정에서 교사의 역할은 매우 중요하다고 할 수 있다. 영재 담당교사가 장기간 관찰을 통해 영재성을 선별하고, 그 과정에서 교사의 관찰 · 추천 및 학교 내에서 자체적으로 구성된 학교추천위원회, 영재교육 기관별 영재선정심사위원회가 최종적으로 영재교육 대상자를 선발한다. 일회성 지필평가의 단점을 고려하여 장기간 교사가 관찰 · 평가한 결과에 초

점을 두고 다각적인 측면에서의 자료를 선발과정에 사용하는 것이다. 교사의 관찰 · 추천에 의해 선별된 잠재적 영재들은 해당 영재교육기관에서 판별을 수행한다. 각 영재교육기관에서 지정한 날짜에 지정된 장소에 모여 제시된 과제를 수행하게 된다. 이런 과정을 통해 선발된 영재는 마지막으로 최종 면접 및 교육적 배치를 받음으로써 영재교육 대상자로 최종 선정된다.

판별의 기본적인 6가지 원칙은 다음과 같다(전경원 · 권미은, 2015).

- 첫째, 영재 개념의 적절성

  영재의 정의 및 개념에 의해 판별의 준거 기준을 마련한다. 판별에 앞서 영재를 어떻게 정의할 것인지, 영재의 개념은 무엇인지 생각해 본다. 그에 따라 적절한 판별 기준을 마련한다.

- 둘째, 복합 판별

  단일 판별보다는 복합 판별 과정(다단계 판별 방법)을 사용한다. 최근에 개발된 영재 판별 방법들은 어느 한 가지 측정 도구를 사용하는 단일 판별보다는 다양한 판별 접근 방식을 취하고 있다. 다양한 판별 방법을 사용하면 판별에서 발생할 수 있는 문제점을 극소화할 수 있다. 이렇게 하기 위해서는 영재의 다양한 특성을 반영하기 위해 다양한 자료들을 수집해야 한다.

- 셋째, 조기 판별

  판별은 조기에 실시되어야 하며, 영재성 또한 조기에 판별되어야 한다. 대부분의 사람들은 조기 판별에 대한 부정적인 시각도 있으나 조기 판별의 목적은 아동들이 지니고 있는 영재성을 조기에 발굴하여 이에 적절한 교육을 제공하여 최대한으로 잠재 능력을 키워주는 데 있다.

- 넷째, 지속적 판별

  판별은 일회성으로 끝나지 말고 지속적으로 이루어져야 한다. 다양한 정보를 수집하고, 다단계 판별을 했을지라도 영재성이 간과되는 경우도 있으므로 영재로서 판별되도록 지속적인 판별을 하여 한 명의 영재도 놓치지 말아야 한다.

- 다섯째, 판별의 타당성과 적절성

판별 목적에 부합하여 판별 방법을 활용한다. 다양한 자료를 수집하고, 다단계 판별 방식을 활용하여 얻은 자료와 정보들을 최대한 활용해야 한다. 이때에는 어떤 분야의 영재를 판별할 것인가를 고려하여 판별 계획을 세우도록 한다. 판별 결과를 타당하게 활용하도록 한다. 판별 결과에 따라 적절한 교육적 배치가 이루어진다.

- 여섯째, 다양한 판별 정보원

'다양한 판별 정보원'이란 영재 판별에 기여할 수 있는 모든 사람들을 일컫는다. 교사와 아동 자신은 물론 그 외에 동료, 부모, 조부모, 가족 구성원, 지역사회 구성원, 다른 교사와 교장(원장), 교감(원감) 등 모든 사람을 판별 자료 정보원으로 활용하여 다양한 자료를 수집해야 한다.

(4) 영재아 프로그램 유형

영재아의 교수방법은 영재의 특성과 유형에 따라 다르기 때문에, 교사는 영재아/재능아/창의아라고 세심하게 관찰하고 각기 다른 교수방법을 연구해야 한다. G/T/C/ 중에는 지능이 뛰어나 학습은 잘하지만, 창의성이 부족한 경우도 있고, 창의성만 뛰어난 경우도 있고, 어떤 학생은 지능과 창의성이 모두 뛰어난 경우도 있다. 이에 따라 개별적인 학습 방법을 적용해야 한다. 대표적인 영재교육 프로그램은 속진학습과 심화학습 제도가 있다.

가. 속진학습

속진학습은 학습속도가 빠른 학생에게 진도를 빨리 나갈 수 있도록 교육적 장치를 마련해주는 영재교육 교육방법이다. 줄리안 스탠리Julian Stanley의 수학 속진학습이 효시가 되어 다양한 형태의 속진학습 프로그램이 개발되어 왔다. 대표적인 속진학습의 예는 월반제도다. 월반제도는 한 학년 또는 두 개 학년을 뛰어넘는 학년별 속진 제도가 있다. 만 5세가 초등학교 2학년으로 뛰어넘거나, 초등학교 6학년 학생이 중학교 2학년 과정으로 조기에 입학하는 프로그램이 있다. 또한 중학교나 고등학교 3년 과정을 2년 안에 단축하는 수업 연한 단축 제도가 있다. 그 외에도 능력이 비슷한 여러 학년의 학생들이 한 학급에 모여서 학습하는 '학년 혼합 학급', 전문가와 학생을 멘터와 멘티의 관계로 연결하여 도제식으로 사사를 받는 '사사제도', 중학생이 고등학교나 대학교 과목을 이중으로 등록하여 학점을 취득하는 '이중등록', 우수한 고등학생이 대학 수준에 해당하는 과목을 듣고 학점을 인정받는 '대학 학점 인정 제도' 등 다양한 속진 교육의 유형이 있다(Southern & Jones, 1991).

속진제도는 학생의 흥미나 관심보다는 능력과 성취도에 관심을 두고 능력이 뛰어난 소수의 영재들에게 실시되는 영재교육 방식이다. 속진 제도를 실시할 때는 단순하게 지적 능력 외에도 사회적, 정서적, 신체적 발달 수준을 고려하여 뛰어넘고자 하는 학년의 수준과 모든 발달 수준을 고려해야 속진 학습을 무리 없이 진행할 수 있다. 무조건 지적 능력만으로 속진 학습을 하게 되면 중도에 사회·정서적인 문제로 인해 중도탈락하여 심리적인 문제가 발생할 수 있다.

나. 심화학습

심화학습은 "해당 학년의 수준은 그대로 두면서 정규교육 프로그램을 변형하여 정규교육 외의 교육 내용을 추가하여 교육과정을 깊이 있고 폭넓게 다룰 기회를 갖게 되는 영재교육 운영방식의 하나"다(전경원, 2004). 방과 후에 흥미와 관심 있는 영역에서 관련 분야를 깊이 있고 폭넓게 다루면서 탐구해 나가는 교육과정이다. 심화학습은 보다 풍부하고 다양한 교육적 경험을 위해 수정되고 보완된 교육과정으로 일반적으로 탁월한 능력이 있는 학생이 지적으로 성장할 수 있는 교육적 경험을 제공하여 창의성과 문제해결능력을 개발시켜 주는 데 중점을 두고 있다.

심화학습 프로그램은 다양한 형태로 이뤄지고 있고, 교육현장에서 속진학습보다 널리 사용되고 있다. 심화학습은 학습자의 호기심과 관심에 따라 방과 후에 현장학습이나, 여름방학 겨울방학 동안에 진행될 수 있다. 영재교육 전문가들의 의견을 종합하면, 심화학습이 성공적으로 진행되기 위해서는 다음과 같은 요소를 고려해야 한다(전경원, 2004).

첫째, 심화학습일지라도 적절한 학문적 요소가 포함되어야 한다.

둘째, 적절한 학문적인 요소 외에도 학과목과 직접적인 관련은 없지만 영재들에게 꼭 필요한 창의성, 문제해결력과 관련되는 활동을 포함시켜야 한다.

셋째, 다양한 문화적인 경험을 제공해야 한다. 음악, 미술, 영화 감상 등의 학교 교육과정을 넘어서 포괄적인 경험을 할 수 있도록 해야 한다.

넷째, 심화학습이 단지 분주하게 더 많은 활동을 하는 것만을 의미하는 것은 아니다. 정규교육 과정 외에 의미 있는 활동을 할 수 있도록, 지적인 자극을 받을 수 있는 교육활동으로 구성해야 한다.

다섯째, 심화학습이 일반교육 과정과 유사하다면 영재교육의 의미가 없기 때문에, 정규교육 과정에 비해 폭넓고 깊이 있게 다루어져야 한다.

대표적인 심화학습 모델은 내용 중심 모델 렌줄리(1977)의 과정-결과 중심 모델과 인식론적 모델이 있다(VanTassel-Baska, 1996). 내용중심 모델에서는 학습기술과 개념을 강조하고, 지적인 내용을 중심으로 교육과정이 구성되며, 강의와 토론 중심으로 교육활동이 진행된다. 따라서 내용중심 모델에서는 주로 강의식 교수방법으로 이뤄지고 내용과 개념 중심으로 수업이 이뤄지기 때문에 창의성과 문제해결력 중심의 수업이 어렵다는 단점이 있다. 이런 단점을 보완하기 위해 렌줄리(1977)의 삼부심화학습 모델은 '과정-결과 중심'에서는 산출물 중심으로 학습이 이뤄지고, 탐구과정 및 산출물 생산 과정의 학습 기술과 결과물을 통합하는 교육활동 위주로 진행된다. 단순하게 내용을 중심으로 하는 것을 넘어서서 학습자의 흥미와 즐거움을 강조한다. 학습자가 직접 관심 있는 문제를 만들고, 다양한 자료를 찾아서 프로젝트를 진행하는 모델이므로, 심화학습 모델로 널리 사용되고 있다. 인식적 모델은 지식의 체계를 중심으로 한 교육과정으로, 학습 영역의 핵심개념, 지식, 원리, 중요한 이슈 등이 교육 내용으로 구성된다. '무엇인가', '맥락은 무엇인가', '우리는 어떻게 관련되어 있는가' 등과 같은 내용으로 교육과정이 구성된다. 주로 중학교 이상에서 적용되는 간학문적 모델이며 창의성 교육을 강조한다.

그렇다면 영재교육을 실시할 때 어떤 교수 · 학습 프로그램을 적용할 것인가? 속진학습이 좋은가? 심화학습이 좋은가? 심화학습이 좋다면 어떤 내용의 심화학습 프로그램이 좋을까에 대해 고민하게 될 것이다. 전경남(2012)은 국내에서 수행된 영재교육 프로그램의 효과를 살펴본 개별연구 36편의 결과를 메타분석을 통해 종합했다. 36편의 연구에서 사용한 교수 · 학습 프로그램은 추구하는 교육 목표와 교수전략인 서로 달랐지만 모두 심화중심 프로그램이었다. 36편의 논문에서 88개의 효과 크기를 알아본 결과 효과 크기의 범주는 −.39~3.12였고, 효과 크기의 중위수는 .69였다. 메타분석의 결과로 도출된 전체 평균 효과 크기(고정효과 모형fixed effects model: .75, 무선효과radom effect model: .82)는 우리나라에서 수행된 영재아들을 위한 교수 · 학습 프로그램에서 전반적으로 효과적인 것으로 나타났다.

그러나 개별 효과 크기의 이질성이 상당한 정도로 나타났다. 이에 효과 크기의 이질성을 체계적으로 설명할 수 있는 조절변인의 탐색을 위해 연구설계의 유형, 연구 교육 대상자인 학생의 학교급, 효과변인 유형의 3가지 연구특성 변인이 효과 크기의 이질성에 미치는 조절효과를 통계적으로 검증했다. 그 결과 인지적 영역의 평균 효과 크기는 1.00, 정의적 영역의 편균 효과 크기는 .69로 나타나 영재아들을 위한 교수 · 학습 프로그램의 효과는 정의적인 영역에서보다 인지적인 영역에서 더 큰 것으로 나타났다.

인지적인 영역에서 효과변인의 유형은 고차원적인 사고능력(창의적 사고 능력, 창의적 문제해결능력, 수렴적 사고 중심의 고차원적 사고능력), 특정 교과영역 및 특정 개념에 대한 학업성취도 2가지였고, 정의적인 영역의 효과변인으로는 자아개념 및 자아효능감, 특정 교과 영역에 대한 태도 및 흥미, 자기 조절 능력 및 주도적 학습 능력, 독기관련 변인 및 창의성 또는 문제해결과 관련된 성격 도는 성향 변인들이 포함되어 있다.

이와 같은 메타분석 연구결과는 셰론 반Sharon Vaughn 등(1991)과 쿨릭Kulik(1992)

의 메타분석 결과와 유사하다. 그렇다면 영재교육 교수 · 학습 프로그램을 개발하여 영재교육의 효과를 보려면 프로그램의 내용을 어떻게 구성하는 것이 좋을까? 영재교육 프로그램 구성에서 인지적인 요인과 비인지적인 요인이 중요하다는 것을 고려한다면 프로그램 내용을 신중하게 개발하고 적용해야 한다는 것을 시사하고 있다.

(5) 영재아의 일반적인 지도 및 교수 방법

영재를 교육하는 교사는 성격적 특성과 전문적인 특성을 지녀야 한다.

가. 영재담당교사의 성격적 특성

영재를 담당하는 교사의 성격적 특성은 유머감각, 인내심, 다양한 흥미 사고의 융통성이 있고, 자기 자신의 이해와 수용, 확고부동한 자기 확신감, 타인에 대한 이해심, 보통 이상 수준의 지적 능력, 자기 자신의 행동과 그 행동의 결과에 대한 책임감 등 연구에 따라 다양하다(Lindsey, 1980; Maker, 1982). 다양한 연구의 공통점은 융통성 학문에 대한 열의와 흥미, 유머감각, 학생의 개인적인 문제에 관한 관심과 인내심이 있고, 영재의 흥미를 유발하고, 독립적으로 학습할 수 있도록 격려하는 것이다.

나. 영재 담당교사의 전문적인 능력

영재 담당 교사는 성격적인 특성을 갖춰야 하고, 전문적인 능력도 겸비해야 한다. 특히 영재와 관련된 기본 지식을 갖추고 이해를 해야 한다.

- 영재 판별 방법에 대한 지식
- 영재성의 본질과 욕구에 관한 지식
- 영재를 위한 교육과정 모형에 관한 지식
- 영재를 위한 각종 프로그램에 관한 지식
- 영재교육 관련 법령 이해
- 영재교육의 최근 동향과 추이에 관한 이해
- 영재아 및 학부모 상담 능력

전문적인 특성 8가지를 살펴보면 다음과 같다.

- 교사의 지적인 수준과 창의적인 수준
- 정규학급에서의 영재아 지도 원리
- 멘터의 역할과 사사제도
- 일반적인 연구 기술 이해
- 영재의 훈련
- 피드백 제공
- 학습센터운영
- 자아개념 증진을 위한 교사의 기술

(6) 미성취 영재

미성취underachievement라는 용어는 능력만큼 성취를 못한다는 의미로 성취를 못 이룬 상태를 일컫는다(전경원, 2004 재인용). 미국의 통계에 따르면 영재의 절반 정도가 학교에서 그들의 능력을 충분히 발휘하지 못하고 있는 것으로 밝혀졌다(National Commission on Excellence in Education, 1983). 우리나라에서는 미성취 영재가 절반이 넘는 것으로 보인다.

부존자원이 부족한 우리나라에서는 한 명의 영재라도 놓치지 않고 발견해서 영재교육을 하는 것이 개인의 잠재능력 개발뿐만 아니라 국가적인 차원에서도 바람직한 일이다. 영재 중에 여러 상황으로 인해 미성취 현상을 보이는 경우가 있다. 우리나라 문화에서는 능력이 탁월해도 성취를 하지 못하면 영재로 간주하지 않는 반면, 미국에서는 성취 여부를 막론하고 능력이 있으면 영재로 여기는 경향이 있다. 미성취의 개념은 문화와 사회에 따라 다르지만, 잠재적인 능력과 실제 성취 간에 불일치가 보인다는 데 동의하고 있다. 성취도를 알아보기 위해 교사에 의한 학교성적과 표준화된 성취도 검사결과를 성취 준거기준으로 사용한다(전경원, 2004 재인용).

영재의 미성취 연구는 존 고완John Gowan(1957)이 "실제로 모든 영재아는 미성취아"라고 우려했고, 그 이후 교사와 학부모는 미성취 영재아에 대한 도전을 하게 만들었다. 미성취 영재에 대한 관심 이후 미성취 영재의 특성, 판별, 원인 등에 대해 연구했고, 미성취 영재의 교육적인 개입에 대해 다양한 연구들이 수행되었다. 미성취 영재의 치료보다는 예방이 중요하다(Raph, Passow, & Goldberg, 1966)는 연구결과 발표 이후 영재 연구자들이 관심을 갖게 되었다. 연구 결과 미성취 영재의 성취도를 향상시키려면 학습기술을 가르쳐야 하고 미성취 영재를 지도할 수 있는 교사를 발굴해야 한다고 주장했다. 미성취 영재는 대부분 결손 가정에서 성장했고, 자신의 성공이나 실패가 특정 교사와 관련이 있다고 믿었다. 그 이유는 청소년기의 미성취영재는 학교성적과 같은 외적 동기유발에 의존하므로 교사에 의해 자신의 성공과 실패가 좌우된다고 믿었기 때문이다. 이와 같은 연구가 주정부 차원에서 시도되었고 그 이후 미성취 영재교육에 큰 발전을 가져오게 되었다(전경원, 2004 재인용).

미성취 영재는 학교에서 부정적인 행동과 태도를 보인다. 과제를 제출하지 않거나 반항적이고 적대적이고 비순응적이며 학업에 관심이 없다(Rimm, 2003). 미성취의 원인은 사회 · 심리학적 원인과 교육학적 원인이 제일 중요한 것으로 밝혀졌다(Davis & Rimm, 1985; Whitmore, 1980). 미성취 영재와 관련된 선행논문들을 보면 사회 · 심리학적 원인은 자신감 결여, 부적절한 사회관계, 인내심의 부족, 부적절한 표현, 부적절한 삶의 원칙 등이 있고, 가족-부모적인 원인을 보면 양육방법이 부모 간에 불일치할 경우, 부모의 문제를 아이에게 전이하는 경우, 부모가 과잉보호하거나 과다하게 신경을 쓰는 경우, 부모가 아이의 건강과 안전에 대해 두려워할 경우, 부모의 이혼이나 별거, 형제 간의 경쟁심 등이 있다(Gough, 1955; Purkey, 1969).

교육학적 원인은 주로 지적인 자극의 결여, 융통성이 결여된 학습 진행방식, 순응을 요구하는 행동 등이 있다. 미성취 영재는 지적 욕구가 충족되지 않으면 학교 수업이 지루하기 때문에 미성취아가 되고, 융통성이 부족한 정규학습 과정은 영재아가 미성취 현상을 보이게 되고, 학급에서 부적응 행동을 보이게 된다. 그 외에 부적격인 교사, 비효율적인 교수방법, 과다한 경쟁 등이 미성취 현상을 초래할 수 있고, 심한 경우에는 학교도 중퇴하게 된다(전경원, 2004).

미국에서는 1960년대부터 미성취 영재에 대한 연구가 진행되어 왔고, 한국에서도 1990년대부터 전경원(1989), 한기순과 유형근(2019) 등에 의해 연구되고 있다. 전경원(1989)은 '미성취 영재에 관한 미국과 한국의 교사와 부모의 인식' 연구에서 미국의 영재 담당교사(ATG)와 부모(APG), 한국의 영재담당교사(KTG)와 부모(KPG)의 미성취 영재에 관한 인식도를 조사하고자 했다. 설문지는 문헌연구, 전문가의 자문, 영재 담당교사와 부모의 심층면접을 통해서 작성되었다. 설문지는 288명에게 배부되었고, 총 215명이 반응하여 80% 이상의 회수율을 보였다. 여러 문항 중에서 가장 큰 차이를 보인 부분은 심리적 · 사회적인 원인으로, ATG와 APG는 심리적 · 사회적 그리고 동년배와 관계를 미성취 유발원인들로 본 반면 KTG와 KPG는 이러한 점을 덜 중요한 원인으로 여기고 있음이 나타났다. 결과를 종합해보면, 한국인과 미국인의 미성취 영재아에 관해 이견을 가지고 있는 것은 '미성취'라는 것이 문화적이고 교육적인 차이에서 기인하고 있음을 시사했다.

한기순과 신정아(2007)의 '성취 영재와 미성취 영재는 어떻게 다른가?'에서 성취 영재 중심의 우리나라 영재교육에서 제외된 미성취영재의 차이점을 탐색했다. 성취 영재들과 유사한 지적 잠재력을 가지고 있으나, 교사추천과 검사결과에 의해 현재의 학업성취가 지적 잠재능력과 비교하여 현저한 편차를 보인다고 판단된 미성취 영재들의 학습전략 및 관련변인들을 탐색 · 연구했다. 초등학교 5~6학년 68명의 성취 영재와 34명의 미성취 영재의 학습전략, 동기, 능력신념, 문제해결 성향 등을 비교하였다. 연구결과 성취 영재와 미성취 영재는 제시된 모든 변인들에서 통계적으로 유의한 차이를 나타냈다. 판별분석 결과 학습전략, 동기, 능력 신념, 문제해결성향 등은 판별적중률 77.5%로 성취 영재 집단과 미성취 영재 집단을 유의하게 구분하는 것으로 나타났으며, 이중 외재적 동기, 과제해결성향 등이 두 집단을 가장 잘 구분하는 변인임이 밝혀졌다. 끝으로 이 연구가 미성취 영재의 판별, 교육, 연구에 주는 시사점이 논의되었다.

가. 미성취 영재 지도방법

미성취 영재에게 적절한 교육적 개입을 하면 긍정적인 효과가 나타나고, 미성취를 극복하면 동기유발이 높아지고 학습성취도도 높아진다(Rimm, 1991). 미성취영재를 위한 교육적 방안 3가지를 제시하면 다음과 같다(전경원, 2004 재인용).

첫째, 독서요법은 미성취 영재가 갖고 있는 개인적, 사회적, 학업적 또는 직업적인 문제들을 해결할 수 있는 유용한 방법이다. 독서요법은 "개개인의 정신적이고 감정적인 건강을 증진시키기 위해, 책을 읽음으로써 욕구를 충족시키고 억압으로부터 해방되고, 또한 개인의 발전을 도모하려고 시도하는 것이다(Hoagland, 1972). 구체적으로 독서요법은 미성취 영재의 자아개념을 증진시키거나, 가치체계 및 태도나 고등사고 기능의 과정을 변화시키고 발전시키고, 실생활의 경험과 관련된 문제를 해결할 때 다각적인 방법으로 접근할 수 있는 능력을 향상시키고, 미성취 영재아에게 나타나는 공격적이거나 소심한 행동을 변화시키거나 직업교육과 직업지도를 도와줄 수 있다.

둘째, 학습습관을 개선하는 방법이 도움이 된다. 미성취 영재들은 대개 부적절한 학습습관으로 인해 학습에서의 동기유발이 결여되어 있다. 미성취 현상이 그들의 무능력으로 인해 발생하는 것이 아니라 학습전략이나 시험 보는 요령이 부족해서 잠재능력을 제대로 발휘하지 못하는 것이다. 따라서 미성취 영재에게 효과적인 학습습관을 제시한다면 전보다 좋은 성적을 받게 될 것이다.

셋째, 미성취 영재를 대상으로 한 개입방법으로 상담이 널리 사용되고 있다. 개인상담, 집단상담, 일 회의 동기유발적인 상담 등이 있는데, 연령, 미성취의 문제 유형, 미성취의 원인 등에 따라 적절한 상담기법을 적용해야 한다. 교육환경에서 능력에 비해 성취를 잘 못하게 되면 학생으로 하여금 상담을 유도하지만, 개개인별로 그 원인이 다양하고, 특히 자아개념을 향상시키는 데 별로 도움이 되지 않고, 시간과 비용이 많이 들기 때문에 상담의 효과가 별로 크지 않다고 알려져 왔다. 그러므로 상담을 할 때는 동기유발의 부족 원인을 분석하고, 약점을 보완할 수 있는 방법을 파악하고, 다양한 학습기술과 전략을 알려주는 것이 도움이 된다(전경원, 2004 재인용). 미성취 영재 연구의 예는 다음과 같다,

미성취 영재 상담 연구

유형근(2009)은 '미성취 영재의 상담요구와 전문상담교사의 역할' 연구에서 미성취 영재들의 상담요구를 분석하고 그러한 요구를 충족시키기 위한 전문상담교사의 역할을 규명함으로써 미성취 영재의 미성취 현상을 개선하고 학교 적응력을 향상시키는 데 도움을 주는 방안을 제시하였다. 상담요구들을 개인특성, 가정환경, 학교적응 등의 측면으로 나누어 분석하여 미성취 영재들의 상담요구를 추출하였으며 전문상담교사가 이러한 요구를 충족시키기 위해서 어떤 내용과 방법을 통해 도와줄 수 있는가를 구체적으로 제시하였다.

미성취 영재의 이러한 상담요구를 충족시키기 위한 전문상담교사의 역할로는 개인적 특성에서 기인하는 문제들의 경우에는 개인 상담과 집단 상담을, 가정환경에서 기인하는 문제들의 경우에는 부모교육과 가족 상담을, 학교적응에서 기인하는 문제들의 경우에는 교사 직무연수나 교사 자문 등을 제시하였다. 이 연구결과는 학교 현장에서 영재교육의 수혜를 받지 못하고 있는 미성취 영재들에 초점을 맞추어 그들의 상담요구를 반영하여 충족시킴으로써 그들의 학교 부적응과 미성취 현상을 개선하는 데 있어서 전문상담교사가 어떤 역할을 해야 하는지에 대한 이정표적인 연구다.

초등학생 미성취 영재 연구

이승원, 유형근, 권순영(2012)은 '초등학교 미성취 영재의 자기조절 학습능력 신장을 위한 집단상담 프로그램 개발' 연구에서 자기조절 학습능력이 낮은 초등학교 미성취 영재의 자기조절 학습능력을 신장시키기 위한 집단상담 프로그램을 개발하여 자기조절 학습능력 신장에 어떠한 영향을 미치는가를 검증했다. 이에 따른 프로그램 개발 과정은 조사, 분석, 설계, 구안, 적용의 5단계로 이루어졌다. 본 연구의 가설검증을 위해 학생 29명을 미성취 영재로 선별하고 프로그램에 참여를 희망하지 않는 학생 12명은 통제집단으로 하고 프로그램에 참여하기를 희망하는 학생 12명을 선발하여 실험집단으로 구성하여 프로그램을 적용했다. 그 결과 초등학교 미성취 영재의 자기조절 학습능력을 신장시키기 위한 집단상담 프로그램은 초등학교 미성취 영재의 자기조절 학습능력 신장에 효과가 있는 것으로 나타났다. 그 외에도 김태은, 김영빈(2013)의 '학습부진 초등학생의 동기 향상을 위한 집단상담 프로그램의 효과 분석', 남민정, 유형근(2009)의 '초등학교 미성취 영재의 사회·정서적 자아개념 향상을 위한 집단상담 프로그램 개발' 등과 같이 초등학생을 대상으로 한 집단상담 프로그램 연구들이 있으므로, 교사가 교육현장에서 미성취 영재를 발견하면 그들을 도와줄 수 있는 방법을 찾는 것이 바람직하다.

과학 미성취 영재 연구

정연수, 이지원, 김중복(2016)의 '높은 공간능력과 낮은 언어능력을 가진 초등 미성취 과학영재의 발견가능성 탐색: 빛의 직진 개념을 중심으로'의 연구는 과학영재 추천 시 과학 학업성취도를 중요하게 반영할 때 발생할 수 있는 문제점을 제시했다. 공간능력이 과학 발전을 위해 중요한 요소임에도 불구하고 사회문화적 인식으로 인해 높은 공간능력과 낮은 언어능력을 가진 영재아들이 미성취하는 경향을 보인다는 점에 착안하여 과학영재에 대한 특수한 영재의 미성취 현상에 대해 탐색했다. 우리나라에서는 영재 선발을 위한 관찰 추천 시에 교사들이 일반적인 학업성취도를 많이 반영하고 있으며 높은 공간능력과 낮은 언어능력을 가진 미성취 영재에 대한 관심이 부족한 실정을 연구를 통해 탐색한 의미 있는 연구다. 교육현장에서 높은 공간능력과 낮은 언어능력을 가진 미성취 과학영재의 발견가능성과 그들의 과학적 잠재력을 확인하기 위한 방법으로써 비언어성 검사의 활용 가능성을 보여준 연구다. 현장에서 과학 미성취 영재를 발굴하여 과학적 능력을 발현시키는 데 도움이 되는 연구이기 때문에 특수한 학업적성 미성취 영재를 지원하는 데 교사들이 한 번쯤 관심을 가져볼 만한 연구다.

미술 미성취 영재

미성취 영재 연구는 학문적인 미성취 영재에만 국한될 것이 아니라, 다양한 재능 영역까지 확장되어 개개인의 잠재능력을 최대한 개발시켜야 한다. 백중열(2010)은 '미성취 영재의 특성과 지도방안 모색' 연구에서 대인관계, 사회적 협응력, 학습문제, 자존감 부족 등의 문제가 보이는 미성취 미술영재를 중심으로 미성취를 극복할 수 있는 지도방안을 모색했다. 미성취 미술영재의 그림을 분석하여 그들에게 필요한 다양한 지도방안을 제시했다. 그중에 2가지를 소개하면 다음과 같다.

첫째, 미성취는 쉽게 극복되기 어렵지만 학생, 학부모, 교육전문가들이 미성취 영재의 문제점이나 약점보다 강점에 초점을 두는 것이 중요하다.

둘째, 미성취 영재들이 스스로 성취감을 갖고 성공의 기쁨을 느끼도록 해 주어야 하며, 주변에서 학교 성적이나 성취를 갖고 평가하는 행동은 자제해야 한다.

이와 같이 미성취 영재는 학문적인 영역에서뿐만 아니라 미술을 비롯한 음악, 무용, 체육 등 다양한 영역에 있으므로, 교사는 세심한 관찰을 통해서 한 명의 미성취 영재라도 발견하여 적절한 지도방법을 강구해야 한다. 미성취를 극복하는 연구를 통해 실제로 미성취 영재에게 도움을 주는 것은 개인적인 차원을 넘어서 국가적인 차원에 큰 발전이 될 것이다.

미성취 영재 질적 연구

> 최근에는 미성취 영재를 대상으로 질적 연구도 이뤄지고 있어 앞으로 미성취영재에 대한 연구가 활발하게 진행될 것으로 보인다. 김은아, 박기수, 유미현(2019)의 '미성취 성인 영재의 미성취감 원인 및 극복요인 탐색에 관한 질적 연구'에서 고교 시절 IQ 130 이상, 모의고사 전국 상위 1%였으나 미성취감 판별 검사 실시 결과 미성취 영재로 나타난 40대 직장인을 선정하였다. 질적 연구에서 관찰 및 심층면담, 전화 상담 등의 다양한 방법을 통해 자료를 수집한 후 미성취감의 원인을 유목화하는 과정으로 진행했다. 연구자들은 잠재된 미성취 영재를 알아볼 수 있는 영재교육자들의 바른 눈이 필요하며, 미성취를 극복하려면 개인의 노력뿐만 아니라 주변의 많은 도움이 있어야 함을 시사했다.

3) 장애아

(1) 정서·행동 장애

우리나라의 학생들은 우울증, 불안장애 등과 같은 정서 · 행동 장애를 겪고 있다. 핸드폰 사용이 늘고, 부모와의 대화가 단절되고, 학업에 대한 스트레스로 인해 정서 · 행동장애 학생들이 늘어나는 추세다. 건강보험심사평가원에 따르면, 2018년 우울증으로 병원 치료를 받은 19세 이하 아이들은 2015년 2만 3,771명까지 줄었다가 최근 다시 늘어나고 있어 4만 3,739명이다. 2017년 3만 907명에서 2018년 4만 3,739명으로 2018년 2만 3,311명으로 급증했다. 1년 사이에 42%나 늘었다. 19세 이하 불안장애 환자도 2017년 1만 9,709명에서 2018년에는 2만 3,311명으로 급증했다.

최근에는 게임중독에 대한 심각성을 인식하고 세계보건기구, 72차 WHO 총회에서 '게임 중독'을 공식 질병으로 분류하는 안건이 통과됐다. 게임중독, 즉 게임이용장애에 '6C51'이란 질병 코드를 부여해 정신적, 행동적, 신경발달장애 영역의 하위 항목으로 포함시키는 11차 국제질병 표준분류 기준안을 만장일치로 의결했다. 게임 중독 학생은 정상적인 학교생활과 가정생활을 하기 어려울 정도로 지나치게 게임에 몰두하게 되어 수면 부족, 식욕 저하로 인해 대인관계에 문제가 생기고, 게임 속 캐릭터를 통해 대리만족을 느낄 수 있어 친구와 가족과의 대화를 멀리하게 되는 부정적 현상을 보이게 된다. 게임을 하는 것이 나쁜 것은 아니지만, 과도하게 몰두하여 균형 있는 생활을 하기 어렵기 때문에 일정 시간을 정해 놓고 게임을 할 수 있도록 상담해주는 것이 좋다.

① 정서·행동장애 용어와 정의

정서장애라는 용어가 1985년 이후부터 행동장애로 바뀌었지만, 근래에는 정서 · 행동장애라는 용어를 사용한다. 그동안 정서 · 행동장애아를 정의할 때 다양한 용어가 사용되어 왔다. 예컨대 사회적 부적응, 행동장애, 정서적 일탈, 정서장애 등의 용어가 있는데, 이 용어들은 이론적 관점에 따라 교육 프로그램을 구성할 때 문제행동을 중심으로 외면화(행동표출), 내면화(위축)로 분류하고 있다. 외면화의 형태는 교실 활동을 방해하는 반항적이고 폭력적인 행동을 의미하고, 내면화의 형태는 사회적 고립, 우울을 느끼고 사회적 상호작용을 거의 안 하는 위축되고 고립된 행동을 말한다. 내면화 행동은 교사가 관찰하기 쉽지 않지만, 교사의 민감한 관찰을 통해 선별할 수 있어야 한다(Eggen & Kauchak, 2013). 이와 같은 장애의 현상을 정서와 행동으로 분리하여 이해해서는 안 되기 때문에 최근에는 정서와 행동 2가지 용어를 한데 묶어서 사용한다.

정서 · 행동장애 학생의 문제는, 현대사회에서 점점 늘어나고 있는 추세이기 때문에, 교사들은 정서 · 행동장애의 정의, 특성 등의 기초 개념을 이해하여 학생들의 개인차에 맞는 교수 방법과 교수 매체를 잘 활용해야 한다. 현재 우리나라의 '장애인 등에 대한 특수교육법」은 '정서 · 행동장애'라는 용어를 사용하고 있으며, 미국의 「장애인교육법(IDEA)」은 '심각한 장애seriously emotionally disturbed'라는 용어를 사용하고 있다. 그중에서도 정서장애emotional disturbance, ED와 행동장애behaviorally disordered, BD가 가장 널리 사용되어 왔고, 특수 교육 분야에 종사하는 대다수의 전문가들이 선호한다.

최근에는 미국의 '국립정신건강 및 특수교육협회The Nation Mental Health and Special Education Coalition'에서 제안한 '정서 · 행동장애'라는 용어가 특수교육 영역의 많은 전문가들과 현장 교사들에게 사용되고 있다(전경원 · 권미은, 2017). 우리나라의 「장애인 등에 대한 특수교육법 시행령」(2008)'에서 규정하고 있는 '정서 · 행동장애'의 정의에서는 미국과 캐나다에서와 같이 자폐성 장애를 정서 · 행동장애와 분리시키고 있다. 우리나라의 "장애인 등에 대한 특수교육법 시행령" 제10조에서 규정하고 있는 정서 · 행동장애의 정의는 다음과 같다.

- 장기간에 걸쳐 다음 각 항목 중 하나에 해당하여 특별한 교육적 조치가 필요한 사람
- 지적, 감각적, 건강상의 이유로 설명할 수 없는 학습상의 어려움을 지닌 사람
- 또래나 교사와의 대인관계에 어려움이 있어 학습에 어려움을 겪는 사람
- 일반적인 상황에서 부적절한 행동이나 감정을 나타내어 학습에 어려움이 있는 사람
- 전반적인 불행감이나 우울증을 나타내서 학습에 어려움이 있는 사람
- 학교나 개인 문제에 관련된 신체적인 통증이나 공포를 나타내어 학습에 어려움이 있는 사람

정서 · 행동장애의 정의는 수많은 전문가들 사이에서 논란이 되어 왔다. 정의에 따라 출현율도 달라지는 것은 출현율 산출에 사용되는 자료수집 및 평가 등의 방법의 문제가 단일화되어 있지 않기 때문이다. 정서 · 행동장애를 정의하기 어려운 이유는 다음과 같다(Kauffman, 1993).

첫째, 인간의 다양한 행동을 정상과 비정상의 구분하는 경계를 설정하기 어렵다.

둘째, 정서 · 행동장애에 대한 개념 차이가 연구자에 따라 다양하기 때문에 정의하기 어렵다.

셋째, 정서 · 행동장애와 관련된 사람의 감정이나 행동을 측정하는 것은 어려운 과정이다.

넷째, 기타 장애와의 관계에서 오는 문제로 인해 정의하기 어렵다. 특히 정서 · 행동장애는 다른 장애와 중복되어 나타나는 경우가 많기 때문에 정서 · 행동

장애만을 하나로 분리시켜서 정의하기 어렵다.

다섯째, 정서나 행동의 특성이 지속적이지 못하고 일시적인 경우가 있으며, 이러한 행동의 일시성은 정서 · 행동 장애를 정의하는 데 어려움을 준다.

여섯째, 장애의 정해진 정의에 의해 학생에게 주어지는 낙인이 학생의 교육적, 사회적 측면에 부정적인 영향을 미치기 때문에 이상 행동의 정의 규정을 거부하는 태도를 보인다는 것이다.

② 정서·행동 장애의 분류와 특성

정서 · 행동 장애를 정의하기 어렵기 때문에 특수교육 관련자와 임상가들은 정서 · 행동 장애를 크게 양적 · 질적으로 분류한다. 질적 분류는 특수 교육 분야에 종사하는 임상가들의 관찰에 의한 분류이며, 양적 분류는 통계적 절차에 의한 분류이다(김승국, 1995). 가장 널리 사용되는 질적 분류 체계는 미국정신의학회American Psychiatric Association의 정신장애 진단 및 통계 편람DSM-V 2013이다. 이 분류 체계는 20가지 정신장애 범주(신경발달장애, 정신분열 스펙트럼 및 기타 정신적 장애, 양극성 및 관련장애, 우울장애, 불안장애, 강박 및 관련 장애, 외상 및 스트레스 요인 관련 장애, 해리장애, 신체화 증상 및 관련 장애, 섭식 및 급식장애, 배설장애, 수면-각성장애, 성 기능장애, 성 불편증, 파괴적 장애 및 충동 조절과 품행장애, 물질 관련 및 중독성 장애, 신경인지장애, 성격장애, 성도착장애, 기타 정신장애)로 구분하고 있다.

양적 분류는 허버트 퀘이Herbert Quay가 통계적 요인 분석에 근거하여 서로 상관관계가 있는 군집 행동들을 개개 행동군의 범주를 중심으로 차원 분류 체계를 만들었고 교육계에서 널리 사용하고 있다. 퀘이는 1979년 그의 동료들과 교사와 부모에 의한 행동 평정, 학생의 생활사, 질문에 대한 학생의 반응 등을 가지고 6가지 행동 특성(품행장애, 사회화된 공격, 주의문제-미숙, 불안 · 위축, 정신병 행동, 운동과잉)으로 묶었다. 퀘이(1986)의 양적 분류를 참고하여 학생들에게 나타나는 정서 · 행동장애를 살펴보면, 다음과 같이 행위장애, 주의력 결핍 과잉행동, 불안 장애, 자폐성 장애, 기타 장애 등이 있다.

특히 품행장애 학생들은 교사에게 반항적이고 불복종하는 행동을 하기 때문에 교실에서의 수업을 방해하게 된다. 행위장애 학생들은 학교의 기물을 파괴하거나 또래들과 유대관계가 거의 없고, 거짓말을 잘하거나 냉담한 태도를 보이고 때로는 공격적이기 때문에 대인관계를 유지하기 어렵다. 또한 교사의 지시에 잘 따르지 않고, 버릇없고 무례하며 남의 물건을 잘 빼앗기도 하고 자기파괴적인 행동을 보이기도 한다. 이러한 품행장애 학생은 다른 사람들의 권리를 침해하고, 다른 사람들에게 해를 끼치는 행위를 하기 때문에 주변 사람들을 불안하게 만든다. 퀘이(1986)의 분류를 참고하면 행위장애 학생들은 불순종(반항, 비협조적, 불복종), 공격(다른 학생들과 싸움, 언쟁, 무례함), 자기 본위 행동(무책임한 행동, 쉽게 흥분하고 화를 잘 냄) 등과 같은 특성을 보인다.

또한 불안, 위축 행동을 보이는 학생은 활동을 수행하는 데 두려워하거나 활동을 회피하는 행동을 할 수도 있다. 이런 학생은 소심하고, 우울하고, 열등감이 있고, 쉽게 당황하고, 불안과 두려움을 느끼고, 성공 기대가 낮고, 실패의 두려움 때문에 새로운 일을 꺼리는 행동을 보인다. 따라서 사회 기술이 부족하고, 과민반응을 보이게 되어 학교생활에 정상적으로 참여하기가 어렵고, 때로 신체적인 고통을 호소하기도 한다.

그 외에 자폐 학생이 있다. 정서 · 행동장애 분류에서 별도의 장애 범주로 자폐장애가 있다. 자폐장애 아동은 어떤 형태의 의사소통이 잘 이루어지지 않고 언어성 의사소통과 비언어성 의사소통 모두 포함된다. 언어발달이 늦어지고 말을 하게 되어도, 억양과 소리의 고저가 비정상적이어서 반복된 언어를 사용하거나, 억양과 어투가 단조롭거나 특이하여 의사소통하기 어렵다. 따라서 사회적 상호작용이 어려워 자폐증상이 심하면 통합교육이 어렵다(심리학용어사전, 2014).

(2) 지적장애, 의사소통장애아

학습장애, 정서 · 행동장애, 주의력결핍 과잉행동장애[ADHD]뿐만 아니라 지적장애, 의사소통장애 학생들에 대한 민감한 관찰과 관심이 요구된다.

① 지적장애아

일반적으로 지능이 낮으면 지적장애로 보기 쉬우나, 단순히 지능뿐만 아니라 적응 행동상의 결함이 동시에 존재할 때 비로소 지적장애라 할 수 있다. 장애인 등에 대한 「특수교육법 시행령」(2008)에 따르면 정신지체를 "지적 기능과 적응 행동상의 어려움이 함께 존재하며 교육적 성취에 어려움이 있는 사람"이라고 규정하고 있다. 「장애인복지법」(2010)에서는 지적장애라는 용어를 사용하고 있고, 미국 지적장애 및 발달장애협회[AAIDD]도 2010년부터 지적장애라는 용어를 사용하고 있어 본서에서는 지적장애로 사용한다.

지적장애아는 학습기능의 발달, 인지, 언어지연 등의 발달 문제로 인하여 대인관계, 감정이나 행동의 조절, 사회적 판단 등의 미숙으로 인해 학교에서 동기유발에 문제가 발생할 수 있다. 경도의 지적장애인 경우에 통합교육을 받을 수 있으므로 교사가 민감하게 관찰하고 교육할 수 있어야 한다. 학령전기에는 별 문제가 없을 수도 있지만, 학령기에는 읽기, 쓰기, 셈하기 등과 같은 학습 기술을 학습하는 데 문제가 있고, 단기기억, 추상적 사고 등에 어려움을 보이므로 개별화 교육을 계획하는 것이 좋다.

지적장애 아동을 위한 통합교육은 개별화 교육[IEP] 계획에 기초하여, 일반 교과과정 이외에 장애 정도와 특성에 따라 기능적 학습 교과를 학습하거나 일반적인 학습 준비 기술 습득에 중점을 두기도 한다. 지적장애 아동이 일반 학급에 성공적으로 통합되기 위해서는 교사의 역할과 태도가 중요하다. 예컨대 또래 간에 지적장애아가 소외되지 않고 잘 받아들여질 수 있게 미리 일반 아동에게 장애에 대한 지식을 갖게 하거나 모의 장애 체험 등을 하게 함으로써 거부감을 최소한 줄일 수 있다. 또한 장애 아동이 학급에 배치된 후 또래 간의 지적, 사회적 상호 작용과 협력 학습을 할 수 있는 환경적 여건을 만들어 주는 노력이 필요하다. 교사는 열린 마음을 가지고 장애 아동을 내 학급의 학생으로 생각하는 긍정적 인식과 책임의식을 가져야 한다. 지적장애 아동이 학급과 학교에 소속감을 갖도록 돕는다. 일반 학급의 수업 시간 이외의 학교 여러 활동에 지적장애 아동이 참여할 수 있도록 한다. 전체 학급에 문제가 되는 일이 일어난다면 다른 동료교사는 물론 특히 특수교사와의 협력을 통하여 문제를 해결해야 한다(전경원 · 권미은, 2019).

② 의사소통장애아

의사소통장애는 감각 이상, 의학적 상태, 신경학적 상태에 기인하지 않으며 지적 장애로도 충분히 설명되지 않는데도 언어, 말하기, 의사소통 등에서 결함을 보이는 것이 특징인 신경발달장애의 한 범주에 속한다. 말을 더듬거나, 발음이 이상하거나, 언어를 사용할 때 문제가 있거나, 의사소통이 제대로 되지 않는 것 등 말하기, 언어, 의사소통이 포함된다.

- 말하기speech: 소리를 표현하여 생성해 내는 것. 발음, 유창성, 음성voice, 소리 공명resonance의 질
- 언어language: 말의 형식, 기능, 상징에 대한 관습적 체계의 사용. 구어(口語), 문어(文語), 수화 등이 포함됨
- 의사소통communication: 자신이 의도했든 의도하지 않았든 간에 다른 사람의 행동, 생각, 태도에 영향을 미치는 모든 언어적 또는 비언어적 행동

이 중에서 사회적 의사소통장애social sommunication disorder는 DSM-5(APA, 2013)의 의사소통장애 범주에 새롭게 등재되었다. 이 장애는 언어와 의사소통을 사회적, 실용적 측면에서 사용하지 못해 적응상의 어려움이 초래되는 경우가 많다. 최근에는 SNS 사용으로 인해 사회적 의사소통장애가 늘어나는 추세다. 사회적 의사소통의 장애진단 기준은 다음과 같다.

A. 언어적 의사소통과 비언어적 의사소통을 사회적으로 사용함에 있어 어려움을 지속적으로 보이며, 다음의 특징을 모두 포함하고 있다.

1. 사회적 목적으로 의사소통을 사용하는 데에 결함을 보인다. 예를 들어 인사하기, 정보 교환하기와 같은 의사소통을 사회적 맥락에 적절한 방식으로 사용하는 데에 결함을 보인다.
2. 맥락 또는 듣는 이(청자)의 필요에 맞춰 의사소통 방식을 변화시키는 능력에

손상을 보인다. 예를 들어 교실에서 말할 때와 운동장에서 말할 때, 아이와 대화할 때와 어른과 대화할 때 다른 방식으로 말하는 능력, 지나치게 격식을 차린 언어 사용을 피하는 등의 손상을 보인다.

3. 대화와 이야기하는 규칙을 따르는 데에 어려움을 보인다. 예를 들어 대화를 주고받는 순서, 잘못 이해했을 때 다시 설명하기, 상호작용을 조절하기 위해 언어적 신호와 비언어적 신호를 사용하는 방법을 인지하기 등에서 어려움을 보인다.
4. 명확하게 설명되지 않은 말(추론이 필요한 말), 언어를 글자 그대로 사용하지 않거나 모호하게 사용한 경우(예: 숙어, 유머, 은유, 맥락에 따라 그 의미가 다양하게 해설될 수 있는 말)를 이해하는 데에 어려움을 보인다.

B. 이러한 결함이 효과적인 의사소통, 사회적 참여, 사회적 관계, 학업 성취, 직업 수행 등에 개별적 또는 복합적으로 기능적 제한을 초래한다.

C. 이러한 증상이 초기 발달 기간에 발생한다(다만, 이러한 제한된 능력을 넘어서는 수준의 사회적 의사소통이 필요한 경우에야 결함은 완전하게 드러날 수 있다).

D. 증상이 다른 의학적 혹은 신경학적 상태, 또는 부족한 단어 구조나 문법 영역에서의 능력 부족에 기인하지 않으며, 자폐성 스펙트럼 장애, 지적장애(지적발달 장애), 전반적 발달 지연, 또는 다른 정신장애로 더 잘 설명되지 않는다.

(3) 학습장애아

학습장애아들의 특성은 매우 다양하다. 어떤 학생은 한두 가지 특성만 보이기도 하고, 또 어떤 학생은 여러 가지 특성을 같이 보이기도 한다.

- 주의력결핍 과잉행동장애
- 사고와 기억의 문제

학습장애아들은 정상적인 지능을 갖고 있기 때문에 사고가 가능하기도 하나, 발달이 늦으며, 문제 해결 능력도 뒤떨어진다(Hallahan, 1975). 이로 인해 자신의 생활을 계획하고 구성하는 데 문제를 보이며 기억력에 있어서도 문제를 보인다. 예컨대 전날 배운 글자, 낱말, 산수 내용을 잊어버리거나 같은 소리, 물건을 기억하여 찾는 것이 어렵다. 또한 자신의 전화번호와 주소 등의 정보를 잊어버리기도 한다.

이와 같이 학습장애아들이 기억에 있어 결함을 보이는 이유로는 학습장애아들이 비장애아들이 사용하는 암기 전략을 사용하지 않기 때문인 것으로 나타났다(Hallahan et al., 1985). 즉 학습장애아들이 암기를 위한 전략을 사용하지 못했기 때문에 암기 과제에 훨씬 더 어려움을 보이는 것이다.

그러나 중요한 것은 학습장애아들에게도 암기 전략을 사용하도록 학습시킬 수 있다는 사실이다(Hallahan et al., 1985). 예컨대, 단어를 종류별로 모아서 외우는 전략 등을 사용하여 학습시킬 수 있다는 것이다.

이런 특성으로 인해 친구가 별로 없어서 사회성에 문제가 나타난다. 학습 장애 학생들은 사회적으로 잘 적응하고 또래들 간에도 잘 지내는 경우도 있으나 대부분 학습장애아들은 또래로부터 거부당하는 경향이 있다. ADHD 학생들은 교우관계 측정도에서 친구들이 가장 싫어하는 유형으로 나타나기도 한다(신명희 외, 2018).

학습장애아들은 사회적 인지능력에 결함이 있기 때문이다. 즉, 이들은 체계적, 조직적인 사회 적응이 어렵고 다른 사람의 기분을 지각하지 못하기 때문에 친구를 사귀거나, 교사나 부모로부터의 지원이 부족하고 자신의 성공 여부에 대한 기대가 낮으므로 자아 개념도 낮다. 또한 상대방이 좋아하는 방법으로 대화 및 행동을 하지 못하기 때문에 자신에 대한 부정적 태도가 강화된다. 이로 인해서 학습장애아들은 낮은 자아존중감을 형성하게 되고, 사회 · 정서적인 문제를 보이게 된다(전경원 · 권미은, 2019).

(4) 주의력결핍 과잉행동장애(ADHD)

학습장애 또는 정서 · 행동장애아에게서 주의력 결핍 과잉행동 장애ADHD가 나타나고, 현재 특수교육대상자로 선정되고 있다. 그러나 부모들이 특수학급에서 수업받는 것을 받아들이지 않아서 일반학급에서 수업을 받고 있는 경우가 많다. 학습장애아 또는 정서 · 행동장애아와 주의력결핍 과잉행동장애아는 일반학급에서 적절한 특수교육 지원 서비스를 받을 수 있어야 한다. 어린 시절 ADHD가 완치되지 않으면 성인이 된 후에도 계속 ADHD 증상이 다양한 형태로 나타나게 되고, 일을 시작한 후 5분도 안 돼서 집중하기 어려워져서 자리에 앉아 있지 못하고 돌아다니게 된다. 결국 자신의 일에 집중하지 못하게 되고 사람들과 잘 어울리지 못하게 되어 사회생활이 어렵게 된다. 그러므로 어린 시절에 ADHD 증상이 나타나면 조기에 중재하여 치료하는 것이 바람직하다.

최근 급증하는 ADHD 학생의 특성과 지도방법을 알아두어야 원활한 수업을 진행할 수 있다. 최근 많은 학생이 ADHD로 진단되어 진단 자체가 너무 단순하게 파악되고 쉽게 사용된다는 비판을 받고 있다. 특히 유아와 초등학생은 활동적이기 때문에 교사는 과잉 활동에 대한 임상적 용어를 알아야 하고 자연스러운 활동과 학자들이 주장하는 과잉활동을 혼동하지 않도록 주의해야 한다. ADHD 학생의 대표적인 특성 3가지는 다음과 같다.

① 주의력결핍과 과잉행동장애 ADHD 특성

학습장애로 인해 주의력결핍과 과잉행동장애attention deficit hyperactivity disorder, ADHD와 주의집중장애attention deficit disorder, ADD를 보이게 된다. '과잉행동장애아'들은 한 자리에 가만히 앉아 있지 못하고, 끊임없이 움직여서 산만하고, 자리에 앉아도 손가락이나 발가락을 계속 움직여서 다른 사람의 수업에 방해를 한다.

과잉행동은 학습장애아들에게 많이 나타나는 행동적 특성 중의 하나로, 여아보다 남아에게 더 많이 발생하는 것으로 추정되고 있다(Rutter, 1975). 이런 징후는 유아기 때부터 나타나게 되고, 초등학교에 들어가면 학업을 하기 위해 집중해야 하는데, 점점 교육적, 사회적 요구가 많아지기 때문에 학교생활을 하기에 어려워진다. 1994년 미국정신의학협회의 정의에 따르면 ADHD는 과잉행동, 충동성, 산만함의 3가지 기본적 특성을 보이는 장애로 이러한 행동적 특성이 7세 이전에 나타나 적어도 6개월 이상 지속되는 것이라고 말하고 있다(전경원 · 권미은, 2019). 구체적인 내용은 DSM-5의 기준을 참고하면 된다.

- 첫째, 과잉행동
  과잉행동은 행동의 양상이 지나치게 과도하며, 끊임없이 움직이거나 움직임의 양이 부적절한 경우를 뜻한다. 예컨대 수업 시간에 자리를 이탈하여 움직이는 것뿐만 아니라 자리에 앉아 있을 때도 의자 위에서 몸을 비틀거나 엉덩이를 들썩이며, 책상을 손바닥으로 두드리거나 걸상을 뒤로 젖혀서 움직이는 등의 부적절한 행동을 보인다.

- 둘째, 충동성
  충동성은 과제에 반응하기 전에 옳고 그름을 분간하지 않고, 충동적으로 행동하는 경우를 말한다. 예컨대 교사의 질문이 끝나기 전에 목적 없이 충동적으로 말을 하거나, 토론 시간에도 주제에서 벗어난 발언을 하며 생각하지 않고 급하게 반응하는 것이다.

- 셋째, 산만함
  산만함이란 주의집중과 관련된 용어로 특정 과제에 주의를 기울일 수 없고, 집중 시간이 짧은 상태를 말한다. 예컨대 수업 시간에 아무런 목적 없이 또래들을 쳐다보거나 교사의 설명을 무시한 채 노트에 낙서를 하고, 계속 허공을 응시하며 부적절한 행동을 보인다.

② ADHD의 판단 기준

정서 · 행동장애와 함께 공존하거나 독립적으로 나타나는 ADHD의 특성을 판단하기가 쉽지 않다. DSM-5 진단기준에 의한 정의는 다음과 같다.

A. 다음과 같은 증상이 발달 수준에 맞지 않고, 부적응하게 6개월 이상 지속될 때

- 주의산만 증상(6가지 이상)
  - a. 학업, 일, 기타 활동 중 세심한 주의를 기울이지 못하거나, 부주의한 실수를 자주 한다.
  - b. 과제수행이나 놀이 중 주의집중을 지속하는 데 어려움을 자주 갖는다.
  - c. 대놓고 이야기를 함에도 불구하고 듣지 않는 것처럼 보일 때가 자주 있다.
  - d. 지시를 따라오지 않거나 학업, 심부름, 업무를 끝내지 못하는 경우가 자주 있다.
  - e. 과제나 활동을 조직적으로 하는 것에 곤란을 자주 겪는다.
  - f. 지속적으로 정신을 쏟아야 하는 일을 피하거나, 싫어하거나, 거부하는 것이 자주 있다.
  - g. 과제나 활동에 필요한 것을 자주 잃어버린다. (예: 숙제, 연필, 책 등)
  - h. 외부 자극에 의해 쉽게 주의가 산만해진다.
  - i. 일상적인 일을 자주 잊어버린다.

- 과잉행동(a–f)/충동성(g–i) 증상(6가지 이상, 17세 이상인 경우 5가지 이상)
  - a. 손발을 가만두지 않거나, 자리에서 꼬무락거린다.
  - b. 가만히 앉아 있어야 하는 상황에서 자주 자리를 뜬다.
  - c. 적절하지 않은 상황에서 지나치게 달리거나 혹은 기어오른다(성인은 안절부절못함).
  - d. 조용하게 놀거나 레저 활동을 하지 못하는 경우가 자주 있다.
  - e. '쉴 새 없이 활동하거나' 혹은 마치 '모터가 달린 것 같이' 행동하는 경우가 자주 있다.
  - f. 지나치게 말을 많이 하는 경우가 자주 있다.
  - g. 질문이 끝나기 전에 대답해 버리는 경우가 자주 있다.
  - h. 차례를 기다리는 것을 자주 어려워한다.
  - i. 다른 사람이 하는 것을 중단시키거나 무턱대고 끼어들 때가 자주 있다.

B. 이러한 증상이 12세 이전에 있어야 한다.

C. 적어도 2군데 이상(예: 학교, 가정)에서 존재한다.

D. 사회활동, 학업, 직업 기능의 방해 혹은 질적 저하의 명백한 증거가 있어야 한다.

E. 조현병의 경과 중이거나 혹은 기분장애, 불안장애, 해리장애, 성격장애, 물질급성중독 혹은 금단에 의한 것이 아니어야 한다.

③ 지도방법

늦어도 7세 이전에 이런 증후가 나타나므로, 특히 다음과 같은 특성이 6개월 이상 되는지 세심하게 관찰해야 한다(전경원 · 권미은, 2019).

- 불필요하게 끊임없이 움직이거나 활동한다.
- 한 가지 활동에서 다른 활동으로 과다하게 자주 옮겨다닌다.
- 남의 말을 귀담아듣지 않는다.
- 한번 시작한 일을 끝까지 마무리하지 못한다.
- 지나치게 불안정하여 한자리에 오래 앉아 있지 못하고, 여기저기 뛰어다닌다.
- 교사의 질문이 끝나기도 전에 대답을 한다.
- 활동을 할 때 머릿속에 떠오르는 대로 충동적인 행동으로 옮긴다.

ADHD 학생을 치료하기 위해 약물치료나 행동치료를 활용하기도 한다. 약물치료는 부작용이 나타나기 때문에 신중하게 사용해야 하고, 행동치료의 경우 ADHD 학생의 특성을 고려하여 개개인에게 적절한 치료방법을 찾아야 한다.

ADHD 학생을 지도하기 위해서는, 지속적인 주의집중이 필요한 과제를 해야 할 때는 중간에 휴식 시간을 자주 갖도록 하고 보상도 자주 하는 것이 좋다. 일반학급의 교사가 주의집중력을 증진시키고 과잉행동을 개선하기 위한 구체적 방법은 다음과 같다(전경원 · 권미은, 2019; Slavin, 2003).

가. 개별화 교육과 수업계획 수립

ADHD 학생이 학교에 잘 적응하도록, 교사는 통합교육을 숙지하고 특수교사 등과 협력하여 주의력결핍과 과잉행동에서 발생하는 문제에 대처하기 위한 개별화 교육과 그에 따른 행동 및 수업계획을 수립한다.

나. 학급에서 지켜야 할 규칙과 절차를 분명하게 설명

학습에서 지켜야 할 중요한 규칙을 구체적으로 설명하여 규칙과 절차를 확실하게 이해할 수 있도록 한다.

다. 효율적인 학급 경영 원리를 준수

ADHD 학생을 위해 지나친 시간을 사용하면, 다른 학생들의 관리에 소홀해질 수 있으므로 효율성을 고려하여 학급 경영의 원리를 준수하는 것이 좋다.

라. 가정과 긴밀한 연락

일일 알림장 같을 사용하여 가정과 계속 연락을 취하여, ADHD 학생의 활동과 행동에 대해 알려주는 것이 좋다.

마. 가능한 주의 집중을 증진시킬 수 있는 교실 환경을 구성

교실에 불필요한 소음이 있는지 조사하여 문과 유리창을 닫고, 새로운 매체, 새로운 활동을 도입하여 흥미를 유발한다.

바. 체계적 강화법 사용

프로그램을 시작할 때 학생이 활동을 선택하거나 활동에 참여하도록 자주 강화해 준다. 예컨대 학생이 30초 동안 주의를 집중했다면 학생이 활동에 참여하고 있을 때 30초마다 강화를 해준다. 보다 더 긴 시간 동안 학생이 활동에 참여하고 있을 때 점차 강화와 강화 사이의 시간을 증가시킨다.

사. 좌석 배치

교사가 모든 학생들의 시선을 확인하고 서로 마주 볼 수 있도록 좌석을 반원이나 U자로 배치한다.

아. 주의 집중을 위한 신호 사용

학생에게 중요한 정보를 제공하기 전에 주의집중을 하도록 경고하는 신호를 사용한다. 예컨대 "준비됐니?" "자, 잘 들어 봐!" 등의 언어 지시가 사용될 수 있다.

자. 신체적 근접성

주의산만을 방지하기 위해 신중하게 좌석을 배치하고, 주의 집중을 위해서 학생과의 신체적 거리를 가깝게 유지한다.

차. 개별 학습 공간

산만한 자극을 최대한 감소시키기 위해서 개인 학습 공간을 제공한다. 독립적으로 학습하고 활동할 수 있도록 공간을 제공하면 작업을 하는 데 도움이 될 수 있다.

카. 자신의 행동 관리

자신의 주의력 결핍과 과잉행동에 대해 자신이 관리하도록 가르치는 것이 좋다.

타. 체벌이나 위협적인 행동 자제

학생이 부적절한 행동이나 바람직하지 않은 행동을 하는 것이 의도적이 아니라는 것을 이해하고, 체벌이나 위협과 같은 행동관리 체제는 사용하지 않는다.

파. 활동할 기회를 제공

학생이 좋아하는 일에 참여하여 적극적으로 활동할 수 있도록 기회를 많이 제공하도록 한다.

CHAPTER 7

학습이론

1. 학습의 정의와 학습이론의 중요성

1) 학습의 정의

학습learning은 다양한 방식으로 정의될 수 있으나, 학습에 관한 일반적인 정의는 외부의 경험에 의한 인간의 변화를 의미한다. 이러한 정의에 따르면 외부의 경험에 의하지 않고, 유전에 의해 결정된 변화가 자연스럽게 나타나는 것은 학습으로 간주하지 않는다. 유전에 의해 결정되는 변화의 예로는 시간이 지남에 따라 자연스럽게 나타나는 신체적, 생리적 변화를 의미한다. 또한 학습에서 얘기하는 인간의 변화란 바람직하지 않고 가치 있는 방향으로의 변화를 말한다. 교육학의 관점에서는 바람직하고 가치가 없는 행동 변화는 학습으로 간주하지 않는다. 마지막으로 교육학 및 교육심리학에서 정의하는 학습은 비교적 오랫동안 지속되고 유지되는 변화이다. 변화가 비교적 장기간에 걸쳐 지속되지 않고, 일회적 또는 단기적인 변화에 그칠 때는 학습으로 간주하지 않는다.

2) 학습이론 이해의 중요성

학습이론은 학습자가 어떠한 과정을 거쳐 특정한 학습 내용을 학습하게 되는가에 관한 체계적인 설명이다. 학습이론은 교사로 하여금 학생이 특정한 학습목표를 성취하는 데 있어 어떠한 과정을 거쳐 학습을 하게 되는가를 이해하도록 도와준다. 이러한 이해는 교사가 학생의 학습과정에 대한 이해를 바탕으로, 어떠한 교수전략 및 방법을 이용할 것인가를 선택하도록 도와준다. 즉, 학습이론에 대한 이해는 교수이론에 대한 이해로 연결되며, 학습이론을 통해 교사는 교과별로 다양하고 서로 다른 학습목표에 학생들이 효과적으로 도달하기 위해 어떠한 교수전략 및 방법을 이용하는 것이 더 적절한지를 보다 현명하게 결정할 수 있도록 도와준다.

교육심리학의 주요 학습이론으로는 행동주의 학습이론, 인지주의 학습이론, 구성주의 학습이론이 있다. 이 각각의 학습이론은 서로 다른 학습의 내용 또는 목표를 설명하는 데 상대적으로 더 적절하며, 인간의 모든 학습의 과정을 하나의 학습이론만으로 다 설명할 수는 없다. 세 개의 학습이론은 학생의 다양한 학습을 이해하기 위해 상호보완적으로 이해되어야 한다. 세 학습이론에서 설명하는 학습의 정의, 인식론, 학습자관, 학습의 과정, 학습의 과정에서의 교사의 역할을 비교해보면 다음과 같다.

행동주의 학습이론에서는 학습을 구체적으로 관찰할 수 있는 학생의 행동변화로 정의한다. 따라서 학생의 마음속에 설령 중요한 변화가 있었다고 추측할 수 있는 경우라 하더라도, 그 변화가 학생의 구체적인 행동변화로 나타나지 않는다면 학생에게는 학습이 발생하지 않았다고 본다. 행동주의 학습이론에서 설명하는 학습의 기본적인 과정은 자극과 행동 간의 연합이다. 행동주의 학습이론과 그 이론에 대한 이후의 설명에서 더 구체적으로 다루겠지만, 행동주의 학습이론에서는 특정한 자극을 학생에게 주면 학생이 그 자극에 반응하여 교사나 부모가 보기를 원하는 행동을 보여주는 것을 학습의 기본과정으로 설명한다. 학습의 과정에 대한 이러한 설명을 고려한다면, 행동주의 학습이론이 암묵적으로 가정하는 학습자관은 수동적인 학습자관이다. 학생은 교사가 제시하는 자극에 따라 원하는 행동을 보여주도록 학습되고 훈련된다. 이러한 점에서 행동주의 학습이론에서의 교사의 역할은 매우 중요하다. 교사는 학생이 바람직한 행동을 학습하고 유지하도록 하기 위해 필요한 여러 가지 자극, 즉, 다양한 강화물과 벌을 선택하고 이를 신중한 계획에 따라 이용하는 주도적인 입장을 갖게 된다.

인지주의 학습이론cognitive learning theories은 학습을 학생이 지닌 정신적 구조의 변화로 본다. 인식론적인 측면에서 인지주의 학습이론은 학생이 학습할 만한 가치가 있는 일련의 객관적인 지식 체계가 존재한다고 가정한다. 따라서 인지주의 학습이론에서 설명하는 학습의 과정은 학생이 외부세계의 가치 있는 지식의 내용과 구조를 효과적으로 이해할 수 있도록 자신의 정신적 구조를 바꾸어 나가게 되는 것을 의미한다. 앞서 학습한 인지발달 이론 중 피아제의 인지발달이론은 동화와 조절의 과정을 통해 학습자가 끊임없이 기존의 도식을 보다 복잡하고, 정교한 도식으로 바꾸어 나가는 과정으로 보는데, 피아제의 이론에서 말하는 도식의 변화가 바로 인지주의 학습이론에서 설명하는 정신적 구조의 변화이다.

인지주의 학습이론이 가정하는 학습의 정의, 인식론, 그리고 기본 학습 과정을 고려할 때 인지주의 학습이론은 행동주의 학습이론과는 달리 구체적인 행동으로는 쉽게 관찰되고 드러나지 않지만, 눈에 보이지 않는 정신구조의 변화라는 학습의 측면을 설명하는 데 더 유용함을 알 수 있다. 인지주의 학습이론에서 가정하는 학습자관은 행동주의 학습이론의 그것과 비교할 때 능동적이다. 학생들은 다양한 경험과 활동을 통해 자신의 정신구조를 스스로 바꾸어 나가야 하기 때문이다. 인지주의 학습이론에서도 교사의 역할은 중요하다. 교사는 학생의 인지발달 단계, 즉 학생의 연령에 따른 정신구조의 발달특성을 이해하고 이를 바탕으로 학생이 각 연령에서 가장 효과적으로 외부세계의 지식을 수용하도록 정신구조를 바꿀 수 있는 방식으로 교수전략을 수립하여야 하기 때문이다.

구성주의 학습이론constructivist learning theories은 이론의 명칭대로 학습을 한 명 한 명의 학생들이 자신만의 방식으로 지식을 구성 또는 학습하게 된다고 보는 학습이론이다. 외부세계의 객관적인 지식의 실체를 인정한다는 점에서는 인지주의 학습이론과 유사하지만, 구성주의 학습이론이 인지주의 학습이론과 비교할 때 보이는 가장 큰 차이점은 이러한 지식을 학습하는 과정과 방법이 학생마다 각기 다르다는 것이다.

예를 들어 구구단을 이해하고 사용하는 방법을 익히는 것은 초등학교 학생이 성취해야 하는 중요한 학습목표이다. 그러나 개개의 학생들은 구구단을 이해하고 사용하는 방법에 있어 각기 다른 자신만의 방법을 이해한다. 즉, 동일한 학습내용을 배우는 방법과 과정은 학생마다 각기 다를 수 있음을 가정하는 것이 구성주의 학습이론의 기본적인 가정이다. 인지주의 학습이론과 구성주의 학습이론 모두 학습자 외부의 객관적인 지식의 실체를 인정한다는 점에서는 같으나, 두 이론이 큰 차이를 보이는 지점은 이러한 객관적 지식의 실체가 어떠한 과정을 거쳐 학습자의 정신 구조 속에 정착하게 되는가이다. 인지주의 학습이론은 대부분의 학습자가 일련의 객관적 지식을 정신 구조 속에 정착하는 데 효과적인 공통의 과정이 있다고 가정하는 반면, 구성주의 학습이론에서는 개별 학생마다 효과적인 과정이 각각 다르다고 보며 그 이유는 학생마다 학습이론에 대한 기존의 경험이 각기 다르기 때문으로 본다.

이렇게 동일 내용을 학습하더라도 학생마다 그 방법과 절차가 다를 수 있으므로, 구성주의 학습이론에서는 학생의 능동적 · 개별적 학습이 앞선 두 학습이론에 비해 매우 강조된다. 학습에 있어 학생의 주도성과 능동성은 뒤에 살펴볼 학습동기이론의 자기주도적 학습이론과도 연관이 있다.

즉, 학생은 특정 내용을 학습함에 있어 자신의 경험과 특성을 바탕으로 자신에게 가장 적절하고 효과적인 방법으로 특정 내용을 학습할 방법을 스스로 생각하고, 이를 실행에 옮기는 등 학습과정과 성과에 있어 주도적인 입장을 취하는 것을 가정한다. 이렇게 극대화된 학생의 학습에 있어서의 주도권 및 능동성은 상대적으로 덜 주도적인 교사의 역할을 상정하게 된다. 구성주의 학습이론에 있어 교사는 학습의 전 과정을 기획하고 실행하는 주도자라기보다 학생 개개인의 자기주도적 학습과정을 지원하는 조력자로서의 역할이 보다 더 강조된다.

3) 학습이론의 유형

(1) 행동주의 학습이론

① 도구적 조건화

Thorndike
(1874~1949)

손다이크는 학습의 가장 기본적인 과정을 시행착오학습trial-and-error learning으로 보았다. 손다이크는 동물을 이용한 일련의 실험연구를 통해 시행착오학습의 개념을 발전시켰다. 손다이크는 실험에서 특정한 행동을 해야 탈출할 수 있는 상자에 다양한 동물을 집어넣고, 동물이 상자를 탈출하기 위해 필요한 특정한 행동을 학습하는 과정을 관찰하여 그 결과를 토대로 시행착오학습의 개념을 만들었다.

일련의 실험을 통해 손다이크는 상자 속의 동물이 상자를 탈출하기 위한 행동을 시행착오의 과정을 거쳐 연속적으로 시도함에 따라 그 행동을 나타내는 데 걸리는 시간이 짧아진다는 것을 발견하였다. 이러한 실험결과를 토대로 손다이크는 학습의 특성을 다음과 같이 설명하고 있다. 먼저, 모든 학습은 점진적이며 순간의 통찰을 통해 이루어지지 않는다는 것이다. 만약 통찰을 통해 학습이 이루어진다면 상자 밖을 탈출하는 데 필요한 특정한 행동을 찾기 위한 시도를 많이 하건 적게 하건 상관없이 그 행동이 나타내는 데 걸리는 시간이 일정해야 할 것이다. 그러나 손다이크의 실험은 일련의 시행착오에 해당하는 시도를 연속적으로 함에 따라 특정 행동이 나타나는 데 걸리는 시간이 더 짧아졌음을 발견했다. 이를 근거로 손다이크는 행동의 학습은 통찰을 통한 것이 아니라 점진적인 시행착오를 통해 일어난다고 생각했다. 또한 손다이크는 학습은 생각이나 추론을 통해서 이루어지는 것이 아니라, 본능이나 경험을 통해 즉각적인 행동을 보인다고 주장했다. 손다이크의 이러한 주장은 다양한 동물을 대상으로 한 문제상자 실험에서 동물들이 탈출이라는 문제 해결을 위해 생각이나 추론을 하는 것으로 암시되는 행동을 보이지 않았다는 데 근거한다.

손다이크가 제한한 효과의 법칙law of effects은 특정행동이 만족스러운 상태를 가져오는 효과를 가질 때 그 행동은 학습되고, 만족스러운 상태를 가져오지 못한다면 그 행동은 학습되지 않음을 의미한다. 효과의 법칙은 뒤에 설명할 행동주의 학습이론의 기본과정인 강화reinforcement의 개념으로 발전되었다. 손다이크가 초기에 제안했던 연습의 법칙law of exercises은 자극과 반응 사이의 연결을 반복적으로 자주 경험할수록 특정 행동의 학습이 더 잘 이루어지는 것으로 설명한다. 그러나 손다이크는 이후에 연습의 법칙을 완전히 폐기하였다. 단순한 반복이 일관되게 학습을 증진시키지도 않았으며, 반복 연습 없이도 학습한 내용을 쉽게 잊지는 않는다는 것을 발견하게 되었기 때문이다.

② 고전적 조건화

이반 파블로프Ivan Pavlov의 행동주의 학습이론은 뒤에 설명할 스키너의 조작적 조건화와 비교하여 고전적 조건화로 부른다.

Pavlov
(1849~1936)

가. 고전적 조건화의 개념

- 소거와 자발적 회복

소거extinction란 무조건자극을 제시하지 않고 중립자극만 계속해서 제시할 때 조건화 과정을 통해 형성된 중립자극과 반응 간의 결합이 약해지는 것을 말한다. 파블로프의 실험을 예로 들어 설명하면 음식을 더 이상 주지 않고 종소리만 계속해서 들려주면, 조건화를 통해 종소리만 들으면 침을 흘리던 행동은 더 이상 나타나지 않게 된다. 자발적 회복spontaneous recovery이란 소거가 된 조건반응이 일정한 시간이 지나고 나서 다시 나타나는 현상이다.

- 일반화와 변별

일반화generalization란 조건반응이 형성된 후 조건자극과 유사한 자극에 대해서도 동일한 조건반응을 보이는 것을 말한다. 변별discrimination은 원래의 조건자극에만 조건반응을 보이고, 유사한 다른 자극에는 조건반응을 보이지 않는 것을 말한다.

③ 조작적 조건화

Skinner
(1904~1990)

프래드릭 스키너Frederick Skinner(1968, 1974)가 제안한 행동주의 학습이론은 앞선 행동주의 학습이론과 비교하여 조작적 조건화operant conditioning 또는 급진적 조건화radical conditioning라고 불린다. 그의 행동주의 학습이론이 급진적 조건화로 불리는 이유는 그가 인간의 정신적 과정과 관련된 일체의 요소를 감안하지 않고, 오직 관찰 가능한 행동을 통해서만 학습의 과정을 연구하고 설명했기 때문이다.

조작적 조건화라는 또 다른 명칭을 이해하기 위해서는 그가 개념화한 행동의 유형과 조건화의 유형을 이해하는 것이 도움이 된다. 먼저, 행동의 유형과 관련하여 그는 인간의 행동을 반응행동과 조작적 행동으로 구분하였다. 반응행동은 무조건 반사와 같이 특정한 자극이 주어지면 예외 없이 나타나는 특정한 반응을 말한다. 한편, 조작적 행동은 특정한 자극의 유무와 상관없이 저절로 나타나는 것처럼 보이는 행동으로, 대부분의 일상 행동을 말한다. 스키너는 조작적 행동도 원인 없이 일어나는 것은 아니라고 생각했다. 다만 스키너의 경우 조작적 행동의 원인은 주요한 관심사가 아니었다. 스키너의 관심사는 조작적 행동에 뒤따르는 결과가 조작적 행동의 학습효과를 어떻게 결정하는가에 더 많은 관심이 있었다. 스키너는 반응행동은 자극에 완전히 종속되어 있는 반면에, 조작적 행동은 그 행동의 결과에 의해 결정된다고 보았다.

스키너는 조건화에도 2가지 유형이 있다고 믿었다. 하나는 반응적 조건화, 또 다른 하나는 조작적 조건화이다. 반응적 조건화는 앞서 설명한 고전적 조건화에서 설명하는 것처럼 반응행동과 관련하여 특정한 자극이 특정한 반응을 유발하는 과정에 초점을 둔 조건화이고, 조작적 조건화는 조작적 행동과 그 결과 간의 연결에 초점을 둔 조건화이다. 이런 이유로 반응적 조건화는 특정행동을 유발하는 자극의 중요성에 초점을 둔다는 의미에서 S형 조건화, 후자는 특정행동이 가져오는 결과에 따라 특정행동의 학습이 결정된다는 점에서 반응의 중요성에 초점을 두어 R형 조건화라 부르기도 한다. 파블로프가 제안한 고전적 조건화 이론은 반응적 조건화에 관한 이론이며, 스키너의 조건화 이론은 조작적 조건화에 관한 이론이다.

④ 행동주의 학습이론의 원리

가. 강화

• 정적강화와 부적강화

정적강화는 특정한 반응 또는 행동의 빈도를 높이기 위해 학생이 좋아하는 결과를 제공하는 것이다. 부적강화는 특정한 반응 또는 행동의 빈도를 낮추기 위해 학생이 싫어하는 결과를 제거해주는 것이다. 즉, 정적강화와 부적강화에서 정적과 부적의 의미는 특정 반응의 결과로 무언가를 더해줄 것인가 또는 빼줄 것인가와 관련이 있다. 정적 또는 부적의 의미는 우리가 학습하고자 하는 행동이 긍정적인 것인가 부정적인 것인가와 관련이 없으며, 우리가 행동의 결과로 제공하는 것이 긍정적인 것인가 부정적인 것인가와 관련이 없다. 즉, 정적강화는 긍정적인 행동을 강화하는 것을 의미하는 것이 아니며, 부적강화는 부정적인 행동의 결과를 제시함으로써 반응을 강화하는 것이 아니다.

• 일차적 강화물과 이차적 강화물

일차적 강화물primary reinforcers은 갈증, 식욕, 성욕, 수면욕을 포함하는 인간의 기본적인 생리적 욕구를 충족시켜주는 강화물을 말한다. 일차적 강화물은 학습을 하지 않아도 강화물로 작용한다는 점에서 무조건적 강화물이라고도 한다. 이차적 강화물secondary reinforcers은 무조건 자극인 일차적 강화물과 연결된 중립자극이 강화물로서의 효과를 갖게 된 것을 말한다. 이러한 점에서 이차적 강화물은 학습에 의해 강화의 효과를 갖게 된다는 것이다.

처벌punishment은 특정한 행동을 약화시키기 위해 약화시키려는 행동의 결과로 불쾌한 자극을 주거나 선호하는 자극을 빼앗아 버리는 것을 말한다. 전자는 수여성 벌presentation punishment, 후자는 제거성 벌removal punishment로 부른다. 스키너는 처벌이 단순히 행동을 일시적으로 억제하기만 할 뿐 장기적으로는 효과가 없고, 처벌의 위협이 없어지면 문제가 되는 행동은 다시 발생한다고 주장하였다(Olson & Hergenhahn, 2013). 이와 같이 처벌은 비효과적일 뿐 아니라, 의도하지 않았던 부정적인 결과들을 야기하게 된다. 처벌을 사용하는 것을 반대하는 근거는 다음과 같다(Olson & Hergenhahn, 2013).

1. 처벌은 두려움과 같은 불쾌한 감정적 부산물을 만든다.
2. 처벌은 어떤 행동을 하면 안 된다는 것을을 알려줄 뿐, 어떤 행동을 해야 하는지에 대해서는 알려주지 않는다.
3. 처벌은 타인에게 고통을 주는 것을 정당화한다.
4. 처벌을 받던 행동이 더 이상 처벌받지 않게 되면, 학생은 다시 그런 행동을 할 이유를 가지게 된다.
5. 처벌은 처벌을 가하는 사람 그리고 타인에 대한 공격성을 불러일으킨다.
6. 처벌은 바람직하지 않은 행동을 다른 바람직하지 않은 행동으로 대체한다.

처벌에 대한 스키너의 대안은 다음과 같다. 먼저, 바람직하지 않은 행동을 야기하는 환경을 바꾸는 것이다. 다음으로 바람직하지 않은 행동을 마음껏 하도록 해서 그 행동을 더 이상 하고 싶어 하지 않을 때까지 기다리는 것이다. 이러한 접근은 많은 시간이 걸리지만, 이때 주의할 점은 힘들더라도 바람직한 행동에 강화나 처벌도 하지 않고 기다리는 것이다.

처벌의 이와 같은 문제점으로 인해 처벌의 사용을 자제하고, 강화를 통해 긍정적인 행동의 빈도를 높이는 접근 방식을 일반적으로 '긍정적 행동 중재 및 지원'positive behavior intervention and supports, PBIS이라 부른다. PBIS는 벌을 통해 문제행동을 없애려 하지 않고, 바람직하고 좋은 행동의 빈도를 늘려 좋은 행동으로 문제행동을 대체하는 것이다.

- 강화계획

강화계획이란 학생의 바람직한 행동을 강화하는(또는 강화물을 제공하는) 간격과 빈도를 체계적으로 달리하는 것을 말한다. 강화계획을 달리하는 이유는 강화의 과정을 통해 새로운 행동을 학습시키는 학습의 초기 단계와 학습한 행동을 오랜 시간 동안 유지시키는 데 있어 각기 다른 강화계획을 사용할 필요가 있기 때문이다. 강화계획은 먼저 계속적 강화(또는 연속적 강화)와 간헐적 강화로 구분할 수 있다. 계속적 강화는 학생이 바람직한 행동을 보일 때마다 매번 강화물을 제공하는 것을 말한다. 한편, 간헐적 강화는 바람직한 행동에 대해 연속적으로 매번 강화를 하는 것이 아니라, 바람직한 행동을 학생이 보이더라도 어떨 때는 강화물을 주고 어떤 때는 강화물을 주지 않는 식으로 비연속적으로 강화하는 것이다. 간헐적 강화는 다시 간격강화와 비율강화로 구분한다. 간격강화는 시간이 경과한 후에 강화를 주는 강화계획으로 다시 고정 간격 강화와 변동 간격 강화로 구분한다.

고정 간격 강화는 일정한 시간이 경과한 후에 강화를 주는 방식이다. 공부하는 습관 또는 행동을 고정 간격 강화를 통해 강화한다면, 학습하는 시간이 1시간 경과할 때마다 강화를 규칙적으로 제공하는 것이 고정 간격 강화의 예이다. 변동 간격 강화는 강화를 주는 시간의 간격이 정해져 있지 않고 달라지는 방법으로 강화를 제공하는 것을 말한다. 학생이 스스로 공부하는 시간이 1시간 경과한 후에 강화를 제공하고, 다음번 강화는 2시간이 지난 후에 주는 것처럼 강화를 주는 시간의 간격이 고정되어 있지 않고 달라지는 방식을 말한다.

비율 강화는 시간의 간격이 아니라 강화를 통해 학습시키고자 하는 행동의 빈도를 기준으로 강화를 주는 것인데, 다시 고정 비율 강화와 변동 비율 강화로 구분된다. 고정 비율 강화는 강화할 행동이 일정 빈도만큼 관찰되었을 때 강화를 주는 방법이다. 수업 시간에 선생님의 질문에 적절할 답을 두 번 할 때마다 칭찬을 해주는 것이 고정 비율 강화의 예이다. 변동 비율 강화는 목적행동의 빈도를 고정시키지 않고 강화를 주는 것이다. 지금까지 설명한 강화계획의 유형을 그림으로 표시하면 다음과 같다.

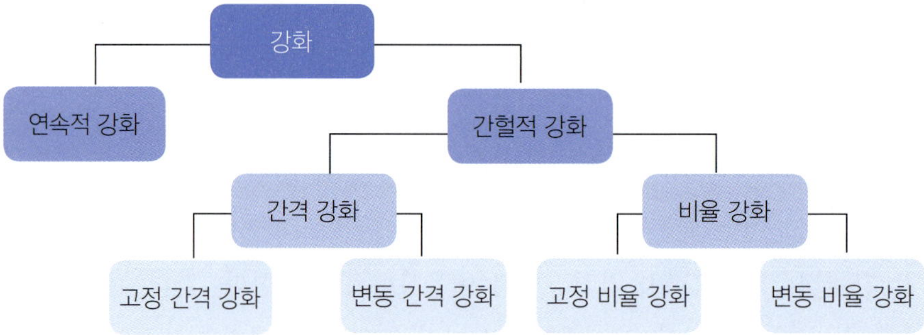

[그림 7-1] 강화계획

지금까지 설명한 강화계획을 달리하는 이유는, 강화계획의 유형에 따라 강화의 효과가 다르기 때문이다.

⑤ 행동주의 학습이론의 응용

행동주의 학습이론은 인지주의 학습이론의 부상에 따라 잠시 그 영향력이 축소되었다. 그러나 행동주의 학습이론은 교육과 상담을 포함한 다양한 영역에서의 인간의 학습과 행동변화를 유도하는 주요한 방법으로 여전히 폭넓게 응용되고 있다.

여기서는 행동주의 학습의 주요 응용분야를 프로그램 학습과 행동수정의 두 분야로 구분하여 살펴본다. 프로그램 학습은 행동주의 학습이론의 강화를 이용하는 교수 및 학습법을 말하고, 행동치료 및 행동수정은 특수교육 및 학교생활 및 상담의 영역에서 학생의 다양한 문제행동을 수정하는 데 행동주의의 원리를 응용하는 것을 말한다.

프로그램 학습programmed instruction은 전체 학습 내용을 프레임이라고 부르는 작은 단위로 나누어 가장 단순한 내용부터 복잡한 내용까지 점진적으로 학습하도록 하고, 각 단계의 학습에서 학습자의 반응을 요구하는 개별학습의 한 형태이다(Driscoll, 2005).

행동수정은 행동주의의 원리를 응용하여 학교에서의 학습 및 교실활동에 방해가 되는 다양한 문제행동을 교정하는 것이다. 행동수정은 특수교육 대상 학생의 문제행동을 교정하는 데 빈번히 사용되고 있으며, 학급관리를 위해 일반 학생의 다양한 문제행동을 수정하기 위한 전략으로 사용되고 있다.

행동수정의 방법 및 전략으로 기능적 행동분석functional behavior assessment, FBA과 긍정적 행동중재positive behavior intervention, PBI가 있다.

기능적 행동분석은 뒤에 설명할 긍정적 행동중재를 위해 사용되는데, 기능적 행동분석의 목적은 수정하려는 문제행동의 특징과 문제행동의 원인에 대한 정보를 수집하는 것이다. 기능적 행동분석은 ABC 방법으로 부르기도 하는데, ABC 방법의 내용을 통해 기능적 행동분석의 구체적인 내용을 설명하면 다음과 같다. ABC는 선행사건antecedents, 문제행동behaviors, 문제행동의 결과consequences를 의미한다. 선행사건이란 문제행동을 일으키는 조건을 의미하는데, 어떠한 환경적 조건하에서 학생의 문제행동이 빈번히 발생하는가에 관한 정보이다. 문제행동은 행동수정을 통해 수정하고자 하는 문제행동의 내용과 빈도 및 강도를 말한다. 행동수정 이전에 문제행동의 빈도 또는 비율을 측정하여 기록한 내용을 기준선base line이라 하는데, 행동수정의 효과를 파악하기 위해 행동수정 전의 기준선과 행동수정 후의 문제행동의 빈도 또는 비율을 비교하여 특정한 행동수정 전략이 문제행동을 수정하는 데 도움이 되었는가를 평가한다. 마지막으로 문제행동의 결과는 학생이 문제행동을 통해 얻고자 의도하는 결과를 의미한다. 일반적으로 학생이 문제행동을 통해 얻고자 하는 결과는 크게 2가지로, 문제행동을 통해 자신이 원하는 무엇인가를 획득하거나(예: 물건, 힘, 주의, 복수 등), 자신이 싫어하는 무언가를 회피하는 것이다(책임, 비난, 기대, 싫어하는 사람)(Lee, 2005).

긍정적 행동 지원/중재positive behavior support/intervention, PBS or PBI는 행동 수정을 위한 종합적 접근법으로 문제행동을 감소시키는 것뿐 아니라 친사회적 행동을 포함하는 다양한 긍정적 행동을 강화하는 것을 목적으로 한다(국립특수교육원, 2009). 긍정적 행동 지원/중재는 앞서 설명한 기능적 행동평가를 통해 문제 행동의 기능을 파악하고 이 기능을 대신할 수 있는 긍정적 행동을 강화하는 방법이다.

(2) 사회인지 학습이론

행동주의 학습이론은 학습자가 직접 강화를 경험함으로써 새로운 행동을 학습하게 된다고 설명한다. 그러나 사람은 많은 경우 자신의 행동에 대한 직접적인 강화를 통해 새로운 행동을 학습하기도 하지만, 다른 사람의 행동을 관찰하고 모방함으로써 새로운 행동을 간접적으로 또는 대리적으로 학습하기도 한다.

반두라가 제시한 사회학습이론은 사람들의 다른 사람이 특정한 행동의 결과로서 강화를 받게 되는가, 또는 처벌을 받게 되는가를 관찰함으로써 새로운 행동을 학습하게 된다. 반두라는 사회학습이론의 근거가 된, 유명한 보보 인형 실험을 통해 학생들은 다른 사람의 행동과 그에 따른 결과를 관찰함으로써 새로운 행동을 학습하게 된다고 하였다.

다른 사람의 행동을 통해 새로운 행동을 학습하게 된다는 의미에서 반두라의 학습이론은 사회학습이론이라 부르며, 이처럼 다른 사람의 행동을 통해 무언가를 학습하는 학습의 유형을 관찰학습observational learning, 대리학습vicarious learning 또는 모방학습이라 부른다.

사회인지 학습이론은 행동주의 학습이론과 함께 설명되는 경우가 많은데, 이론의 명칭에 '인지'라는 단어가 들어 있는 이 이론이 왜 인지주의 이론의 한 종류로 설명되지 않고 행동주의 이론과 함께 소개되는지 궁금한 독자가 있을 것이다. 이는 사회인지 학습이론이 행동주의 학습이론에 기초를 두고 만들어진 이론이며(Kim & Baylor, 2006), 행동주의 학습이론과 몇 가지 중요한 유사점을 갖고 있기 때문이다(Eggen & Kauchak, 2013).

① 관찰학습의 인지적 과정

Bandura
(1925 ~)

사회학습이론에서 제시하는 관찰학습은 네 단계의 인지과정을 통해 이루어지는 것으로 설명되는데, 이러한 점에서 사회학습이론을 사회인지이론social-cognitive learning이라 부르기도 한다. 사회학습이론에서 설명하는 관찰학습의 네 단계 인지과정은 1) 주의과정attention processes, 2) 파지과정maintenance processes, 3) 운동재생

과정motor reproduction processes, 4) 동기화 과정motivation processes이다(Bandura, 1971).

주의집중의 과정은 관찰 대상이 되는 모델의 행동 및 행동 결과에 주의를 집중하는 과정이다. 이 단계에서 중요하게 고려할 점은 주의집중에 영향을 미치는 요인들을 파악하는 것이다. 주의집중과정에 영향을 주는 요소로는 ① 관찰자의 특징(모델에 대한 관찰자의 흥미 수준 및 모델행동에 대한 관찰자의 개인적 경험), ② 모델의 특징(관찰자와 유사한 특징을 가진 모델에 더 집중), ③ 행동의 기능적 가치(모델의 행동이 관찰자에게 이득이 된다고 판단되는 정도), ④ 인간관계의 구조적 성질(자주 접촉하게 되는 모델에 더 집중)이다(변영계).

파지과정은 모델에 대해 관찰한 내용을 상징의 형태로 저장하는 것이다. 파지의 과정이 중요한 이유는 우리가 모델을 관찰하여 학습한 내용을 학습 직후에 바로 행동으로 옮기는 것이 아니라, 나중에 그러한 행동이 필요할 때에 행동에 옮기기 때문이다. 따라서 필요한 때에 관찰한 행동을 하기 위해서는 관찰 내용을 정확하게 저장하는 파지과정이 중요하다. 관찰학습은 시각적인 정보를 통해 진행되지만, 파지의 과정에서는 시각 정보를 언어적 정보로 변환하여 저장한다.

운동재생 과정은 파지과정을 통해 저장한 관찰내용을 신체운동으로 옮기는 것을 말하며, 운동재생을 위해서는 적절한 신체성장과 연습이 필요하다(Bandura, 1977a, b). 동기화 과정은 관찰을 통해 학습한 행동을 실제 수행으로 옮기고자 하는 동기가 발생하는 과정을 말한다. 관찰을 통해 학습한 모든 행동이 실제 수행으로 옮겨지는 것은 아니고, 적절한 동기화의 과정을 거친 행동만이 실제 행동으로 옮겨지게 된다. 이러한 동기화의 과정은 직접강화, 대리강화, 자기강화를 통해 이루어진다. 직접강화는 모델의 행동을 실제 행동으로 옮겼을 때 보상과 같은 강화를 직접 받는 것을 말하며, 대리강화는 모델이 그 행동을 강화 받는 것을 관찰하고 그 행동을 강화 받는 것을 말하고, 자기강화는 스스로 자신의 행동에 대한 평가를 통해 강화하는 것을 말한다.

② 자기조절과 자기효능감

반두라는 자신이 주변을 통제할 수 있다는 신념을 주체성agency과 자기효능감으로 용어를 설명했다. 그는 자기효능감이 높은 사람일수록 더 높은 목표를 설정한다고 강조했다. 2020년에 94세가 된 반두라는 최근에도 자기효능감에 대한 논문을 발표했다. 반두라에 의하면 사람들은 점차로 사회화되면서 타인이 주는 강화나 벌보다 자기가 세운 기준에 따라 자신의 행동을 스스로 강화하거나 벌을 줌으로써 자신의 행동을 조절한다(Crain, 2010). 반두라를 포함한 사회인지이론 연구자들은 스스로 자신의 행동을 조절하는 능력의 발달을 사회화 과정을 통한 성공적인 학습의 성취로 본 것이다(Zimmerman, 1990). 자기조절self-regulation이란 자신이 설정한 목표를 체계적으로 달성하기 위해 자신의 사고, 느낌, 행동을 스스로 유발하고 유지하는 과정이며(Schunk & Zimmerman, 2007), 학습 영역에서 나타나는 자기조절의 과정을 자기조절학습self-regulated learning이라 부른다.

(3) 인지주의 학습이론

① 쾰러의 형태주의 학습 원리

형태주의 이론gestalt theory은 게슈탈트라는 독일어로 배치configuration 또는 패턴이라는 의미를 갖고 있다. 형태주의이론은 인간이 감각 정보를 있는 그대로 받아들이는 것이 아니라 감각 정보를 조직화하여 전체로 받아들인다는 것을 강조한다. 형태주의 이론의 주요한 주장은 '전체는 부분의 합이 아니다.', '나누는 것은 왜곡하는 것이다'와 같은 말에 잘 나타나 있다. 우리의 세계에 대한 인식은 단순한 감각정보의 합이 아니며, 세계에 대한 인식의 구성 감각을 분해하는 것도 세계를 전체로 이해하는 것과는 다르다는 것이다. 형태주의 이론의 창시자로 여겨지는 막스 베르트하이머Max Wertheimer가 발견한 파이현상phi phenomenon에 이러한 내용이 잘 나타나 있다.

파이현상이란 두 개의 인접한 움직이지 않는 불빛이 교대로 켜졌다 꺼졌다를 반복하게 되면 마치 불빛이 움직이는 것처럼 보이는 현상을 말한다. 파이현상의 예처럼 현상학적으로 우리는 마치 불이 움직이는 것으로 인식하지만, 실제는 움직이지 않는 두 개의 불빛이 교대로 켜졌다 꺼졌다를 반복할 뿐이다. 즉, 인식과 감각정보는 같지 않으며, 우리의 현상학적 인식은 단순한 감각정보의 합을 뛰어넘는 것이다.

볼프강 쾰러Wolfgan Köhler를 포함한 형태주의 심리학자들은 지각의 한 형태로서 학습 과정을 설명한다. 형태주의 심리학자들이 설명하는 학습 과정을 통찰학습insight learning 이론이라 한다. 통찰학습이란 학습자가 학습에 관한 전체 내용을 곰곰이 들여다보다가 어느 한순간 갑작스럽게 학습에 관한 내용이 완전하고, 명확하게 이해되는 것이다.

쾰러의 통찰학습이론은 동물을 대상으로 한 다양한 실험 결과에 근거하고 있다. 한 실험에서 쾰러는 목표물을 명확하게 볼 수는 있지만 직접 도달할 수 없고, 목표물을 보지 않는 상태에서 우회로를 통해서만 목표물에 도달할 수 있는 우회문제 실험을 통해 쾰러는 유인원이 우회로를 통해 목표물에 도달하는 해결방법을 깨닫게 된다는 것을 발견했다. 쾰러는 또 다른 유명한 실험에서 손에 닿지 않는 곳에 바나나를 위치시켜 두고 바나나에 닿는 데 필요한 도구를 같이 놓아둔 방에 유인원을 넣어두고 관찰했을 때 유인원이 도구를 이용하여 바나나를 얻게 되는 방법을 갑자기 깨닫는 것을 발견했다. 이상의 실험 결과를 통해 알 수 있듯이 문제해결을 위해 필요한 전체 정보를 파악하고, 이 정보 간의 관계를 갑자기 깨닫게 되는 것을 통찰학습이라 하며, 문제해결 방법을 갑자기 깨닫게 되는 순간은 '아–하' 경험A-Ha experience으로 알려져 있다. 이렇게 통찰학습이론은 학습 과정을 기본적으로 지각 현상의 하나로 보고, 비연속적인 깨달음 또는 통찰을 통해 일어나는 것으로 보는데, 이는 학습을 시행착오를 통해 연속적이고 점진적으로 일어나는 과정으로 본 행동주의 학습이론과 대비되는 통찰학습이론의 중요한 특징이다.

② 톨만의 잠재학습과 인지지도

에드워드 톨만Edward Tolman은 기존의 행동주의 학습이론이 인간의 학습을 자극과 반응 간의 단순한 연결로 보는 것에 반대하여, 구체적인 행동으로 나타나지 않더라도 인간의 인지적 구조에 변화가 일어날 수 있으며 일정한 조건이 형성되면 이러한 인지적 구조의 변화가 구체적인 행동으로 나타나는 잠재력을 가지게 될 수 있다고 보았다. 당장은 구체적인 행동 변화가 없더라도 인지적인 구조의 변화가 일어나는 것, 그리고 이러한 인지적인 구조의 변화가 미래의 행동 변화의 가능성을 가져오는 것, 이를 잠재학습이라 부른다.

톨만은 쥐와 사람의 미로 찾기 실험을 통해 이전부터 제시되어 온 잠재학습의 아이디어를 이론으로 발전시켰다. 일련의 실험을 통해 톨만은 인간은 환경으로부터 주어지는 자극에 단순히 반응하는 것이 아니라, 자극을 표상하거나 심상화하는 과정을 거쳐 인지적 구조를 변화시키고, 변화된 인지적 구조가 변화된 행동의 가능성을 가져온다고 주장하였다.

(4) 정보처리 이론

정보처리이론은 인간의 기억과 망각에 관한 이론이다. 정보처리이론은 인간이 환경 속의 다양한 자극정보를 어떠한 과정을 거쳐 지각 · 인식하고, 이를 기억에 유리한 방식으로 처리하며, 나중에 필요할 때 이 기억된 내용을 다시 회상하게 되는지를 설명한다. 정보처리이론의 이러한 설명은 마치 컴퓨터가 정보를 처리하는 과정과 유사하다. 우리는 정보처리이론을 통해 학생들이 일련의 자극정보로서 다양한 학습내용을 기억하고 망각하게 되는지를 체계적으로 이해하는 데 도움을 받을 수 있다. 정보처리이론에 대한 이러한 기본적인 이해는 교수 및 학습의 측면에서 학생들이 다양한 학습내용을 보다 더 정확하고 오랫동안 기억하고, 학습한 내용을 망각하지 않기 위해 필요한 수업의 계획과 실행에 대한 시사점을 제공한다. 뒤에 설명할 로버트 가네Robert Gagné의 교수이론과 현대의 모든 교수이론은 정보처리이론의 주요한 내용을 반영하고 있음을 확인할 수 있을 것이다. 본 장에서는 정보처리에 관한 고전적 이론인 리차드 앳킨슨Richard Atkinson과 리차드 쉬프린Richard Shiffrin(1964, 1980)의 정보처리이론을 먼저 살펴보고, 정보처리 이론에서 설명하는 인간의 정보처리과정을 이해하기 위해, 기억의 세 단계와 3가지 유형의 기억저장소를 이해하는 것이 중요하다(Atkinson & Hilgard, 2009).

정보처리이론은 3가지 유형의 기억저장소 간에 정보가 처리되고 이동되는 과정을 세 단계로 구분하여 설명하는데, 이런 이유로 기억에 관한 앳킨슨과 쉬프린의 고전적 정보처리이론을 3단계 처리이론으로 부르기도 한다(Myers, 2004).

기억의 세 단계는 부호화 단계encoding stage, 저장단계storage stage, 인출단계retrieval stage이다. 부호화 단계는 외부의 자극 정보를 의미 있는 정보로 변환하여 저장하는 과정을 말한다. 저장단계는 부호화를 통해 조장된 정보가 시간이 지나도 망각되지 않고 기억되는 과정이다. 마지막으로 인출단계는 필요할 때에 부호화되고 저장되었던 정보를 기억해 내는 과정이다. 예를 들어 책을 읽으면서 책의 내용이 의미하는 바를 이해하는 것이 부호화 과정이고, 이해한 책의 내용을 잘 기억해두는 것이 저장단계이며, 책을 읽은 후 어느 정도의 시간이 지난 후 자신이 기억한 책의 내용을 다른 사람에게 이야기해주기 위해 기억해내는 것이 인출단계이다.

기억의 세 저장소는 기억이 저장되는 시간의 길이에 따라 감각저장소, 단기기억, 그리고 장기기억으로 구분한다. 먼저 감각저장소는 인간의 감각기관을 통해 외부 환경으로부터 받아들인 감각정보를 저장하는 기억장소로, 정보가 저장되는 시간의 길이가 세 저장소 중 가장 짧다. 감각정보의 유형에 따라 시각저장소에 저장된 시각정보는 0.5초 미만에, 청각저장소에 저장된 청각정보는 몇 초 이내에 감각저장소에서 사라진다. 감각기관을 통해 한 번에 수용되는 정보의 양은 12~20개 또는 그보다 더 많을 수 있다.

우리의 외부에는 수많은 감각정보가 있기 때문에, 우리의 감각기관에 이상이 없다면 매우 다양한 정보들이 매우 짧은 시간 동안만 감각저장소에 머물렀다 사라진다. 감각저장소에 저장되었던 다양한 정보 중 우리가 주의를 기울인 일부의 감각정보만이 다음 정보 저장소인 단기기억으로 이동된다.

① 단기기억

단기기억short-term memory은 우리가 주의를 기울인 정보가 저장되는 정보저장소이다. 단기기억은 우리의 의식적인 사고의 내용, 즉, 지금 현재 시간에 의식적으로 사고하고 있는 내용이 머무르는 정보저장소다. 단기기억은 감각저장소보다 길기는 하지만 정보를 저장하는 시간의 길이가 비교적 짧아 단기기억이라 부른다.

단기기억은 2가지 중요한 특성을 갖고 있다. 하나는 앞서 설명한 정보의 저장시간이 짧다는 것이고, 또 다른 하나는 저장할 수 있는 정보의 양이 제한되어 있다는 것이다. 이 2가지 특성으로 인해 단기기억의 내용이 장기기억으로 저장되는 것을 어렵게 한다. 정보의 저장시간이 짧다는 것은, 의식적인 노력을 기울이지 않는 한 단기기억 속의 정보가 곧 사라지고 다른 새로운 정보로 대체된다는 것이다. 쉽게 말하자면, 우리의 의식 속의 정보 내용이 시간이 지남에 따라 새로운 내용으로 바뀌게 된다는 것이다. 새로운 정보가 장기기억으로 보내지기 전에 다른 내용으로 바뀌고 망각되는 것을 막기 위해서는 그 정보를 반복해서 되뇌는 것이 필요하다. 새로운 정보가 단기기억 속에 더 오래 머무르도록 반복해서 되뇌는 것을 시연rehearsal 또는 암송이라 한다.

이처럼 단기기억은 우리가 의식적으로 지금, 현재 생각하고 있는 정보의 내용이 머무르는 기억의 저장소라는 점에서, 작동기억working memory이라 부르기도 한다. 작동기억은 감각등록기를 통해 지각된 외부의 정보와 장기기억, 즉 우리가 이전에 학습하고 저장한 정보가 저장되는 장소로부터 불러온 정보가 함께 머무르는 곳이다. 작동기억에서는 감각등록기를 통해 지각된 정보가 장기기억에 저장된 정보와 참조되어 그 의미가 결정되는 것이다. 감각등록기를 통해 지각된 정보의 의미가 장기기억의 정보와 대조되어 그 의미가 결정되는 과정을 인식perception이라 한다. 예를 들어 외부의 감각정보 중 우리가 주의를 기울인 정보의 내용이 노랗고, 길쭉하며, 달콤한 냄새가 나는 물체라는 지각 정보가 작동기억에 들어오면 우리는 장기기억의 저장 내용 중 '바나나'라는 장기기억의 정보를 통해 지금 지각하고 있는 감각정보의 의미를 바나나로 인식하는 것이다. 그러나 이전에 '바나나'를 먹어본 경험이 없거나, '바나나'라는 개념을 경험해 본 적이 없는 사람은 '바나나'에 해당하는 감각정보가 지각되더라도 이를 '바나나'로 인식하지 못할 것이다.

작동기억에서 한 번에 떠올릴 수 있는 정보의 양을 5에서 9항목 정도로, 이는 7±2로 표시할 수 있다. 작동기억이 처리하는 이러한 제한된 정보의 양은 조지 밀러Geroge Miller의 magic number라는 용어로 잘 알려져 있다. 작동기억에서 정보가 머무르는 시간은 대략 12초 정도이다. 이는 우리가 어떤 내용을 의식 속에 떠올릴 수 있는 평균적인 시간이 약 12초 정도로 짧다는 것이다. 이렇게 작동기억에서 정보가 머무르는 시간이 짧다는 측면을 강조하기 위해, 작동기억을 단기기억이라고 부른다. 이런 점에서 작동기억과 단기기억은 동일한 저장소의 다른 특성을 강조하기 위해 사용되는 다른 용어이다. 작동기억은 어떠한 정보의 내용이 우리의 의식 속에서 인식되고 있다는 점을 강조할 때 쓰면 적절한 용어이고, 단기기억은 그렇게 의식 속에 떠오른 정보가 의식에 머무르는 시간이 12초 정도로 짧다는 것을 강조할 때 쓰면 적절한 용어라는 것을 기억할 필요가 있다.

작동기억을 단기기억이라 부르는 것처럼, 단기기억 속에 정보가 머무를 수 있는 시간은 짧지만 의식적인 노력과 방법을 통해 정보가 의식 속에 머무르는 시간을 더 길게 유지할 수 있다. 시연rehearsal은 의식 속에 떠오른 정보를 더 오랫동안 의식에 머무르게 하기 위해 떠오른 정보를 의식적이고, 반복적으로 되뇌는 것을 말한다. 엄마가 자녀에게 시장에 가서 저녁 식사를 위한 식재료를 사오라고 하는 경우를 생각해보자.

엄마는 5가지 정도의 식재료를 사오라고 자녀에게 부탁했다. 두부, 감자, 호박, 파, 양파가 그것이다. 엄마의 부탁을 받은 아이는 엄마가 사오라고 한 식재료를 처음 들었을 때는 이를 잘 기억할 수 있다. 그러나 시장에 가는 동안 아이는 친구와 저녁 시간에 만날 약속을 하기 위해 통화를 하면서, 작동기억 속에 자기가 사야 할 식재료 대신 친구와의 대화 내용을 떠올렸다. 시장에 도착하자 아이는 자기가 사야 하는 식재료가 몇 가지인지 무엇인지 기억이 잘 나지 않았다. 만약 아이가 엄마가 사오라고 한 식재료를 반드시 기억해야 한다는 생각을 갖고, 시장에 가는 동안 엄마가 사오라고 한 식재료의 이름을 여러 차례 반복해서 떠올리며 시장에 도착했다면, 아이는 중간에 친구와 통화를 했더라도 자신이 사야 하는 식재료를 정확히 기억할 수 있었을 것이다. 이와 같은 예처럼 의식적으로 작동기억에 떠올린 정보를 반복해서 되뇌는 것(소리를 내거나 머릿속으로 떠올리거나)을 시연이라 하며, 시연의 과정을 통해 우리는 특정 정보를 작동기억 속에 더 오랫동안 떠올릴 수 있다.

② 장기기억

장기기억은 이름 그래도 오랫동안 정보가 저장되는 장소이다. 우리가 지금 당장은 의식 속에 그동안 우리가 학습하고 기억했던 내용을 한꺼번에 다 떠올리지는 못하지만, 우리는 필요할 때마다 장기기억에 저장되어 있는 내용들을 작동기억으로 불러내어 이를 의식적으로 생각할 수 있다. 장기기억에 저장되었던 정보를 필요할 때 단기기억으로 불러내는 것을 인출retrieval이라 한다. 인출과 반대로 우리는 새로운 정보를 장기기억에 저장하는 경우를 생각할 수 있다. 단기기억으로 들어온 새로운 정보가 장기기억으로 이동되어 저장되기 위해서는 부호화encoding라는 과정이 필요하다. 부호화란 새로운 정보를 장기기억 속에 있던 기존의 정보와 연결시켜 의미를 부여하는 것을 말한다. 두리안이라는 과일을 처음 접해본 사람이 "이건 내가 알고 있는 과일의 한 종류이고, 이름은 두리안이구나", "내가 알고 있는 과일 중에 어떤 과일과 맛과 향이 비슷하구나"라고 생각하며 과일에 대해 갖고 있던 장기기억 속의 정보와 두리안에 대한 새로운 정보를 연결시켜 의미를 부여하여 장기기억 속에 새롭게 저장하는 것이 그 예라 할 수 있다. 부호화란 피아제의 인지발달이론 중 동화 또는 조절과 비슷한 개념으로 이해해도 좋을 것이다.

장기기억은 정보의 저장 용량과 저장 시간의 길이에 제약이 없다. 이는 이론적으로 거의 무한한 정보를 장기기억 속에 저장하는 것이 가능하며, 한 번 장기기억 속에 저장된 정보는 죽을 때까지 망각되지 않는다는 것이다. 일상생활에서 기억과 관련된 우리의 경험을 생각해보면 장기기억의 특성에 관한 이러한 설명이 쉽게 납득되지 않을 수 있다. 우리는 새롭게 학습한 내용을 잘 기억하지 못하는 경우가 많기 때문이다. 그러나 우리가 새롭게 학습한 내용(더 정확하게 말하자면 학습했다고 생각하는 내용)을 잘 기억하지 못하는 것은 학습 과정에서 기억해야 할 내용에 충분히 주의를 기울이지 않았거나, 학습한 내용을 나중에 잘 인출 또는 기억하기 위해 필요한 부호와의 과정이 효과적이지 않기 때문이다. 다른 식으로 말하자면, 우리가 새로운 학습내용에 충분한 주의를 기울이고, 주의를 기울인 정보를 나중에 잘 기억하기 위해 기존의 장기기억 속의 정보와 유의미한 방식으로 잘 연결시키는 효율적인 부호화의 방법들을 사용한다면 거의 무한대의 정보를 오랜 시간 동안 정확하게 기억하는 것이 가능하다는 것이다.

장기기억에는 기억되는 정보의 형태에 따라 3가지 유형이 있다. 장기기억의 세 유형은 일화적 기억, 의미적 기억, 그리고 절차적 기억이다.

일화적 기억episodic memory은 특별한 사건을 이미지의 형태로 그 사건이 불러온 비교적 강한 정서적 기억과 함께 기억하는 것이다. 일화적 기억의 중요한 특성은 이것이 특별한 사건에 관한 것이며 강한 정서적 기억을 수반한다는 것이다.

예를 들어 대개의 경우 우리는 3~4일 전에 우리가 점심으로 무엇을 먹었는지 잘 기억할 수 없다. 이는 3~4일 전에 먹은 점심이 매일 일상적으로 먹는 세 끼 중의 한 끼였고, 먹은 음식도 자주 먹는 일상적인 음식 중의 하나였기 때문일 수 있다.

그러나 우리는 1년 전 생일날 가족 또는 친구와 함께 생일을 축하하기 위해 같이 먹었던 점심 식사에 관한 내용은 보다 오래 전에 있었던 일임에도 불구하고 더 잘 기억할 수 있다. 이는 생일이 기쁘고 즐거운 감정을 수반하는 특별한 이벤트이기 때문이다. 또한 생일날에는 우리가 일상적으로 먹는 음식과는 좀 더 다른 음식을 먹게 될 가능성이 더 높다. 따라서 우리는 1년 전의 이벤트임에도 불구하고 생일날 어떤 식당에서, 무슨 메뉴를, 누구와 함께 먹었는지를 3, 4일 전에 점심으로 무엇을 누구와 먹었는지를 기억하는 것보다 더 잘 기억하게 되는 것이다.

- 일화적 기억의 특별한 형태로 섬광기억flashback memory
- 일화적 기억의 교육적 함의

의미적 기억semantic memory은 명제적 지식에 관한 장기기억을 말한다. 명제적 지식이란 'A는 B이다'와 같은 형태로 저장되는 정보를 말하는데, 우리가 학교 교육을 통해 배우는 상당한 부분이 바로 이 명제적 지식이다. 명제적 지식의 예를 간단히 살펴보자. '삼각형의 내각의 합(A)은 180도(B)이다', '정부의 세 구성 요소(A)는 입법, 사법, 행정(B)이다', '비유법(A)에는 은유법, 직유법, 환유법(B)이 있다.' 서로 다른 교과에서 배우게 되는 이러한 지식들은 그 내용은 달라도 모두 명제적 지식, 즉, 'A는 B이다'의 형태로 구성된 지식임을 알 수 있다.

의미적 기억의 중요한 특징은 의미적 기억이 서로 다른 개념과 명제적 지식 간의 연결망의 형태network of ideas로 구성되고 저장된다는 것이다. 이는 의미적 기억이 개별적인 명제적 지식의 단순한 누적이 아니라, 서로 유기적으로 연결된 형태로 기억되고 저장된다는 것이다. 앞서 예로든 '삼각형의 내각의 합(A)은 180도(B)이다'라는 명제적 지식은 삼각형의 정의, 내각의 정의, 각도의 개념 간의 연결로 구성되어 있으며, 이 명제적 지식을 구성하는 각각의 개념 역시 또 다른 명제적 지식이다. 이를 그림으로 표시하면 다음과 같다.

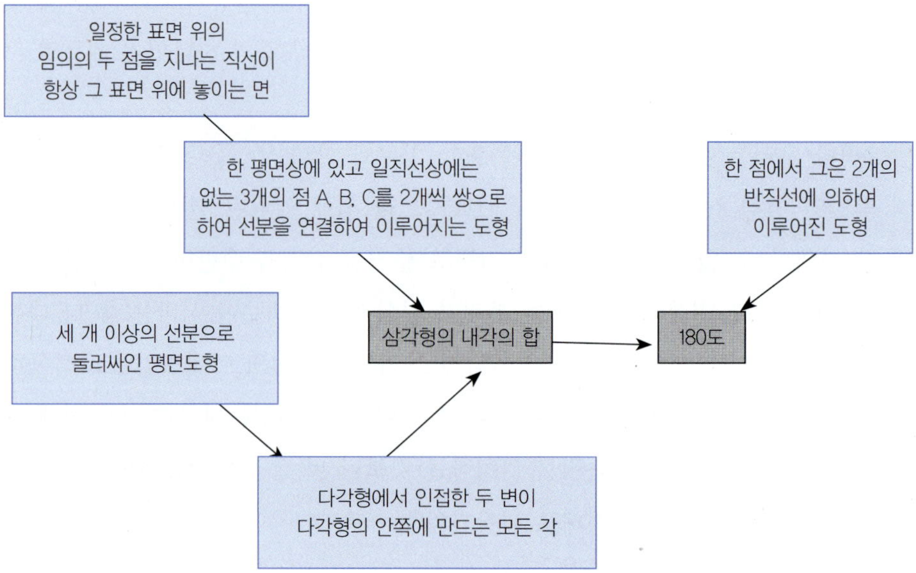

[그림 7-2] 개념 간의 연결망 형태로 연결된 의미적 지식

위 그림의 예를 보면 '삼각형의 내각의 합은 180도이다'라는 매우 간단한 명제적 지식도 다양한 개념과 명제적 지식과의 연결을 통해 구성되는 것을 알 수 있으며, 이것이 바로 의미적 지식이 다양한 개념과 명제적 지식 간의 연결망 형태로 저장된다는 것의 구체적인 의미이다.

의미적 지식의 이와 같은 특징이 교육과 학습에 가지는 함의는 명백하다. 우리는 다양한 학습내용을 교육하고 학습함에 있어, 개별 지식을 다른 지식과 유리된 형태로 다룰 것이 아니라 위와 같이 서로 연결된 방식으로 다루어야 한다는 것이다. 교육과 학습에 있어 이러한 지식 간의 연결망의 중요성을 강조한 개념으로 오수벨의 유의미학습과 선행조직자가 있으며, 학습법의 관점에서는 개념도concept map 또는 마인드맵을 활용한 학습이 있다. 우리는 학습이론에서 오수벨이 설명하는 유의미학습meaningful learning의 개념과 선행조직자 및 개념도의 학습을 위한 활용을 다루면서 이에 대해 더 자세히 살펴볼 것이다.

장기기억의 마지막 유형인 절차적 기억procedural memory은 신체를 활용하여 다양한 과제를 수행하는 방법 또는 일련의 단계를 거쳐 문제를 해결하는 것과 같이 특정과제를 수행하는 데 필요한 절차와 방법이 저장된 기억을 말한다. 컴퓨터의 타자를 치는 방법을 학습하는 것, 농구공이나 축구공을 드리블하는 방법을 학습하는 것, 피리나 피아노와 같은 악기의 연주법을 배우는 것, 과학 수업에서 실험을 위해 다양한 실험 도구를 적절하게 조작하는 방법을 학습하는 것 등이 절차적 기억을 위한 학습의 예라 할 수 있다.

절차적 기억은 의미적 기억과 함께 비중을 두어 학습하는 내용이다. 최근에는 학교학습을 포함한 다양한 유형의 학습에서 의미적 기억보다 상대적으로 절차적 기억을 강조하는 경향이 강해지고 있다. 이는 단순히 지식을 이해하고 기억하는 것보다, 학습한 내용을 활용하여 구체적으로 특정한 과제를 성공적으로 수행할 수 있는 능력, 즉 역량을 더 중요시하는 역량 중심의 교육과정에도 잘 반영되어 있다. 이와 함께 수행평가, 문제해결중심 학습법, 프로젝트 학습법, 체험활동, 활동중심 교육과정 등이 절차적 기억을 학습하는 것의 중요성이 부각되는 개념들이다.

③ 베델리의 작업기억모형

알렌 베델리Alan Beddeley의 작업기억모형은 고전적 모형의 작업기억을 보다 더 세분화된 구성요소로 설명한다. 구체적으로 이 모형의 초기 버전에서는 작업기억을 시공간 스케치 패드, 조음루프, 그리고 중앙집행기의 세 요소로 설명하고 있다. 초기 모형이 나온 지 한참 후에 일화적 버퍼라는 작업기억의 네 번째 요소가 추가되었다. 시공간 스케치 패드는 작업기억의 구성 요소 중 시각 및 공간에 관한 정보를 처리하는 요소이며, 조음루프는 소리와 구어에 기반을 둔 정보를 처리하는 장소이다. 일화적 버퍼는 중앙집행기는 시공간 스케치 패드, 조음루프, 일화적 버퍼, 그리고 장기기억으로부터의 정보를 통합하는 장소이다.

(5) 구성주의 학습이론

구성주의 학습이론은 학습자의 외부 세계에 학습자가 학습해야 하는 객관적인 지식으로서의 학습내용이 존재한다고 여기지 않는다. 이와 반대로 구성주의에서는 학습자가 자신의 경험과 흥미에 따라 학습의 내용을 스스로 구성해나간다고 가정한다. 철학적 관점에서 구성주의의 이러한 가정은 상대적 인식론에 근거하고 있다. 앞서 소개한 행동주의 학습이론이나 인지주의 학습이론에서는 이와 반대로 모든 학습자가 학습해야 하는 보편적인 학습내용이 객관적으로 존재한다고 보고 이러한 객관적인 학습내용을 학습자가 잘 학습하도록 도와주어야 한다는 객관주의를 가정한다(강인애, 1995). 행동주의와 인지주의 기본가정인 객관주의와 구성주의 간의 차이점을 비교해보면 다음과 같다.

〈표 7-1〉 객관주의와 구성주의

	객관주의	구성주의
지식의 정의	고정되어 있고 확인될 수 있는 존재	개인의 사회적 경험에 바탕을 둔 지식의 구성
최종목표	진리추구	적합성 · 타당성
교육목표	진리와 일치되는 지식 습득	개인의 지식 구성의 사회적 적합성과 융합성
주요용어	발견	창조와 구성
지식의 특성	초역사적, 우주적, 초공간적	상황적, 사회 · 문화 · 역사적
현실의 특성	규칙과 방법으로 규명될 수 있고 통제와 예언이 가능	불확실성, 복잡성, 독특성, 가치 간의 충돌

출처: 강인애(1995).

구성주의 학습이론은 개인의 인지적 발달에 사회적 상호작용이 미치는 상대적인 영향이나 중요성에 따라 인지적 구성주의와 사회적 구성주의로 구분할 수 있다(강인애, 1995). 인지적 구성주의는 구성주의 학습이론에서 설명하는 개개인의 각기 다른 경험과 흥미를 통한 학습의 과정에서 어떠한 인지적 변화가 일어나는지에 중점을 두는 입장이다. 인지적 구성주의의 경우 이러한 인지적 변화에 미칠 수 있는 사회적 상호작용의 과정에는 큰 비중을 두지 않는다. 피아제의 인지발달이론 및 이에 바탕을 둔 교수-학습 전략 및 원칙을 제시한 구성주의적 수업 설계자들이 인지적 구성주의와 관련이 깊다. 반면 사회적 구성주의는 인지적 구성주의에서 강조하는 인지적 변화와 함께 이러한 인지적 변화에 영향을 미치는 사회적 상호작용의 과정을 보다 더 강조한다. 비고츠키의 인지발달이 사회적 구성주의의 대표적 이론인데, 그런 이유로 비고츠키의 이론을 사회적 학습이론, 또는 사회적 인지학습이론으로 부른다.

구성주의에 바탕을 둔 학습이론이 그동안 많이 개발되어 왔다. 그중 가장 대표적인 것들은 인지적 도제학습 이론, 상황적 교수-학습 이론, 인지적 유연성 이론이다.

각각의 내용을 살펴보면 다음과 같다.

① 상황학습이론(situated learning theory)

상황학습이론은 대부분의 학교 학습 활동이 실제 생활과는 관련이 없는 추상적인 내용을 학습하는 데 반해, 진정한 학습은 실제 생활의 특정한 활동과 맥락, 그리고 문화를 통해 일어난다고 가정한다(Lave, 1988). 이러한 가정을 기초로 생활학습이론은 지식은 실제 세계의 맥락 속에서 제시될 필요가 있다고 강조한다. 이러한 강조점은 다시 사회적 상호작용과 타인과의 협업을 상황학습이론의 중요한 강조점으로 만든다.

상황학습이론을 바탕으로 한 수업의 방법 중에 맥락정착적 수업anchored instruction이 있다. 맥락정착적 수업은 실제 사건이나 문제를 수업의 맥락으로 활용하는 것이다. 맥락정착적 수업에서는 학생들이 흥미를 가지고 있고 실생활에서 실제 일어나는 사건이나 문제를 수업의 내용과 연결시켜 학습내용을 맥락화하는 것이다(한국교육학회, 2000). 상황학습이론과 맥락정착적 수업의 대표적인 프로그램의 예로 벤더빌트 대학의 CTGV Cognition and Technology Group at Vanderbilt에서 개발한 비디오 디스크를 활용한 'the adventure of Jasper Woodbury' 시리즈가 대표적이다. 이 프로그램은 12개의 스토리를 담은 상호작용적 비디오를 통해 학습내용과 관련이 있는 흥미롭고, 실제적인 맥락을 제시함으로써 학생 스스로 수학문제의 발견 및 해결에 필요한 지식을 스스로 구성하도록 하는 데 초점을 두고 있다(CTGV, 1992).

② 인지적 도제학습(cognitive prenticeship)

'도제(徒弟)' apprentice란 장인(匠人) master이 되기 위해 장인과 함께 생활하며 교육과 지도를 받는 제자를 말한다. 인지적 도제학습은 전통적인 도제교육에서의 교사인 장인과 학생인 도제 사이의 상호작용을 바탕으로 만들어진 학습이론이다. 인지적 도제학습은 장인이 수행하는 복잡한 기술이 대부분 명시적으로 잘 드러나지 않는 암묵적인 과정이고, 이러한 암묵적인 과정이 기술을 처음 배우는 도제에게 잘 전달되지 않는다는 것을 전제로 한다. 이러한 문제를 해결하기 위해 인지적 도제학습에서 교사인 장인은 다양한 도움을 통해 이러한 암묵적인 기술을 드러내어 학생인 도제가 이를 보다 의식적으로 관찰하고, 실행하며, 연습할 수 있도록 하는 것이다(Collins, Brown, & Newman, 1987).

인지적 도제학습이 지향하는 암묵적인 지식과 기술의 전수는 학생과 교사 양쪽으로 노력을 필요로 한다. 인지적 도제학습의 구체적인 방법은 ① 모델링 modeling, ② 코칭 coaching, ③ 스캐폴딩 scaffolding, ④ 명료화 articulation, ⑤ 성찰 reflection, ⑥ 탐색 exploration의 여섯 단계로 구성된다(Collins, Brown, & Newman, 1987). 모델링은 전문가인 교사가 특정한 과제를 직접 수행하는 것을 보여주면서, 과제 수행의 방법과 절차를 명시적으로 드러내는 것이다. 코칭은 학생이 교사의 모델링 내용을 따라 수행할 때, 학생의 수행에 대한 피드백과 조언을 제공하는 것을 말한다. 스캐폴딩은 학생의 학습을 지원하는 과정을 의미하며, 명료화란 교사의 지식과 사고 과정을 보다 빈번하게 말로 설명해주거나 수행을 통해 보여주는 것을 말한다. 명료화의 과정을 통해 학생들은 자신의 지식과 추론, 그리고 문제해결 과정을 보다 명료화하게 된다. 성찰reflection이란 학생이 자신의 문제해결 과정을 전문가인 교사의 그것과 비교하도록 하는 것을 말한다. 성찰의 방법을 통해 학생은 자신과 교사의 수행에서 나타나는 차이점과 유사점을 생각할 수 있다. 마지막으로 탐색은 학생 스스로의 힘으로 문제를 해결할 기회를 제공하고, 학생에게 문제를 탐색하는 데 필요한 전략을 가르치는 것이다. 독립적인 문제해결의 기회를 제공하는 것은 교사가 이전 단계에서 제공하던 지원과 스캐폴딩을 점진적으로 줄여 나감으로써 가능하고, 문제탐색에 필요한 전략을 가르치는 것은 학생에게 문제해결을 위한 가설들을 탐색하고, 연구하며, 개발하는 방법을 가르치는 것이다.

③ 인지적 유연성 이론(cognitive flexibility theory)

인지적 유연성 이론은 복잡하고, 잘 구조화되지 않은 영역의 학습을 위한 구성주의 학습이론이다. 영역이 잘 구조화되지 않았다는 것은, 그 영역의 문제를 해결하기 위한 답이나 그 답을 찾기 위한 방법이 하나로 정형화되어 있지 않고, 매우 다양할 수 있음을 의미한다. 인지적 유연성이란 매우 빠른 속도록 변하는 상황의 요구에 맞게 적응적으로 반응하기 위해 자신의 지식을 자연스럽게 재구조화할 수 있는 능력을 말한다(Spiro & Jehng, 1990). 인지적 유연성은 지식을 표상하는 방식과 표상된 지식을 조작하는 과정을 얼마나 다양하게 할 수 있는가에 의해 결정된다. 즉, 하나의 문제를 해결하는 데 필요한 지식을 얼마다 다양한 방식으로 표상하고, 표상된 지식을 조작하는 과정을 얼마나 다양하게 변화시키는가에 따라 인지적 유연성이 증가한다는 것이다.

④ 협동학습

협동학습은 구성주의 학습이론의 다양한 특징이 잘 반영되어 있는 학습방법이다. 협동학습은 능력과 특성이 다양한 여러 명의 학생들이 하나의 소집단 또는 모둠을 구성하여, 집단 공동의 학습목표를 달성하기 위해 함께 학습하는 학습방법을 말한다. 협동학습은 학생들 스스로 주도적으로 학습의 과정과 결과에 책임을 지게 하는 데 초점을 둔 학생 중심의 교수법이며, 학생들 간의 의미 있는 상호작용을 학습의 주요 방법으로 활용한다는 점에서 비고츠키가 제시한 사회적 구성주의의 아이디어를 반영하고 있다.

가. 협동학습의 효과

협동학습의 원리와 방법이 폭넓게 지지를 받고 사용되고 있는 이유는 협동학습이 개별학생 간의 경쟁을 강조하는 전통적인 학습방법에 비해 학생의 학업 성취를 향상시키는 데 있어 더 효과적이기 때문일 것이다. 협동학습의 효과를 살펴본 국·내외의 일련의 메타분석 연구들은 협동학습이 전통적인 학습에 비해 학업성취의 향상에 있어 더 효과적임을 보고하고 있다(Johnson, Johnson & Stanne, 2000).

이와 함께 협동학습은 학생의 사회적·정서적 발달에도 효과적인 것으로 알려져 있다. 협동학습은 의사소통의 기술을 포함한 다양한 사회적 기술의 습득, 자아존중감의 향상, 학습에 대한 자발성 증진, 학급에 대한 긍정적 태도 형성, 다양한 역할 수용 능력의 증진 및 이에 따르는 도덕성의 발달과 같은 다양한 사회적·정서적 영역의 발달에 도움이 되는 것으로 알려져 있다(Kagan, 1998).

나. 협동학습의 기본원리

뒤에 살펴보겠지만, 다양한 협동학습의 방법은 약간씩 그 초점과 강조하는 바가 다르다. 이러한 협동학습의 구체적인 방법상의 차이와 그에 따른 협동학습의 효과에 차이가 있을 수 있다. 그러나 다소 간의 차이가 있다 하더라도, 협동학습이 개별학습과 다른 협동학습만의 효과를 거두기 위해서는 공통의 원리를 따르는 것이 중요하다.

스펜서 카간Spencer Kagan(1998)은 효과적인 협동학습을 위한 4가지 기본 원리로 ① 긍정적인 상호 의존positive interdependence, ② 개별 학생의 책임individual accountability, ③ 동등한 참여equal participation, ④ 동시다발적인 상호 작용simultaneous interaction을 제시하였다.

동시다발적 상호작용은 동시에 보다 많은 학생들이 상호작용의 기회를 가져야 한다는 원리이다. 동시다발적 상호작용과 대비되는 개념은 순차적 상호작용으로, 순차적 상호작용에서는 한 번에 하나의 상호작용만이 발생하고 또 다른 상호작용은 이전의 상호작용이 끝난 후에 발생할 수 있다. 전통적인 학습 상황에서는 한 번에 한 사람씩만 말을 주고받는 순차적 상호작용이 많이 나타나는데, 교사는 주로 설명을 하고 학생들은 선생님이 호명했을 때만 질문에 응답하는 등의 개별적인 상호작용이 주로 일어나는 것을 말한다.

긍정적인 상호의존은 집단 전체의 성공을 위해 한 학생의 성취가 다른 학생의 성취와 밀접하게 연계되어 있어야 한다는 원리이다. 즉, 집단 전체로서의 목표에 도달하기 위해서는 자신의 성취뿐 아니라 같은 집단에 속한 다른 친구들 모두의 성취가 중요해야 한다는 것이다. 개별 학생의 책임은 집단으로서 학습과제를 수행할 때 학습과제의 하위 부분이나 영역을 개별 학생에게 분담하고 각자가 분담한 부분에 대해 책임을 지도록 하는 것을 말한다. 개별 학생의 책임이라는 원리가 적용되지 않을 경우 집단 전체의 학습에 전혀 기여하지 않으면서 집단 평가의 결과를 받는 무임승차자free rider나 자기가 기여해야 하는 것보다 과도하게 많은 기여를 하게 되는 일 벌레work horse가 생기게 된다. 동등한 참여는 집단에 속한 학생 모두가 학습활동에 동등한 정도의 참여 기회를 가져야 한다는 원리이다. 예를 들어 모둠 토론과 같은 협동학습 활동의 경우 동등한 참여의 원리는 집단의 모든 학생이 동등한 발언의 기회를 가지도록 하는 것으로 나타난다.

다. 협동학습 집단의 구성 방법

협동학습을 위한 소집단 구성의 일반적인 원리는 가능한 한 집단을 구성하는 학생들의 능력 수준과 특성이 이질적이 되도록 하라는 것이다. 협동학습을 위한 소집단 구성에 있어 이질 집단의 구성이 중요한 이유는 능력이 서로 다른 학습 능력을 가진 학생들이 집단을 이루어 서로 도와가면서 학습을 하게 되기 때문이다. 협동학습을 통해 집단의 모든 구성원이 학습 내용을 이해하고 넘어갈 수 있도록 상호협조적인 학습 분위기를 조성하는 등 서로 도와 가며 학습을 하게 된다. 동료들과 서로 배워가며 학습에 긍정적인 영향을 주기 위해서는 서로 협력하며 배워가는 과정 속에서 흥미를 느끼게 되고 긍정적인 관계 형성에 도움을 줄 수 있다.

라. 협동학습의 방법

협동학습 방법은 매우 다양하다. 대표적인 협동학습 방법으로 〈표 7-2〉와 같은 10개의 방법을 제시하였다(Johnson, Johnson & Stanne, 2000). 〈표 7-2〉의 방법 이 외에도 다양한 협동학습 방법이 개발 · 연구되어 왔는데, 이들 다양한 협동학습의 방법은 크게 집단학습유형과 협동프로젝트 유형의 방법으로 구분할 수 있다(Kagan, 1985).

〈표 7-2〉 협동학습의 방법

연구자/개발자	시기	협동학습방법
Johnson & Johnson	60년대 중반	Learning Together & Alone
DeVries & Edwards	70년대 초반	Teams-Games-Tournaments(TGT)
Sharan & Sharan	70년대 중반	Group Investigation
Johnson & Johnson	70년대 중반	Constructive Controversy
Aronson과 동료들	70년대 후반	Jigsaw Procedure
Slavin과 동료들	70년대 후반	Student Teams Achievement Divisions(STAD)
Cohen	80년대 초반	Complex Instruction
Slavin과 동료들	80년대 초반	Team Accelerated Instruction(TAI)
Kagan	80년대 중반	Cooperative Learning Structures
Stevens, Slavin과 동료들	80년대 후반	Cooperative Integrated Reading & Composition(CIRC)

출처: Kagan(1985).

집단학습유형student team learning, STL의 협동학습방법은 집단 내 구성원들은 협동을 하지만 집단 간에는 경쟁을 하도록 한다는 공통점을 갖고 있다. 이 유형의 대표적인 협동학습 방법으로는 STAT student team achievement division, TGT team game tournament, Jigsaw II 그리고 CIRC cooperative integrated reading and composition 등이 있다.

협동프로젝트 유형cooperative project, CP의 협동학습 방법은 집단 구성원 간의 협동뿐 아니라 집단 간 협동을 통해 학급 전체가 하나의 공통 프로젝트를 완성해 나간다는 공통점을 갖고 있다. 이 유형의 대표적인 방법으로는 Learning Together LT, Jigsaw I, Group Investigation GI 등이 있다.

⑤ 집단학습유형의 협동학습방법

가. STAD(student team achievement division)

STAD는 일반적으로 4단계로 구성되어 진행하는 효과적인 협동학습의 방법이다. STAD의 4단계는 ① 교수teach → ② 집단학습team study → ③ 시험test → ④ 집단 인정team recognition이다(Slavin, 1994, 1995).

교수는 교사가 전체 학급의 학생을 대상으로 새로운 수업 내용을 제시하는 것이다. 집단학습의 단계에서는 능력 수준과 성별 및 인종에 있어 다양한 학생들이 4명씩 짝을 지어 모둠 또는 집단을 구성하고, 모둠별로 교수 단계에서 교사로부터 배운 내용을 학생들끼리 서로 도와가며 학습한다. 시험 단계에서는 개별 학생이 퀴즈를 포함하는 다양한 형태의 시험을 치르는데, 이 단계에서 시험을 치르는 목적은 개별 학생이 앞선 집단학습 단계를 통해 학습할 것으로 기대되는 내용을 얼마나 잘 학습했는가를 시험을 통해 확인하는 것이다. 마지막의 집단인정 단계에서는 앞선 시험 단계에서의 개별 점수 및 팀 점수를 계산한다. STAD에서 집단 인정을 위해 계산하는 개별 학생의 점수는 한 학생이 이전에 본 시험 성적과 비교할 때 이번 시험에서 향상된 점수이고, 팀 점수는 팀을 구성하는 학생들의 향상 점수의 총합이다. 이런 식으로 계산한 팀 점수를 비교하고, 팀 점수가 가장 높은 모둠이 집단 간 경쟁에서 우승을 차지하게 된다.

나. TGT(team game tournament)

TGT는 STAD와 매우 유사한 방법이다. 그러나 STAD의 세 번째 단계인 시험의 단계에서 TGT는 형식적인 시험이 아닌 게임의 형식을 통해 개별 학생의 학습 정도를 파악한다. TGT는 집단학습을 마치고 난 후에 토너먼트 게임의 형식을 통해 개별 학생의 학습 정도를 파악하고, 토너먼트에서의 승자가 많은 팀이 가장 높은 집단 점수를 얻게 되는 방식을 이용한다. 기본적으로는 STAD와 유사하나 게임의 형식을 이용하는 TGT는 시험을 사용하는 STAD에 비해 학생들의 흥미와 동기를 더 높여 줄 수 있는 것으로 알려져 있다.

다. Jigsaw II

Jigsaw II는 뒤에서 설명할 협력적 협동학습의 방법 중 하나인 Jigsaw의 방법을 변형한 것이다. 엘리옷 아론슨Elliot Aronson과 그의 동료들이(1978) 개발한 원래의 Jigsaw 방법과 이를 변형한 Jigsaw II의 차이점은 전자가 협동학습의 단계에서 개별 학생에게 각기 다른 학습 내용을 할당하는 반면, 후자의 경우 팀에 소속된 모든 학생이 동일한 학습 내용을 할당한다는 것이다.

라. CIRC(cooperative integrated reading and composition)

CIRC는 초등학교 고학년 학생에게 읽기와 쓰기를 가르치기 위해 개발된 종합적인 협동학습 프로그램이다. CIRC는 읽기와 쓰기의 학습을 위한 다양한 활동을 수행하면서 학생들이 서로의 학습을 도와주는 방법을 이용한다. CIRC가 포함하는 읽기와 쓰기를 위한 다양한 활동으로는 읽기 자료를 다른 학생에게 읽어주기, 이야기의 결말을 함께 예측해보기, 이야기의 내용을 서로에게 요약해주기, 이야기에 대한 반응을 글로 써보도록 하기, 철자법과 단어 의미해석 및 어휘 익히기 등이 있다.

⑥ 협동프로젝트 유형의 협동학습 방법

가. Learning Together(LT)

LT는 4~5명의 서로 다른 특성을 지닌 이질적인 학생들이 집단 또는 모둠을 구성하여 집단 과제를 해결하기 위해 함께 협동하는 것이다. LT의 경우 각 집단별로 완성된 과제를 제출하고, 제출한 과제의 질이 가장 높은 집단은 칭찬과 함께 보상을 받게 된다. LT의 방법은 학생들이 함께 협동하여 과제를 수행하기 이전에 팀 빌딩을 위한 활동을 강조하고, 학생들이 과제를 해결하는 동안 주기적으로 자신들이 과제 수행을 위해 잘 협력하고 있는지에 대해 논의하도록 하는 것을 강조한다.

나. Jigsaw

Jigsaw의 방법에서는 집단에 속해 있는 개별 학생에게 집단 전체로서 학습해야 하는 전체 내용을 구성하는 서로 다른 하위주제를 하나씩 할당한다. 그다음 원래의 집단에서 같은 하위주제를 할당받은 학생들이 따로 모여 전문가 집단을 구성하고 여기서 해당 하위주제에 대해 학습한다. 학생들은 전문가 집단에서의 학습이 끝난 후 다시 자기가 원래 소속되어 있던 집단으로 돌아가서 다른 학생들과 함께 전문가 집단에서 공부한 내용을 함께 학습한다.

다. Group Investigation(GI)

GI는 다른 방법들과 비교할 때 상대적으로 학생들이 협동학습활동에서 무엇을, 어떻게 공부할 것인지에 대한 계획을 주도적으로 세우는 것을 강조한다(Sharan & Shran, 1990). GI에서는 먼저 학생들이 가진 특정 주제에 대한 흥미를 중심으로 스스로 집단 또는 모둠을 구성한다. 집단을 구성한 후에 학생들은 서로 도와가며 학습 주제를 어떻게 연구할 것인지에 대해 계획한다. 학생들은 집단 조사를 위해 각자가 수행해야 할 과제를 분담하고 이를 수행하며, 최종적으로 각 학생의 조사결과를 종합하고 요약한 내용을 전체 학급에 발표하는 것이다.

CHAPTER 8

교수이론

교수이론은 학습이론과 동전의 양면과 같은 관계이다. 학습이론에서 설명하는 학습의 과정이 어떠한가에 따라 그에 상응하는 교수이론이 다르게 결정되기 때문이다. 앞서 학습이론을 크게 행동주의 학습이론, 인지주의 학습이론, 구성주의 학습이론의 세 범주로 구분하였으나, 한 범주의 학습이론 속에도 학습이론이 설명하고자 하는 학습의 유형에 따라 학습을 설명하는 방식이 다르며, 이러한 차이에 의해 개별 학습이론에 상응하는 교수이론이 다르게 전개되는 것이다.

본 장에서는 다양한 유형의 학습을 위한 교수이론을 소개한다. 그러나 각각의 교수이론을 소개함에 있어 특정한 교수이론을 발생하게 한 학습이론을 먼저 소개하였다. 각 교수이론의 전제가 되는 학습이론의 이해를 토대로 각각의 교수이론을 보다 더 잘 이해하고, 적절하게 적용하는 데 도움을 얻게 될 것이다.

교수이론의 토대가 되는 학습이론을 이해할 때 중요한 것은, 각각의 학습이론이 설명하고자 하는 학습의 내용 또는 유형이 무엇인지를 명확히 하는 것이 중요하다. 예를 들어 오수벨의 설명식 수업을 위한 교수이론은 유의미 학습이론을 토대로 구성되었는데, 유의미학습은 언어적 정보를 이용한 선언적 또는 명제적 지식의 학습을 설명하기 위해 고안된 이론이다. 따라서 유의미학습이론 및 그에 바탕을 두고 구성된 설명식 수업 이론은 그 이외의 다른 학습 내용 및 유형에는 적용되지 않는다. 한편, 가네의 교수이론처럼 거의 모든 유형의 학습내용을 하나의 학습이론과 교수이론 체계 속에서 설명하는 이론도 있다.

그러나 이러한 포괄적인 이론의 경우에도 학습의 유형에 따른 교수이론 및 그에 따른 교수설계는 달라질 수 있다. 이상에서 설명한 바와 같이 학습이론과 교수이론의 이해에는 해당 이론이 설명하고자 하는 학습의 내용이 무엇인지를 명확히 이해하는 것이 중요하며, 이러한 이해는 특정한 내용의 학습 과정을 설명하고 이해하며 이를 위한 교수설계를 하는 데 도움을 줄 것이다.

1. 부르너의 구성주의 교수이론(발견식 교수이론)

Bruner
(1653~1727)

인지적 교수이론을 대표하는 제롬 부르너Jerome Bruner는 발달심리학자이며 인지학습에 관심이 많은 학자다. 부르너는 구성주의 학습이론에 바탕을 둔 교수의 원리를 제시하였다. 그는 과목의 구조에 대한 이해, 능동적인 학습, 학습에서의 귀납적 추론 등을 강조했고, 그가 제시한 효과적인 교수의 핵심적인 내용은 학습내용을 구조화하고 이러한 구조화된 내용을 교수에 활용하는 것이 중요하다는 것이다. 학생 스스로 자신이 학습하고 있는 주제의 구조를 이해하면 학습이 더 의미 있고 유용하게 잘 기억될 것이라고 강조했다. 구조를 잘 이해하려면 학습자가 능동적이어야 한다. 교사가 설명한 것을 그대로 받아들이기보다 학습자 스스로 학습 내용의 주요 원리를 파악하는 것이다. 이런 과정을 발견학습discovery learning이라고 한다. 부르너의 발견학습 모형에서 발견이란 대상 간에 존재하는 유사점과 차이점을 찾아 관계짓는 것으로, 교사의 지시와 도움 지원을 최소화하여 학습자들이 학습해야 할 학습과제의 최종적인 형태를 학습자 스스로 찾아내는 방법이다.

이러한 기본적인 전제를 바탕으로 '학습준비도'readiness for learning와 '나선형교육

과정'spiral curriculum과 같은 개념을 제안하였다. 학습준비도란 특정한 내용을 학습하기 위한 준비가 학습자에게 얼마나 잘 되어 있는가를 의미하는데, 학습준비도와 관련하여 부르너가 주장하는 바는 학습내용의 상대적인 난이도와 상관없이 학습내용을 학생의 인지발달 수준에 맞게 효과적으로 구성하고 제시하면 학생의 인지 발달단계와 상관없이 어떠한 내용도 잘 가르칠 수 있다는 것이다. 나선형 교육과정의 기본 전제는 학생이 배우는 지식의 구조는 학년 수준에 관계없이 동일하다는 것이다. 학년과 학교가 높아짐에 따라 동일한 교과가 점점 깊이 폭을 더해가며 심화하도록 조직된 교육과정이다. 학생의 인지발달 정도가 올라갈수록 지식이 확장된다는 의미를 갖고 있다.

부르너의 교수이론은 학습의 경향성, 지식의 구조화, 학습의 계열화, 강화라는 4가지 요소를 포함하고 있다(Bruner, 1966).

첫째, 학습의 경향성은 학습준비도, 출발점 행동과 같은 개념으로 학습자가 학습을 하고자 하는 동기, 의욕, 특성, 경향을 의미한다. 발견학습에서는 학습자가 호기심과 탐구심을 가지고 스스로 동기유발이 되어 다양한 대안 아이디어를 탐색해야 하므로 학습의 경향성이 매우 중요하다. 학습의 경향성은 학습준비도와 유사한 개념으로 학습의 경향성을 높이기 위해서는 과제의 목표를 명확하게 제시하고, 적절한 수준의 난이도의 과제를 제시하는 것이 좋다.

둘째, 지식의 구조화는 모든 지식은 구조를 가지고 있어서 일반적인 원리 및 아이디어, 기본 개념을 의미한다. 부르너는 모든 지식은 구조를 가지고 있으므로, 학교에서는 그 지식의 구조를 학습자들이 특정 영역의 지식을 쉽게 학습할 수 있도록 주식을 구조화하는 구체적인 방식을 제시했다. 지식의 구조를 사실적 지식을 전달하는 것이 아닌 발견식으로 가르쳐야 한다고 하였다.

셋째, 학습의 계열화는 학습과제를 순서대로 조직하고 제시해야 한다는 의미다. 즉, 학습의 효과는 학습이 계열을 어떻게 조직하느냐와 관련이 있다. 계열이란 학생들이 학습내용을 이해, 변형, 전이하는 데 도움이 될 수 있도록 학습과제를 순서대로 조직하고 제시하는 원칙을 말한다.

넷째, 강화는 학습자가 자기 학습의 결과를 확인하고 거기서 만족을 얻는 내적 강화가 잘 될 때 효과적이다. 즉, 학습이란 결과에 대한 지식이 제공되고 거기서 만족을 얻게 될 때 이루어지는데 적절한 내적 강화를 통해 학습의 효과를 얻는 것을 의미한다.

2. 오수벨의 유의미 학습(meaningful learning)

오수벨은 학습의 종류를 수용학습reception learning과 발견학습discovery learning으로 구분하였다. 이러한 구분은 학습할 내용이 학습자에게 주어지는가 혹은 학습자 스스로 발견해야 하는 가에 의한 것이며, 전자가 수용학습이고 후자가 발견학습이다. 유의미 학습이론과 이에 기반을 둔 설명식 교수expository teaching의 개념을 제안하였다. 오수벨의 유의미 학습이론은 의미가 있고, 언어적으로 수용 가능한 내용의 학습과 망각을 설명하는 이론이다.

1) 유의미 학습

유의미 학습이란 새로운 학습 내용이 학습자가 지니고 있는 기존의 지식과 논리적인 관련성을 가질 때 일어난다. 새롭게 학습하려는 내용이 기존의 지식과 연결될 수 있을 때, 새로운 학습 내용은 논리적 유의미성을 지니며 이를 간단하게 논리적 유의미가(有意味價)를 가진다고 한다.

새로운 학습내용이 논리적 유의미가를 가진다는 것은, 그 내용이 실사성과 구속성을 가진다는 것을 의미한다. 실사성은 학습내용을 서로 다른 방식으로 표현 또는 표상하더라도 그 본질적인 내용이 변화하지 않는 것을 의미한다. 구속성이란 관습에 의해 하나의 정보가 다른 정보와 연결되면, 그 연결된 관계를 임의로 바꿀 수 없는 것을 의미한다.

그러나 새로운 학습 내용이 논리적 유의미성을 가진다는 사실만으로 그 내용이 학습되지는 않는다. 논리적 유의미성을 가지는 학습내용이 의미 있게 학습되기 위해서는 학습자인 학생의 측면에서 2가지 조건이 충족되어야 한다. 그중 하나는 새로운 학습내용을 공부하는 데 필요한 관련정착 의미를 가지고 있어야 한다는 것이고, 또 다른 하나는 새로운 학습내용을 실사적이고 구속적인 형태로 정착 의미에 관련시키고자 하는 의향이 있어야 한다는 것이다.

오수벨은 다양한 학습내용에 대한 인간의 인지구조가 위계적으로 구성되어 있다고 가정한다. 이는 우리가 학습한 다양한 내용들이 우리의 인지구조 속에 하나의 계층적인 형태로 저장되고 표상된다는 것이다. 오수벨은 우리의 인지구조의 가장 최상위에는 가장 추상적이고, 포괄적인 내용이 위치하고 있고, 그 아래에 보다 구체적이고 상위 내용에 포함되는 하위 내용이 위치하는 위계적 구조를 생각하였다.

(1) 유의미 학습의 과정

오수벨의 유의미 학습이론은 학습자가 새로운 학습내용을 기존에 학습하여 알고 있는 내용과 어떻게 연관지어 조직화할 수 있는지를 ① 파생적 포섭과 상관적 포섭, ② 상위적 학습과 결합적 학습, ③ 동화의 세 과정으로 설명한다.

포섭subsumption이란 새롭게 학습하는 내용을 관련이 있는 기존의 학습 내용에 덧붙이는 것인데, 그 구체적인 방식에 따라 파생적 포섭과 상관적 포섭으로 구분한다. 파생적 포섭은 새로운 학습내용을 기존에 학습한 개념 또는 명제적 지식의 구체적인 사례 또는 보기로서 연결 짓는 것이다. 파생적 포섭의 경우 새로운 내용의 학습으로 인해 기존에 학습했던 개념 또는 명제적 지식에 변화가 발생하지 않는다. 파생적 포섭의 예는 새로운 웰시코기라는 개의 한 종을 처음 학습한 학생이 웰시코기를 기존에 알고 있는 '개'라는 개념의 구체적인 예로 생각하며 학습하는 것으로, 이는 피아제가 제시한 동화의 개념과 유사한 것이다. 한편, 상관적 포섭은 새로운 학습내용이 기존에 학습한 개념 또는 명제적 지식을 정교화하거나, 확대, 수정하는 방식으로 연결되는 것을 말한다. 상관적 포섭의 예로 수의 종류 중 무리수를 새롭게 학습한 학생이 무리수의 개념을 학습함으로써 수의 개념을 분수로 포함할 수 있는 유리수뿐만 아니라, 분수로 표현할 수 없는 무리수를 포함하는 것으로 확장시켜 나가는 것을 생각해 볼 수 있는데, 이는 피아제가 제시한 조절의 개념과 유사한 것이다.

포괄적 포섭과 상관적 포섭은 공통적으로 새로운 학습 내용과 기존의 정착지식 간에 위계적 관계를 갖게 된다(개는 웰시코기보다 상위 수준의 개념이며, 수는 유리수와 무리수보다 상위수준의 개념이다). 그러나 모든 학습의 내용이 포괄적 포섭과 상관적 포섭의 과정으로 설명되는 것은 아니다. 학습 내용 중 일부는 새로운 학습내용과 기존에 학습한 관련 정착지식의 내용이 그 수준에 있어 위계적이지 않고 비슷한 수준에 있는 경우가 있다.

이러한 경우의 학습에 관한 과정을 설명하기 위한 개념으로 오수벨은 상위적 학습superordinate learning과 결합적 학습combinatorial learning의 개념을 제시하였다. 상위적 학습은 새롭게 학습할 내용이 기존의 대등한 수준의 정착 개념 또는 지식을 포괄하는, 보다 상위 수준의 개념 또는 지식이 되는 과정을 말한다. 교육학에서 교육의 목표로 흔히 언급되는 전인교육이라는 개념을 새롭게 학습하기 위해, 기존에 알고 있던 인간의 주요 특성으로 인지적 영역, 정의적 영역, 심동적 영역의 발달이 고루 균형적으로 이루어진 사람을 기르는 교육이라는 설명을 제시하는 것을 상위적 학습의 예로 생각해 볼 수 있다.

이 경우 전인교육이라는 새로운 학습 내용은 대등한 수준의 개념으로 볼 수 있는 기존 정착 지식인 인지적 영역, 정의적 영역, 심동적 영역을 결합하여 생각한 보다 상위 수준의 개념이다. 결합적 학습은 새로운 학습 내용과 기존 관련 정착 지식 간의 관계가 위계적이지 않은 경우를 설명하는 과정이다. 구체적으로 결합적 학습은 보다 일반적인 배경정보나 지식에 따라 새롭게 학습할 내용과 기존 정착 지식을 연결하는 것이다. 이는 일종의 유추와 비슷한 과정으로 서로 연결되지 않는 것처럼 보이는 새로운 학습 내용과 기존 정착 지식을 보다 다양하고 폭넓은 관점에서 가져온 준거에 따라 양자를 연결하는 것을 말한다. 개념의 일반화와 관련이 있는 것으로 이해해도 좋다. 자연과학 또는 사회과학의 많은 일반화된 원리 또는 법칙은 이러한 결합적 학습의 과정을 통해 잘 학습될 수 있다.

(2) 선행조직자

선행조직자advance organizer는 교사가 학생에게 새로운 학습내용을 가르치기에 앞서 새로운 학습 내용이 학생이 기존에 갖고 있는 정착 지식과 어떠한 연관성이 있는지를 보여줌으로써 둘 사이의 차이를 줄여준다. 선행조직자는 새롭게 학습할 내용보다 더 높은 추상성, 일반성, 포괄성을 가진 자료이다. 선행조직자란 새로운 학습내용을 이해하기 쉽도록, 새로운 학습내용을 제시하기에 앞서 기존에 학습자가 알고 있는 새로운 학습내용과 관련이 있는 지식을 다시 기억해내도록 하여, 기존 관련 지식의 도식과 새로운 학습내용이 어떠한 방식으로 구체적으로 의미 있게 연결될 수 있는지를 보여주는 것이다.

선행조직자의 활용목적에 따른 유형으로 비교조직자와 설명조직자가 있다. 비교조직자comparative organizers는 기존 도식을 활성화하는 것을 목적으로 하는 선행조직자로, 비교조직자는 기존의 학습내용에 새로운 학습내용을 통합하거나 기존의 학습내용과 새로운 학습내용 간의 비슷하고, 혼동될 수 있는 차이를 명확하게 알 수 있도록 하기 위해 사용할 수 있다(Ausubel, 1968). 한편 설명조직자comparative organizer는 새롭게 학습할 내용을 이해하기 위해 필요하지만, 학습자에게 친숙하지 않은 지식을 학생이 알고 있는 매우 일반적인 개념을 통해 설명하는 것이다. 선행조직자의 형태에 따라 문장, 문단, 개념도concept maps, 도식조직자/그래픽 조직자graphic organizers로 구분할 수 있다.

3. 가네의 학습 조건

로버트 가네Robert Gagné의 교수이론은 정보처리이론의 관점에서 다양한 유형의 학습 과정을 하나의 포괄적인 학습이론 및 교수이론을 통해 설명하고자 하는 이론이다. 행동주의와 인지주의 심리학의 정보처리이론을 바탕으로 개발된 가네의 수업이론은 가네의 이론을 구성하는 3가지 핵심 개념은 학습의 결과learning outcomes, 학습의 사태events of learning, 학습의 조건conditions of learning이다(전성연 편,

2001). 학습의 결과는 학습을 통해 학생이 획득한 특성을 의미하며, 학습의 사태는 학생이 학습과정에서 거치게 되는 주요한 인지과정을 의미하며, 학습의 조건은 학습의 외적 조건이라고도 하며 학생의 학습과정에 도움을 주는 교사의 수업 활동을 말한다.

가네는 새로운 정보가 일련의 정보처리 과정을 거쳐 장기기억에 저장되는 것을 학습으로 보고, 학생이 학습을 통해 배우게 되는 학습 내용을 ① 언어적 정보, ② 지적 기술, ③ 운동 기술, ④ 태도, ⑤ 인지전략의 5가지로 구분한다. 첫째, 언어적 정보verbal information는 선언적 또는 명제적 지식을 말한다. 예를 들어 다양한 사실, 정보, 이름, 장소에 관한 지식이 언어적 정보에 포함된다. 언어적 정보의 획득을 돕기 위해 다양한 기억의 전략을 사용할 수 있으며, 기존 정보와 새로운 정보 간의 연결을 통해 새로운 정보를 유의미하게 만들고 더 잘 기억되도록 도울 수 있다. 언어적 정보를 습득하는 데 도움이 되는 학습 전략으로는 시연, 정교화, 조직화가 있다.

둘째, 지적 기술intellectual skills은 어떤 과제를 수행하는 방법 또는 절차에 관련된 기술을 말한다. 가네는 지적 기술에 변별, 구체적 개념, 정의된 개념, 규칙, 그리고 문제해결이 있다고 하였다. 변별은 사물들을 사물이 지니고 있는 한 가지 이상의 물리적 특성, 특징 또는 차원에 따라 구분하는 것을 말한다. 가네는 강화 및 반복을 통해 변별의 기술을 향상시킬 수 있다고 보았다. 구체적 개념은 공통된 물리적 특성, 특징, 속성 또는 차원에 따라 하나의 사물을 하나의 범주로 구분하는 것을 말한다. 정의된 개념은 사물과 사건 또는 관계의 의미를 파악할 수 있는 능력을 말한다. 정의된 개념은 구체적 개념과 유사하지만, 정의된 개념은 보다 추상적인 개념을 이해하는 능력과 관련이 있다. 규칙은 사물과 사건(또는 개념) 간의 관계를 이해하는 능력이다. 문제해결은 문제를 해결하기 위해 서로 다른 여러 개의 규칙을 결합하여 사용할 수 있는 능력이다.

셋째, 운동기술motor skills 또는 심동적 기술psychomotor skills은 복잡한 수행을 위해 연결되는 운동 반응 또는 움직임의 순서이다. 운동기술은 반복적인 연습을 통해 가장 잘 학습될 수 있다.

넷째, 태도attitude는 사물, 사람, 사건 등에 관한 개인적인 선택 및 행동에 영향을 미치는 내적 심리적 상태를 의미한다.

다섯째, 인지적 전략은 시연, 정교화, 그리고 조직화와 같은 학습과 사고를 위해 필요한 인지적 기술을 말한다. 시연은 구두로 반복적인 암송, 밑줄 긋기, 그리고 교과서의 중요내용을 베껴 쓰기 등 다양한 방법을 통하여 새로운 정보를 반복적으로 되뇌이는 것을 말한다. 정교화는 새로운 학습내용을 기존에 학습한 내용과 연결시키는 것으로, 다른 말로 바꾸어 표현하기, 요약, 노트하기, 질문과 대답하기와 같은 방법을 이용하는 것을 말한다. 조직화는 개요 만들기, 개념도 작성, 선행조직자와 같은 방법을 이용하여 학습 정보를 조직화되고 의미 있는 순서로 배열하는 것을 말한다. 초인지 전략은 학습목표를 설정하고, 학습상의 진보를 추적하며, 목표를 달성하기 위해 전략을 수정하는 것과 관련이 있다. 정의적 전략은 주의를 집중하고 유지하기, 스트레스와 불안을 조절하기, 그리고 학습시간을 효과적으로 관리하는 것 등을 포함한다.

이러한 학습된 능력은 학습의 내적 조건과 외적 조건의 상호작용의 결과로 얻어지는데, 학습의 내적 조건이란 학습자의 선수학습 능력과 정보를 처리하는 인지과정을 의미하고, 외적 조건이란 학습자의 내적 인지과정을 돕는 환경적 자극을 의미하는데 이를 교수사태instructional events라고 한다. 가네의 수업이론은 5가지 학습능력을 교수목표로 하여 교수내용을 계열화하고 교수사태를 처방하는 원리를 제사하고 있다(한국교육심리학회, 2000).

지금까지 설명한 5가지 학습은 각각의 유형에 따라 학습을 효율적으로 만드는 각기 다른 조건을 필요로 하는데, 가네는 이를 학습의 조건이라 명명하였다. 학습의 조건은 크게 2가지로 구분하여 생각할 수 있다. 하나는 특성한 내용을 학습할 때 학습을 잘하기 위해서 학습자에게 요구되는 조건이며, 또 다른 조건은 학습자에게 요구되는 조건을 형성하는 데 도움을 주기 위해 교사가 수행하는 일련의 수업 활동이다. 이 두 개의 조건은 서로 대응되어 학습자의 학습을 성공적으로 만드는 데 영향을 미치게 되며, 수업의 진행 단계별로 이러한 대응되는 조건을 생각할 수 있다. 가네는 수업의 진행과정에서 발생하는 학습자의 인지처리과정을 중심으로 수업의 과정을 9개의 단계로 구분하였는데, 이것이 가네의 수업의 9가지 사태이다. 가네가 제시한 수업의 9가지 사태와 이에 대응하여 발생하는 학습자의 인지적 과정은 〈표 8-1〉과 같이 요약할 수 있다.

〈표 8-1〉 가네의 수업의 9가지 사태

	수업의 9가지 사태 (수업의 단계에 따른 교수 활동)		학생의 인지적 과정
1	학생의 주의 끌기	→	수용
2	수업의 목표 제시하기	→	기대
3	선수학습내용의 회상	→	인출
4	새로운 학습 내용 제시	→	선택적 지각
5	학습지침 제공	→	의미적 부호화
6	과제 수행을 통한 학습 여부 확인	→	반응
7	수행에 대한 피드백 제공	→	강화
8	과제 수행 평가	→	인출
9	파지 및 전이 향상	→	일반화

출처: https://www.instructionaldesign.org/theories/conditions-learning/

4. 켈러의 ARCS 모형

존 켈러John Keller(1984, 1987)의 ARCS 모형은 수업의 과정에서 학생의 학습동기를 유발하고 유지시킬 수 있는 4가지 주요 요소를 중심으로 만들어진 체계적인 수업모형이다. 모형의 이름인 ARCS는 이 4가지 요소인 주의attention, 관련성relevance, 자신감confidence, 그리고 만족satisfaction이다.

ARCS 모형의 네 요소에 대한 설명을 통해 이 수업 모형의 구체적인 방법을 살펴보면 다음과 같다. 먼저 수업은 학생의 학습내용에 대한 주의attention를 끄는 것으로부터 시작한다. 학생의 학습내용에 대한 주의를 끌 수 있는 방법은 크게 지각적 각성과 탐구적 각성을 사용하는 것이다. 지각적 각성은 교사가 제시한 내용에 대한 학생의 놀라움, 회의 또는 불신을 불러일으키는 방법으로 주의를 끄는 것을 말하고, 탐구적 각성은 도덕적인 문제를 학생에게 제시하여 학생으로 하여금 문제에 대한 호기심을 일으켜 학습내용에 대한 주의를 끄는 것을 말한다.

이와 같이 학습내용에 대해 학생의 주의를 끄는 것이 중요하지만, 더 중요한 것은 힘든 수업 시간 동안 학습내용에 대한 학생의 주의를 지속적으로 유지하는 것이다. 이를 위해서는 지각적 각성과 탐구적 각성에 대한 학생의 요구에 지나치지 않은 수준으로 반응하는 것이 중요하다. 즉, 각성에 대한 요구가 무시되거나 각성을 유도하는 활동이 지나치게 많아서는 안 된다는 것이다.

관련성relevance은 학생이 수업의 내용을 학습해야 하는 이유와 관련되어 있다. 관련성은 학생이 '왜 내가 이걸 공부해야 하지?'와 같은 질문에 대한 답과 관련이 있다. 학생이 수업 내용을 학습해야 하는 자신만의 이유를 찾도록 도와주는 것이 관련성의 요소이다. 교사가 일반적으로 이러한 관련성을 증가시키기 위해 고려하는 활동은 수업이 학생의 단기적 또는 장기적 진로 발달에 도움이 된다는 것을 알려주거나 수업 내용을 학습하는 것 그 자체가 의미가 있는 중요한 목표라는 것을 학생이 이해하도록 도와주는 것이다. 그러나 켈러(1987)에 의하면 관련성은 수업 내용 그 자체로부터 발생하기보다는 교사가 그 내용을 가르치는 방식에 따라 영향을 더 많이 받을 수 있다. 예를 들어 집단에의 소속감을 느끼고자 하는 욕구가 강한 학생의 경우 가르치는 내용 그 자체와는 다소 무관하게 그 내용을 협동학습의 형태로 가르치고 학습하도록 하면 개별 경쟁학습을 통해 동일한 내용을 학습할 때보다 더 수업을 즐길 수 있게 된다는 것이다.

자신감confidence은 어려움이 있더라도 학습에 성공할 수 있다는 믿음으로, 자신감은 학생의 인내와 성취에 영향을 미친다. 자신감에 영향을 미치는 대표적인 요인으로는 성공과 실패의 원인을 자신의 능력이나 노력에서 찾는 내적 귀인 성향(Weiner, 1974; Dweck, 1986), 자신의 행동을 통해 목표를 효과적으로 성취할 수 있다고 믿는 자아효능감 등이 있다(Bandura, 1977a, b); Bandura & Schunk,

1981). 학생의 자신감을 높이기 위해 교사가 사용할 수 있는 몇 가지 전략들이 있다. 이 전략들의 공통적인 목적은 학생들로 하여금 어느 정도의 노력을 기울이면 어느 수준까지는 성공할 수 있다는 믿음을 가질 수 있도록 하는 것이다. 예를 들어 교사는 학습 내용의 난이도를 쉬운 수준부터 점진적으로 높여 가면서 학생들이 성공할 수 있다는 신념을 형성하도록 도울 수 있다.

만족감satisfaction이란 학생들이 학습활동에서 느끼는 만족스러운 감정을 의미한다. 만족감은 학습동기를 새롭게 유발하는 것보다는 기존의 학습동기를 유지하는 것과 관련이 있다. 만족감은 내적인 요소와 외적인 요소에 의해 영향을 받을 수 있다. 이 두 요소는 동기이론의 내재적 동기와 외재적 동기를 말한다. 동기 이론의 내용을 바탕으로 켈러(1987)는 과도한 외부적 통제나 지시가 학습활동에서 학생이 느끼는 내재적인 동기에 부정적인 영향을 줄 수 있음을 유의하여야 한다고 하였다.

CHAPTER 9

학습자의 동기

1. 인간의 동기와 학습동기

인간은 수많은 행동을 할 수 있는 가능성을 갖고 있다. 그러나 인간은 모든 행동을 하려고 하지는 않는다. 인간은 할 수 있는 여러 행동 중 특정한 행동을 다른 행동에 비해 더 많이 하고, 더 선호하며 또 다른 어떤 행동들은 전혀 하지 않으며 선호하지 않는다. 인간이 가진 특정 행위에 대한 선호 또는 그 선호에 대한 이유는 우리가 일반적으로 생각하는 동기의 개념이다. 그런데 인간에게 동기가 부여되는 것은 매우 복잡한 변수를 고려해야 하기 때문에, 생각만큼 그렇게 간단한 문제는 아니다. 어떤 학생은 성적과 관련 없이 하루 종일 애니메이션에 빠져 있거나 하루 종일 게임만 하고 학습과 관련된 것에 전혀 관심을 두지 않기도 한다. 또 어떤 학생은 1점이라도 주어진다면 정말 하기 싫은 과제라도 많은 시간을 투자해서 1점을 획득하려고 한다. 이와 같이 학생들 간에 동기유발의 격차는 매우 크지만, 교육 현장에서 이에 대해서는 별로 다루지 않는다. 운 좋게 동기 부여가 아주 잘되는 학생이 있고, 반면에 동기유발이 전혀 되지 않는 무동기 학생도 있다. 우리는 교사로서 학생 개개인의 동기유발 포인트를 탐색하여 개인맞춤형 동기부여 방법을 적용해서 학생들의 잠재능력을 발휘할 수 있도록 최선을 다해야 한다.

학습을 잘하게 하려면 교수이론과 학습이론 및 발달이론 등을 개개인별로 맞춤형 이론을 적용하는 것도 중요하지만, 가장 중요한 것은 '동기유발'이다. 동기유발이 되면 학생 스스로 학습을 잘하게 되기 때문에 효과적인 학습의 전제조건이 '동기'라고 생각한다(Couch & Towne, 2018). 동기가 매우 중요하지만, 미래의 교사들에게 동기부여에 대해서는 별로 가르치거나 논의하지 않는다. 동기부여를 측정하기가 어려워서일까? 성적으로 동기부여의 정도를 알기는 어렵고 동기부여가 학생들의 성과에 어떤 영향을 미치는지에 대한 양적 자료가 없어도, 교육심리학 영역에서 무엇이 효과가 있고, 무엇이 효과가 없는지에 대해 연구한 동기부여 이론은 많다(Deemer, 2012).

심리학에서는 동기motivation를 특정 행동에 대한 '방향'과 '강도'를 설명하는 현상으로 정의한다(Keller, 2013). 교사는 학생의 발달과 학습을 위해 학생이 다양한 활동에 대해 가진 동기를 이해할 필요가 있다. 그러나 교육심리학에서 중심을 차지하는 동기는 학습동기, 즉 학생이 학습과정 및 활동에 대해 갖는 선호 또는 그 선호가 형성되는 과정에 관한 것이다.

이 장에서 우리는 학습동기의 과정을 이해하기 위해 학습동기에 영향을 미치는 다양한 동기이론을 이해하고, 이를 학습동기의 과정에 응용하여 학생의 학습동기를 이해하고 이를 학습활동에 도움이 되는 방향으로 활용할 수 있는 아이디어를 생각하는 데 도움을 받을 수 있다.

학습동기와 관련된 문제는 다음과 같은 것들이 있다. 학생들은 다른 행동에 비해 학습행동을 보다 더 많이 하려고 하는가 또는 덜 하거나 아예 하지 않으려고 하는가? 다른 행동에 비해 학습행동을 더 많이 선호한다면 또는 덜 선호한다면 그 구체적인 이유는 무엇인가? 학생은 어떠한 경험과 과정을 거쳐 학습행동을 다른 행동에 비해 더 선호하거나 덜 선호하게 되었는가? 학습동기 이론은 이러한 질문들에 대한 답을 찾는 데 도움을 준다.

이와 함께 학습동기는 이러한 질문들에 대한 답을 통해 학생의 학습활동에 대한 다양한 동기특성을 학습활동에 유리한 방식으로 활용할 수 있는 방안을 고려하는 데 도움을 준다. 다소 이상하게 들릴 수도 있으나, 우리는 학습동기가 전혀 없는 학생에게 학습동기 그 자체가 생기도록 도와줄 수 없다. 우리는 학생이 학습활동 및 그 밖의 여러 활동에 대해 기존에 갖고 있는 동기를 학습동기를 유발시키는 데 유리한 방식으로 활용하는 것만 할 수 있다(Slavin, 2019).

'디지털 네이티브' 세대는 무수한 정보를 활용해 스스로 유튜브나 브이로그와 같은 자신만의 온라인 콘텐츠를 만드는 것에 흥미를 느끼고, 단순하게 기존의 콘텐츠를 소비하는 것에 만족하지 않고 창작을 하고 싶어하는 적극적인 학습자다. 따라서 교사는 단순하게 지식을 전달하는 것에 그치지 말고 학생들로 하여금 자신과 관련있는 이야기를 하도록 동기유발을 시켜야 하고, 그들 자신을 스스로 다룰 수 있는 새로운 형태의 학습 방법이 필요하다. 예컨대, '프로젝트 기반 학습'project based learning이나 '거꾸로 학습'flipped learning을 통해 동기부여를 하는 것이 중요하다. 학생이 교과 내용이 그들에게 배울 만한 가치가 있는 것인지 이해하고, 자신의 적성과 능력 및 선호도를 이해하여 적극적으로 동기부여를 하는 것이 중요하다. 동기부여가 되면 교과서 속에서의 학습이 아니라 실제와 연결된 문제를 창의적으로 해결할 수 있게 된다.

2. 동기의 정의

동기란 '움직이다'라는 의미의 라틴어 단어 'movere'에서 유래되었다. 동기의 어원이 갖는 이러한 의미는 일상생활에서 사용하는 동기의 개념에 반영되어 있다. 즉, 동기는 인간을 움직이게 만드는 힘 또는 인간이 특정한 행동을 하게 만드는 요인이다.

동기에 관한 심리학적 정의는 매우 다양하며, 오랜 시간에 걸쳐 변화해 왔다. 심리학 연구의 초기에는 동기를 본능, 특성, 또는 의지와 같은 인간의 내적인 힘으로 보려는 관점이 우세했다. 그러나 행동주의 이론의 발전과 함께 동기는 강화 또는 보상에 의해 특정한 반응 또는 행동이 증가하거나 지속되는 과정으로 이해되었다. 그러나 동기의 정의에 대한 최근의 관점은 인지주의 이론을 반영하여, 동기를 인간의 사고, 신념 및 정서 간의 복합적인 상호작용에 의해 발생하는 현상으로 설명하는 것이 일반적인 추세이다.

인지적인 관점에서는 동기를, '목표 지향 활동이 유발되고 유지되는 심리적 과정'으로 정의한다. 이 정의를 통해 생각해 볼 수 있는 동기의 특징은 다음과 같다. 먼저, 이 정의에서는 동기를 결과가 아니라 '과정'으로 본다. 다음으로 이 정의는 동기가 목표, 즉, 특정한 행동의 강도와 방향을 규정짓는 관점에서 동기화의 과정을 정의한다. 즉, 목표가 없는 동기화의 과정은 인지주의적인 관점에서는 생각하기 어렵다는 것이다. 다음으로 동기는 목표를 달성하기 위한 '활동'을 유발시키는 과정이다. 이는 동기가 다양한 신체적 또는 정신적 활동이 필요함을 가정하는 것이다. 즉, 동기는 어떤 행동을 유발 및 유지하는 내적 상태를 의미한다고 할 수 있다. 따라서 학습동기는 학습이라는 행동을 유발한 후에 지속하고 강화하는 내적 상태다. 동기부여를 뒷받침하는 심리학과 과학은 많지만, 학습동기를 자극할 수 있는 하나로 된 올바른 방법은 없다. 그렇기 때문에 맥락 속에서 모든 변수를 고려해야 한다(Couch & Towne, 2018). 예컨대, 현재 나에게 동기부여가 되는 어떤 일이 내일은 동기부여가 되지 않을 수도 있다. 심지어 코딩활동을 매우 좋아하는 학생의 경우도 어떤 코딩활동은 동기를 부여하지만, 다른 코딩활동은 전혀 동기가 부여되지 않을 수도 있다. 학생들 중에는 동기가 부족하거나 어떤 행동이 결과를 낳지 못하는 무동기 학생도 있기 때문에 교사는 학생을 세밀하게 관찰하고 동기 부족의 원인을 파악해 보는 것이 바람직하다. 무동기 학생은 외부 자극을 주어도 학습에 대한 의욕이 전혀 없는 상태이므로, 동기유발을 할 수 있는 방법을 새롭게 창의적으로 모색해야 한다.

1) 내재적 동기와 외재적 동기

동기화가 되었다는 상태는 마음의 내적 또는 외적 상태가 준비되었다는 것을 의미한다. 내적 · 외적 상태에 따라 동기는 내재적 동기와 외재적 동기로 나뉘어진다. 내재적 동기intrinsic motivation는 학습자 개인의 흥미나 호기심을 추구하며 도전할 만한 것을 찾아내어 그것에 도전하고자 하는 경향을 말한다. 개인적 흥미를 추구하고 능력을 발휘하고 그 과정에서 도전할 만한 것을 찾아내며 그것을 성취하게 되는 경향을 의미한다. 이때 외적인 보상은 별 의미가 없고, 자신이 원하면 언제든지 학습을 할 수 있는 것이다. 즉, 학습자가 내재적으로 동기화되었을 때는 활동 그 자체가 보상으로 작용하기 때문에 학습이라는 행동을 유발하기 위해 어떤 유인물이나 처벌이 필요하지 않다(이정모, 1998). 내재적 학습 동기화가 되면 외부 자극에 조종되지 않고 스스로 학습하려고 하는 욕구가 생기게 된다.

내재적 동기의 강화 방안으로는 학생이 흥미를 느끼는 과제를 수행하도록 하고, 자율적으로 학습하도록 수업환경을 조성하고, 내재적 동기가 향상되도록 적절한 외재적 보상을 이용하는 것이 좋다. 내재적 동기를 촉진할 수 있는 사회 · 인지적 요인은 성공에 대한 귀인, 높은 자기효능감, 학습의 내재적 가치에 초점을 둔 학습목표 지향성 및 목표 설정을 통해 세운 개인적 기준 등이 있다(윤승현, 2020)

외재적 동기extrinsic motivation는 칭찬이나 강화나 벌 혹은 과제 자체와는 별 관계가 없는 다른 이유 때문에 무엇인가를 하려는 경향을 의미한다. 이때 학습자는 학습 활동 그 자체에는 관심이 없고 활동의 결과에만 관심을 가질 수 있다. 외재적 동기는 학습자의 내적인 면에 긍정적인 영향을 줄 수도 있지만 내재적 동기를 감소시키거나 낮거나 편협한 동기를 형성시킬 수도 있다(교육심리학회, 2000). 외재적 동기를 유발하는 칭찬, 성적, 자격증, 물질적 보상이 그 예라고 할 수 있다.

학습목표를 달성하려고 하는 학생들의 내재적 동기와 외재적 동기의 수준은 제각기 다르다. 교사는 학생들이 그들의 학습과제를 완전히 수행할 수 있도록 학생들 개개인의 내재적 동기를 이용하거나 외재적 동기를 잘 제공하여 동기를 유발하여야 한다. 전통적으로 교사들은 내재적 동기와 외재적 동기가 서로 관련이 없는 것으로 여겼으나 일부 심리학적 연구(Deci, 1971, 1972; Lepper & Greene,

1975)에 의하면 높은 수준의 내재적 동기를 가진 상황에서 외재적 보상이 보장된 활동에 참여하면 오히려 학생들의 흥미나 즐거움 및 과제수행의 지속성 및 행동의 질을 저하시킨다고 밝혀졌다.

학습과제를 수행할 때 내재적 동기와 외재적 동기의 정도는 내재적 보상intrinsic reward과 외재적 보상extrinsic reward에 따라 달라지므로 이를 잘 활용하여 학습 동기를 유발하여야 한다. 내재적 보상은 학습활동에 대한 만족감이나 성취감으로 인해 자아 존중감의 향상을 가져오는 것이고, 외재적 보상은 학습활동 자체와는 관계없이 타인에 의해 통제되는 상장, 돈 또는 음식과 같은 물질적 보상이 주어지는 것이다.

이러한 연구결과를 참고하여 교사는 내재적 동기와 외재적 동기 요인을 동시에 사용할 경우에 신중하게 적용해야 한다. 아울러 학생 개개인에게 어떤 요인이 내재적으로 동기유발을 시키고, 외적으로 어떤 보상을 받으면 동기유발이 되는지 잘 분석해서 적용해야 한다. 인지심리학자들은 내재적 동기를 강조하는 반면에 행동주의 심리학자들은 외재적인 보상을 더 강조하는 경향이 있지만(정종진, 2008), 학교 현장에서 어떤 경우에 어떤 보상을 적용해야 할 것인지에 대한 절대적인 상황기준은 설정하기 어렵다. 어떤 경우에는 외재적 보상이 전혀 없이 내재적 동기만으로 학습동기가 유발되기도 하고, 또 어떤 경우에는 내재적 동기가 전혀 없어 학습과제나 행동에 전혀 관심을 두지 않지만 외재적 보상과 같은 유인책으로 학습 성취도가 높아질 수도 있다.

2) 보상과 내재적 동기

교사나 부모 입장에서는 학생이 내재적 학습동기가 잘 유발되기를 바라지만 그리 쉬운 일이 아니다. 학습은 하기 싫지만 우등상이나 장학금에 관심이 있어서 학습을 하다 보면 내재적 동기유발이 되는 경우도 있다. 학생들이 자발적으로 공부를 열심히 할 수 있도록 내재적 동기를 유발할 수는 없을까? 만약에 학습능력을 높이기 위해 현금을 주면 어떤 현상이 벌어질까? 아랍의 한 나라에서 학생들의 학습동기를 고취시키기 위해 흥미로운 정책을 폈다. 학생들로 하여금 공부를 하도록 성적에 따라 현금을 주는 방법을 사용했다고 한다.

미국의 경우에도 유사한 일이 있었다. 2010년 『Time』지에서 교육을 개선하기 위해 '현금 인센티브'를 주창한 하버드대학교 경제학 교수 론랜드 프라이어Roland Fryer의 3년 동안 진행된 프로젝트 결과를 소개했다. 2007년 뉴욕시는 일부 공립학교의 성적 우수자에게 25달러에서 50달러까지 포상금을 지급했다. 시카고, 댈러스, 워싱턴 등지에서도 독서, 출석, 수업태도에 대한 실험이 진행됐다. 어떤 결과가 일어났을지 상상해 보자. 현금을 받는 학생들이 수업에 더 열심히 참여했고, 시험 점수도 좋았지만, 학생들은 즉각적으로만 반응했고 꾸준한 효과는 없었다. 결론적으로 이 실험에서 현금 보상이 학습능력을 눈에 띄게 향상시키지 못했다.

미국 미시건 웨스트랜드의 웨인 메모리얼 고등학교와 존 글렌 고등학교는 학생들의 학습 의욕을 높이고자 성과급을 주는 프로그램을 시행했다. 자신이 서약한 대로 성적을 올린 학생은 학기당 200달러, 연간으론 총 400달러(약 46만 원)를 받게 된다. 이 프로그램의 결과 65%는 상금을 받지 못했지만 성적이 올라갔고, 프로그램 가입 학생의 25%가 독서나 논문 저술 등의 부분에서 스스로 목표를 달성했다.

학습 과제를 수행하도록 하며, 경쟁이나 평가와 같은 사회적 통제를 중요시하면 내재적 동기와 창의성을 저해한다고 알려졌다(Amabile, 1997). 애머빌(1997)은 자신이 가장 좋아하는 일을 할 때 창의성이 최대한 발휘되므로, 각자가 관심 있는 일을 할 수 있도록 지원해야 한다고 주장했다. 즉, 사람들은 내재적으로 동기화될 때 더 열심히 일하고, 그들 자신이 하는 일을 더 많이 즐기고 더 창의적이 된다는 것이다.

학생들이 스스로 내재적 동기화가 되어 즐겁게 학습을 할 때는 보상을 하면 오히려 효과가 떨어진다는 점을 고려해야 한다. 한 실험에서 퀴즈를 푸는 것에 관심을 갖는 내재적 동기화가 잘된 대학생들에게 성공적으로 퀴즈를 풀면 보상을 주는 경우와 그렇지 않은 경우를 비교했다. 그 결과 전자가 퀴즈 푸는 행동을 감소시켰다. 즉, 보상이 내재적 동기를 잃어버리게 할 수 있다는 것이다. 즐거운 일에 보상을 하면 오히려 역효과가 난다는 점을 고려하여 적절한 보상을 활용하는 것이 좋다. 지루하고 의미 없는 과업에 물질적인 보상을 할 때보다 재미있고 흥미로운 일을 할 때 물질적인 보상을 하면 흥미가 급격하게 떨어진다(Deci, 1971). 특정 행동에 대해 보상을 받은 사람이 보상이 사라졌을 때 그 행동을 하는 횟수가 줄어든다. 특히 보상을 받기 전보다 행동의 빈도가 더 큰 폭으로 줄어든다(Deci, 1971).

금전적 보상과 즐거움과의 관계를 살펴보자. 한 마을에 노인이 살고 있었다. 동네 꼬마들은 노인의 집 앞에서 시끄럽게 놀아서 참다못한 노인은 한참 궁리하다가 아이들에게 이렇게 제안했다. "내일 아침에도 우리 집 앞에서 떠들고 놀면 내가 1,000원씩 주마." 다음 날 아침, 아이들은 노인의 집 앞에서 신나게 놀았다. 노인은 아이들에게 1,000원씩 나눠주며 다시 제안했다. "내일 아침에도 우리 집 앞에서 떠들고 놀면 500원씩 주마." 다음 날 아침, 노인은 아이들에게 500원씩 나눠준 후 또 한 번 제안했다. "내일 아침에도 우리 집 앞에서 놀면 10원씩 주마." "10원이요? 에이, 시시해." 아이들은 하나 둘 그 자리를 떠났다. 결국 아이들은 노인의 집 앞에 나타나지 않았다. 이 이야기는 순수한 즐거움으로 행해지던 아이들의 놀이가 노인의 금전적 보상으로 인해 즐거움이 사라진 예를 잘 보여준다. 즐거움 그 자체를 동력으로 하던 놀이에 보상의 액수가 줄어들자 아이들은 흥미를 잃었고 결국 그만두기까지 했다.

학습동기의 근원이 내재적이고 자신이 통제할 수 있는 원인이며, 자신의 능력에 대한 자신감이 있으면 성취할 수 있다. 내재적 학습동기는 흥미나 호기심이 생겨서 특별히 외적 보상이 필요 없지만, 외재적 학습동기는 외적 보상에 관심을 가져 학습하게 만드는 것이기 때문에 학습자 개개인의 내재적 학습동기와 외재적 학습동기를 관찰하는 것이 매우 중요하다. 따라서 궁극적으로 학생 스스로 동기화시킬 수 있는 상태를 만들어 학습을 즐겁게 하도록 하는 것이 중요하다. 내적으로 스스로 동기화시키는 것은 어려운 일이지만 교사와 학생 그리고 부모가 함께 노력하여 내적 동기화를 시킬 수 있도록 연구해야 한다.

3. 동기이론

고전적인 동기와 관련된 아브라함 매슬로우Abraham Maslow 이론을 비롯한 다양한 이론을 살펴보고, 디지털 네이티브에게 적절한 개인맞춤형 동기부여 방식을 살펴보자. 이제 세상은 온라인 학습 중심의 원격수업이 포스트 코로나 시대의 뉴노멀New Normal이 되어 가고 있다. 최첨단 기술이 교육과 만나면서 이제는 학생들이 교실에서 수업을 받는 시대에 머무를 수 없는 시대가 되었다(Couch & Towne, 2018). 글로벌 테크놀로지 기업들은 최첨단 기술을 활용하여 학습의 성과를 극대화할 수 있다고 하지만, 온라인 학습을 하면 학생들을 세밀하게 관찰하기 어렵다. 교사의 눈앞에 보이지 않기 때문에 학생들이 수업에 적극적으로 참여하고 있는지 잘 알 수가 없고, 참여하라고 독려하기도 쉽지 않다. 학생 스스로 동기유발이 돼서 온라인 강의를 적극적으로 듣고 집중할 수 있도록 동기유발을 시켜야 한다는 점이 가장 어려운 문제다. 이번 장에서 소개하는 동기유발 이론을 학습하여 원격수업 시대에 학생들이 좀더 적극적으로 동기유발이 될 수 있는 개인맞춤형 교수·학습 방법도 고려해야 한다.

인간의 행동 이해를 위한 동기이론들은 다양하지만, 크게 인본주의, 인지주의, 행동주의 측면 3가지로 구분할 수 있다. 이번 장에서는 인본주의 동기이론의 대표적인 예로 매슬로우의 욕구위계 이론을 살펴보고, 인지주의 동기이론의 예로 귀인이론, 자기 결정성 이론, 기대-가치 이론을 다루고자 한다. 인본주의 동기이론은 개인의 내적 욕구와 지각에 초점을 맞춘다. 반면에 행동주의 동기이론에서는 인간의 기본적인 동인으로 환경적인 요인에 초점을 둔다. 동기에 대한 인지주의 관점에서는 인간이 세계에 대해 이해하려는 욕구를 갖고 있다는 것에서 출발한다. 학생의 학업수행과 행동 이해를 위한 3가지 측면의 동기이론을 살펴보자.

1) 인본주의 동기이론: 매슬로우의 욕구위계이론

인본주의 동기이론에서는 20세기 초 심리학의 주류를 이루었던 행동주의와 달리 개인의 내적인 욕구에 초점을 두고 인간의 자아를 가장 중요하게 여긴다. 인본주의 동기이론에서는 한 개인이 자신에 대한 견해를 의미하는 자아개념이 중심 개념이다. 학생이 자신을 인간 존재로서 어떻게 바라보고 학습하고 행동하는가에 초점을 두게 된다.

인본주의 심리학의 대표적인 이론은 매슬로우의 욕구위계이론이다. 욕구위계이론은 인간의 다양한 행동의 동기가 위계적으로 구성된 인간의 욕구에 의해 발생한다고 설명한다. 이 이론에 따르면 인간의 욕구는 낮은 수준부터 높은 수준까지 모두 일곱 내지 여덟 단계로 구분할 수 있다. 이 단계의 욕구는 생리적 욕구, 안전의 욕구, 소속과 애정의 욕구, 존중의 욕구, 인지적 욕구, 심리적 욕구, 자아실현의 욕구, 그리고 초월에의 욕구이다.

앞의 네 단계의 욕구들은 이 욕구들이 결핍되면 인간으로서 제대로 기능하기 어렵다는 의미에서 결핍 욕구로 부른다. 결핍욕구는 다시 기본적 욕구와 심리적 욕구로 나뉘는데, 기본적 욕구는 생리적 욕구와 안전의 욕구처럼 인간의 생존에 있어 필수적으로 충족되어야 하는 욕구를 말한다. 한편, 심리적 욕구는 말 그대로 한 개인으로서 온전히 기능하기 위해 필요한 심리적 욕구를 의미하는 데 소속과 애정의 욕구와 존중의 욕구를 포함한다. 결핍의 욕구는 이 욕구들이 일정 정도 충족되면 그 욕구가 감소하는 경향이 있다.

결핍의 욕구가 어느 정도 충족되면 비로소 인간은 보다 높은 수준의 욕구를 추구하는 데 이를 매슬로우는 성장욕구라 불렀다. 성장욕구에 포함되는 욕구는 통틀어 자아실현의 욕구라고도 부르는데 이는 성장욕구에 해당되는 욕구들이 인간으로서의 가능성 또는 잠재력을 극대화하고 실현하려는 것과 관련된 욕구들이기 때문이다.

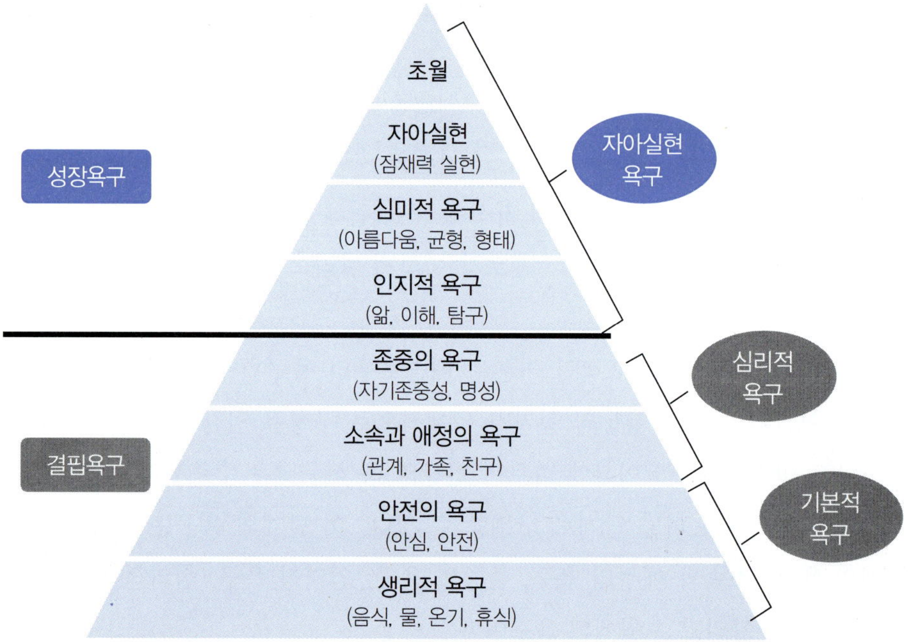

[그림 9-1] 매슬로우의 욕구위계

교육과 관련하여 중요하게 생각해야 하는 욕구위계이론의 가정은 낮은 수준의 욕구가 충족되지 않으면 상위 단계에 있는 욕구가 나타나기 어렵다는 것이다. 구체적으로 결핍의 욕구가 충족되지 않으면, 교육이 지향하는 성장과 자아실현의 욕구가 생기기 어렵다는 것이다. 따라서 교육은 결핍의 욕구에 해당하는 다양한 욕구가 충족되도록 교육과 관련된 조건을 조성하는 것이 매우 중요하다.

예를 들어 무상급식과 같은 정책을 매슬로우의 욕구위계이론의 생리적 욕구와 관련지어 생각해볼 수 있다. 욕구위계이론에 따르면 생리적 욕구에 해당되는 배고픔이 해결되지 않으면 아이들은 성장욕구에 해당하는 공부하고 싶은 동기를 가지기 어렵다. 학교폭력 및 집단따돌림과 같은 문제도 마찬가지이다. 욕구위계이론 중 안전의 욕구 또는 애정과 소속의 욕구와 관련된 이러한 문제가 지속되고 해결되지 않으면 학생들은 보다 상위에 있는 성장욕구와 관련된 학습 동기를 가지기 어렵다. 이같이 욕구위계이론은, 교육에 있어서 인간의 욕구 중 상위단계에 해당하는 학습동기를 갖도록 하기 위해 결핍의 욕구에 해당하는 낮은 단계의 욕구를 우선적으로 충족시키는 것이 중요하다는 것을 시사해 준다. 교사는 교육활동에 있어 학생들의 학습을 위한 기본 조건으로서 이러한 기본적 욕구가 충족되었는지를 파악하고 그렇지 않은 경우 적절한 조치를 취할 필요가 있다.

2) 행동주의 동기이론

행동주의 동기이론에서는 특별한 인지적 사고 과정 없이 인간 행동의 힘과 방향이 결정된다고 본다. 행동주의 이론에서는 환경 사건과 자극 작용에 따른 반응 발생의 빈도, 속도, 유형의 변화로서 동기를 정의한다. 자극에 대한 반응은 자극과 반응 이전에 어느 정도 발생했는지, 반응에 따라 어떤 결과가 나타났는지에 따라 앞으로 일어날 가능성에 영향을 주게 된다. 행동주의적 접근의 대표적인 예로 강화이론을 들 수 있다. 외적 동기에 초점을 두고 강화물을 사용한다. 강화이론에서 동기는 외적 보상과 처벌이 학생의 동기를 유발하기 때문에 동기를 높이려면 바람직한 반응에 강화를 해야 한다. 강화 결과물은 미래에 더 많은 반응이 일어나도록 하고, 처벌 결과물은 반응이 덜 일어나도록 한다. 행동주의 이론 측면에서 동기는 이런 행동의 발생 빈도나 가능성의 변화로 정의된다.

효과적인 강화물을 이용하여 동기를 유발할 수 있다고 주장하는 행동주의적 관점에서 보면, 초등학교 현장에서 강화에 의한 동기유발은 유용하다고 볼 수 있다. 나이가 어린 초등학생이나 유아들은 외적인 보상에 민감하고 보상을 기대하면서 학습을 한다. 그러나 나이가 들면서 청소년이 되면 강화물을 사용한 보상으로 인해 동기화가 잘 되지 않는다.

3) 인지동기이론

인지주의 이론에서는 교실에서 일어나는 사건들에 대한 학생들의 해석에 관심을 갖고, 인간을 능동적이고 적극적으로 사고하는 이성적인 존재로 보며, 인간의 동기를 환경과 같은 외적인 힘에 의한 수동적인 것으로 인식하는 행동주의와는 매우 대조적이라 할 수 있다. 대표적인 인지 동기이론에는 귀인이론, 자기결정이론, 기대가치이론, 목표지향성 이론이 있다.

(1) 귀인이론

귀인이론attribution theory은 한 개인이 어떠한 과제 또는 행동에서의 성공과 실패에 대한 원인을 어떠한 방식으로 지각하는가에 관한 이론이다. 예를 들어 기말시험에서 매우 낮은 점수를 받은 학생들은 자신이 시험에서 낮은 점수를 받은 이유를 각기 다르게 지각할 수 있다. 어떤 학생은 그 이유를 노력의 부족이라 생각할 수도 있고, 또 어떤 학생은 자신이 시험에서 높은 점수를 받을 만큼 충분히 머리가 똑똑하지 않아서라고 생각할 수도 있다. 이 예와 같이 우리는 동일 과제나 행동에서의 실패 또는 성공의 원인을 각기 다르게 지각할 수 있다. 귀인이론에서 중요하게 생각하는 것은 지각된 원인이다. 즉, 성공 또는 실패의 실제 원인보다도 자신이 지각하는 또는 그렇다고 믿는 원인이 무엇인가가 더 중요하다는 것이다. 이는 성공과 실패에 대한 지각된 원인이 동일한 과제나 행동에서 향후에 성공할 가능성에 대한 기대, 자기효능감, 정서와 같은 심리적 결과로 이어지기 때문이다. 또한 이러한 심리적 결과는 다시 특정 과제 또는 행동을 하기로 선택할지의 여부, 그 과제나 행동을 얼마나 지속할지의 정도, 과제와 행동에 성공하는데 필요한 노력의 정도 및 그에 따른 성취와 같은 행동적 결과로 이어지기 때문이다.

귀인이론과 관련된 많은 연구와 이론이 있지만, 그중에서도 성취의 맥락에서 귀인의 과정을 설명한 버나드 와이너Bernard Weiner의 이론이 대표적이다(신종호 외, 2013; Schunk, Pintrich & Meece, 2008). 여기서는 와이너(1986)의 귀인이론을 중심으로 학생들이 다양한 학습 상황에서 어떠한 방식으로 자신의 성공과 실패의 원인을 지각하는지를 이해하고자 한다.

와이너(1986)의 귀인이론에 의하면 다양한 귀인은 소재, 안정성, 그리고 통제가능성의 세 차원에 따라 구분할 수 있다. 소재locus 차원은 성공 또는 실패의 원인으로 지각한 내용이 개인의 내부에 있는지 외부에 있는지를 의미한다. 이러한 구분은 개인적 요인과 환경적 요인으로 구분하는 것과 마찬가지이다. 안정성 stability 차원은 성공 또는 실패의 원인으로 지각한 내용이 안정적인가의 여부를 의미한다. 안정성에 따른 귀인의 구분이 중요한 이유는, 소재 차원에서 개인의 내부에 있는 귀인이라도 안정성 차원에서는 차이를 보일 수 있기 때문이다. 예를 들어 노력과 능력은 소재 차원에서 구분하면 모두 개인의 내부에 있는 귀인이다. 그러나 안정성 차원에서 볼 때 노력은 능력에 비해 상대적으로 덜 안정적이며, 능력은 노력에 비해 상대적으로 더 안정적인 귀인이기 때문이다. 통제 가능성 controllability 은 성공 또는 실패의 원인으로 지각한 내용이 통제할 수 있는 것인가 또는 통제할 수 없는 것인가를 의미한다.

와이너가 귀인이론을 제안하기 이전까지 성공과 실패의 원인으로 주로 연구한 중요한 요인들은 능력, 노력, 운, 과제난이도였다. 이에 와이너는 앞서 설명한 귀인의 세 차원 중 소재와 안정성 차원에서 이 4가지 귀인의 특징을 그림과 같이 설명하였다.

〈초기 분류〉

안정성	소재: 내적	소재: 외적
안정적	능력	과제난이도
불안정적	노력	운

〈수정된 분류〉

안정성	소재: 내적	소재: 외적
안정적	적성, 장기간의 노력	객관적인 과제특성
불안정적	기술/지식, 일시적/상황적 노력	기회

[그림 9-2] 와이너의 귀인의존과 특징

그러나 와이너는 그림의 〈초기분류〉와 같은 설명이 귀인의 안정성 측면에서 다소 정확하지 않을 수 있다고 생각하여, 그림의 〈수정된 분류〉와 같이 네 귀인과 관련된 수정된 용어를 사용하여 보통 사람들이 생각하는 귀인의 내용을 보다 더 타당하게 반영하는 방식으로 다양한 귀인의 특성을 귀인의 소재 및 안정성 차원에서 비교하였다.

수정된 분류에서는 능력이 적성과 기술/지식으로 구분되며, 노력이 장기간의 노력과 일시적/상황적 노력으로 구분된다. 초기분류에서의 과제난이도는 객관적인 과제특성으로 변경되었으며, 운은 기회로 변경되었다. 수정된 분류에 통제의 차원을 함께 고려하여, 학업성취에서의 성패에 밀접한 관련이 있는 이들 원인들을 앞서 설명한 통제의 소재, 안정성, 통제 가능성의 3가지 차원으로 구분하면 다음의 그림과 같다.

안정성	통제의 소재: 내적		통제의 소재: 외적	
	통제 가능	통제 불가능	통제 가능	통제 불가능
안정적	장기간의 노력	적성	교사의 편견/편애	학교나 수업의 요구 수준 정도 (난이도)
불안정적	기술/지식, 시험을 위한 일시적 노력	시험 당일의 건강, 기분	교사나 친구로부터의 도움	기회

[그림 9-3] 와이너의 수정된 귀인 분류 이론

출처: Weiner(1985).

위와 같이 세 개의 차원으로 다양한 귀인을 구분하면서, 고사의 편견/편애와 교사나 친구로부터의 도움과 같은 두 개의 요인이 추가되어 모두 8개의 귀인이 비교되고 있다. 외적 원인이면서 자신이 스스로 통제할 수 있는 원인은 생각할 수 없으므로, 이 두 개의 요인에 해당하는 귀인은 존재할 수 없다고 하는 주장도 있으나(Stipek, 1998), 와이너(1985)는 자신은 아니더라도 다른 사람에 의해 통제될 수 있는 귀인이 있으므로 자신이 제시한 두 요인과 같이 외적 원인이면서 통제 가능한 귀인이 있다고 주장한다. 즉, 통제 가능성을 고려할 때 통제의 주체가 자신이건 다른 사람이건 상관없이 통제할 수 있는 귀인이라면 이를 통제 가능한 귀인으로 보아야 한다는 것이다.

귀인이론이 교육과 학습에 주는 중요한 시사점은 학생의 서로 다른 귀인방식이 학업성취, 행동, 그리고 정서에 영향을 미치기 때문이다. 이러한 점에서 귀인이론은 교사가 학생의 귀인방식을 파악하고, 학생의 귀인방식을 학업성취 및 긍정적 행동과 정서에 도움이 되는 방식으로 바꾸는 것이다. 즉, 학생들이 성공과 실패의 원인을 통제 불가능한 원인이 아니라 통제 가능한 영역에서 찾도록 유도하는 것이다. 이렇게 귀인의 방식을 바꾸는 것을 목표로 하는 훈련을 귀인재훈련이라 하는데, 귀인 재훈련에 관한 일련의 실험연구는 학생의 성공과 실패를 노력과 같은 통제 가능한 원인과 연결지어 생각하도록 유도하는 피드백을 통해 학생의 귀인방식을 바꿀 수 있음을 보여주고 있다.

학생의 귀인을 학업성취에 도움이 되는 방식으로 바꾸는 데 있어 교사의 객관적이고 정확한 피드백이 중요하다. 특히 학생이 실패를 경험할 때 교사가 주는 피드백의 내용은 매우 중요한데, 일반적으로 학생이 실패할 경우 학생이 자신의 실패를 노력의 부족과 같은 개인 내적이고 통제 가능한 원인에서 그 이유를 찾도록 하는 것이 바람직한 것으로 알려져 왔다. 그러나 이러한 일반적인 지침은 항상 바람직한 것은 아니다. 노력을 많이 하지 않은 학생에게는 노력을 강조하는 피드백이 유용할 수 있지만, 이미 많은 노력을 하고도 학업성취의 수준이 낮은 학생에게 더 노력하라는 피드백을 주는 것은 학생에게 좌절감을 줄 수 있기 때문이다. 그러므로 이미 충분히 노력하였지만 학업성취의 향상이 없는 경우에는 막연히 노력을 강조하기보다는 학생에게 부족한 기술이나 지식이 무엇인지를 파악하여, 이러한 기술과 지식을 갖추는 것이 보다 더 적절할 수 있다.

또한 귀인 피드백을 줄 때 과제의 난이도를 함께 고려하는 것도 중요하다. 과제의 난이도가 낮은, 쉬운 과제의 경우 학생의 노력에 귀인하는 피드백을 주는 것은(열심히 노력했기 때문에 과제에서 성공했다는 피드백을 학생에게 주는 것) 학생으로 하여금 자신의 능력이 낮다고 생각하게 만들 수 있으며, 교사의 피드백을 신뢰하지 않게 되는 부정적 효과가 있을 수 있다. 반면에, 과제의 수준이 상당히 높고 학생들도 열심히 노력했다고 판단된다면, 학생의 성공 원인을 노력과 지식/기술 모두로 귀인하는 것이 더 바람직하다.

(2) 자기결정성 이론

동기부여 이론 중에서 가장 많이 연구되어 일반적으로 널리 인정받고 있는 것이 '자기결정성 이론'Self-Determination Theory, SDT이다. 이 이론은 인간에게 내재된 욕구와 성장을 이해하는 데 초점을 두고 있다. 이 이론의 공동개발자인 에드워드 데시Edward Deci와 리차드 라이언Richard Ryan은 전세계적으로 연구자들 사이에서 가장 많이 인용되는 심리학자들이다. 그들의 자기결정성 이론에 관한 논문은 동기부여에 관한 영향력 있는 연구로 받아들여지고 있다.

그들의 자기결정성 이론은 사회적 맥락 안에서 다양하게 나타나는 자율성과 외부 환경의 통제 수준에 따라 인간의 내재적 동기와 외재적 동기의 상대적 수준을 설명하는 이론이다(Deci & Ryan, 2012). 다섯 개의 하위 이론으로 구성되어 있는 자기결정성 이론은 기존의 다양한 동기 이론의 내용을 포함하는 가장 포괄적인 이론으로 평가받고 있다(Schunk, Pintrich, & Meece, 2008).

자기결정성 동기 이론의 기본가정은, 인간은 자율적으로 행동하려는 욕구를 가지고 있으며, 자신이 원하는 활동을 하게 될 때 가장 잘 동기화된다는 것이다. 자기결정성 이론에 의하면 인간은 유능성 욕구need for competence, 자율성 욕구need for autonomy, 관계성 욕구need for relatedness의 3가지 기본적이고 보편적인 욕구를 가진다.

유능성 욕구는 다른 사람과의 상호작용, 과제 및 활동, 그리고 환경과의 상호작용 속에서 자신이 유능한 사람이기를 바라며 자신의 능력을 향상시키려는 욕구를 말한다. 유능성 욕구는 자신의 실제 능력을 반영하기보다 자신의 능력 내지는 능력 향상에 대한 지각을 의미하는 것으로, 이를 유능감으로 표현하기도 한다. 유능감의 욕구를 충족시키는 것은 내재적 동기를 촉진하고, 외재적으로 동기화된 행동의 자기조절을 촉진하는 데 도움을 준다(Deci & Ryan, 2012).

자율성은 다른 사람을 포함한 환경의 영향이 아니라 자신의 선택에 따라 행동하려는 욕구를 말한다. 보다 구체적으로 자율성 욕구는 자신이 행동의 주체이길 바라며, 스스로 목표와 행동을 선택하고, 가치 있는 것이 무엇인지를 스스로 결정하기를 바라는 욕구이다. 자율성의 욕구가 충족되어야 유능성의 욕구가 충족될 수 있다는 점에서 자율성의 욕구는 SDT에서 설명하는 세 욕구 중 가장 핵심적인 욕구이다.

관계성은 타인과의 조화로운 관계, 즉 타인과의 상호 호혜적인 배려를 통해 심리적 안정감을 느끼려는 욕구를 의미하며, 다른 사람과의 관계를 통해 자신이 원하는 결과를 얻어내려는 욕구를 의미하는 것이 아니다. SDT에서 관계성에 대한 욕구는 자율성 욕구나 유능성 욕구처럼 내재동기와 직접적인 관계가 있는 것은 아니지만, 외적 동기를 내재화하는 데 있어 중요한 역할을 한다.

SDT가 제안하는 3가지 기본욕구와 관련된 함의는 쉽게 생각할 수 있다. 교사와 부모는 이 3가지 욕구의 충족을 지지하는 교육과 양육활동을 해야 한다는 것이다. 자율성의 지지는 그중에서도 가장 핵심적이다. 자율성의 지지를 통해 유능감의 욕구와 관계성의 욕구가 충족될 수 있기 때문이다.

내재동기와 학습 간의 관계에 대한 선행 연구를 고찰하면서 크리스토퍼 니에미에츠Christopher Niemiec와 리차드 라이언Richard Ryan(2009)은 SDT의 3가지 기본욕구를 지지하는 교사의 행동은 다음과 같이 제시하였다. 먼저, 교사는 자신의 행동과 학습과제의 특성이 자율성을 지지하는 것으로 지각되게 함으로써 학생의 학습에 대한 내재적 동기를 높일 수 있다. 그러나 교사의 행동, 학습과제 및 활동의 특성이 통제적으로 지각될수록 학생의 학습에 대한 내재적 동기는 훼손될 수 있다. 다음으로 깊은 개념적 이해가 요구되는 학습 과제를 수행하는 경우 교사에 의해 수행의 자율성이 지지될 때 학생들은 보다 잘 학습하고, 창의적으로 학습과제에 반응한다. 마지막으로, 교사가 학습과제를 소개하는 방식이 학생의 자율성과 유능성에 대한 지각 및 이에 따른 학습 수행에 영향을 준다.

자기결정성 이론은 인간의 '선택'과 '선택의 이유'를 주목했다. 그 선택이 다른 사람이나 다른 무엇인가에 영향을 받은 것인지 아니면 아무런 영향을 받지 않았는지 살펴본다. 예컨대, 어려운 과학 문제를 풀다가 잠시 음악을 들으며 머리를 식힌다면 그 이유가 무엇일까에 관심을 가진다. 과학 문제 풀기를 너무 좋아해서일까? 과학에서 좋은 성적을 받기 위해서일까? 자기결정성 이론에 의하면 전자는 내재적 동기이고, 후자는 외재적 동기라고 할 수 있다. 이 둘 중에 어느 쪽이 더 우세하다고 말하기는 어렵다. 물론 어떤 학생의 경우는 2가지가 혼재되어 있을 수도 있다.

자기결정성 이론을 지지하는 교육자, 연구자, 공무원, 행정가들은 학생들에게 내재적 동기부여를 해야 한다고 주장한다. 내재적으로 동기부여가 될 때 학습이 더 오래 지속되고, 해당 주제를 더 잘 이해하며, 더 오래 기억한다. 이와 같이 학생이 학교에서 좋은 성적을 받으려면 내재적 동기가 중요하지만, 이는 정말 어려운 일이다(Stipek, 2002). 더욱이 교육 시스템은 성적이나 상장과 같은 외재적 동기에 초점을 두고 있어서 순수하게 내재적 동기를 유발시켜 학습에 즐거움을 가져다주기는 쉽지 않아 보이지만, 미래의 교사들은 디지털 네이티브 학생들에게 도움을 줄 수 있는 방법들을 끊임없이 모색해야 한다.

(3) 기대-가치 이론

인간은 자신이 어떤 일을 잘 수행해 낼 수 있다고 믿거나 어떤 일을 잘 수행하는 데 필요한 능력을 자신이 갖고 있다고 생각할수록 그 일을 더 하고 싶어 하는 경향이 있다. 이처럼 어떤 일을 성공적으로 수행하는 데 필요한 능력에 대한 신념이나 스스로의 평가를 동기이론에서는 기대라고 부른다(Schunk, Pintrich, & Meece, 2008). 또 다른 측면에서 인간은 자신이 어떤 일을 어떠한 이유로 하고 싶거나 하기 싫어하는가에 대한 나름대로의 신념이 있다. 이러한 신념은 동일한 일이라 하더라도 개인마다 매우 다르게 나타나는데 이를 동기이론에서는 가치라 부른다.

기대-가치이론은 인간의 특정 행동에 대한 동기가 앞서 설명한 기대와 가치의 두 요인에 의해 결정된다고 설명하는 이론이다. 기대-가치 이론의 이러한 가정은 조금씩 차이는 있으나 사실 다양한 동기이론에 모두 반영되어 있는 가정이다.

현대의 기대-가치 이론이 발전하는 데 큰 영향을 미친 두 이론은 커트 레윈Kurt Lewin의 포부 수준에 관한 이론과 앳킨슨의 성취동기 이론이다. 여기서는 이 두 이론의 핵심적인 내용을 간략히 살펴보고 이를 바탕으로 최근의 기대-가치 이론을 살펴보고자 한다.

① 레윈의 포부 수준

레윈(1935)은 '포부 수준'level of aspiration이라는 개념을 통해 기대와 가치의 요인을 통합하고 인간의 다양한 행동에 대한 의사결정 과정을 설명하였다. 이러한 설명에 의하면 포부 수준이란 한 개인이 스스로 설정한 목표나 기준을 의미하는데, 포부 수준은 특정한 행동에 대한 과거의 경험과 친숙함에 의해 결정되는 것으로 설명된다.

포부 수준의 개념에 관한 연구를 통해 밝혀진 주요 연구 결과는 다음과 같다(Weiner, 1992). 먼저 사람들은 객관적인 기준보다는 자신이 스스로 정한 기준 또는 목표를 성취할 때 보다 더 큰 성공의 느낌을 갖는다는 것이다. 이와 함께 특정 과제에 대한 포부 수준은 동일 과제에 대한 과거의 경험이 결정한다는 것도 밝혀졌다. 동일과제에서 성공을 경험했던 사람의 포부 수준은 이전보다 더 높아지는 경향이 있고, 실패를 경험했던 사람의 포부 수준은 이전보다 더 낮아진다는 것이다. 마지막으로 포부수준에 관한 연구는 포부 수준에는 다양한 집단 차와 개인차가 존중할 수 있다는 것을 밝혔다.

② 앳킨슨의 기대-가치 이론

앳킨슨(1964, 1980)은 기대-가치 이론 발전에 큰 영향을 미쳤다. 그는 동기의 세 요소를 다루었는데, 성공 확률, 기대 가치, 행위 결과에 대한 전망이다. 그는 성취 행동에 다가가려는 경향과 물러서려는 경향 사이의 갈등으로 표현했다. 이와 관련된 개념들을 쉽게 공식화하면 다음과 같다.

동기 = 성공 접근 경향성 – 실패 회피 경향성

성공접근 경향성이란 목표를 달성하고자 하는 욕구이며, 실패 회피 경향성이란 실패가 두려워서 시도 자체를 피하는 욕구이다. 즉, 어떤 일에 대한 동기는 그 일을 달성하고자 하는 욕구에서 실패가 두려워 회피하고자 하는 욕구를 뺀 값이다.

성공접근 경향성(성취욕구)은 지각된 성공가능성 X 성공 가치로 결정된다. 성공 가치란 성공이 가져다주는 유익을 말하는데, 앳킨슨은 성공 가능성이 낮을수록 성공 가치는 높다고 했다. 즉, 성공하기 어려운 목표일수록 성공이 가져다주는 유익과 보람은 크다는 것이다.

앳킨슨은 성공 가치, 즉 성공이 주는 유익이 크다고 동기가 유발되는 것이 아니고, 성공 가능성이 함께 고려되어야 한다. 그리고 중간 수준의 난이도 설정이 동기유발 측면에서 가장 효과적이어야 하고, 목표를 세울 때는 수단으로써 목표 설정이 동기유발 측면에서 더 효과적이다는 것이다. 그러므로 무조건 가치가 높은 목표를 세우지 말도록 해야 한다. 높은 목표 설정이 동기유발에 도움을 주지 않으면 의미가 없기 때문이다.

교사는 학생으로 하여금 적당한 난이도의 목표를 설정할 수 있도록 도와야 하고, 학생의 목표가 맹목적이지 않고, 수단으로써의 목표를 가질 수 있도록 도와주어야 한다. 앳킨슨의 모델에 의하면 성취동기가 높은 학생은 중간 정도의 난이도 과제를 선택할 것으로 보인다. 즉, 너무 쉽거나 어려운 과제는 성공 가능성이 희박하기 때문에 회피할 것이라는 추정을 할 수 있다.

③ 사회인지적 기대-가치이론

재클린 에셀스Jacquelynne Ecceles와 알랜 위그필드Allan Wigfield의 사회인지적 기대-가치 이론에 의하면 학생의 학업 성취 행동은 기대와 과제 가치라는 두 구인을 통해 설명할 수 있다. 기대는 과제를 성공적으로 수행할 것인지에 대한 개인의 기대 또는 신념이며, 과제가치는 과제를 수행하는 이유에 대한 학생의 지각을 말한다. 앳킨슨의 초기 기대-가치 이론에서는 기대를 '성공에 대한 기대 또는 가능성'으로, 과제 가치는 '유인 가치'로 표현하였다.

과제 가치는 4가지 요소로 구성되어 있는데, 그 4가지 구성요소는 ① 획득가치 또는 중요성, ② 내재적 흥미 또는 내재적 가치, ③ 효용 가치, ④ 지각된 비용이다. 획득 가치 또는 중요성은 특정한 과제를 잘 수행하는 것이 자신에게 얼마나 중요한가를 의미한다. 내재적 흥미는 특정 과제를 수행할 때 느끼는 즐거움이나 과제의 내용에 대한 주관적 흥미를 의미한다. 효용 가치는 과제의 수행이 직업 목표를 포함해 미래의 목표를 달성하는 데 얼마나 유용한가를 의미한다. 수학을 공부하는 것에 내재적 흥미를 느끼지 못하여 수학 공부를 하는 것 그 자체는 재미있지 않지만, 미래에 과학자가 되기를 원하는 학생은 수학을 공부하는 것이 훌륭한 과학자가 되는 데 필요하며 중요하다는 생각을 하면서 과학 공부의 유용성을 높게 지각할 수 있다. 지각된 비용은 과제를 수행하는 것과 관련하여 부정적으로 지각되는 요소로, 한 과제를 수행하면서 투입하는 노력과 시간으로 인해 다른 과제를 수행할 기회를 잃게 되는 것과 관련이 있다. 특정한 과제를 수행하는 데 영향을 미치는 과제 가치는 이상과 같은 과제가치의 4가지 구성 요소 간의 상호작용에 의해 결정된다.

(4) 목표지향성 이론

목표지향성goal orientation은 사람들이 다양한 목표를 성취하려고 노력하는 이유와 방식, 또는 성취 행동(특정 목표를 성취하기 위해 하는 행동)의 지배적인 목적을 의미한다. 이러한 정의에 의하면 다양한 목표지향을 생각할 수 있는데, 목표지향에 관한 이론 중 가장 널리 이용되고 있는 목표지향은 숙달목표지향mastery goal orientation과 수행목표지향performance goal orientation이다(Ames, 1992). 숙달목표지향은 성취행동의 중요한 목적이 유능성을 높이는 데 있다. 숙달목표지향적인 학생들은 정보를 학습하고, 이해하며, 기술을 발달시키고, 정보를 완전하게 자신의 것으로 습득하는 것에 초점을 둔다. 즉, 숙달목표지향이란 성취와 관련된 행동 및 과제에의 몰두로 향하게 하는 개인의 발달과 성장을 목표로 하는 것이다. 반면에, 수행목표지향은 성취행동의 지배적인 목적이 자신의 유능함을 드러내는 데 있다. 수행목표지향의 학생들은 다른 사람들이 자신의 능력에 대한 인상을 관리하는 데 초점을 둔다. 수행목표지향의 학생들은 자신의 능력이 높다는 인상을 만들기 위해 노력하며, 능력이 낮아 보이는 상황은 회피하는 방향으로 행동한다.

4. 학업동기 상담과 개입전략

학생들 모두가 학업을 즐거워하고 학업에 대한 동기유발이 잘되는 것은 아니다. 어떤 학생은 학업에 부적응하여 어려움을 겪고, 나아가 학생의 삶 전반에 걸쳐 모든 영역에 영향을 미치게 된다. 학생 개개인의 다양한 요인으로 인해 학업이 부진하게 된다. 특히 부모의 과도한 기대로 인해 학업에 부담을 느끼고 갈등을 유발시킨다. 부모 외에도 교사나 친구 또는 자신의 특성이나 문제로 인해 인지적, 행동적, 인본주의적인 동기 이론을 총동원하여 동기유발을 시켜도 동기유발이 잘 되지 않는 학생도 있다.

학업부진이 누적되면 자신감이 부족해지고, 학업에 대한 흥미와 동기가 감소하여 학업실패를 가져오게 된다. 학업 상담 시 내담자인 학생들이 호소하는 주요 문제 중의 하나는 학업동기의 부족이다(정종진, 2008; 황매향, 2009; 김동일 · 신을진 · 이명경 · 김형수, 2011). 학업은 동기와 밀접한 관계가 있기 때문에 동기를 잘 부여하여 학업성취를 잘하도록 이끌어야 한다.

학업동기 상담에서 고려해야 할 동기 요인으로 학생의 성공에 대한 기대와 신념, 목표 설정과 목표를 달성하기 위한 전략, 교사의 기대와 태도, 교사와 학생의 관계 형성, 학생의 노력에 대한 교사의 긍정적 피드백 등이 있다(정종진, 2014). 교사들은 학교에서 학업동기를 유발하는 요인을 살펴보고, 학업상담을 할 때 개입전략을 설정하고, 개입할 때 고려해야 할 요소들을 참고하면 학생들의 학업동기 욕구를 효과적으로 높여줄 수 있다. 정종진(2014)은 학교장면에서 학생들의 학업동기를 유발하는 요인을 살펴보고, 개입전략을 알아보기 위해 선행연구와 문헌을 고찰하였다. 문헌고찰을 한 결과 다음과 같은 학업동기 상담을 위한 개입전략을 설정하거나 실제 개입 시 고려해야 할 요소가 다음과 같다고 결론내렸다.

첫째, 초등학교 시기부터 학업동기를 향상시키고 유지하기 위한 상담교육적 개입이 필요하다. 우리나라 학생들은 학년이 올라갈수록 내재적 동기, 성취기대감, 과제가치, 자기효능감, 과제선호도 등 학업동기 변인의 수준이 하락하는 경향이 있으므로(이은주, 2000; 심우엽, 2001), 초등학교 시기부터 학업동기를 향상시키고 유지하기 위한 상담교육적 개입이 필요하다.

둘째, 자신감, 귀인, 성취동기, 자기조절, 주의집중력, 공부기술과 같은 학업동기 요소를 고려해야 한다. 초 · 중 · 고별로 학생들의 학업동기 요인을 잘 파악하여 그에 적절한 학업상담을 해야 효율적으로 학생들의 동기유발 강화를 도와줄 수 있다.

셋째, 교사는 학생에 대한 점진적 기대 변화와 성공할 수 있다는 신념을 가져야 한다. 중도에 소외되거나 포기하는 학생이 발생하지 않도록 주의하고 학생들이 자신의 의견과 노력이 인정받고 있다는 느낌을 갖도록 지도하고 상담하는 것이 중요하다.

넷째, 학생들에게 성공 경험의 기회를 많이 제공하고 심리적으로 위협받지 않는 정서적으로 편안한 분위기를 조성해 주어야 한다. 즉, 학생들에게 많은 성공경험을 갖게 하고, 그들의 장점과 노력을 교사가 발견하여 인정해주고 격려해주며 심리적으로 안전감을 느끼게 해야 한다.

다섯째, 교사의 긍정적 피드백이 일관되고 수시로 제공되어야 한다. 학업부진 학생들의 동기를 향상시키는 가장 좋은 방법은 격려와 칭찬이다. 아울러 그들의 긍정적인 변화와 노력에 대해 피드백을 수시로 일관성 있게 제공하는 것이 좋다. 피드백을 줄 때는 상대적 기준을 적용하지 말고 결과보다는 과정 자체를 높이 평가하는 것이 바람직하다.

여섯째, 학업 실패나 성공에 대한 원인을 과제난이도나 운 혹은 능력이 아닌 노력의 탓으로 돌리도록 귀인양식을 변화시켜야 한다. 학업동기가 결여된 학업부진 학생들을 잘못된 귀인 양식을 갖고 있는 경우가 많기 때문에 귀인양식 변화를 위한 지도나 프로그램을 적용하는 것이 좋다.

일곱째, 학업동기 결핍과 관련된 심리적 갈등에 대한 심리상담과 학습을 비롯한 생활습관에 대한 관리가 필요하다. 학업동기의 결핍이 우울과 불안, 친구 사이의 괴롭힘이나 따돌림 문제 등으로 인한 심리적 갈등에서 비롯된 경우에는 우선적으로 지속적인 심리상담과 함께 학업 문제를 다뤄야 한다. 심리상담과 함께 학습전략이나 학습습관 및 생활습관 관리를 잘하도록 하여 고립된 생활을 하지 않도록 해야 한다.

끝으로 학생들의 내적 동기를 형성하기 위해서 교사가 할 수 있는 방법을 살펴보자. 학생이 흥미를 갖고 학습에 대한 즐거움을 갖고 학습에 즐겁게 참여할 수 있도록 도와주어야 한다. 교과내용과 결합하여 학습 활동에 기꺼이 참석하여 만족감과 성취감을 느끼려면 내적 동기를 최대한 이끌어 내야 한다. 학생들의 내적 동기를 형성하기 위해 다음과 같은 전략을 사용해 본다(임규혁 · 임웅, 2007, 2013).

첫째, 학생들의 흥미에 맞는 과제를 선정한다. 교육과정의 목표는 학생들이 흥미와 활동에서 즐거움을 느낄 수 있는 내용과 결합된 다양한 예나 활동을 통해서 성취될 수 있다.

둘째, 새롭고 다양한 방법으로 과제를 제공한다. 틀에 박힌 유형의 과제를 제공하기보다는 다양한 매체, 내용, 형식을 사용하여 새로운 과제를 제공하여 학생들의 관심을 불러일으켜 주어진 과제에 흥미를 갖고 도전할 수 있도록 한다.

셋째, 학생들의 반응과 피드백이 충분히 일어날 수 있는 기회를 제공한다. 학생들은 교사와 활발한 상호작용을 선호한다. 활발한 반응을 허용하고 이를 적극적으로 이끌어주는 피드백이 있는 과제를 좋아한다.

CHAPTER 10

교수자의 이해

교사가 책임감을 갖고 해야 할 가장 중요한 역할은 교육과 상담이다. 과거에는 교육을 하는 데 초점을 두었지만, 이제는 급변하는 현대사회의 Z세대의 독특한 특성을 고려한 상담이 차지하는 비중이 점점 더 커지고 있다. 교수자의 기본적인 역할과 미래의 교수자의 역할 및 상담에 대해 자세히 학습하는 것이 필요한 시대가 되었다.

1. 교수자의 역할

1) 교수목표(instructional objectives)

교수자의 역할에는 여러 가지가 있지만 가장 중요한 역할은 교수목표를 세워서 이를 달성하는 일이다. 교사는 교수계획을 잘 설정하여 일별, 주별, 단원별, 학기별로 다양한 수준의 계획을 세워서 효율적으로 수업을 진행할 수 있다. 특히 초임교사에게는 교수계획을 세우는 것이 필요하다. 처음에는 교수계획을 세우는 것이 시간 낭비 같지만, 시간이 지나고 경험이 많아지면 좀더 창의적인 문제해결

Bloom
(19131~1999)

과정으로 여기게 될 것이다. 교수 계획의 첫 단계는 수업 교수목표를 결정하는 것이다. 교수목표에 대한 연구를 한 학자로는 로버트 메이거Rober Mager, 노만 그론룬드Norman Gronlund, 벤자민 블룸Benjamin Bloom 등이 있지만, 이번 장에서는 널리 사용하는 블룸의 교수목표에 대해 살펴보자.

미국의 교육심리학자, 발달심리학자로, 시카고 대학교 교육학과 교수로 재직하며 이스라엘, 인도 등의 국가에서 교육자문가로 활동하였으며, 그의 업적은 1955년 수업목표에 대한 타일러의 견해를 구체화하여 교육목표 분류를 발표했고, 완전학습 모형을 제시하였다.

교육목표에 대한 분류는 블룸과 그의 동료들(Bloom, Engelhart, Hill, Furst, Krathwohl, 1956; Krathwohl, Bloom, Masia, 1964)에 의해 다각도로 이루어졌다. 블룸이 이끌었던 교육평가 전문가 집단은 교육목표를 인지적, 정의적, 심리운동적 세 영역으로 구분하고 각각의 목표의 분류하고 '분류법'taxonomy이라고 명명했다(Bloom, 1971, 1976, 1980, 1986). 물론 세 영역의 행동이 실생활에서는 동시에 일어난다. 그중에서도 인지적 목표가 교육의 실제에서 광범위하게 적용되어왔고, 현재에도 일반교육은 물론 영재교육 현장에서 사용되고 있다. 퍼듀Purdue 대학교의 영재교육센터인 GERIGifted Education Resource Institute에서는 영재들의 심화학습을 위해 블룸의 교수목표를 기반으로 한 프로그램을 개발하여 영재교육을 실시해왔다. 물론 유목의 분류기준이 모호하다는 문제점도 있지만(Seddon, 1978), 그 중요성은 아직까지도 인정받고 있고 블룸의 교수목표 분류는 교육과정, 교수-학습 및 평가 분야에서 중요한 위치를 차지하고 있다.

블룸의 교수목표 분류학은 학습의 결과로서 기대되는 행동을 분류한 것으로써, 이런 행동 분류는 교육의 목표이며 곧 교사가 가르쳐야 하는 내용이라고 할 수 있다. 그런 점에서 교수목표를 사용하여 수업을 설계하고 실행 · 평가하는 교사들에게 큰 도움을 주기 때문에 널리 사용되고 있다.

우리나라에서는 몇 십 년 동안 초등학교에서부터 고등학교에 이르기까지 일선 교사들에게 교육과정과 수업의 영역에서 교사들의 교수-학습 활동을 돕기 위해서 널리 사용되었다. 교사는 학생들에게 수업목표를 명세화하기, 평가문항 준비하기, 다양한 수준에서의 발문하기 등을 통해 인지적인 수준을 높이는 데 사용되었다. 나아가 대학 수능시험에서도 블룸의 목적 분류표에 따라 시험 문항을 출제하기 때문에, 문제를 출제하는 교사들은 블룸의 분류표에 따라 문항을 출제하고 목적분류표를 함께 철해서 제출하고 있다(강현석 · 정재임 · 최윤경, 2005).

(1) 인지적 영역 교수목표

인지적 영역의 목표가 '복잡성의 원칙'에 따라 위계적 관계를 이루고 있다고 본다. 즉, 지식은 모든 인지영역의 기초가 되며, 지식과 이해는 적용 능력의 선수조건이 되는 것과 같이 하위 인지영역의 정신능력은 상위영역의 정신능력의 토대가 된다. 이러한 복잡성의 원칙에 따라 블룸은 인지적 영역의 목표를 지식, 이해, 적용, 분석, 종합, 평가의 6가지로 제시하고 있다. 이런 분류가 모든 과목에 적절한 것은 아니지만, 블룸의 인지적 목표들은 낮은 수준과 높은 수준의 목표로 구분하기도 한다. 지식과 이해는 낮은 수준으로, 나머지 수준은 높은 수준의 목표라고 한다.

블룸의 교수목표는 그 이후 인지적 영역의 목표 수준이 로린 앤더슨Lorin Anderson과 데이비드 크래스올David Krathwohl(2001))에 의해 재구성되고 명사가 동사로 바뀌었다(Anderson, 2002). 수정된 교수목표의 위계는 다음 그림과 같다. 새롭게 수정된 블룸의 신분류학은 동사를 사용하여 보다 인지적인 체계에서 행동하는 체계로 전환시키면서, 창의성 부분에 더욱 중점을 두고 있다.

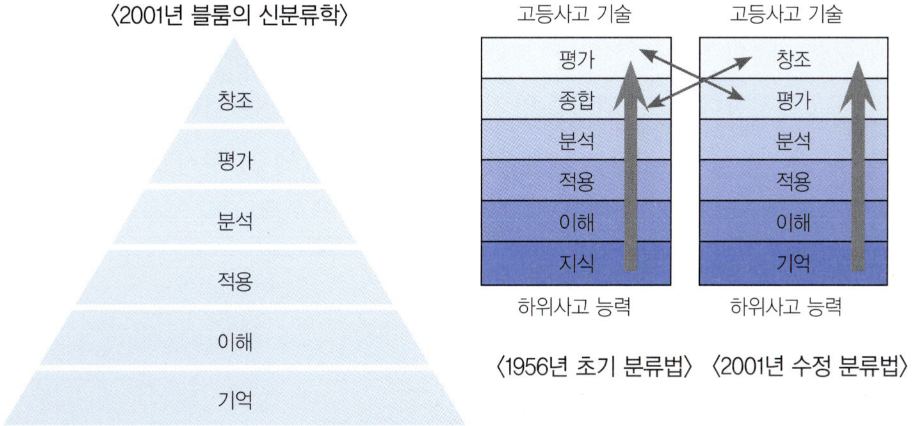

[그림 10-1] 블룸의 신분류학 교수목표

〈표 10-1〉 인지적 영역 교수목표

지식	현상이나 개념을 기억, 재생, 재인하는 능력
	사용 단어: 정의할 수 있다, 나열할 수 있다, 기억할 수 있다, 서술할 수 있다, 분류할 수 있다, 연결할 수 있다.
이해	해석, 의미파악, 결과 등을 추론하는 능력
	사용 단어: 설명할 수 있다, 요약할 수 있다, 구별할 수 있다, 구분할 수 있다, 번역할 수 있다, 추론할 수 있다.
적용	구체적인 상황에 추상적인 개념, 원리, 절차 등을 사용하는 문제해결력
	사용 단어: 수정할 수 있다, 변환할 수 있다, 연관시킬 수 있다, 바꿔볼 수 있다, 조직할 수 있다, 계산할 수 있다.
분석	관계, 관점, 구조 등을 파악하는 능력, 하위 요소로 분해, 관계의 분석력, 조직원리의 분석력
	사용 단어: 분류할 수 있다, 예를 들어볼 수 있다, 요점을 말할 수 있다, 추출할 수 있다, 추론할 수 있다, 구별할 수 있다.
종합	알고 있는 것을 통합하여 새로운 것을 창안하는 능력으로 창의력과 유사함, 독특한 의사전달 자료의 창안, 조작의 계획 및 절차의 창안 능력, 추상관계의 추출능력
	사용 단어: 창조할 수 있다, 편집할 수 있다, 디자인할 수 있다, 예측할 수 있다, 범주화할 수 있다, 공식화할 수 있다.
평가	증거에 따라 판단하는 능력, 내적 준거에 의한 판단(의사소통의 정확성, 일관성에 의한 판단하는 능력), 외적 준거에 의한 판단(설정된 준거에 의해 자료, 사물, 정책 등을 판단하는 능력)
	사용 단어: 비교할 수 있다, 판단할 수 있다, 지지할 수 있다, 정의할 수 있다, 비판할 수 있다, 정당화할 수 있다.

인지적 교수목표는 교수 계획뿐만 아니라, 평가계획을 세우는 데도 도움이 된다. 교사가 설정한 목표 수준에 따라서 목표를 평가하는 데 사용하는 검사 항목의 유형도 달라져야 한다(Woolfolk, 2019). 그론룬드(1993)는 인지적 교수 목표 중에 지식 수준의 목표는 진위형, 단답형, 배합형, 선다형 검사로 가장 잘 측정될 수 있다고 주장한다. 그런 검사들은 지식 수준의 목표뿐만 아니라 이해, 적용, 및 분석 수준의 목표를 측정하는 데도 사용할 수 있다고 했다. 하지만 분석과 평가 수준의 목표를 측정하기 위해서는 에세이, 리포트, 프로젝트 및 포트폴리오가 더 적합하다(Woolfolk, 2019).

(2) 정의적 영역(affective domain)의 교수목표

인지적 영역에 포함되지 않는 학생의 태도, 가치, 감정 등에 초점을 두는 정의적 영역에 대한 수업목표를 세울 수 있다(Krathwohl, Bloom, & Masia, 1964). 정의적 영역의 수업목표는 수용, 반응, 가치화, 조직화, 인격화까지 5단계로 구분할 수 있다. 단계가 높아질수록 다른 사람의 느낌, 태도, 가치에 좌우되지 않고 학생 스스로의 가치판단이나 결정에 따른다.

〈표 10-2〉 정의적 영역 교수목표

단계	내용
수용 (Receiving)	수용 수준의 수업목표는 학생들이 단순하게 어떤 자극이나 현상을 수동적으로 받아들이고 그것을 인식하는 것을 의미한다. 이 수준의 교수목표는 학생들로 하여금 단지 주의를 기울이거나 들으면 된다.
	사용 단어: 주의집중할 수 있다, 들을 수 있다, 볼 수 있다, 주목할 수 있다, 조절할 수 있다, 식별할 수 있다.
반응 (Responding)	자극에 대해 관심의 수준을 넘어 능동적 행동을 보이는 것을 의미한다.
	사용 단어: 참여할 수 있다, 가지고 놀 수 있다, 연습할 수 있다, 논쟁할 수 있다, 박수칠 수 있다, 따를 수 있다, 응할 수 있다.
가치화 (Valuing)	특정한 가치를 지향하는 것을 의미한다.
	사용 단어: 보여줄 수 있다, 표현할 수 있다, 행동할 수 있다, 토의할 수 있다, 도와줄 수 있다, 조직할 수 있다, 확신할 수 있다.
조직화 (Organization)	각 상황에서 자신의 가치를 구체화하여 평가하고 여러 가치 체계를 몇 가지 준거에 따라 분류하는 것을 의미한다. 학생들이 가치가 있는 것과 가치가 없는 것을 판단할 수 있고, 각자의 가치에 의해 위계적으로 조직하고 행동할 수 있다.
	사용 단어: 요약할 수 있다, 결정할 수 있다, 선택할 수 있다, 정의할 수 있다, 조직할 수 있다, 비교할 수 있다
인격화 (Characterization	가치가 일관성 있게 내면화되는 것을 의미한다. 즉, 인격화 수준의 수업목표는 학생들이 자신들의 가치관에 따라 지속적이고 일관성있는 행동을 하는 것을 말한다.
	사용 단어: 내면화할 수 있다, 결정할 수 있다, 저항할 수 있다, 피할 수 있다, 다룰 수 있다, 보여줄 수 있다.

(3) 심리운동적 영역(psychomotor domain)의 교수목표

현장 교사들은 인지영역이나 정의적 영역보다 심리운동적 영역 교수목표를 많이 사용하지 않는다. 이 영역에는 학자들에 따라 다르게 분류한다(Harrow, 1972;

Simpson, 1972). 이런 분류들은 일반적인 반사적인 운동에서부터 독창성 운동까지 다양하다. 심리운동적 교수목표는 예술, 직업 기술 교육 및 특수교육을 담당하는 교사들은 물론 다양한 영역의 교사들이 관심을 가져야 한다(Woolfolk, 2019).

〈표 10-3〉 심슨(Simpson)의 심리운동적 영역 분류방식

지각	감각기관을 통하여 대상과 대상의 특징 및 관계 등을 알아보는 과정
태세	신체적 준비자세, 특정한 행동에 필요한 준비
유도반응	타인의 지도 또는 조력을 받아서 나타나는 외현적 동작
기계화	어떤 동작을 함에 있어서 숙련도와 자신감이 높아져서 몸에 뱀
복잡외현반응	비교적 복잡한 동작을 최소한의 노력과 시간으로 아주 자연스럽고 효과적으로 표현하였을 때
적응	문제상황에 적절하게 숙달된 행위를 수정하거나 변화시키는 단계
독창성	개인의 특이한 행동개발을 토대로 행위 결과를 최대화하는 단계

〈표 10-4〉 해로우(Harrow)의 심리 운동적 영역 분류방식

반사적 운동	한 개인의 의사와 관계없이 나타나는 동작
초보적 기초 동작	반사운동의 통합으로 이루어지는 것
운동지각능력	시각적, 청각적, 촉각적 자극을 해석하고 환경에 대한 운동을 조정하는 기능
신체적 기능	계속적인 체력과 근육 운동들의 통합으로 이루어진 기능
숙련된 운동기능	복잡한 운동기능을 실천하는 데 나타나는 능률성과 우아성 및 숙련성의 정도

2) 교사의 역량

훌륭한 교사가 되는 것은 단기간에 이룰 수 없는 일이다. 교사는 학생에게 모델링을 제공하고 인지적, 정의적 및 신체적 발달에 영향을 미치게 된다. 따라서 교사는 시대적 패러다임에 따라 자신에게 필요한 역할과 역량을 인식해야 한다.

과거에는 다량의 지식을 보유한 교사가 학생들에게 이를 전달하는 지식의 전달자였지만 현재에는 누구나 원하는 정보를 찾을 수 있는 정보화 시대에 살고 있기 때문에, 새롭게 변화하는 학습방법과 첨단기술을 익혀서 새로운 역할을 해야 한다. 특히 한국은 4차 산업혁명시대를 맞이하여 인공지능, 빅데이터 등 디지털 기술로 촉발되는 초연결 기반사회에 살고 있기 때문에 교육분야에서 혁신적인 변화를 요구하고 있다.

교사는 다양한 경험과 자신의 교수활동에 대한 반성적 성찰, 그리고 다양한 교수방법에 대한 지속적인 연구를 통해 훌륭한 교사에게 요구되는 다양한 지식과 기술을 익힐 수 있다. 훌륭한 교사에게 요구되는 지식과 기술 및 자질을 포괄적으로 교사의 전문성이라 할 수 있다. 최근에는 교사의 전문성을 역량이라고 표현하기도 한다. 훌륭한 교사가 되기 위해 갖추어야 하는 전문성의 요소 또는 역량은 무엇인가?

다소의 차이는 있지만 다수의 교육심리학 문헌은 교사의 전문성 또는 역량을 크게 풍부한 교과지식, 전문적인 교수 방법, 그리고 학생의 발전 가능성에 대한 긍정적 신념으로 꼽고 있다. 풍부한 교과지식은 성공적인 교수활동을 위한 필요조건이다. 자신이 가르치려 하는 교과지식을 체계적으로 습득하지 않은 교사는 성공적인 교수활동을 수행할 수 없다.

전 교육부 장관 이주호는 "한국 교사들의 역량은 세계 최고 수준"이라고 했다. 그런데 OECD 국가들과 비교연구한 내용을 보면 현실적으로 한국 교사의 역량은 보통 이하일 수도 있다. 미국의 브루킹스 연구소에서 2016년 OECD 24개국 만 15~65세 성인 65만 명을 대상으로 언어와 수리 능력, 컴퓨터 기반 문제해결 능력을 조사했다. 2011~2012년 '국제성인역량조사[PIACC]의 연구결과를 보면 OECD 24개국 중에 한국의 교사들의 수리 · 언어 능력은 17위, 14위로 나타났다(2016.10.4. 동아일보). 반면에 핀란드 교사들은 두 영역에서 모두 1위로, 일본 교사들은 2위로 나타났다. OECD(경제협력개발기구) 소속 국가 중에 우리나라 교사들의 역량이 중간 이하 수준으로 나타났다. 한국의 교사들의 역량은 최고인데 PICAA 결과를 보면 다른 국가에 비해 역량이 떨어진다. 그 이유에 대해서 많은 성찰이 필요하다. 우수한 학생들이 교대와 사대에 진학하는데, 대학에 들어와서 교육을 받으면서 교사로서의 역량을 개발할 수 있는 기회와 시간을 제대로 갖지 못한 것일 수도 있다.

서울교육대학교 미래교사의 5C 역량은 인성character, 의사소통communication, 창의성creativity, 융합convergence, 코칭coaching이다. 미래교사의 역량은 4C로 창의성creativity, 협업능력collaboration, 의사소통communication, 컴퓨터computer 능력이다. 우리에게 적절한 교사의 역량은 무엇일까?

4차 산업시대의 교사의 역량은 무엇인지 알아보자. 기존의 연구들을 종합해보면, 4차 산업혁명시대의 교사는 통합적 교육과정 재구성 역량, 교수매체의 선정 및 활용 역량, 협업 및 의사소통 역량, 지능정보 역량, 네트워크 역량, 공동체 역량 등이 있다(임종헌 · 유경훈 · 김병찬, 2017; 차명진, 2018).

- 교육과정 이해 및 재구성 역량: 교육과정의 주요 목표, 내용, 특징 등에 대해 이해하고, 국가교육과정의 범위 안에서 창의적으로 재구조화하는 능력
- 기본적인 수업 설계 역량: 단위수업 및 전체 교육 내용을 체계적으로 조직, 설계할 수 있는 능력을 말한다.
- 학습자 이해 역량: 학습자의 현재 학습 수준 및 일반적 특성에 대한 이해 능력을 말한다.
- 교수매체의 선정 및 활용 역량: 수업에 활용할 수 있는 교수매체는 다양하다. 교수매체 각각의 특성을 이해하고 선택하여 효과적으로 활용하여 학습목표에 도달할 수 있도록 해야 한다. 기존의 교수매체를 선택할 수도 있고, 상황에 따라서는 학습자의 인지 수준과 흥미를 고려하여 교수매체와 교수자료를 재가공하고 개발해야 한다.
- 협업 및 의사소통 역량: 4차 산업혁명시대의 교사에게는 학교구성원뿐만 아니라 다른 분야의 전문가 및 외부 교육 관계자와 협업하고, 학급, 학년을 넘나들며 수업에 참여하는 학생들과 의사소통을 하기 위해 필수적으로 필요한 역량이다.
- 지능정보 역량: 지능정보 지식과 그 지식의 활용 능력 및 지능정보 기술에

대한 개방적인 태도와 역량을 의미한다.

- 네트워크 역량: 외부와의 관계를 구축, 유지, 활용하는 능력으로 학교를 넘나들며 외부의 다양한 인적 · 물적 자원과 네트워킹할 수 있는 역량으로 관계 유지능력, 내부 의사소통, 상대방에 대한 지식, 조정 등이 포함된다.
- 감성 역량: 자신의 감성을 이해하고 다른 사람과 교감하면서 감성을 발전시킬 수 있는 역량으로 감정과 관련된 문제 상황에 효과적으로 대처하는 데 필요한 역량을 의미한다.

미래사회에서 교사는 학습멘토, 학습컨설턴트, 학습코치와 같은 학습 안내자, 촉진자의 역할을 해야 한다.

2. 생활지도와 상담

교육을 생각할 때 우선적으로 생각하는 것은 교과에 대한 내용을 가르치는 교과교육이다. 그러나 넓은 의미의 교육은 학생의 전인적인 발달을 추구한다. 교사는 교과교육을 넘어서 학생의 인간으로서의 성장과 발달을 적극적으로 도울 의무가 있다. 교과에 관한 내용을 포함하지만 교과 이외의 학생이 발달과정에서 마주하게 될지도 모를 다양한 문제를 해결하도록 돕는 것과 관련이 있는 교육활동이 생활지도와 상담이다. 이 장에서는 생활지도와 상담의 정의와 이 둘의 관계, 생활지도와 상담의 주요 영역, 생활지도와 상담의 주요 이론과 방법을 살펴본다.

우리나라에서 생활지도는 미국의 '가이던스'라는 용어의 번역어로 처음 사용되었다. 가이던스란 학생의 학업, 진로, 인성과 관련된 문제를 해결하는 데 도움을 주는 활동이다. 그러나 정원식, 박성수(1978)의 제안 이후에 현재는 교과교육 외의 모든 교육활동이 생활지도로 이해되고 있다. 이러한 넓은 의미의 생활지도는 학생을 이해하는 데 필요한 전문적 활동 이외에도 학생의 행동습관, 청결과 위생, 예절 등과 같은 학교생활의 거의 모든 내용을 다루게 된다(김춘경 외, 2016).

상담은 Counseling의 번역어로 '조언하다', '가르침을 주다'라는 의미이다. 상담이 전문화되어 감에 따라 단순히 조언을 하는 것을 넘어 다양한 전문적 상담 기법을 이용하여 내담자의 문제 해결을 돕는 것으로 그 의미가 이해되고 있다.

상담은 생활지도에 비해 전문성이 높은 활동으로 이해된다. 상담과 생활지도의 영역은 상당 부분 중첩되지만, 높은 수준의 전문성이 요구되는 상담에 보다 적합한 문제해결 영역이 있기 때문이다. 예컨대 매우 심각한 수준의 불안과 우울, 타인에게 심각한 손해를 입히는 품행장애나 비행은 단순한 생활지도를 통해 그 문제가 쉽게 해결되지 않고, 보다 전문적인 상담 기법을 사용하거나 경우에 따라서 정신과적 치료가 필요하기 때문이다.

이렇게 전문성을 기준으로 보면 생활지도와 상담은 서로 구분되는 활동인 것처럼 보인다. 즉, 상담의 영역에는 고도의 전문성을 요하는 내용이 있어 교사가 담당하기 어려운 부분이 있는 것으로 이해될 수 있다는 것이다. 그러나 이렇게 전문성을 기준으로 생활지도와 상담을 구분하는 것은 바람직하지 않다. 이러한 엄격한 구분은 교사로 하여금 상담은 전문적인 활동이라 생각하게 하고, 그 결과 상담 활동을 적극적으로 하지 않게 만들 수 있기 때문이다. 또한 교사의 상담 활동 중에는 반드시 고도의 전문성을 요구하지 않는 내용도 많다. 이에 고도의 전문성을 요하는 상담을 치료상담으로, 학교에서 교사가 수행하는 상담을 학교상담으로 구분한다.

학교현장에서 생활지도와 상담은 밀접한 관련을 갖고 있는데, 이 둘 사이의 관계는 '상담의 원리에 기초한 생활지도'라는 말로 요약할 수 있을 것이다(김계현 외, 2009). 상담의 원리란 아동중심, 민주주의와 같은 철학을 기반으로 내담자인 학생과 상담자인 교사 간의 상호존중 및 상호신뢰를 기반으로 한 협력적 문제해결 과정으로 정리할 수 있다. 이와 함께 방법론적인 측면에서도 단순히 정보를 제공하는 경우를 제외한 대부분의 생활지도 활동이 언어적 의사소통을 중심으로 하는 면대면 상호작용을 사용한다는 점에서 생활지도와 상담은 밀접한 관계를 갖고 있다(김계현 외, 2009).

그러나 생활지도와 상담은 차이점도 있다. 생활지도가 다수의 일반적인 학생을 대상으로 학생들이 성장 과정에서 경험하는 다양한 문제를 스스로 해결할 수 있는 힘을 기르는 데 도움을 주는 활동으로, 학생의 자기실현 또는 자아실현을 목표로 한다(김춘경, 2016). 반면에 학교 상담은 정서, 사고 및 행동의 측면에서 높은 수준의 부적응을 경험하여 자신의 문제를 스스로 해결할 힘이 부족한 학생을 위해 심리 상담적 관점에서 필요한 도움을 제공하는 활동을 말한다(신효정 외, 2016).

1) 학교상담과 생활지도의 목적

(1) 학교상담의 목적과 영역

학교상담의 목적은 학교의 교육목표를 달성하기 위해 상담의 방법을 이용하는 것이다. 구체적인 문제행동을 해결하기 위해 상담활동을 하는 것은 상담이 갖는 협의의 목적이다(신효정 외, 2016). 학교상담이 중요하게 다루는 영역은 학업, 진로, 그리고 성격/사회성의 발달이다. 우리나라 청소년들의 고민거리는 직업, 공부, 외모에 대한 문제가 많은 것으로 나타났고, [그림 10-2], [그림 10-3]과 같이 우울증과 불안장애가 있어서 정신건강이 위협받고 있다. 절반에 가까운 청소년이 직장생활이나 학교생활에서 스트레스를 느끼고 있었고, 공부와 외모, 직업 등 고민거리를 안고 있다.

[그림 10-2] 청소년 고민

출처: 게티이미지뱅크

朝鮮日報 2019년 05월 18일 토요일 A12면 사회

'마음 근육' 없는 아이들, 우울증 1년새 40% 늘어

(19세 이하)

아이가 행복한 동네 (3)

청소년 정신 건강이 위험하다

올 초 중학교 2학년 A양이 자기 방에서 손목을 그었다. 부모가 아무리 이유를 물어도 대답하지 않던 A양은 일주일쯤 지나 학교 상담교사에게 속마음을 털어놨다. "남자 친구가 헤어지재요. 기댈 데가 걔밖에 없는데…. 이제 어떻게 살아야 할지 모르겠어요." 상담교사 B씨는 "A는 평소에도 '부모가 공부만 하라고 닦달하지 날 이해를 안 해준다'면서 우울해했는데, 유일하게 마음이 통했던 남자 친구가 헤어지자고 하니 정신적으로 갑자기 무너져버린 것 같다"고 말했다.

우리 청소년들의 삶이 과거에 비해 물질적으론 풍요해졌지만 정신 건강에 대한 우려는 오히려 커지고 있다. 건강보험심사평가원이 국회 김승희 의원실에 제출한 자료를 보면 우울증으로 병원 치료를 받은 19세 이하 아이들은 2015년 2만3771명까지 줄었다가 최근 다시 늘고 있다. 2017년 3만907명에서 작년 4만3739명으로 1년 새 1만2800명(42%) 늘었다. 19세 이하 불안 장애 환자도 2017년 1만9709명에서 지난해 2만3311명으로 급증했다.

◇'마음 근육'이 없는 아이들

전문가들은 "우리나라가 '마음 근육'이 없는 아이들을 키워내고 있다"고 했다. 평소 운동으로 '신체 근육'을 키워야 병에 덜 걸리듯 일상에서 가족이나 친구와 같이 마음을 나누며 스트레스를 풀고 정서적 안정감을 갖춰야 하는데, 어려서부터 학업 경쟁 등에 내몰려 그러지 못했다는 것이다. 사회 변화도 심했다. 가족 해체 현상이 심해지고, 평범한 가족들조차 IT 발달 등으로 부모와 자식 세대가 공감하는 영역이 크게 줄었다.

이런 아이들이 작은 어려움에 부닥치면 극단적 상황으로 치달을 가능성이 높다. 홍대우 전 한국전문상담교사회장은 "요즘 아이들은 휴대폰에만 갇혀 친구나 부모와 대화도 거의 없고, 밖에서 뛰어놀며 스트레스를 풀 시간도 부족하다"면서 "평소 마음 근육을 키우지 못한 아이들은 조금만 힘든 상황이 생겨도 자해나 자살을 생각하게 된다"고 했다. 작년 학생들 사이에서 자해가 유행처럼 번진 것도 방송이나 소셜미디어에서 자해 관련 콘텐츠가 늘자 평소 마음이 불안한 학생들이 영향을 받은 탓이라고 전문가들은 말한다.

어려서부터 학업 경쟁 내몰리고 핸드폰 사용 늘며 부모와 대화 단절

작년에만 4만3739명 우울증 치료 전문가 "정신건강 시스템 구축을"

◇지역별로 큰 차이

본지가 초록우산어린이재단과 함께 교육부가 매년 전국 초4, 중1, 고1 학생을 대상으로 전수(全數)조사하는 '2017~2018년 학생 정서 행동 특성 검사' 결과를 분석했더니 어른들이 관심을 기울여 지켜봐야하는 관심군 비율이 지역별로 크게 차이났다. 충남(8.9%·2년 평균)이 가장 높았고 강원(6.7%), 제주(5.6%), 경기(5.5%), 충북(5.3%) 순이었다. '대도시가 더 각박하다'는 어른들 고정관념과 달리 도(道) 지역에 정서적 어려움을 겪는 아이들이 많은 것이다. 되레 대도시인 울산(2.3%), 대전(3.1%)이 관심군 비율이 낮았다. 홍현주 한림대 소아청소년정신과 교수는 "아이들의 정신 건강은 가정 환경에 영향을 많이 받는데, 도 지역이 경제 상황이 침체되어 있고, 조손·다문화 가정 학생들이 많을 뿐 아니라 병원이나 상담기관 같은 인프라는 부족해 문제가 있어도 쉽게 도움을 얻기 힘들다"고 했다.

전문가들은 국가가 나서 정서적 어려움을 겪는 학생들이 많은 곳에 인프라를 늘리는 등 적극적으로 지원해야 한다고 지적한다. 예를 들어 전국에 237곳 있는 정신건강복지센터 중 130곳(55%)에서만 아동·청소년 대상 사업을 한다. 또한 교육부가 정서적으로 어려움 겪는 학생을 매년 검사로 찾는 것도 중요하지만, 사후 관리가 더 중요하다는 지적이 나온다. 예컨대 충남은 관심군 학생 비율이 전국에서 가장 높지만, 이들을 상담 기관이나 병원으로 연계한 조치율은 100%로 전국 1위다. 반면 경기도는 조치율이 52%에 불과하다. 충남 아산교육지원청 위(wee)센터 유인선 실장은 "관심군이 많다는 걸 꺼려선 안 되고, 오히려 심각한 상황에 이르기 전에 발견해 도와줄 수 있어 다행"이라고 했다.

최근엔 제주 등 교육청이 직접 정신과 전문의를 채용하거나 인근 병원과 연계해 학생들에게 도움을 주는 곳이 늘고 있다. 홍현주 교수는 "시도별 상황에 맞게 학생 정신 건강 돌봄 시스템을 구축해야 한다"고 했다.

김연주·홍준기 기자

[그림 10-3] 마음 근육 없는 아이들

출처: 조선일보(2019. 5. 18).

(2) 학교상담의 주요이론

학교에서 교사가 상담할 때 주로 사용하는 상담이론은 인간중심, 합리적 정서 행동, 행동주의, 정신분석 등이 있다.

① 인간중심 상담이론

인간중심 상담이론은 칼 로저스Carl Rogers(1961, 1969)에 의해 발전되었다. 그는 인간 중심(인본주의 상담, 비지시적 상담, 사람중심 상담)을 주창하며 인간에 대한 부정적인 기존의 인식들과 달리 인간은 본질적으로 사회적, 진보적, 합리적 및 사실적이라고 여겼다. 프로이트 정신분석이론과 엘리스의 합리적 정서행동주의이론이 주로 사용되었던 1960~1970년대의 대안적인 상담 접근 방법으로 그 당시 상담분야에 큰 영향을 미쳤다. 인간중심 접근은 인본주의 심리학에 근거하여 실존주의 철학의 영향을 받아 탄생했다.

로저스는 인간은 선천적으로 타고난 성장가능성이 있으므로 자신의 성장 가능성을 믿고 자아실현을 하기 위해 자신에 대한 올바른 이해로부터 시작되어야 한다고 강조했다. 이를 실현하기 위해 자신의 인생목표와 행동방향을 스스로 결정하고 이러한 결정에 따르는 책임을 수용하는 존재로서 자신을 조절하는 능력이 있다. 그러므로 상담을 할 때 상담자인 교사와 내담자인 학생이 긴밀한 관계를 맺고 내담자가 주도적으로 상담을 하도록 이끌어야 한다. 다른 상담이론에 비해 상담자의 전문적인 역량이 성공적인 상담에 중요한 요소는 아니므로, 교사가 시도해 보면 좋은 상담이론이다.

로저스의 상담이론은 다양한 이름으로 개정되었고, 상담이론의 발전은 전환점에 따라 네 시기로 구분한다. 첫째는 비지시적 상담, 둘째는 내담자중심상담, 셋째는 학생중심 교육, 넷째는 인간중심접근으로 나뉜다.

첫째, 비지시적 상담시기에는 상담사가 허용적이고 비간섭적인 분위기를 만들어야 한다는 점을 강조한다. 내담자에 대한 공감적 이해를 하고 내담자가 자신의 감정을 인식하도록 하는 데 목표를 두고 내담자의 언어적/비언어적 표현을 반영해주고 명료화시키는 데 중점을 둔다.

둘째는 내담 자중심 상담 시기에는 내담자 중심이라는 상담으로 이름을 개정하고, 내담자를 중요시하는 시기로 내담자의 변화를 이끌도록 이론을 체계화했다.

셋째는 학생중심 교육 시기로 한 사람이 진정으로 그 자신이 되는 것을 강조하는 시기다. 자기가 되는 과정을 자기에 대한 신뢰, 경험에의 개방, 지속적 성장 의지 등으로 자기 자신이 되는 것을 중요하게 여겼다.

넷째는 인간중심접근 시기로 개인의 상담을 넘어서 집단, 산업, 사회 등으로 확대되어 세계평화나 갈등해결 등과 같은 다양한 방면으로 상담의 범위가 확대되는 시기다.

로저스에 의하면 상담자와 내담자의 성장과정을 촉진하기 위해 적절한 관계와 분위기를 만들어 내는 것이 중요하다는 것이다. 상담을 하기 위한 필수 조건은 3가지(진실성, 무조건적 긍정적 존중, 공감적 이해)가 있다.

첫째, 진실성genuineness, congruence은 상담자가 내담자를 대할 때 진실하고 성실하고 순수한 태도를 보여야 내담자도 자신이 순간순간 경험한 감정이나 태도를 있는 그대로 가식 없이 표현하게 된다. 이런 분위기에서 내담자는 자신의 모든 것을 수용해주고 존중받는 느낌을 갖게 되고, 상담자와 진솔한 대화를 나누게 되고 왜곡된 자신의 모습을 진정한 모습으로 바라보게 되고 자기개념과 통합을 이루게 된다. 그러므로 상담자는 인간중심 상담이론을 적용할 때 가식적이거나 경박한 태도를 주의해야 한다.

둘째, 무조건적 긍정적 관심unconditional positive regard은 말 그대로 내담자가 자신의 감정과 경험을 말할 때 내담자를 판단하거나 평가하지 말고 있는 그대로 모든 것을 수용하고 존중하는 태도를 의미한다.

셋째, 공감적 이해empathy는 상담과정에서 상담자와 내담자가 상호작용할 때 내담자의 감정과 체험 등을 정확하게 이해하고 상담자가 내담자의 입장인 것처럼 공감empathy하려는 노력을 의미한다. 내담자가 표현한 언어 이면에 숨겨진 감정까지 파악하고 얼굴표정과 제스처 등 비언어적인 표현이 의미하는 감정과 의미를 이해할 수 있어야 한다. 즉, 상담자가 내담자의 입장이 되어 깊이 있게 주관적으로 이해하면서 상담자의 역할을 온전하게 하는 것이다.

인간중심 상담이론은 로저스가 자신이 성장 경험을 반영하여 이론을 체계화했다. 인간중심 상담이론의 궁극적인 목표는 내담자가 직면한 문제를 해결하고 심리적으로 성장촉진하는 데 있다. 그러므로 상담할 때 주도권은 내담자에게 주고 내담자가 자신의 경험과 감정을 인식하여 자신의 모습을 있는 그대로 받아들여 문제를 효과적으로 해결하도록 진행하는 것이 좋다.

인간중심 상담이론에서는 대인관계가 매우 중요하다. 상담자와 내담자의 관계는 내담자의 문제와 고민을 치료하고 성장 · 촉진하도록 도와준다. 인간중심 상담이론에서 중요한 12가지 상담관계는 다음과 같다(김충기, 2000).

- 개인 내담자가 도움을 받으려고 상담실에 방문한다.
- 상담이라는 상황을 언제나 정의한다.
- 상담자를 내담자가 자신의 문제에 관한 감정을 자유롭게 표현하도록 도와준다.
- 상담자는 내담자의 부정적인 감정을 받아주고, 이해하고, 요약해준다.
- 개인이 자신의 부정적 감정을 다 표현한 후에 생기는 약하고 일시적이고 긍정적인 감정과 충동은 성격 성장에 도움이 된다.
- 상담자는 내담자의 약하고 일시적인 긍정적 감정을 감지하고 받아들인다.
- 전체 상담과정에서 자기 이해와 자기 수용은 중요한 측면들이다.
- 상담자와 내담자의 상담관계는 서로 배타적이거나 엄격한 분위기 속에서 진행되지 않아야 하고, 가능한 결정과 행동 가정들을 분명하게 하는 과정들이다.
- 내담자는 중요하고 적극적인 행동을 취하기 시작한다.
- 내담자는 자신의 행동을 더 깊게 볼 수 있는 용기를 갖게 되면서 더 완전하고 정확하게 자기의 상태를 이해하게 된다.
- 내담자는 통합적, 적극적인 행동을 시작한다. 내담자는 스스로 의사결정하기를 두려워하지 않게 되며 스스로 결정하려는 성향이 더 강해진다.
- 상담자에게서 도움을 받을 필요성을 덜 느끼게 되며 상담치료 관계를 끝마치겠다고 결심한다.

〈핵심 상담기법〉

- '지금 여기'(Now & Here)의 중요성

상담자와 내담자가 관계 속에서 경험하고 표현할 때 지금 여기 'Now & Here' 안에서 자신의 생각과 감정을 매우 중요하게 여긴다. 예컨대 "지금 무엇을 느끼고 있는가?", "지금 어떤 느낌이 드나요?"와 같은 질문을 하며 지금 여기에서의 경험에 대해 표현하도록 하는 것이 중요하다. 과거의 경험, 사건 또는 역사에 초점을 두기보다는, 과거의 문제를 현재로 옮겨와서 내담자의 현재에 충실하여 생생한 체험을 다루는 것이 중요하다. 즉, 상담자가 상담을 할 때 내담자의 모든 문제를 지금 여기 현재로 가져와서 다루는 지금 여기의 즉시성이 매우 중요하다.

• 적극적으로 경청

로저스가 제안한 것으로, 커뮤니케이션 활동을 할 때 적극적으로 청취하는 것은 매우 중요하다. 상담자는 내담자의 내면세계를 잘 이해하려면 내담자가 말하고 표현하는 것에 주의를 기울이고, 내담자의 이야기를 온몸으로 집중하여 경청하는 태도가 필요하다. 적극적인 경청을 위하여 비판적 · 충고적인 태도를 버리고 내담자가 이야기하는 의미 전체를 이해하는 것이 중요하다. 내담자가 표현한 내용과 관련해서 상담자는 얼굴표정이나 행동반응으로 나타내서 적극적으로 경청하고 있다는 것을 느끼게 해야 한다. 내담자는 상담자가 적극적으로 경청한다는 것을 느낄 때 자기표현을 좀더 잘하게 되고, 자신의 감정을 솔직하게 표현하게 된다. 따라서 상담자는 인간중심 상담을 효과적으로 하기 위해 적극적인 경청 태도를 익혀야 한다.

• 공감적으로 이해

상담 초기에 내담자가 느낄 수 있는 방식으로 상담자와 내담자가 함께한다는 느낌을 갖게 해주는 것이다. 즉, 상담자가 내담자의 관심과 문제에 온전히 집중해야 한다. 내담자는 상담자의 얼굴표정이나 자세에도 관심을 갖고 자신의 말에 공감적으로 이해하고 있는지 알게 된다. 그러므로 상담자는 내담자와 눈 맞춤을 하거나, 고개를 끄덕이는 등 진솔하게 내담자의 언어적 · 비언어적 표현에도 관심을 가져야 한다. 상담자가 내담자와 공감적 이해가 정확하지 않을 때는 내담자에게 질문을 하여 상담자가 정확하게 이해하고 있는지 탐색해 볼 수 있다. 예컨대, "제가 이해하기로… 당신은 …이런 문제를 어렵게 생각하고 있네요."라는 질문을 해서 내담자와 공감적 이해가 되고 있다는 것을 내담자에게 알려줄 수 있다.

② 합리적 정서행동 상담이론

Ellis
(1913~2007)

현대 인지행동 접근의 뿌리라고 할 수 있는 합리적 정서행동 rational emotive behavior therapy, RETB 상담이론은 앨버트 엘리스Albert Ellis가 1955년에 개발한 상담이론으로, 인지적 요인을 강조한 최초의 상담이론으로 알려져 있다. RETB는 외부자극에 반응하는 행동주의 상담이론이 유행하던 시대에 인지적 요인을 강조하여 인지행동 상담이론으로 발전하였다. 인간의 인지와 감정 및 행동이 상호작용하는 과정에서 인지가 핵심역할을 하여 잘못된 사고를 바꿔서 행동 변화가 일어날 수 있다고 가정한다. RETB에서는 외부의 자극에 대한 개인의 반응을 매개하는 신념체계의 중요성을 강조한다. 즉, 합리적인 이성을 기초로 하여 부적응적인 정서와 행동이 개선될 수 있다고 보기 때문에, 내담자의 문제에 따라 비합리적인 신념을 합리적인 신념으로 바꿀 수 있는 다양한 인지, 감정, 행동적 기법을 적용한다. 즉, REBT의 핵심은 내담자의 비합리적인 신념을 합리적 신념으로 변화시키는 데 있다.

엘리스(1986)는 각자의 목표가 무엇이든 그 목표달성에 도움이 되는 생각은 합리적인 생각이고, 방해가 되는 생각은 비합리적 생각이라고 여겼다. 보통 어렸을 때 부모나 문화로부터 영향을 받아 비합리적인 사고를 하게 되는데 이를 계속 유지시켜 나가는 비합리적인 생각이나 신념 11가지는 다음과 같다(Ellis, 1962, Patterson, 1973). 엘리스(1962)는 이런 비합리적인 사고방식을 지닌 사람들은 과도하게 불안하거나, 누구를 원망하거나, 죄책감에 사로잡히는 등의 부정적 감정을 느끼게 되기 때문에 늘 방어적 태세를 취하는 경향이 있다고 했다. 따라서 이런 심리적인 고통에서 벗어나려면 비합리적인 생각을 찾아내어 합리적이고 논리적인 생각으로 바꾸어 나가야 한다.

〈표 10-5〉 엘리스의 11가지 비합리적 사고

과정	상담가정 설명
사람관계	1. 알고 있는 모든 중요한 삶들로부터 사랑받고, 인정받고, 이해받아야만 가치 있는 사람이다. 2. 우리는 타인에게 의지해야만 하고 의지할 만한 강한 누군가가 있어야만 한다. 3. 타인의 문제나 혼란스러움에 함께 괴로워하고 속상해야만 한다. 4. 어떤 사람들은 나쁘고, 사악하기 때문에 비난받고 처벌받아야만 한다.
세상일	5. 완벽한 능력이 있고 사교적이고 성공해야만 가치 있는 사람이다. 6. 일이 뜻대로 진행되지 않는다면 끔찍한 일이다. 7. 인간의 문제에는 완벽한 해결책이 있고, 만약 그 해결책을 발견할 수 없다면 끔찍한 일이다.
운명	8. 외부사건들에 의해 불행이 결정되기 때문에 우리가 통제할 수 없다. 9. 인생에서 어려움을 정면으로 맞서기보다는 피해가는 것이 편하다. 10. 위험하거나 두려운 일이 일어날 가능성을 늘 생각하고 있어야 한다. 11. 과거의 일들이 현재의 행동을 결정한다.

출처: Ellis(1962).

REBT에서 'ABC 이론'으로 알려져 있는 ABCDEF는 상담과정에서도 중요한 치료절차다. ABCDEF 모형은 불안을 감소시키기 위한 심리적 구성요인에 대한 기본적인 틀로서, 불안 감소 훈련 프로그램 개발의 기초가 되었다. 선행선행사건(A) → 신념(B) → 결과(C) → 논박(D) → 효과(E) → 감정(F) 모델에서 인간의 정서적 결과consequence, C는 주로 개인의 신념체계belief system, B에 따라 발생한다. 감정의 동요나 행동에 영향을 미치는 선행사건activating events, A은, 합리적 신념에 의해 효과적으로 논박dispute, D될 때 사라지게 된다. 비합리적인 신념에 논박하거나 직면한 효과effects, E와 그에 따른 상황에 적절한 느낌을 갖게 되는 감정feeling, F의 설자로 진행된다.

〈표 10-6〉 엘리스의 ABCDEF 모형

과정	상담과정 설명
A(선행사건) activating events	인간의 정서나 행동을 유발하는 어떤 사건이나 현상 및 행위를 의미한다.
B(신념체계) belief system	어떤 사건이나 행위 등과 같은 환경적인 자극에 대해서 각 개인이 갖게 되는 태도로서 그의 신념체계 또는 사고방식을 의미한다. 신념체계는 비합리적 신념체계와 합리적 신념체계로 구분된다. 합리적 신념은 우리가 살아나가는데 있어서 자신이 원하는 목표를 달성하는 데 도움을 주는 사고방식이며, 비합리적 신념은 목표달성에 방해가 되는 사고방식으로 사태나 행위를 비합리적으로 생각하여 자신을 비하하거나 세상을 원망하는 신념이다.
C(결과) consequence	어떤 선행사건을 경험했을 때 개인의 태도 또는 사고방식으로 그 사건을 해석함으로써 느끼게 되는 정서적 결과를 의미한다.
D(논박) dispute	자신이 갖고 있는 비합리적 신념이나 사고에 대해 도전해 보고 과연 그 생각이 합리적인지 다시 생각해 보고 논의하는 것을 의미한다. 논박의 기법에는 인지적, 정서적, 행동적 기법이 있다. 제일 많이 사용하는 기법은 인지적 기법으로 철학적 설득이나 교훈적 제시 및 소크라테스식의 대화법을 통하여 내담자의 비합리적인 생각을 변화시키기 위한 방법이다. 정서적 기법은 유머기법의 활용, 내담자의 무조건적인 수용, 합리적 정서적 심상법 등이 있다. 행동적 기법에는 역할연기, 숙제활동, 강화와 벌, 열정적인 합리적 자기 진술 등이 있다.
E(효과) effect	비합리적인 신념을 철저하게 논박함으로써 직면하는 인지적, 정서적, 행동적 효과를 의미한다.
F(감정) feeling	인지적, 정서적, 행동적 효과에 따라 상황에 적절한 느낌을 갖게 된다.

〈핵심 상담기법〉

상담기법은 인지적 기법, 정서적 기법, 행동적 기법 3가지가 있다.

첫째, 인지적 기법에는 내담자의 비합리적 신념을 적극적으로 논박하기, 인지적 과제, 내담자의 언어 변화시키기, 유인물이나 독서 요법 등이 있다. 인지적인 논박하기는 다양한 형태로 이루어질 수 있는데, 상담자가 적절한 질문을 통해서 내담자의 비합리적인 신념을 이해하도록 유도하는 것이다. 대표적으로 소크라테스식 문답법, 강의식 설명, 인지적 과제를 통해서 내담자의 비합리적 신념을 논박하여 신념의 비합리적인 면을 깨닫게 하는 것이다. 따라서 비합리적인 신념을 찾아서 적절한 질문을 사용하여 인지적으로 논박하는 것이 가장 중요하다.

둘째, 정서적 기법의 예로는 자신에 대한 무조건적인 수용과 합리적·정서적 이미지 기법, 유머의 활용, 역할연기, 모범행동 보여 주기, 부끄러움 공격 연습 등이 있다. 대표적으로 합리적인 역할극이나 유머 등을 많이 사용한다. 합리적인 역할극은 내담자와 상담자가 함께 역할연기를 통해 그 상황을 체험해보는 것이다. 내담자의 고통스러웠던 상황이나 고통스러울 것 같은 상황을 구체적으로 설정하고 시나리오를 만든 다음에 해당 역할을 맡아서 연기하는 것이다. 동일한 상황의 시나리오를 수정하여 여러 번 역할 연기를 시도해 볼 수 있고, 상담자와 내담자가 역할을 서로 바꾸어 연기해볼 수 있다. 역할 연기가 종료되면 상담자는 내담자에게 역할을 하는 동안 어떤 생각과 느낌이 들었는지, 역할연기 중에 다르게 하고 싶었던 부분이 있었는지 질문해 보고, 역할을 하는 동안 어떤 비합리적인 신념이 있었는지 확인하며 의견을 나눠 본다. 예컨대 성적이 많이 떨어졌을 때 교사와 학생, 부모와 자녀 간에 어떤 상황이 벌어지는지에 대해 시나리오를 써서 각각의 역할을 해보는 것이다. 내담자가 교사나 부모가 되어 보기도 하고, 학생이 되어 보기도 하면서 자신과 타인의 역할을 인식하게 되고 자신과 타인을 잘 이해하게 된다. 역할연기는 내담자의 비합리적인 신념을 확인할 수 있도록 도와주고, 내담자에게 다양한 피드백을 제공해 줄 수 있는 기회가 되기 때문에 궁극적으로 내담자가 심리적으로 고통을 느꼈던 유사한 상황에 놓이더라도 합리적으로 대처할 수 있게 된다(Ellis & MacLaren, 1998).

역할연기 외에 유머도 활용할 수 있다. 내담자가 자신의 비합리적인 신념을 너무 심각하게 받아들여서 고민을 하는 경우에 비합리적인 신념을 우스운 결론에 도달하게 하여 자신의 과장된 어리석음을 깨닫게 하는 방법이다. 익살스러운 농담을 사용해서 비합리적인 사고의 왜곡을 덜 심각하게 여기도록 하여 내담자 자신이 깨닫게 하는 것이다.

셋째, 행동적 기법으로 수치심 극복과 모험활동의 시도, 강화와 벌칙, 부족한 행동기술 훈련, 역설적 과제, 역할놀이와 행동 재연, 실행적인 숙제해오기 등이 있다(Ellis & MacLaren, 1998). 엘리스는 수치심 극복하기 연습이 정서장애의 핵심요인이라고 여겼다. 사람들은 스스로 수치스러운 행동을 비난하며 다시는 그런 일을 하지 않으려고 한다. 이런 수치심 깨뜨리기 연습이 불법적이거나 비도덕적이라서 타인에게 피해를 주면 안 되지만, 어리석고 바보 같은 행동의 반복적인 연습을 통해 궁극적으로 자신의 행동에 대한 불안감과 부적절감을 덜 느끼게 된다고 본다. 또한 타인의 인정을 받지 못하더라도 충분히 견딜 수 있다고 여기게 된다. 이 외에도 내담자가 변하고자 하는 모습과 반대로 행동해 보게 하는 역설적 과제, 특정한 과제를 성공적으로 잘 수행했을 때 강화하거나 실패했을 때 벌을 주는 강화와 벌칙 등의 행동적인 기법이 있다.

이순희와 허만세(2017)는 '청소년 학교적응 향상을 위한 합리적 정서행동치료 기반의 성취동기 프로그램 개발과 효과성 검증'연구에서 합리적 정서행동치료 모델을 적용한 성취동기 프로그램을 개발하여 효과성을 검증했다. 본 연구의 성취동기 프로그램은 청소년의 비합리적인 신념과 정서의 변화가 성취동기를 높일 수 있으며, 나아가 성취동기의 향상이 청소년의 학교적응을 향상시킬 수 있다고 보았다. 중학교 1, 2학년 학생 90명을 임의로 선정하여 실험집단 30명, 비교집단 30명, 통제집단 30명을 연구대상으로 구성하였으며, 주요결과는 다음과 같다. 첫째, 먼저 비합리적인 신념이 감소한 실험집단은 성취동기의 향상과 그에 따른 학교적응이 향상되었지만, 비합리적인 신념의 변화가 없었던 비교집단과 통제집단에서는 학교적응의 향상이 나타나지 않았다. 둘째, 성취동기 프로그램에 참여한 실험집단은 다른 두 집단과 비교하여 비합리적인 신념과 부정정서가 더 뚜렷하게 감소되었으며, 성취동기와 학교적응은 더 뚜렷하게 향상되었다.

③ 정신분석 상담이론

정신분석은 프로이트에 의해 창시된 유명한 상담기법이다. 정신분석이론의 주요개념은 인간의 의식 수준(의식, 전의식, 무의식)과 인간의 성격구조(원초아, 자아, 초자아)와 관련된 내용이다. 인간의 성격은 원초아, 자아, 초자아의 역동적인 관계로 이루어지게 되고, 점차 성장하면서 자아가 발달하게 되고, 불안한 마음이 생기게 될 때 방어기제가 발달한다.

정신분석에서 중요한 개념이 불안이다. 불안은 그 어떤 것을 하도록 동기화시키는 긴장상태를 의미하는데, 한정된 심리적 에너지에 대한 원초아, 자아, 초자아 간의 갈등이 통제 수위를 넘어설 때 불안이 유발된다. 이런 통제할 수 없는 불안은 자아를 위협하게 되고 자아가 합리적이고 직접적인 방법으로 불안을 제거할 수 없게 되면 비현실적인 방법인 '자아방어기제'에 의존하게 된다. 자아가 불안하고 의식적 수준에서 합리적으로 다룰 수 없을 때, 무의식적으로 현실을 거부하고 왜곡하는 방어기제가 동원되는 것이다.

프로이트는 자아가 불안을 느낄 때, 불안을 감소시키기 위해 사용하는 것이 '방어기제'라고 했다. 인간은 성장하면서 자아가 발달하게 되는데, 자아는 성적, 공격적 충동의 자각으로 인한 불안을 줄여나가기 위해 다양한 방어기제를 사용한다(Freud, 1926). 방어기제는 자아가 위협받는 상황에 놓이게 되면 무의식적으로 자신을 속이거나 상황을 다르게 해석하여, 심리적인 상처로부터 자신을 보호하고 불안을 줄여나가는 행위를 의미한다. 갈등상황 자체를 변화시키는 것이 아니라, 자신의 정서나 감정을 관리하는 전략으로 정신건강에 도움을 줄 수도 있다.

방어기제는 여러 가지가 있으며 일반적으로 부정, 억압, 합리화, 투사, 승화 등의 방법을 사용한다. 그 외에 대치, 퇴행, 동일시 등과 같은 방법도 있다. 부정은 외적인 상황을 감당하기 어려울 때 일단 그 상황을 거부하여 심리적인 불안을 줄여서 효율적으로 대처하는 것이다. 프로이트에 의하면 억압은 다른 방어기제의 기저를 이루며, 불쾌한 경험이나 받아들여지기 어려운 욕구, 반사회적인 충동 등을 무의식으로 몰아넣거나 생각나지 않도록 억누르는 것이다. 합리화는 자신의 행동에 대해 합리화를 하기 위해 상황을 그럴 듯하게 꾸미고 사실과 다르게 인식하여 자아가 상처받지 않도록 정당화시키는 방법이다. 투사는 자신의 문제를 올바르게 깨닫지 못하고, 타인이나 주변의 탓으로 돌리고 현실을 왜곡시키는 방어기제다. 승화는 반사회적 충동을 허용하는 방향으로 불안을 해소시키는 것이다. 성적 충동이나 공격적인 충동을 사회가 수용할 수 있는 방향으로 나타내는 것이다.

〈핵심 상담기법〉

프로이트의 상담이론 목적은 내담자의 무의식을 의식화하는 데 있다. 정신분석은 무의식의 내용과 그 과정에 담긴 역동을 분석하는 것이다. 정신분석은 생애 초기 6년 동안의 발달적 경험을 강조한다. 과거 어린 시절의 경험과 심리 성적 에너지는 무의식적인 동기와 갈등으로 잠재되어 있다가 개인의 현재 행동에 영향을 미친다고 본다. 자유연상 기법, 꿈의 분석 등과 같은 상담기법이 있다.

첫째, 자유연상 기법에서는 내담자의 머릿속에 떠오르는 모든 것을 말하도록 하는 것이다. 정신분석 고유의 기법인 자유연상은 중요한 것이 아니라거나, 관련성이 없다거나, 의미가 없다는 등의 생각으로 떠오르는 생각을 막지 말아야 한다. 내담자에게 떠오르는 생각을 비판하지 말고 솔직하게 모든 생각을 말하도록 한다. 이때 상담자는 내담자가 말하는 모든 내용을 경청하고 목소리, 감정 등까지도 잘 관찰해야 한다. 상담자는 자유연상의 내용을 다른 상담자료와 연결하여 내담자의 무의식적 갈등을 이해하고 해석하는 데 사용할 수 있다. 자유연상 과정에서 무의식적으로 떠오르는 생각을 말하면서 자신도 모르게 치유의 효과가 일어나는 것이다.

둘째, 꿈의 분석은 내담자의 무의식적 요구를 찾아내는 상담기법이다. 프로이트는 꿈을 분석함으로써 무의식 속에 감추어진 상처에 접근하여 무의식적 요구를 찾아내고 내담자로 하여금 해결되지 않은 문제에 대한 통찰력을 얻게 한다. 꿈들은 자신이 이루지 못한 소망들을 꿈속에서 이루어지게 하는 마음 치유의 효과를 가지고 있다. 프로이트는 인간은 자아의 소망을 충족하기 위해 꿈을 꾸게 된다고 보았다. 어린 시절에 받았던 상처를 치유하는 과정으로 꿈을 꾸게 되고 상처의 근원을 찾아가게 되면 불안의 원인도 알게 되고, 궁극적으로 상처가 치유되는 것으로 보는 것이다.

④ 행동주의 상담이론

행동주의 상담이론은 미국의 심리학자 존 왓슨John Watson이 제창한 이론으로, 인간의 내성보다는 표면에 나타난 행동을 관찰하고 해석함으로써 심리현상을 파악하는 이론으로 프로이트의 정신분석과는 대조적인 이론이다. 행동주의 상담이론은 학습을 설명하는 행동주의 이론으로 파블로프, 손다이크, 스키너, 헐 등이 대표적이다. 이들은 학습을 경험이나 관찰의 결과로 유기체에서 일어나는 비교적 영속적인 행동 변화 또는 행동잠재력의 변화로 정의하고, 유기체를 자극에 대해 수동적으로 반응하는 존재라고 보았다. 파블로프는 고전적 조건화 이론, 손다이크는 도구적 조건화 이론, 스키너는 조작적 조건형성이론, 헐은 체계적 행동이론을 정립하였다(한국교육심리학회, 2000). 심리학이 과학의 특성인 자율성과 엄밀성을 확립하기 위해서 의식을 배제하고 객관적으로 관찰 가능하고 검증 가능한 행동만을 문제로 삼아야 한다고 주장했다. 특히 자극(S)과 반응(R)의 연쇄에 의한 행동을 S-R이라는 심리학의 입장을 표명했다.

행동주의 상담이론에서는 학습이론의 원리를 진로를 선택하는 데 적용하여 도움을 주는 방법으로 대표적인 학자는 레오나드 굿스타인Leonard Goodstein, 스테판Stephen, 크리티스Crites 등이 있다. 굿스타인과 크리티스는 학생들이 진로선택을 할 때 느끼는 불안을 우유부단형과 무결단형으로 구분했다. 우유부단형은 말 그대로 진로를 선택할 때 정보가 부족하여 진로선택의 어려움으로 불안을 느끼는 유형이고, 무결단형은 진로에 대한 충분한 정보는 있지만 진로를 결정하는 것에 대한 불안을 느껴서 진로선택을 하지 못해서 불안을 느끼는 경우다. 상담자는 진로선택을 하기 전에 어떤 불안을 가지고 있는지, 또는 선택을 한 후에 어떤 불안이 나타나는지에 따라 상담을 진행하게 된다.

굿스타인과 크리티스의 경우 상담은 무결단형과 우유부단형에 따라 다르게 진행된다. 진로를 결정하기 전에 불안 증세를 보이는 무결단형이라면 상담과정은 고전적 조건형성과 조작적 조건형성의 학습원리를 적용하여 내담자로 하여금 불안을 제거할 수 있도록 도와준다. 우선 첫 번째 단계에서는 의사결정과 관련된 불안을 제거하기 위해 고전적 조건형성을 적용하고, 불안을 제거한 다음에는 조작적 조건 형성의 학습원리를 적용하여 진로선택에 필요한 반응을 획득할 수 있도록 도와준다. 진로를 결정한 후에 불안을 보이는 것으로 진단되는 우유부단형의 경우에는 처음부터 조작적 조건형성의 원리를 적용하여 상담을 시작한다.

행동주의 상담에 대해 연구하는 학자들은 행동주의 진로상담의 목적은 내담자의 불안을 제거하거나 감소시키는 것이며, 도구적 학습을 통하여 진로결정 기술을 습득하는 것이라고 하였다. 이에 따라 행동주의 진로상담에서는 상담목표보다는 상담기법 그 자체가 중요하다. 예컨대 고전적 조건형성, 체계적 둔감화 등의 원리가 적용되고, 조작적 조건형성의 학습원리와 관련된 강화 사회적 모방학습, 변별학습 등이 주로 사용된다(김춘경 외, 2016).

〈핵심 상담기법〉

행동주의 상담에서는 부적응 행동을 감소시키거나, 적응행동을 증진하기 위해 매우 구체적인 상담기법이 사용된다. 체계적 둔감화, 모델링, 노출법, 강화, 소거, 토큰 경제 등이 있다. 그중에서 가장 핵심적이고 대표적인 불안감소기법의 체계적 둔감화와 학습촉진기법의 모델링을 살펴보면 다음과 같다.

- 체계적 둔감화

조셉 울페Joseph Wolpe에 의해 개발된 방법으로, 행동주의 상담에서 가장 많이 활용되는 임상적 기법으로 불안이나 공포를 야기하는 부적응 행동이나 회피행동을 치료하는 데 효과적이다. 고전적 조건형성 기법으로 공포나 불안을 야기하는 상황이나 상상에 의해 조건형성된 불안을 극복하기 위해 점진적으로 불안을 감소시키는 방법이다. 시험공포, 대인공포증과 같은 불안을 제거하는 데 효과적인 것으로 알려졌다.

체계적 둔감화는 3단계(근육이완 훈련, 불안위계목록 작성, 둔감화)로 시행한다. 첫째, 근육이완 훈련단계에서는 내담자가 불안을 느끼는 것을 대치할 만한 이완반응을 가르친다. 근육의 긴장을 충분하게 풀 수 있도록 하여, 불안한 상황을 상상하더라도 이완상태를 유지하게 하는 것이 중요하다. 둘째, 불안 위계단계에서는 내담자로 하여금 불안을 느끼는 상황에서 나타날 수 있는 긴장과 불안 및 공포 유발 상황에 대해 위계목록을 10~20개 정도 작성하게 한다. 불안을 일으키는 사건의 정도를 정교하게 평가하여 내담자로 하여금 정도에 따라 이완상태에서 불안 상태까지 0에서 100점까지의 점수를 할당하도록 한다. 내담자에게 불안을 일으키는 모든 자극상황을 열거하도록 하고, 가장 심하게 불안을 느끼게 하는 상황을 제일 위에 두고, 가장 낮은 불안을 느끼는 자극상황을 제일 아래로 하여 불안을 느끼는 정도에 따라 불안의 위계목록을 작성하도록 하는 것이다. 셋째, 둔감화 단계에서는 목록에서 가장 약한 정도인 이완상태에서 불안을 상상하게 하고, 점차 강한 지수 단계로 높여 상상하면서 불안이 완전히 사라질 때까지 반복하고 불안이 사라지면 종결한다. 즉, 가장 약한 불안을 야기하는 상황에서부터 차례로 상상하도록 하여 불안을 유발하는 자극을 제시한 후에 불안감을 느끼면 신호하도록 하고, 불안을 느끼면 상상을 중단하고 근육이완에 의해 불안을 제거하고 더 이상 불안하지 않으면 종료한다. 실제로 공포나 불안 상태를 제시하고 체계적 둔감법을 적용해서 불안을 감소시킬 수 있다. 예컨대 시험에 대한 공포가 있거나 면접관 앞에서 너무 긴장되어 말을 못하는 경우에 체계적 둔감법을 사용하여 점차적으로 자연스럽게 시험을 보거나 면접관 앞에서도 자신의 의견을 자유롭게 표현할 수 있게 된다.

• 모델링

모델링은 다른 사람의 행동이나 결과를 관찰함으로써 의사결정의 학습을 촉진시키는 상담기법이다. 내담자에게 모델의 적응행동을 관찰하고 모방하게 하여 적응하게 하는 것이다. 내담자에게 가능한 행동 대안들을 공개적으로 시범을 보여주는 것이다. 상담자는 내담자로 하여금 요구되는 반응을 정의하고 분석하도록 돕고 모델링 경험과 연습기회를 제공한다. 모방하게 될 행동을 내담자에게 노출시켜 바람직한 행동을 모방하고 수행하게 하는 것으로, 적절한 적응행동을 학습시키는 데 도움이 되는 상담기법이다. 내담자가 획득해야 할 바람직한 행동의 실제적, 상징적 본조기를 제공하여 모방 및 관찰을 통해 목표를 달성하는 것이다. 예컨대 내담자가 의사소통 능력이 부족하다면 상담하는 장면에서 상담자의 언어행동을 관찰하고 학습하게 하거나, 본보기가 되는 동영상을 통해 본보기가 되는 제삼자의 행동을 관찰하고 모방하게 하는 것이다. 내담자가 만족할 수 있는 수준이 될 때까지 추후지도를 계속하는 것이 좋다.

⑤ 실존주의 상담이론

실존주의 상담은 인간에 대한 실존주의 철학의 기본 가정을 현상학적 방법과 결합시켜 내담자에게 자신의 내면세계를 있는 그대로 자각하고 이해하도록 하며, 지금-여기의 자기 자신을 신뢰하도록 하는 데 목표를 두고 있다. 즉, 실존주의 상담은 내담자가 자신의 삶에서 자각을 통하여 자신의 문제를 직시할 수 있도록 도와주는 데 있다. 상담자는 내담자에게 자기 존재의 본질에 대하여 각성하고 현재 자기가 경험하고 있는 불안과 갈등 및 장애의 원인을 이해하고 자기 나름대로의 주관을 가지고 능동적으로 삶을 살아갈 수 있도록 도움을 주어야 한다. 따라서 실존주의 상담에서는 무엇보다도 상담자와 내담자의 친밀한 관계를 중요하게 여긴다. 상담자와 내담자가 친밀하게 '참만남'을 경험하여 내적 경험을 할 수 있어야 한다. 참만남을 통하여 내담자에게 새로운 세계가 열리고 새로운 사고방식을 경험하게 하여 세계관과 성격에 큰 변화를 가져오게 된다.

실존주의 상담에서는 인간중심의 상담원리와 정신분석 상담원리를 적용하기도 한다. 예컨대 인간중심 상담이론의 내담자 중심의 주관적 세계를 중시하고 인간의 성장과 발달을 촉진하는 상담자의 자세를 견지한다. 내담자를 존중하고 공감을 바탕으로 수용적인 분위기에서 내담자의 솔직한 감정을 이끌어 낸다. 실존주의 상담에서는 정신분석에서 사용하는 자유연상법, 질문법 등과 같은 상담기법을 사용하기도 하지만, 정신분석과 달리 실존주의 상담에서는 과거의 경험과 원인보다는 지금-여기에서 일어나고 있는 일들과 현상학적인 경험에 중점을 두고 내담자의 문제사례를 분석한다.

실존주의 상담의 대표적인 학자는 빅토 프랭클Vitor Frankl과 롤로 메이Rollo May가 있다. 여기서는 유럽의 프랭클을 소개하겠다.

- 프랭클의 의미치료 로고테라피

오스트리아 출신의 유태계 정신과 의사이자 심리학자인 프랭클은, 초기 프로이트와 아들러에 의하여 많은 영향을 받았으나, 이후 독자적인 연구를 진행하여 실존주의 심리학인 '의미치료'로 발전시켰다. 그가 창안한 의미치료는 그의 성장환

Frankl
(1913~2007)

경과 시대적 배경에서 영감을 얻었다. 유태인이었던 프랭클은 나치 강제수용소에서 수용된 사람들의 정신적인 충격과 슬픔을 완화시키는 역할을 하였다. 수용소에서의 생활은 의미치료를 발전시키는 데 더 많은 영감을 주었다. 수용소 안에서도 인간으로서의 품위를 잃지 않고 사는 사람들과 그렇지 않고 무질서하게 사는 사람들을 발견하면서 삶에 대한 태도와 의미추구가 매우 중요한 것을 알게 되었고, 이런 경험을 토대로 하여 이후 '의미치료'를 발전시켰다. 전쟁의 생존자로 우울증과 자살 충동을 극복한 그의 수용소 경험을 담은 '죽음의 수용소에서'는 전세계에 널리 알려져 있다.

빅터 프랭클 저
이시형 역
청아출판사(2005)

프랭클은 비엔나 대학에서는 신경과와 정신과를 전공하면서 우울과 자살에 대한 연구를 하였고, 이후 실존주의 심리학인 의미치료를 발전시켰다. 프랭클(2005)은 현대사회에 만연해 있는 우울증과 공격성, 중독증의 원인을 알기 위해서 저변에 깔려 있는 실존적 공허를 이해해야 한다고 주장했다. 삶의 의미를 찾게 되면, 마음의 평화, 안정, 행복을 얻게 되어 마침내 자아실현과 정상경험을 성취하게 된다(이남표, 2000).

2019년 중 · 고등학생 10명 중 4명은 평상시 스트레스를 많이 느끼며, 10명 중 3명은 최근 1년 내 우울감을 경험하는 것으로 나타났다. 2019년 중 · 고등학생 10명 중 4명(39.9%)은 스트레스를 많이 느끼고 있는 것으로 나타났고, 스트레스 인지율은 고등학생(42.4%)이 중학생(37.2%)보다, 여자(48.8%)가 남자(31.7%)보다 높으며, 학교급보다 성별에 따른 차이가 크게 나타났다. 2019년 중 · 고등학생 10명 중 3명(28.2%)은 최근 1년 내 우울감을 경험한 것으로 나타났다.우울감 경험률도 고등학생(29.4%)이 중학생(26.9%)보다, 여자(34.6%)가 남자(22.2%)보다 높으며, 학교급보다 성별에 따른 차이가 크게 나타났다.

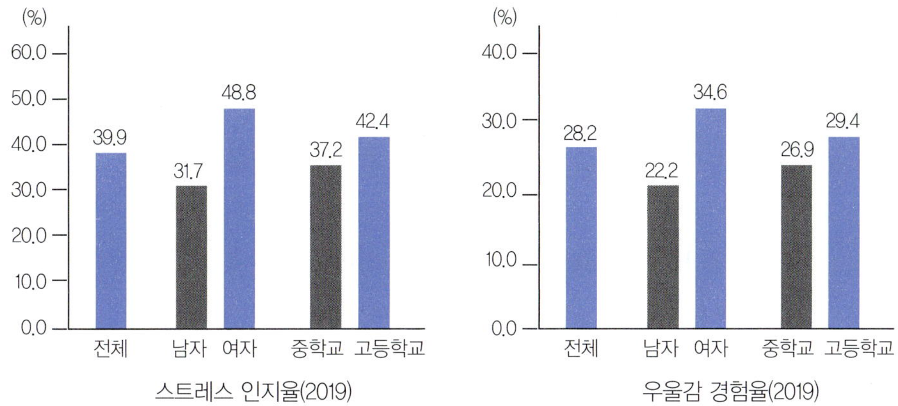

[그림 10-4] 스트레스 인지율 및 우울감 경험율

출처: 통계청·여성가족부(2019).

또한 2018년 청소년(9~24세) 사망자 수는 전년 대비 3.8% 증가한 2천여 명이며, 사망원인은 고의적 자해(자살), 안전사고, 악성신생물(암) 순으로 나타났다. 이와같이 한국의 청소년은 스트레스와 우울감 및 사망으로 인해 많은 문제를 겪고 있다.

프랭클의 '의미치료'는 우리나라의 청소년들에게 도움을 줄 수 있다. 중·고등학교 시기는 자아정체감이 형성되는 시기로 신체적, 심리적, 사회적으로 급격한 변화를 경험하며 내·외부적으로 사회 적응에 대한 갈등과 심리적 혼란을 겪게 된다(김경희·김계하, 2009). 이와 같이 스트레스가 많고 고민이 많은 청소년들이 자신의 삶의 가치를 인식하고, 삶의 의미가 높을수록 심리적 적응 수준이 높은 것으로 나타났다(임지예, 2018). 또한 의미치료는 자신의 가치를 증진시키고, 소외감, 의미상실, 실존좌절 등의 극복에 효과적인 접근으로 자아정체감 확립을 위해 투쟁하는 청소년 등 발달적 위기를 극복하는 경우에 유용하다(May & Yalom, 1989; 권점란, 2019; 이성옥, 1997). 진로와 의미치료의 관련성을 알아본 연구에서 이나경(2015)은, 삶의 의미는 진로결정 자기효능감을 매개로 자신이 직업에 잘 적응할 수 있다고 믿으며 자신감을 가지고 실제로 구체적으로 진로와 관련된 행동에 영향을 주는 것으로 나타났다고 밝혔다. 이처럼 의미치료는 청소년들의 스트레스 해소, 및 우울증 해결, 진로적응 등에 효과가 있는 것으로 나타났다(이남표, 2000).

프랭클에 의해 제창된 심리요법인 의미치료의 명칭 유래는 '로고스(그리스어로 의미)'지만, 그것은 논리법칙이 아니라 이성과 거기에서 만들어진 가치나 의미라는 정신적인 것에서의 심리요법으로 로고테라피라고 한다. 로고테라피는 내담자 스스로 삶의 의미를 찾도록 도와주는 것이 중요한 목표다.

프랭클은 내담자가 자신의 인생에 대한 질문에 답하고, 실존적 의미와 목적을 찾도록 도전정신을 심어주고, 참된 모습으로 살아가도록 도와주는 것이라고 했다. 로고테라피는 내담자의 미래에 초점을 맞추고, 상담과정을 증상의 확인, 의미의 자각, 태도의 수정, 증상의 통제, 삶의 의미발견의 5단계로 제시하였다. 상담자는 내담자의 증상을 확인한 후에, 내담자로 하여금 자신의 정신력과 자원을 자각함으로써 공포, 강박관념, 우울감이나 열등감과 같은 증상에서 거리를 두면서 극복하게 한다. 내담자의 의미탐구 능력을 중요하게 여기며 스스로 자신의 결점을 자각하고 극복하게 한다. 태도를 수정하기 위해 내담자가 증상에서 한발 물러서 자신의 거리를 조절하며 개방적인 자기 수용 태도를 배우게 한다. 매우 절박한 상황에서도 자신의 가치체계의 문제를 다룰 때에는 내담자의 의견을 존중해야 한다. 태도가 수정되고 이상 증상이 해결되는 과정에서 내담자가 자신의 상황을 극복하게 되고 삶의 의미를 발견하고 방향성을 찾게 된다. 이런 상담과정을 통해서 내담자의 미래의 정신건강에 도움이 된다.

(3) 상담의 효과

상담은 초등학생부터 대학생에 이르기까지 널리 적용되고 있고, 어느 정도 효과가 있는 것으로 나타났다. 우리나라 초 · 중 · 고등학생의 학업중단율은 2000년 이후 계속 증가추세에 있고, 최근 5년 동안 매년 6~7만 명 정도의 학생이 학교를 떠나고 있다(교육부, 2014). 학생들의 학업중단은 대부분이 학교 부적응이 주된 원인으로 보고되었다(교육부, 2014). 청소년을 대상으로 한 적절한 상담이 이루어져 이들이 자신의 가치를 존중하고 학교에 적응할 수 있도록 상담을 통한 개입이 필요하다.

김태은, 김영빈(2013)의 '학습부진 초등학생의 동기 향상을 위한 집단상담 프로그램의 효과 분석' 연구에서 학습부진 초등학생의 동기 향상을 위한 집단상담 프로그램을 개발하고 그 효과성을 검증했다. 학습부진학생을 지도하는 교사들을 대상으로 프로그램 개발에 대한 요구조사를 실시하여 동기 향상 프로그램의 모듈을 구성하여 총 12회기의 프로그램을 개발하였다. 프로그램 모듈은 주요 동기요소인 목표설정, 자기효능감, 성취동기를 토대로 하고, 대인관계 증진과 스트레스 대처 모듈을 추가하였다. 프로그램 실시집단 28명과 미실시집단 29명에게 학습자 특성 검사를 사전과 사후에 실시하여 프로그램 효과를 검증한 결과 프로그램 실시집단의 자기효능감이 유의하게 향상되었고 학습동기와 목표지향성 유형이 긍정적으로 변화되었다.

CHAPTER 11

학습평가

학습 평가란 교육과정의 계획 · 실천함에 있어서 학습목표가 올바르게 설정되었는지, 학습목표에 도달하기 위한 계획과 과정은 적절한지, 학습목표가 제대로 성취되었는지를 확인하고 판단하는 일련의 과정이라고 할 수 있다. 교육평가의 개념과 관련해서 교육현장에서는 시험, 고사, 검사라는 단어를 사용하기도 한다. 시험은 주로 지필검사에 초점을 맞추어 사용하는 말이고, 고사는 시험과 거의 유사한 용어다. 중간고사 또는 중간시험이라고 하거나 기말고사 또는 기말시험이라고 사용되는 용어로 총괄평가와 관련지어 시험 또는 고사라는 단어를 사용한다. 검사는 주로 지능 검사, 창의성 검사, 적성 검사, 흥미 검사 등과 같이 한 개인의 능력이나 특성을 객관적으로 측정하는 도구의 개념으로 사용된다.

교육현장에서는 시험, 고사, 검사라는 용어 외에 '평가'라는 용어를 사용한다. 일반적으로 교육평가라는 용어를 사용할 때 측정measurement, 사정assessment, 평가evaluation 개념을 구분하지 않고 혼용하여 사용한다(전경원, 2007, 전경원 · 김누리, 2020). 측정이란 일정한 규칙에 따라 사물의 특성에 일련의 수치들을 할당하는 것을 의미한다(전경원, 2010). 교육심리학의 경우 눈에 보이는 물리적인 특성들보다는 학생들의 다양한 행동을 설명할 수 있는 눈에 보이지 않는 특성들, 즉

심리적 구인들을 측정하는 데 더 많은 관심이 있다(전경원, 2010). 즉, 측정이란 평가를 내리기 위한 증거수집활동으로서 정확하고 공정하고 객관적으로 엄밀하게 자료를 수집하는 수량화 과정에 초점을 둔다고 할 수 있다.

사정이란 다양한 측정 결과를 토대로 개인이나 대상의 전체적인 모습을 조망하는 것이다. 사정은 개인, 집단(조직), 또는 프로그램의 특성 또는 수행 수준에 관한 다양한 양적 · 질적 정보들을 수집하고, 이를 분석, 조직, 종합하는 일련의 체계화된 절차를 의미한다. 사정은 측정을 통해 얻은 양적 정보뿐만 아니라 질적 정보를 포함하는 다양한 형태의 정보를 이용한다는 점에서 측정을 포괄하는 광의의 개념이다(전경원, 2010).

일반적으로 사용하는 평가는 주로 어떤 목적을 가지고 아이디어, 작품, 방법 등을 해석하고 자료에 관한 가치판단이 부여된 교육적인 의사결정의 과정이다. 즉, 사정과정을 통해 수집된 종합적인 정보를 토대로 특정한 교육적 가치 또는 목표가 달성되었는지를 판단하고 이에 따라 일련의 결정하는 것을 의미한다(전경원, 2020). 따라서 평가는 본질적으로 가치와 결정이라는 두 요소가 내재되어 있으며, 이것이 평가와 사정을 명확하게 구분짓는 가장 큰 차이점이다.

학습평가의 기능은 다양하지만 학생의 개인적인 측면, 특히 학생 개개인의 발달과 학습을 모니터하여 전인적 성장발달을 지원하기 위해 필요하다. 교육평가는 교육과정의 학습목표와 교육내용 및 학습지도 방법의 개선과 평가 그 자체의 개선을 위해서 자료를 제공해주고, 학습자의 학습동기유발을 시켜주는 기능을 하고, 학습자 자신의 자기 이해를 도와주는 기능 등을 가지고 있다. 또한 학생의 생활지도와 상담의 자료를 제공하고, 학급 편성이나 진학, 선발 등에 있어서 가장 중요한 근거와 기준의 역할을 하게 된다. 무엇보다도 교육평가는 학습결과를 진단, 확인하고 그에 관한 치료와 처방을 제공해 주는 중요한 기능이 있다. 교육평가를 통해 학습자의 장 · 단점을 확인하여 장점을 강화시키는 심화학습과 단점을 보완해주는 보충학습을 제공할 수 있는 기준을 마련하는 데 의의가 있다.

유아 평가의 필요성은 유아 개개인의 발달과 학습을 모니터하여 전인적 성장발달을 도와주는 데 있다. 유아의 평가는 개인 간 능력, 발달수준, 개인차를 구별하기 위한 것이 아니라, 각 개인의 전반적인 발달 수준에 대한 이해와 함께 어떤 발달적 측면이 더 발달되고, 덜 발달되었는가를 발견함으로써 유아의 발달을 효과적으로 지원하는 데 도움을 제공할 수 있다(유아교육백서, 2011). 유아의 발달 수준에 적절한 교육을 제공하기 위해서는 현재의 발달 수준을 잘 이해해야 하고, 나아가 유아의 잠재력, 능력, 기질, 성향 등의 개별적인 특성을 파악하는 자료로 활용되어야 한다. 만일의 경우 특수한 교육이 필요하다면 조기에 개입하여 개별화 교육이 실시될 수 있도록 평가자료를 적절하게 사용해야 한다.

교사 측면에서는 교육평가를 통해 교사 자신을 반성하고 평가하는 기능이 있다. 대부분의 학생들의 학업성취도가 저조하다면 교사의 교수방법이나 교수전략, 교육내용에 문제가 있을 수도 있기 때문이다. 평가를 통해서 교사 자신의 교수학습 계획에 대한 반성과 이해의 자료로 활용해야 한다.

11장에서는 기존의 평가방법인 형성평가와 총괄평가, 준거 참조와 규준 참조, 고전적인 검사와 수행평가에 이르기까지 다양한 평가 방법을 소개한다. 그러나 미래의 교사로서 창의성과 문제해결력 등을 평가할 수 있는 새로운 평가 방법을 연구해야 한다. 태어날 때부터 디지털 기기에 둘러싸여 성장한 '디지털 네이티브' 세대는 손가락 하나로 방대한 정보에 접속할 수 있다. 유튜브, 위키피디아, 검색엔진 등을 통해서 즉각적인 웹 기반 자료는 물론이고 시리나 알렉사 같은 인공지능 비서에게 물어보기만 하면 원하는 답을 얻을 수가 있다. 이런 환경에서 생활하는 학생들에게 동일한 교육을 받도록 하고, 동일한 지식을 암기하는 형태의 학습은 과거에 비해 많이 사용되지 않을 것이다. 평균의 학생들을 대상으로 하여 지식을 공급하고 이 내용을 암기하고 평가하는 방식에서 달라져야 하고, 이에 따라 교사의 평가 방식도 달라져야 한다.

1. 형성평가와 총괄평가

교육 평가를 기능적으로 사용하기 위해 3가지 평가(진단평가, 형성평가, 총괄평가)가 있다. 교육평가는 평가의 시기에 따라 3가지 평가로 분류한다. 진단평가 diagnostic evaluation는 학습목표를 달성하기 위해 교수 학습 활동이 시작되기 전에 학생들의 학습 준비도를 진단하는 평가이다. 진단평가를 통해서 학습자의 현재 출발점의 특성을 진단하여 어떤 특정한 교수 전략을 사용할지 결정하고, 때에 따라서는 보충학습이나 심화학습의 프로그램을 사용할지에 대해서 판단하기도 하고, 학생들의 교육적 배치 자료로 활용하기도 한다.

형성평가formative evaluation는 교수 학습이 진행되는 과정 중에 실시되는 평가로 교사는 학생의 교수 학습이 진행되는 동안의 과정 수행 정도를 알 수 있고, 학생도 자신이 어느 정도로 수업에 대한 이해를 하고 있는지 알 수 있다. 교사는 이를 통해 수업과정의 장 · 단점을 파악할 수 있고, 이런 피드백 자료를 토대로 하여 수업의 속도나 교수 내용을 수정할 수 있게 된다. 형성평가 방법은 간단한 퀴즈나 필답고사로 시행할 수도 있고, 구두 문답 형식으로 시행할 수도 있고, 때에 따라서는 교사의 관찰에 의해 이루어질 수도 있다. 학생은 형성평가를 통해 자신이 얼마나 잘하고 있는지 즉각적인 피드백을 받을 수 있다. 형성평가의 개념을 확장한 것이 수행평가라고 할 수 있으며 수업 활동의 일부로 이루어질 수도 있고, 별도로 시행할 수도 있다. 형성평가는 주로 준거 참조적이라고 할 수 있다(Slavin, 2006). 즉, 형성평가를 통해 누가 사칙연산의 개념을 이해하지 못하는지, 누가 광합성의 개념을 제대로 이해하지 못하고 있는지를 알아볼 수 있는 것이지, 30명 중에 누가 가장 잘하고, 못하는지를 알아내는 것이 아니다. 최근 미국과 영국에서는 학생들의 학업성취도를 높이기 위해 형성평가를 적극적으로 사용하도록 국가 수준에서 권장하고 있고, 선진국 학교 현장에서 사용하고 있는 형성평가 기법이 무려 100여 가지 이상 된다(김진규, 2013). 형성평가를 많이 하게 되었기 때문에, 다양한 형성평가 방법을 알아두는 것이 좋다.

총괄평가summative evaluation는 주어진 단원이나 과제의 교수 · 학습이 끝났을 때 학습 목표의 달성도를 알아보기 위한 종합평가다. 예컨대 한 단원이 모두 끝나거나 학기말 또는 학년 말에 학습목표의 달성 정도를 알아보거나 교육과정의 전 영역을 종합적으로 평가하는 것이 총괄평가라고 할 수 있다. 총괄평가는 형성평가처럼 자주 실시하지 않고, 최종적으로 학생의 학업성취도를 점검하기 위한 평가다. 모든 반이 학기말에 동시에 시험을 보는 총괄평가가 없어진 초등학교에서는 형성평가, 수행평가 및 단원평가에 관심을 가지게 된 교사가 많아졌다.

2. 준거 참조와 규준 참조

시험을 본 후에 성적을 매길 때 교사는 중요한 결정을 해야 한다. 평가대상인 학생의 장점과 가치를 평가하는 과정을 평가라고 하는데, 수업활동을 통해 학습목표가 실제로 도달한 정도를 결정하는 과정이라고 할 수 있다. 교육목표를 평가의 준거 또는 표준으로 하여 수업활동을 통해 획득된 성과를 측정하는 것이 평가의 초점이다. 학습된 교육내용의 학습목표에 도달하면 누구나 A를 받을 수 있는 준거참조 평가방법을 사용할 것인지, 다른 학생과 비교해서 학생이 차지하는 위치에 따라 평가하는 규준참조 방법을 사용할 것인지를 결정해야 한다.

준거 참조criterion-referenced assessment 평가는 학생의 성취 정도를 사전에 결정된 수행 준거 또는 학습목표에 도달했는지를 알아보는 평가방법이다. 즉, 준거 참조 평가는 교사가 미리 정해 놓은 절대적인 준거criterion에 비추어 학생을 평가하는 것이다. 교사는 사전에 다양한 준거들을 준비하여 학생이 성취해야 할 교육목표나 기술 및 지식을 완수했는지 알아볼 수 있다. 준거 참조 평가는 다른 학생들과 비교하는 것이 아니라 한 학생이 무엇을 할 수 있고, 무엇을 알고 있는가를 확인하기 위해 사용한다. 동일 연령이나 동일 학년에 있는 다른 학생의 성취도와 비교하는 것이 아니고, 한 학생이 특정한 지식이나 기능을 얼마나 잘 학습했는지를 알아보는 것이다. 이러한 준거 참조 평가는 학생들로 하여금 동기유발을 일으켜 준거에 도달하려고 하는 적극적인 태도를 보이게 되고, 성취감을 느끼게 하여 궁극적으로 학습에 효과가 있다. 준거참조평가의 경우 모든 학생이 일정 수준의 절대적인 준거에 도달하게 되면 모두 A 학점을 받을 수 있는 것이다.

규준참조norm-referenced assessment는 한 학생이 받은 점수가 다른 학생이 받은 점수에 의해 상대적으로 결정되는 평가방법이다. 즉, 한 학생의 성취도 점수를 다른 학생의 점수와 비교하는 것으로, 한 학생이 비교가 되는 집단 속에서 다른 학생보다 얼마나 더 성취했느냐 하는 상대적 비교를 통해서 성적을 결정하는 평가방법이다. 이때 한 학생의 점수는 주어진 집단의 점수분포인 규준norm에 의해서 결정된다. 규준참조 평가방법의 점수는 절대적인 의미로 해석하기 어렵다는 문제점이 있다. 예컨대, 어떤 학생이 미술에서 수를 받았다면 이는 그 집단의 다른 학생들보다 미술에서 상위 10%나 2% 정도라는 것만 의미하는 것 이상으로 그 학생이 실제로 무엇을 어느 정도로 학습했는지 알 수가 없다. 또는 음악에서 미를 받았다면 그 집단에서 음악의 점수가 중간 정도라는 것을 알 수 있지만, 음악에서 실제로 무엇을 어느 정도 학습했는지 밝힐 수가 없다. 이런 규준참조 평가는 집단 내에서 학생의 상대적인 서열에 관한 정보만 알려주는 것이지, 학습목표달성에 관한 정보를 얻을 수는 없다. 이런 문제점과 상대적인 평가방법을 하면 과도한 경쟁을 하게 되므로 동기유발이 어렵다.

3. 고전적 검사: 객관식 검사와 주관식 검사

시험 문항에는 객관식 검사와 주관식 검사가 있다. 객관식 검사에는 일련의 선택지에서 정답을 선택하도록 요구하는 선다형, 진위형, 완성형, 단답형 등이 있고, 주관식 검사에는 대표적으로 논술검사가 있다.

1) 객관식 검사

(1) 선다형

선다형 문제는 교육현장에서 가장 많이 사용하는 검사 유형이다. 의문문의 형태나 미완결문 뒤에 4개 또는 5개의 답지가 주어진다. 어떤 형태의 선다형 문제이든지 2개 이상의 선택 가능한 답지가 제시되어야 한다. 한 문제에 대해 세 개 이상의 항목 중에서 가장 적당한 항목을 고르게 하는 검사다. 일반적으로 4지 선다형이 많이 사용되었으나, 최근에는 5지 선다형이 이용되고 있다.

선다형 문항을 제작할 때는 답지의 길이를 비슷하게 해야 하고, 정답과 오답의 길이가 비슷해야 하며, 정답의 길이가 더 길거나 더 짧은 문항은 항상 오답으로 되게 하는 것이 좋다. 문항의 질문 형태는 가능한 한 긍정문으로 진술한다. 부정적인 단어를 사용하거나 강조를 하는 단어가 있으면 밑줄을 그어주면 좋다. 또한 정답의 위치는 무선으로 배치하고, 3번이 정답인 문항이 너무 많지 않도록 한다.

교사가 선다형 문제를 잘 만들려면 많은 시간과 노력이 필요하지만, 문항의 난이도를 잘 조절하여 채점결과에 대한 객관성과 신뢰도를 높일 수 있다. 학생 입장에서는 선다형 시험문제가 선택지가 있어서 쉬울 것 같지만, 문제가 어려운 경우에는 한 문제를 푸는 데 10분 이상이 걸릴 수도 있다. 미국과 캐나다의 GRE 시험의 경우 고난이도의 문항을 제시하여 시험을 보는 이로 하여금 선택을 하는 데 어려움을 겪게 하기도 한다. 물론 대학원 정도의 수업을 잘 이해하고 논문을 작성하기 위해 언어력, 수리력, 비판적 사고력, 분석적 능력 등과 같은 고차원적인 지적 능력의 정도를 평가하는 시험이기 때문에 그럴 수도 있다.

예 1: 매슬로우의 욕구위계설에 포함되지 않는 욕구는 어떤 것인가? (　　　)

① 생리적 욕구
② 자아실현 욕구
③ 안전 욕구
④ 도덕적 욕구
⑤ 소속-애정 욕구

예 2: 길포드의 창의성 하위요인은 어떤 것인가? (　　　)

① 유창성, 독창성, 진실성, 정교성
② 유창성, 독창성, 융통성, 정교성
③ 유창성, 독창성, 유머성, 정교성
④ 독창성, 유창성, 민감성, 성실성

⑤ 독창성, 유창성, 진실성, 융통성

(2) 진위형(true-false item)

학생들에게 진술문을 제시하고 그 진술문의 정오, 진위를 판단하게 하는 문항 형태이다. 2개 중에 한 가지를 선택하는 유형의 문제다. 학생들이 추측해서 답을 맞힐 수 있는 확률이 상당히 높고, 채점의 객관성과 문항제작의 용이함은 있지만, 고등사고 능력을 측정하기엔 적절하지 않다. 진위형 문제를 제작할 때는 하나의 진술 문항에 하나의 아이디어만을 평가하는 것이 적절하다.

예 1: 다음 문제를 읽고 맞다고 생각하면 O, 틀리다고 생각하면 X로 표시하시오.
–어떤 심리검사가 신뢰도가 높으면 타당도도 높다고 할 수 있다. (　　)

예 2: 다음 문제를 읽고 맞다고 생각하면 O, 틀리다고 생각하면 X로 표시하시오.
–정서 · 행동 장애의 유형에 자폐가 포함된다. (　　)

(3) 완성형

선다형처럼 정답을 선택하는 것이 아니라, 진술문에 빠진 내용을 채워넣는 문제다. 문장의 처음, 중간, 또는 마지막 부분에 빠진 내용을 적는 것이다. 선다형처럼 선택하거나 진위형처럼 맞는지 틀리는지를 표시하는 것이 아니라 회상을 통해서 특정 단어나 숫자 및 기호를 찾아서 직접 적어야 한다는 어려움이 있다.

예 1: 창의성의 하위 요인에는 유창성, 융통성, 정교성, 그리고 (　　)이 중요하다.

예 2: 렌줄리는 영재 세 고리 개념에서 평균 이상의 지적 능력, 창의력, (　　) 이 3가지가 중요하다고 했다.

(4) 단답형

비교적 간단한 단어, 구, 절, 문장 또는 숫자나 기호 등을 제한된 형태로 답하도록 구성된 객관식 문제다.

예 1: 스푸트니크호를 발사한 연도는 언제였나? (　　)

예 2: 영재교육의 2가지 유형이 무엇인가? (　　)

2) 주관식 검사

주관식 검사의 대표적인 유형은 논술검사다. 논술은 주어진 문제나 질문에 대해 확장된 서술 반응을 요구하는 유형의 주관식 검사다. 논술형 시험은 학생들의 창의적이고 비판적인 사고능력을 측정할 수 있다는 데 가치가 있다. 단순하게 정답을 찾는 객관식 검사에 비해 학생 자신의 고등사고 능력을 파악할 수 있기 때문에 학생들이 비교하고 대조하고 분석하고 종합하고 평가하는 능력을 발휘하게 된다.

그러나 논술형 검사는 소수 문항만 제시하기 때문에 다양한 내용을 다루기 어렵고, 채점을 하는 데 시간이 많이 걸리고, 채점자의 주관성을 배제하기 어렵다. 채점을 할 때 철자나 문법 등과 같은 글쓰기 기술로 인해 평가하는 데 영향을 미치기도 하고, 글쓰기 능력이 탁월한 학생의 답안에 후한 점수를 줄 수도 있다는 단점이 있다. 어떤 학생의 경우에는 악필이라서 읽을 수가 없거나, 깨알같이 작은 글씨를 알아보기 어려운 경우도 있다. 문제를 출제하는 사람에게만 어려움이 있는 것이 아니다. 때에 따라서는 학생들이 논술형 문제를 파악하는 데 어려움을 보이기도 한다. 논술형 문제를 받고 당황해서 손을 들고 문제를 잘 이해하지 못한다고 하는 학생이 있을 수도 있다.

이런 단점을 보완하여 논술형 문제를 만들면서 답안과 채점 기준을 작성해 놓는 것이 좋다. 논술형 문제를 작성할 때는 학생이 어떻게 응답해야 하는지 지침을 제공하는 것이 좋다. 예컨대 답안의 분량, 포함시켜야 할 중요 내용 등과 같은 것을 명확하게 제시하고 문항의 수를 한 개로 하는 것보다는 여러 개로 구성하여 다양한 내용을 평가하는 것이 좋다. 또한 여러 개의 논술문제를 제시하고 선택하는 것보다는 동일한 문제를 학생들이 답하도록 하여 신뢰도를 높이는 것이 좋다.

4. 수행평가

고전적인 객관식과 주관식 유형의 필기시험 평가방법의 타당성이 부족하다는 비판과 더불어 대안으로 수행평가 방법이 제시되고 있다.

1) 수행평가의 의미

수행평가는 학생들의 전인적인 발달을 평가하기 위한 방법으로 1999년부터 초 · 중 · 고등학교에 도입되었다. 수행평가가 도입된 배경에는 사회적인 변화에 따른 교육의 본질을 찾기 위한 것이라고 할 수 있다. 과거와 달리 정보화의 기술이 발달함으로 인해 인간으로 하여금 필요한 능력이 달라졌다. 정보화 사회에서는 창의력, 문제해결력, 비판적인 능력과 같은 고등사고능력이 요구된다. 그런데 전통적인 평가방법으로는 학생 스스로 다양한 상황에서 자신의 기술과 지식을 활용할 수 있는 능력을 향상시키는 데 한계가 있다. 학생들로 하여금 현실 상황에서 창의성을 발휘하여 문제해결을 할 수 있는 능력을 키워주려면 수행평가 방식에 초점을 맞춰야 한다. 백순근(1996, 1997, 1998, 2020)은 학교교육 현장에서 수행평가가 필요한 이유를 구체적으로 다음과 같이 설명한다.

첫째, 세계화, 정보화 시대를 맞이하여 사고의 다양성과 창의성을 신장하고 조장하기 위함이다.

둘째, 수행평가는 여러 측면의 지식이나 능력을 지속적으로 평가함과 아울러 교수-학습 활동을 개선하기 위함이다.

셋째, 학생이 인지적으로 아는 것뿐 아니라 아는 것을 실제로 적용할 수 있는지 여부를 파악하기 위함이다.

넷째, 학습자 개인에게 의미 있는 학습활동이 이루어질 수 있도록 하기 위함이다.

〈표 11-1〉 전통적 평가와 대안적 평가 비교

	전통적 평가	대안적 평가
특성	• 점수화된 평가 • 정답에 근거한 점수 사용 • 제작과 채점이 용이한 검사 • 선택형 문항 • 진위형, 배합형, 선다형 • 수동적 지식 표현 • 표준화 검사 • 집단 간 비교 가능 • 검사도구 타당성/신뢰성 양호함	• 학습결과와 과정에 대한 평가 • 평가과제와 교수내용의 적용과 통합, 학생 참여에 의한 평가 가능 • 종합적 관점이 분석적 관점보다 강세 • 점수 부여에 대한 교사의 판단 요구, 채점 기준표 사용 • 다단계 평가, 관찰 필요하므로 시간 노력 소요 • 상황/현실 맥락 기분으로 수행요구
활용 목적	• 학습결과에 대한 평가	• 학급결과와 과정에 대한 평가 • 교수과정과 교수목적에 대한 평가 • 학생 참여와 함께 학생이 학습과 평가의 주체임을 강조 • 교사와 학생 간의 협조체제
평가 방법	• 지필적 선다형 문항에 대한 반응 • 비연속점수 검사	• 포트폴리오 • 관찰, 면접 • 토론, 발표 • 연구보고서 • 논술, 구술, 실험실습

출처: 남명호·김성숙·지은림(2000).

수행평가는 암기위주, 입시위주의 교육 상황을 개선하고 고등정신능력을 향상시키는 데 그 목적이 있다. 수행평가performance assessment는 교사가 학생이 학습과제를 수행하는 과정이나 그 결과를 보고, 그 학생의 지식이나 기능 및 태도 등에 대해 전문적으로 판단하는 평가방식이다(백순근, 1998; 한국교육평가학회, 2004). 즉, 학생 스스로가 자신의 지식인 기능을 나타낼 수 있도록 산출물을 만들거나, 행동으로 나타내거나, 답을 서술하거나 구성하도록 요구하는 평가이다(백순근, 1998). 성태제(1999)는 수행평가를 습득한 지식, 기능이나 기술을 실제 상황인 인위적 평가 상황에서 얼마나 잘 수행하는지, 또는 최소한 어떻게 수행할 것인지는 관찰, 면접 등의 다양한 방법을 통하여 종합적으로 판단하는 평가방법으로써 수행과정과 결과를 종합적으로 평가하는 방법으로 정의하였다. 국립교육평가원(1996)은 수행평가를 학생들의 지적인 것(창의력 등 고등사고 기능을 포함)뿐만 아니라 학생 개개인의 행동 발달 상황이나 흥미, 태도 등 정의적 영역, 그리고 체격이나 체력 등 신체적 영역에 대한 종합적이고 전인적인 평가로 정의했다. 수행평가의 다양한 정의를 종합해보면, 수행평가는 교사가 학생의 수행이나 산출물을 직접 관찰하거나 검토한 것을 토대로 수행이나 산출물의 질에 대해 전문적으로 판단을 내리는 방법이다.

수행평가를 할 때 학생들의 학습과제를 평가함으로써 창의력과 문제해결력 및 다양한 고등사고능력(비판력, 판단력, 분석력, 적용력, 통합력)을 신장시킨다(Wolf, 1993). 수행평가의 장점은 학생들의 흥미와 학습동기를 유발시키고 능동적으로 학습에 참여하도록 해준다(Baron & Boschee, 1995). 또한 다양한 방향에서 학습과정을 평가하여 의사결정의 자료로 활용할 수 있으며, 나아가 교사와 학생, 학생과 학생 간의 역동적인 의사소통 관계를 발달시킬 수 있다.

국립교육평가원(1996)에서는 창의성이나 문제해결력과 같은 고등사고 기능을 파악하고 개별적인 학습을 신장하기 위해서 사용될 수 있는 수행평가의 일반적인 특징을 다음과 같이 정리하였다.

첫째, 수행평가는 학생이 문제의 정답을 선택하게 하는 것이 아니라 자기 스스로 정답을 작성하거나 행동으로 나타내도록 하는 평가이다.

둘째, 수행평가는 추구하고자 하는 교육 목표를 가능한 실제 상황하에서 달성할 수 있는지의 여부를 파악하고자 한다.

셋째, 수행평가는 교육의 결과뿐만 아니라 교육의 과정도 함께 중시하는 평가 방식이다.

넷째, 수행평가는 단편적인 영역에 대해 일회적으로 평가하기보다는 지속적으로 이루어지는 것을 강조한다.

다섯째, 수행평가는 개개인을 단위로 해서 평가하기도 하지만 집단에 대한 평가도 중시한다.

여섯째, 수행평가는 학생의 인지적 영역뿐만 아니라 학생 개개인의 행동발달 상황이나 흥미, 태도 등 정의적인 영역, 신체적인 영역에 대한 종합적이고 전인적인 평가를 중시하고 있다.

〈표 11-2〉 전통적인 평가체제와 수행평가 체제와의 특성 비교

구분	전통적 평가체제(예: 선택형 시험)	새로운 평가체제(예: 수행평가)
진리관	• 절대주의적인 진리관	• 상대주의적인 진리관
지식관	• 객관적인 사실이나 법칙 • 개인과 독립적으로 존재	• 상황이나 맥락에 따라 변함 • 개개인에 의해 창조되고, 구성되고, 재조직됨
철학적 근거	• 합리론, 경험론 등	• 구성주의, 현상학, 해석학, 인류학 등
시대적 상황	• 산업화 시대 • 소품종 대량 생산	• 정보화 시대 • 다품종 소량 생산
학습관	• 직선적, 위계적, 연속적 과정 • 추상적, 객관적, 상황 중시 • 학습자의 기억, 재생산 중시	• 인지구조의 계속적 변화 • 구체적 · 주관적 상황 중시 • 학습자의 이해 · 성장 중시
평가체제	• 상대평가 • 양적 평가 • 선발형 평가	• 절대평가 • 질적 평가 • 충고형 평가
평가목적	• 선발, 분류, 배치 • 한 줄 세우기	• 지도, 조언, 개선 • 여러 줄 세우기
평가내용	• 선언적 지식(내용적 지식) • 학습의 결과 중시 • 학문적 지능의 구성요소	• 절차적 지식(방법적 지식) • 학습의 결과 및 과정도 중시 • 실천적 지능의 구성요소
평가방법	• 선택형 평가 위주 • 표준형 검사 중시 • 대규모 평가 중시 • 일회적, 부분적인 평가 • 객관성, 일관성, 공정성 강조	• 수행평가 위주 • 개별 교사에 의한 평가 중시 • 소규모 평가 중시 • 지속적 종합적인 평가 • 전문성, 타당도, 적합성 강조
평가시기	• 학습활동이 종료되는 시점 • 교수 · 학습과 평가활동 분리	• 학습활동의 모든 과정 • 교수 · 학습과 평가활동 통합
교사의 역할	• 지식의 전달자	• 학습의 안내자 · 촉진자
학생의 역할	• 수동적인 학습자 • 지식의 재생산자	• 능동적인 학습자 • 지식의 창조자
교과서의 역할	• 교수, 학습, 평가의 핵심 내용	• 교수, 학습, 평가의 보조자료
교수 · 학습 활동	• 교사 중심 • 인지적 영역 중심 • 암기위주 • 기본 학습능력 강조	• 학생 중심 • 지 · 정 · 체 모두 강조 • 탐구위주 • 창의성 등 고등 사고기능 강조

출처: 교육부(1998).

케네스 울프Kenneth Wolf(1993)는 수행평가의 개념 모형을 다음과 같이 소개했다.

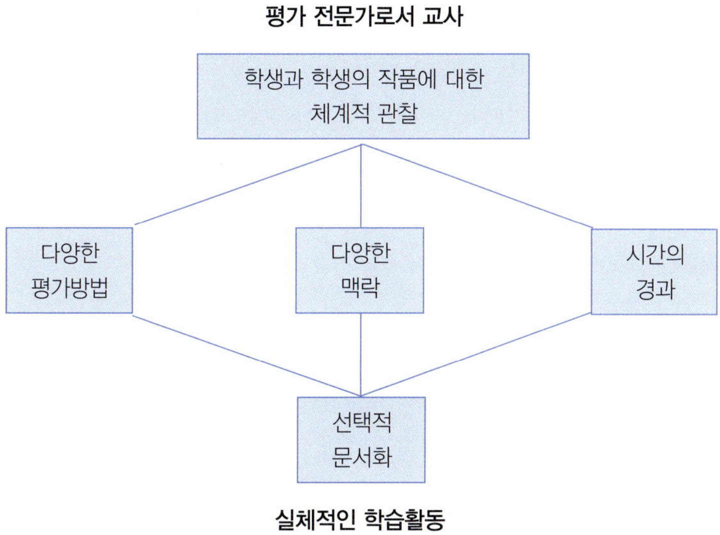

[그림 11-1] 수행평가의 개념모형

출처: Wolf(1993).

수행평가를 현장에 적용하려면 수행평가의 개념을 토대로 모형을 구안하고 이를 적용할 수 있는 운영모형이 필요하다.

첫째, 평가 전문가로서 교사

수행평가는 학생의 성취행동을 가까운 위치에서 관찰할 수 있는 교사가 중심이 되어 실시되고, 대규모로 실시될 수도 있지만 주로 교실에서 교수-학습 상황에서 교사의 직접적인 관찰에 의해 진행된다. 전통적인 평가 방법에서는 교사가 적극적인 역할을 하지 못하였지만, 수행평가에서는 교사가 평가의 주체가 된다. 따라서 교사는 수행평가는 제대로 실시하기 위해 평가에 대한 전문적인 소양을 갖추고 있어야 하고 교수-학습 내용을 잘 파악하고 있어야 한다.

둘째, 체계적인 관찰

학생의 과제 수행은 주의 깊고 체계적으로 관찰되어야 한다. 학생의 과제 수행 과정과 수행결과는 매우 방대하고 다양하다. 예컨대 학습계획서, 읽었던 도서 목록, 토론 및 토의활동, 서평, 질문과 응답, 포트폴리오, 학생의 태도, 동기, 흥미 등 다양하다. 이런 자료들 안에서 의미 있는 내용을 찾아낼 수 있어야 한다. 그렇지 않으면 넘치는 자료 속에 파묻히게 되고, 자료 안에서 의미를 찾기 어렵게 된다. 그러므로 관찰하는 교사는 체계적으로 가설을 설정하고 사례를 관찰하는 탐구자의 자세로 탐구의 과정을 밟아야 한다.

셋째, 다양한 평가방법

다양한 평가방법을 활용하여 교수-학습에 대한 정보를 수집해야 한다. 전통적인 평가와 달리 수행평가에서는 논술검사법, 관찰법, 면접법, 연구보고서법, 구술시험, 포트폴리오법, 자기평가법, 동료평가법 등 다양한 방법으로 평가해야 한다. 교사는 각 평가방법의 장점과 단점을 이해하고, 평가 도구를 적용하여 평가결과를 해석해야 한다.

넷째, 다양한 맥락에서 적용

전통적인 평가방법에서는 일회적 평가로 학습자의 능력을 파악하지만, 학생의 심리상태에 따라 평가결과가 좋지 않을 수도 있다. 그러므로 수행평가에서는 다양한 맥락에서 평가되어야 한다.

다섯째, 시간의 경과

수행평가는 시간이 경과함에 따라 학생들의 수행능력 변화를 여러 차례 반복하여 평가해야 한다. 시간의 경과에 따른 학습자의 능력면에서 어떤 발달이 있었는지 잘 이해하고 학습자, 교사, 교육행정가 등에게 피드백을 할 수 있어야 한다. 시간의 경과에 따른 교수-학습의 변화과정을 관찰하기 위해 수행과제에 날짜를 기록하는 칸을 마련하는 것이 바람직하다.

여섯째, 결과의 선택적 문서화

교사는 학생의 학업 성취도와 관련된 모든 활동 과정을 모두 수집하기는 어렵다. 그러므로 수행평가 결과는 선택적으로 문서화해서 수행활동에서 의미 있는 정보를 산출해 내야 한다. 의미 있는 정보를 체계적으로 수집하고, 선택적으로 문서화하여 정보가 필요한 사람들에게 명료하게 제시할 수 있어야 한다.

2) 수행평가의 유형

수행평가는 전통적인 선택형 검사에 대한 대안평가alternative assessment, 실제생활을 위한 참평가authentic assessment, 직접 평가direct assessment, portfolio assessment, 학습과정을 위한 과정평가proccess assessment, 질적 평가 등으로 이해되기도 한다.

기존의 선택형 검사는 개별적인 지식이나 기술 위주로 측정하기 때문에 실제생활에 적용할 수 있는 창의적인 사고력, 문제해결능력 등을 측정하기에 적합하지 않다. 그래서 실제생활에 사용할 수 있는 기술과 능력을 측정할 수 있는 참평가가 필요한 것이다. 예컨대 예술 분야와 스포츠 분야에서는 실제로 수행을 하는 능력을 평가할 수 있다. 또한 과학 실험을 할 때, 적절한 시약을 늘리거나 줄일 때 과학적인 행동과 태도를 관찰할 수 있다. 요리 활동을 할 때 실제 상황에서 식초나 기름의 양을 조절할 때도 수학적 측정을 적용하게 되고 교사는 이런 요리활동하는 실제상황을 관찰하게 될 것이다. 학생들은 문제를 해결하기 위해 어느 정도 양이 적절할지 실험하고 관찰하고 상상하고 가설을 세우고 검사하고 해석하며 창의력을 발휘하게 될 것이다. 이때 학생은 실제상황에서 수행하는 능력을 보여주게 되고, 교사는 실제장면에서 수행능력을 관찰하게 될 것이다. 참평가 방법으로 평가할 때는 본질적인 것을 평가해야 하고, 규준 중심의 평가가 아니라 준거중심의 평가를 해야 한다. 참평가를 할 때는 자기평가를 하도록 한다.

과정평가는 학생들이 어떻게 학습하였는지에 관심을 갖는 평가방법이다. 기존의 평가에서는 학생들이 얼마나 성취했는가에 관심을 갖는 과정평가이다. 정답과 오답 중심의 기존의 선택형 검사와 달리 제시한 문항에서는 문제를 해결하기 위해 어떤 해결방법을 사용하였는지, 어떤 사고의 과정을 겪었는지에 관심을 갖는다. 기존의 결과 중심의 평가에서 벗어나 과정 중심으로 평가하는 것이 중요하므로, 학생이 과제를 해결하면서 들였던 노력이나 사고의 과정을 중요하게 여긴다. 이런 의미에서 수행평가를 포트폴리오 평가라고 부르기도 한다. 학생이 과제를 해결하면서 어떤 변화의 과정을 거쳤는지 관찰하는 것이다. 일회적으로 검사하기보다는 일정 기간 동안 여러 개의 보고서나 산출물을 이용하여 변화하는 과정을 평가하는 유용한 방법이다.

수행평가의 유형은 포트폴리오(작품집 평가), 프로젝트, 협동학습, 관찰, 면접, 서술형, 논술형, 구술시험, 실험 · 실습, 연구 보고서 작성 등 다양하다(Baron & Boschee, 1995). 다양한 수행평가의 유형은 다음과 같다.

〈표 11-3〉 수행평가의 유형

유형	정의	특징 및 방법
논술	• 한 편의 완성된 글로 답을 작성하는 방법	• 학생이 답을 선택하는 것이 아니라 학생의 생각이나 의견을 직접 기술하기 때문에 창의성, 문제해결력, 비판력, 통찰력, 정보 수집 및 분석력 등의 고등 사고능력을 평가하기에 적합함
구술	• 특정 내용이나 주제에 대해서 자신의 의견이나 생각을 발표하도록 하여, 학생의 준비도, 이해력, 표현력, 판단력, 의사소통 능력 등을 직접 평가하기 위해 활용하는 방법	• 특정 주제에 대하여 학생들에게 발표준비를 하도록 한 후, 발표에 대하여 평가함 • 또는 평가 범위만 미리 제시하고 구술 평가를 시행할 때 교사가 관련된 주제나 질문을 제시하고 학생이 답변하게 하여 평가함.
토의 · 토론	• 특정 주제에 대해 학생들이 서로 토의하고 토론하는 것을 관찰하여 평가하는 방법	• 서로 다른 의견을 제시할 수 있는 주제에 대해서 개인별 혹은 소집단별로 토의 · 토론을 하도록 한 다음, 학생들이 사전에 준비한 자료의 다양성이나 적절성, 내용의 논리성, 상대방의 의견을 존중하는 태도, 진행 방법 등을 종합적으로 평가하는 방법

프로젝트	• 특정한 연구 과제나 산출물 개발 과제 등을 수행하도록 한 다음, 프로젝트의 전 과정과 결과물(연구 보고서나 산출물)을 종합적으로 평가하는 방법	• 결과물과 함께 계획서 작성 단계에서부터 결과물 완성 단계에 이르는 전 과정도 함께 중시하여 평가함
실험 · 실습	• 학생들이 직접 실험 · 실습을 하고 그에 대한 과정이나 결과에 대한 보고서를 쓰게 하고, 제출된 보고서와 함께 교사가 관찰한 실험 · 실습 과정을 종합적으로 평가하는 방법	• 실험 · 실습을 위한 기자재의 조작능력이나 태도, 지식을 적용하는 능력, 협력적 문제해결능력 등에 대해서 포괄적이면서도 종합적으로 평가함
포트폴리오	• 학생이 산출한 작품을 체계적으로 누적하여 수집한 작품집 또는 서류철을 이용한 평가방법	• 학생의 감정이나 약점, 성실성, 잠재 가능성 등을 종합적으로 파악할 수 있고, 학생의 성장과정을 한눈에 볼 수 있어서 학생에 유용한 피드백을 제공할 수 있음 • 일회적 평가가 아니라, 학생 개개인의 변화와 발전 과정을 종합적으로 평가하기 위해 전체적이면서도 지속적으로 평가하는 것을 강조함
관찰	• 관찰을 통해 일련의 정보를 수집하는 측정 방법	• 어느 특정한 장면이나 상황에서 발생하는 행동체계를 가능한 한 상세하고 정밀하게 탐구하기 위해 모든 신체적 기능과 측정도구를 이용할 필요가 있음 • 일화기록법, 체크리스트, 평정척도, 비디오 녹화 후 분석 등
자기평가 · 동료 평가	• 수행과정이나 학습과정에 대하여 학생이 스스로 평가하거나, 동료 학생들이 서로 평가하는 방법	• 학생들이 자신의 학습 준비도, 학습동기, 성실성, 만족도, 다른 학습자들과의 관계, 성취 수준 등에 대해 스스로 생각하고 반성할 수 있는 기회 제공 • 교사가 학생을 관찰하고 기록한 내용과 수시로 시행한 평가가 타당하였는지를 비교 · 분석해 볼 수 있는 기회 제공 • 특히 학생 수가 많아서 담당 교사 혼자의 힘으로 모든 학생들을 제대로 평가하기 어렵다고 판단될 때, 동료평가 결과와 합하여 학생의 최종 성적으로 사용한다면 교사의 주관성을 배제할 수 있을 뿐 아니라 성적 처리방식에 대한 공정성도 높일 수 있음

출처: 교육부(2017).

CHAPTER 12

표준화 검사

1. 표준화 검사

1) 표준화 검사

검사test란, 한 개인의 행동의 표집을 통하여 주어진 어떤 심리적 특성을 간접적으로 측정하는 것을 의미한다. 예를 들어, 인간의 심리적 특성을 측정하는 검사로는 지능검사, 성격검사, 적성검사, 창의성 검사 등이 있다. 이와 같은 심리검사를 개발하기 위해서는 연구자는 측정하고자 하는 심리적 특성 즉, 구인의 특성을 명확히 알아야 하고 측정하고자 하는 대상, 연구비용, 시간 등을 고려해야 한다. 그리고 연구자가 어떤 검사를 연구에서 사용한다고 한다면, 경우에 따라서 사용해야 할 검사가 매뉴얼을 충분히 숙지해야 실시할 수 있기도 하고 실시 자격을 요구할 수도 있기 때문에 주의를 해야 한다.

심리검사는 기술 연구에서는 어떤 사건이나 현상을 조사하고 관찰하기 위해서, 실험 연구에서는 실험 처치의 효과를 알아보기 위해서 종속 변인의 변화된 정도를 확인하기 위해 활용된다.

넓은 의미로 볼 때 검사 속에는 '질문지, 교사 제작 학습 준비도 검사, 평정 척도' 등이 포함될 수 있으나 좁은 의미로 볼 때 표준화된 도구를 검사라고 한다. 연구를 수행할 때, 연구자가 만약 검사를 직접 제작해야 하는 경우에는 이는 표준화 과정을 거치지 않기 때문에 특히 검사가 갖춰야 할 요건을 면밀하게 확인해야 한다. 본 장에서는 표준화 심리검사를 중심으로 살펴보기로 하자.

2) 표준화 검사의 해석

표준화 심리 검사에서 갖춰야 할 요소는 크게 '검사 제작적 요소, 검사 실시 방법, 검사의 측정의 정확성, 검사의 해석 과정' 4가지로 구분해 볼 수 있다.

먼저 '검사의 제작' 측면에서 검사 제작자는 개발된 검사가 무엇을 측정하고 있는지 명확하게 제시해야 한다. 또한 검사 제작을 하는 과정 및 문항 선정이 어떻게 이루어졌는지 구체적으로 설명해줘야 한다. 그리고 이러한 구체적 설명과 더불어 검사의 사용방법에 등에 대해서도 명시해야 한다. 다음으로 '검사 실시 방법'을 정확하게 제시해야 한다.

즉 검사의 지시 사항, 검사 소요 시간, 필요한 경우에 연습 문제나 보기 등을 어떻게 검사자가 실시하고 피검사자는 어떻게 응답해야 하는지를 구체적으로 매뉴얼에 제시해야 한다. 또한 검사를 실시한 후에도 어떻게 채점을 하는지에 대해서도 상세하게 지침이 기술되어야 한다. '검사 측정의 정확성'은 검사의 신뢰성과 타당성을 확보해야 한다.

또한 개발된 검사가 측정하고자 하는 심리적 구인의 특성을 일관적으로 측정하고 있는지에 대한 신뢰도 측면과 정확하게 측정하고 있는지에 관한 타당도 측면에 대한 정보를 제공해야 한다. 즉, 표준화 심리검사는 신뢰도와 타당도가 측정론적인 측면에서 충분한 정보를 제시해야 한다. 마지막으로 '검사 해석의 과정'은 검사 결과를 어떤 의미 있는 형태로 해석할 수 있는지를 제시해야 한다. 이는 개발된 검사에서 얻은 원점수가 표준점수로 변환됐을 때 어떻게 해석되는지 설명되어야 하고 척도상의 점수 수준이 무엇을 의미하는지 역시 자세하게 명시되어야 한다. 원점수 자체로는 해석 가능한 의미 있는 점수가 아니기 때문에 이는 비교 가능한 점수 즉, 표준점수로 변환되어 규준norm에서 어떤 위치를 나타내는지 설명되어야 한다.

(1) 규준과 규준 집단

표준화 심리검사는 일반적인 질문지 및 척도scale와는 달리 규준을 제작하게 된다. 규준은 피검사자의 원점수를 의미 있게 해석할 수 있는 기준을 의미하고 규준에 사용되는 점수는 표준점수라고 한다. 여기에서는 규준과 규준집단, 표준점수에 대해 살펴보기로 하자.

① 규준

규준norm은 원점수의 상대적 위치를 설명하기 위하여 쓰이는 일종의 자scale로서, 규준집단으로부터 얻어진다. 개인의 원점수는 규준집단에서 개인의 상대적 위치를 보여 주는 교정점수로 변환되며, 이것은 검사도구가 측정하는 특성에서 보인 개인 수행의 상대적 측정치를 제공해 준다(김계현 외, 2004).

예를 들어 아동용 웩슬러 지능검사KEDI-WISC의 경우, 아동의 수행 수준을 채점한 원점수를 연령별 규준에 비추어 표준점수를 산출하게 되는데, 이때 사용하는 연령별 아동들의 원점수 분포를 정리해 놓은 것이 바로 규준이다. 이와 같이 규준은 검사의 목적과 필요에 따라 연령별, 성별, 지역별로 여러 개를 만들 수 있다.

② 규준 집단

표준화 검사를 제작 시 검사의 규준을 설정하기 위해 사용된 집단을 규준집단norm group이라고 한다. 규준집단은 모집단의 특성을 대표할 수 있는 표집집단으로 구성된다. 연구자는 규준집단 검사를 실시한 후 여기서 얻은 점수를 통계적으로 처리하여 표준 점수로 환산한 후 해석 체계를 마련한다.

③ 표준점수

가. 백분위 점수

백분위는 표준화 검사에서 일반적으로 보고되는 점수 중 하나다. 백분위 percentile는 어떤 원점수 또는 그 이하의 점수를 취득한 학생들의 퍼센트를 나타낸다. 예컨대, 표준화된 자아개념 검사에서 한 아동이 72 백분위 점수를 얻었다면 이는 아동의 점수가 전국에서 시험을 본 학생 중 72%가 얻은 점수와 같거나 더 높다는 것을 의미한다. 백분위와 퍼센트는 종종 혼동되기 쉬운데, 퍼센트는 전체 문항 중 몇 개의 정답을 맞혔는지를 나타내는 반면, 백분위는 한 학생이 다른 학생들과 비교해서 얼마나 잘했는지를 말해준다.

나. Z점수 및 T점수

원점수를 의미 있게 비교할 수 있도록 해당 점수 분포의 평균과 표준편차를 기준으로 하여 환산한 점수를 말한다. 대표적인 표준 점수로는 Z점수와 T점수가 있다. Z점수는 평균이 0이고, 표준편차가 1인 점수 분포를 이룬다. Z값은 원점수에서 평균 점수를 빼서 표준편차로 나눈 값이다. 공식은 다음과 같다.

T점수는 Z점수가 −값을 취하거나 소수점을 취하는 불편함을 해소하기 위해 생각해 낸 점수이다. T점수는 Z값에 10을 곱하고 50을 더하여 −값과 소수점을 없앴고, 그 공식은 $T=10Z+50$이다. 즉, 평균은 50이고 표준편차는 10인 점수 분포를 갖게 된다.

다. 정상분포

표준화 검사는 많은 수의 학생에게 실시되는데, 이때 점수들은 정상분포에 가까워진다. 정상분포 normal distribution란 평균값과 중앙치 및 최빈치가 모두 동일하고, 점수들이 좌우대칭을 이루면서 종모양의 곡선을 이루는 점수 분포이다.

정상분포 곡선은 평균값과 중앙값 및 최빈치가 모두 동일하고, 점수들이 좌우대칭을 이루는 종모양의 분포를 이룬다. 키나 몸무게와 같은 인간의 특성은 대부분 표준화 검사처럼 이런 형태의 분포를 이룬다. [그림 12−1]은 위에서 살펴본 표준점수의 분포도를 비교해 놓은 것이다.

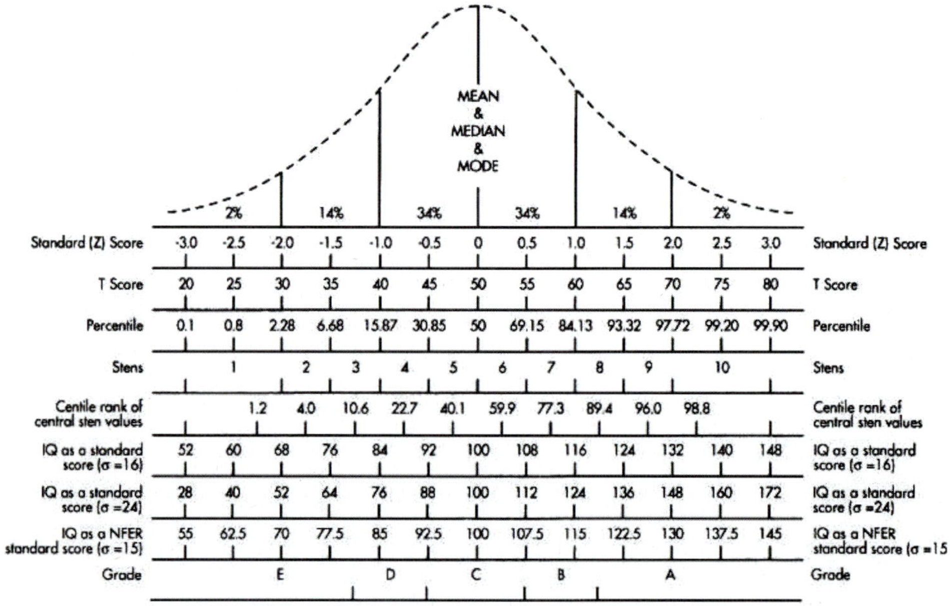

[그림 12-1] 정상분포 검사와 표준점수

출처: 전경원·김누리(2020).

2. 대표적인 표준화 검사의 종류

1) 지능검사

(1) K-WISC-IV 지능검사

K-WISC-IV Korean-Wechsler Intelligence Scale for Children 한국 웩슬러 아동 지능검사 4판

상식, 빠진 곳 찾기, 어휘 등의 15개 소검사를 이용해 아동의 전반적인 인지기능 평가를 하는 지능검사이다. K-WISC-IV의 주요 특징은 다음과 같다.

- 소검사 추가: K-WISC-IV는 15개의 소검사로 구성되어 있다. K-WISC-III

와 동일한 10개 소검사와 5개의 새로운 소검사(공통그림 찾기, 순차처리, 행렬추리, 선택, 단어추리)가 추가되었다.

- 합성점수 산출: K-WISC-IV는 5가지 합성점수를 얻을 수 있으며, 아동의 전체적인 인지능력을 나타내는 전체검사 IQ를 제공한다(15개의 소검사로 이루어져 있지만 합성점수를 얻기 위해서 대부분 10개의 주요검사만 실시함).
- 처리점수 산출: K-WISC-IV는 3개의 소검사(토막짜기, 숫자, 선택)에서 7개의 처리점수를 제공한다. 이러한 점수들은 아동의 소검사 수행에 기여하는 인지적 능력에 대한 보다 자세한 정보를 제공하도록 고안되었다(처리점수는 다른 소검사 점수로 대체할 수 없으며, 합성 점수에도 포함되지 않음).
- 심리교육적 도구: K-WISC-IV는 전반적인 인지적 기능에 대한 포괄적인 평가를 할 때 사용할 수 있다. 또한 지적 영역에서의 영재, 정신지체, 그리고 인지적 감정과 약점을 확인하기 위한 평가의 일부분으로 사용 가능하다. 따라서 임상장면 및 교육장면에서 치료계획이나 배치결정을 내릴 때 유용하다.
- 다양한 인지기능 평가: 인지 능력이 평균 이하로 추정되는 아동, 아동의 인지기능을 재평가해야 하는 아동, 낮은 지적 능력이 아닌 신체적, 언어적, 감각적 제한이 있는 아동, 청각장애아 또는 듣는 데 어려움이 있는 아동의 평가 등이 가능하다.

저자	웩슬러
한국판 표준화	곽금주 · 오상우 · 김청택
목적	아동의 종합적인 인지능력 평가
대상	만 6세 0개월 ~ 만 16세 11개월
실시형태	개별검사
소요시간	65 ~ 80분

출처: 전경원·김누리(2020).

한국판 웩슬러 아동용 지능검사K-WISC-IV는 6세 0개월~16세 11개월까지의 아동의 인지적 능력을 평가하기 위한 개별 검사도구이다. 기존의 한국판 웩슬러 아동용 지능검사K-WISC-III를 개정한 것으로 개정과정에서 인지발달, 지적 평가, 인지

과정에 대한 최근 연구들을 통합하여 전반적인 지적 능력(전체검사 IQ)을 나타내는 합성점수는 물론, 특정 인지 영역에서의 지적 기능을 나타내는 소검사와 합성점수를 제공한다.

K-WISC-IV는 전반적인 인지적 기능에 대한 포괄적인 평가를 할 때 사용할 수 있다. 또한 지적 영역에서의 영재, 정신지체, 그리고 인지적 감정과 약점을 확인하기 위한 평가의 일부분으로 사용 가능하다. 따라서 임상장면 및 교육장면에서 치료계획이나 배치결정을 내릴 때 유용하다.

인지 능력이 평균 이하로 추정되는 아동, 아동의 인지기능을 재평가해야 하는 아동, 낮은 지적 능력이 아닌 신체적, 언어적, 감각적 제한이 있는 아동, 청각장애아 또는 듣는 데 어려움이 있는 아동의 평가 등이 가능하다.

〈표 12-1〉 K-Wise-IV 검사내용

소검사	약호	설명
토막 짜기	BD	아동이 제한시간 내에 흰색과 빨간색으로 이루어진 토막을 사용하여 제시된 모형이나 그림과 똑같은 모양을 만든다.
공통성	SI	아동이 공통적인 사물이나 개념을 나타내는 두 개의 단어를 듣고, 두 단어가 어떻게 유사한지를 말한다.
숫자	DS	숫자 바로 따라 하기에서는 검사자가 큰소리로 읽어 준 것과 같은 순서로 아동이 따라 한다. 숫자 거꾸로 따라 하기에서는 검사자가 읽어준 것과 반대 방향으로 아동이 따라 한다.
공통 그림 찾기	PCn	아동에게 두 줄 또는 세 줄로 이루어진 그림들을 제시하며, 아동은 공통된 특성으로 묶일 수 있는 그림을 각 줄에서 한 가지씩 고른다.
기호 쓰기	CD	아동은 간단한 기하학적 모양이나 숫자에 대응하는 기호를 그린다. 기호표를 이용하여 아동은 해당하는 모양이나 빈칸 안에 각각의 기호를 주어진 시간 안에 그린다.
어휘	VC	그림문항에서 아동은 소책자에 있는 그림들의 이름을 말한다. 말하기 문항에서는, 아동은 검사자가 크게 읽어주는 단어의 정의를 말한다.
순차연결	LN	아동에게 연속되는 숫자와 글자를 읽어 주고, 숫자가 많아지는 순서와 한글의 가나다 순서대로 암기하도록 한다.
행렬추리	MR	아동은 불완전한 행렬을 보고, 다섯 개의 반응 선택지에서 제시된 행렬의 빠진 부분을 찾아낸다.
이해	CO	아동은 일반적인 원칙과 사회적 상황에 대한 이해에 기초하여 질문에 대답한다.

소검사	약호	설명
동형찾기	SS	아동은 반응 부분을 훑어보고 반응 부분의 모양 중 표적 모양과 일치하는 것이 있는지를 제한 시간 내에 표시한다.
빠진 곳 찾기	PCm	아동이 그림을 보고 제한시간 내에 빠져 있는 중요한 부분을 가리키거나 말한다.
선택	CA	아동이 무선으로 배열된 그림과 일렬로 배열된 그림을 훑어본다. 그리고 제한 시간 안에 표적 그림들에 표시한다.
상식	IN	아동이 일반적 지식에 관한 광범위한 주제를 다루는 질문에 대답을 한다.
산수	AR	아동이 구두로 주어지는 일련의 산수 문제를 제한 시간 내에 암산으로 푼다.
단어추리	WR	아동이 일련의 단서에서 공통된 개념을 찾아내어 단어로 말한다.

출처: 전경원·김누리(2020).

(2) 카우프만 지능검사

KABC-II 카우프만 아동용 지능검사는 영재아동, 특수아동 및 기타 학습장애 아동의 평가, 교육적 처치에 탁월한 지능검사 도구이다.

저 자	앨런 카우프만과 나틴 카우프만
한국판 표준화	문수백
목 적	인지적 강점 및 약점의 파악/치료계획, 배치계획 설정
대 상	만 3 ~18세
실 시 형 태	개별
소 요 시 간	약 60~90분

KABC-II는 만 3~18세에 이르는 아동과 청소년의 정보처리와 인지능력을 측정하기 위해 개발된 개인용 지능검사individual intelligence test로서 미취학 아동부터 고등학생들의 심리, 임상, 심리교육, 그리고 신경심리적 평가를 위한 목적으로 개발되었다. 사고력과 전반적 인지능력을 모두 측정할 수 있는 측정도구로서 학생들의 치료계획, 배치계획을 세우는 데 도움을 준다. 또한 인지능력과 사고력에 있어서 개개인의 강점과 약점을 파악할 수 있도록 되어 있으며 학습장애의 핵심적인 양상인 기본적인 사고 처리과정의 장애를 파악하는 데 대단히 유용하다.

KABC-II 검사는 Luria와 CHC 모델의 처리영역 및 광범위한 능력과 일치하는 5가지 하위척도로 분류된다.

〈표 12-2〉 KABC-II의 하위척도

	Luria 용어	CHC 용어	KABC-II 하위척도 명칭
	순차처리	단기기억(Gsm)	순차처리(Gsm)
	동시처리	시각적 처리(Gv)	동시처리(Gv)
	학습력	장기저장-회생(Glr)	학습력(Glr)
	계획력	유동성 추리(Gf)	계획력(Gf)
		결정성 능력(Gc)	지식(Gc)
KABC-II 전체척도 명칭	인지처리지표(MPI)	유동성-결정성 지표(FCI)	

출처: 전경원·김누리(2020).

2) 창의성 검사

(1) 토란스의 창의성 검사

창의성 프로그램 효과와 관련된 메타분석 연구에서 가장 많이 사용한 검사는 토란스 검사와 전경원의 창의성 검사다(전경남, 1999; 홍소영, 2008). 2가지 검사에 대해 살펴보자.

토란스의 창의성 검사Torancce Test of Creative Thinking, TTCT에는 언어적 검사, 도형적 검사, 신체적 검사, 음향검사 4가지가 있다. 주로 언어검사(만 5세~성인, 소요시간 45분)와 도형검사(만 5세~성인, 소요시간 30분)를 많이 사용하고 있는데, 언어검사에서는 창의적 사고의 4가지 영역인 유창성, 독창성, 융통성, 정교성을 측정하고, 도형검사에서는 유창성, 독창성, 융통성, 정교성 및 제목의 추상성을 측정한다.

저자	토란스
한국판 표준화	김영채
목적	아동의 창의적인 사고능력 평가
대상	만 5 ~ 성인
실시형태	개별검사, 집단검사
소요시간	30 ~ 45분

출처: 전경원·김누리(2020).

〈표 12-3〉 토란스 창의성 검사내용

검사명	검사의 내용	측정요인
언어 창의성 검사	활동 1: 질문하기 활동 2: 원인 예측하기 활동 3: 결과 예측하기 활동 4: 산출물 개선하기 활동 5: 특이한 사용법 열거하기 활동 6: 특이한 질문 생각하기 활동 7: 가정하기	유창성 융통성 독창성 정교성
도형 창의성 검사	활동 1: 그림 구성 활동 2: 그림 완성 활동 3: 두 개의 직선 또는 원	유창성 융통성 독창성 정교성 제목의 추상성

(2) 전경원 창의성 검사

- 초등 도형 창의성 검사

초등 도형 창의성 검사K-FCTES(Korean Figural Creativity Test for Elementary school Students는 도형영역을 통한 유창성, 독창성, 민감성, 개방성을 측정하는 창의성 검사이다.

저자	전경원, 전경남
목적	도형 그리기를 통한 창의성(유창성, 독창성, 민감성, 개방성) 측정
대상	초등학생(1~6학년)
실시형태	개별/소집단 검사
소요시간	약 20분

출처: 전경원·김누리(2020).

본 검사는 창의성의 주요 척도인 유창성, 독창성, 민감성, 개방성을 측정하는 도형검사 도구로서, 도형을 통하여 아동의 창의능력과 특성을 파악하여 창의성 발달을 돕고자 하는 데 의의가 있다. 특히 본 검사에서는 유창성과 독창성은 물론 민감성과 개방성을 측정할 수 있어, 아동의 창의성을 파악하여 교육기관과 가정에서 아동의 창의력 계발에 구체적인 도움을 줄 수 있다.

〈표 12-4〉 초등 도형 창의성 검사 하위검사 구성내용

검사명	검사의 내용	측정요인
소검사 1 으뜸 도형으로 그리기	갓의 일부분을 선으로 제시하고, 이를 이용하여 연상되는 모양으로 완성한다. 총 18개의 같은 도형이 제시되어 있다.	유창성 독창성
소검사 2 모듬 도형으로 그리기	제시된 5개의 도형(갓의 일부분, 之의 변형, 수막새 일부분, 태극무늬의 일부분, 점)을 이용하여 자유롭게 완성한다.	개방성 민감성

- 초등 창의적 특성검사(Korean-Creativity Traits Checklist, K-CTC)

저자	전경원
목적	창의적 특성을 인지적, 정의적 요인으로 평가
대상	초등학생(1~6학년)
실시형태	개별/집단(교사가 평가)
소요시간	약 20분

출처: 전경원·김누리(2020).

40문항으로 구성되어 있는 본 검사는 초등학생의 창의적인 특성을 종합적이고 체계적으로 평가하기 위해 개발되었다. 일반적인 창의적 능력검사에서 평가하기 어려운 창의적인 성격을 파악할 수 있다. 평소 생활 속에서 나타난 아동의 태도를 바탕으로 오랫동안 관찰한 교사가 쉽게 평가할 수 있도록 고안한 행동관찰 체크리스트 형식의 검사이다.

〈표 12-5〉 초등 창의성 검사 하위검사 구성내용

요인	항목	측정내용	문항 수
인지적 요인	유창성	특정한 상황에서 얼마나 많은 양의 아이디어나 해결책을 산출해 내느냐 하는 아이디어의 풍부함과 관련된 양적인 특성	11
	융통성	고정적인 관점, 일반적인 시각 또는 사고방식을 깨고 변환시켜 다양하고 광범위한 아이디어나 해결책을 산출해 내는 능력	
	독창성	기존의 사고에서 탈피하여 희귀하고, 참신하며 독특한 아이디어나 해결책을 산출하는 특성	
정의적 요인	탈고정관념/독자성	탈고정관념은 고정관념에서 탈피하여 새로운 방식으로 사고하려는 경향이며, 독자성이란 남에게 의지하거나 속박되지 아니하고 독자적으로 사고하고 행동하려는 성향	11
	호기심/모험심	호기심이란 새롭고 신기한 것을 좋아하고 모르는 것을 알고 싶어 하는 경향을 말하며, 모험심이란 위험을 무릅쓰고 어떤 일을 하는 것을 말함	5
	다양성	생각이나 행동양식 따위가 여러 가지로 많은 특성	5
	민감성	느낌이나 반응이 날카롭고 빠른 성질로 창의성에서 중요한 역할을 하는 지각력과 관련된 깊은 특성	4
	유머감각	남을 웃기는 말이나 행동을 잘하는 감각	2
	개별성	혼자서 행동하고 사고하는 것을 좋아하는 특성	2

출처: 전경원·김누리(2020).

3) 성격검사

(1) 아동용 성격검사 MMTIC

MMTIC는 성인용 심리검사인 MBTI(Myers–Briggs Type Indicator)와 마찬가

지로 칼 융Carl Jung의 심리유형이론에 그 바탕을 두고 있다. 1990년 미국의 엘리자베스 메이스제이어Elizabeth Meisgeier박사와 찰스 머피Charles Murphy박사에 의해 개발되었다. MMTIC(어린이 및 청소년 성격유형검사)의 한국 표준화작업은 김정택, 심혜숙 박사에 의해 1993년 만 8세부터 13세까지의 어린이 및 청소년 2,600명을 대상으로 이루어졌으며, 이론적인 틀과 문항구성에 있어 MBTI의 저자 캐서린 브릭스Katharine Briggs와 이자벨 마이어스Isabel Myers의 선호도 지표(E–I, S–N, T–F, J–P)를 그대로 적용하였다.

〈표 12-6〉 MBTI 검사의 선호도

MBTI 4가지 선호경향		
외향(E) (Extraversion)	에너지 방향(주의 초점) ◀--------▶	내향(I) (Introversion)
감각(S) (Sensing)	인식기능(정보수집) ◀--------▶	직관(N) (iNtuition)
사고(T) (Thinking)	판단기능(판단, 결정) ◀--------▶	감정(F) (Feeling)
판단(J) (Judging)	행동양식/생활양식 ◀--------▶	인식(P) (Perceiving)

출처: 전경원·김누리(2020).

MMTIC(어린이 및 청소년 성격유형검사)는 성인용 MBTI와 마찬가지로 4가지 선호경향을 측정한다. 이 4가지의 선호 경향을 조합하여 개인의 성격유형을 평가한다.

(2) 한국판 아이젠크 성격검사

본 검사는 아이젠크Eysenck 부부가 공동 제작한 것으로 정신병적 경향성(P), 외향성–내향성(E), 정서성 혹은 신경증적 경향성(N), 그리고 허위성(L) 혹은 사회적 욕망성과 같은 4가지 주요 성격차원적 요인의 특징을 측정하는 검사다. 본 검사의 한국판은 기존의 네 척도 외에 중독성, 범죄성, 감정이입, 모험성, 충동성

요인을 추가로 측정하고 있다.

원저자	아이젠크
한국판 표준화	이현수
목적	인간의 성격 차원 요인의 측정
대상	9~15세(아동 · 청소년)/16세 이상(성인용)
실시형태	개별/집단검사
소요시간	30~50분 정도

출처: 전경원·김누리(2020).

본 검사는 아이젠크 성격차원이론의 4대 기질이론과 현대 경험적 성격이론의 복합체로서 모두 기술적 특징을 가지고 있을 뿐만 아니라 객관적 자료에 의해서 실증되었다는 점에서 높이 평가할 만하다. 아이젠크 성격차원이론을 뒷받침하는 실증적 자료를 얻기 위해 신뢰도와 타당도가 높은 객관적 심리검사를 여러 계층의 수검자에게 실시하고 그 결과를 규준분석과 같은 고급통계 방법으로 분석하였다는 점에서 기존의 성격이론과 크게 다르다.

외향성-내향성 차원은 빌헬름 분트Wilhelm Wundt가 말하는 정서반응의 속도 차원(변화성 차원), 정서성 차원은 분트가 말하는 정서반응의 강도 차원(불안정성 차원)을 각각 지칭한다. 즉 내향성이 높으면서 정서성이 높으면 정신병적이거나 히스테리 특징이 두드러지게 나타난다고 주장한다.

〈표 12-7〉 한국판 아이젠크 성격검사 하위검사의 구성 내용

구분	척도	약호	측정내용	문항 수
성인 I부	정신병적 경향성	P	정신병력과 관계있으며 비정상적으로 표출되는 공격성, 비동조성, 불일치성, 충동성 등	81
	외-내향성	E	타인과 어울리는 사교성, 타인과의 관계에서의 사회적 주도성, 적극성	
	신경증적 경향성	N	스트레스에 대한 반응, 기분변화 정도, 우울성향, 정신상태와 관련된 신체적 질병유무	
	허위성	L	자신에 대한 과장된 평가경향 또는 솔직성	
	중독성	A	음식이나 약물 등의 비정상적 섭취경향 또는 이와 관련된 심리적 이상 유무 측정	
	범죄성	C	비행자와 상습적 범행자를 감별하는 데 도움이 되는 척도로 개인의 범죄행위와 관련된 반사회성 등	
성인 II부	정신병적 경향성	P	정신병력과 관계 있으며 비정상적으로 표출되는 공격성, 비동조성, 불일치성, 충동성 등	48 (단축형)
	외-내향성	E	타인과 어울리는 사교성, 타인과의 관계에서의 사회적 주도성, 적극성	
	신경증적 경향성	N	스트레스에 대한 반응, 기분변화 정도, 우울성향, 정신상태와 관련된 신체적 질병유무	
	허위성	L	자신에 대한 과장된 평가경향 또는 솔직성	
성인 III부	충동성	IMP	계획된 일이 아닌 순간적인 감정에 대해 행동하고 생각하는 경향	40
	모험성	VEN	위험을 무릅쓰고 새로운 일에 도전을 좋아하는 경향	
	감정이입	EMP	타인의 감정에 쉽게 동화되는 경향	
아동·청소년	정신병적 경향성	P	정신병력과 관계 있으며 비정상적으로 표출되는 공격성, 비동조성, 불일치성, 충동성 등	70
	외-내향성	E	타인과 어울리는 사교성, 타인과의 관계에서의 사회적 주도성, 적극성	
	신경증적 경향성	N	스트레스에 대한 반응, 기분변화 정도, 우울성향, 정신상태와 관련된 신체적 질병유무	
	허위성	L	자신에 대한 과장된 평가경향 또는 솔직성	

출처: 전경원·김누리(2020).

(3) 로르사흐 잉크반점 검사(Rorschach Ink Bolts Test)

사실 토란스Torrance의 도형 검사도 로르사흐Rorschach 검사에서 시사받은 것이라고 토란스(1979)는 그의 책『*The Search for Satori and Creativity*』에서 말하고 있다. 이 검사는 가장 오래된 창의성 검사 도구의 하나로 검사 대상은 유치원 아동부터 성인까지인데, 이 검사는 형태와 인간의 동작이 진귀한 반응인지로 창의성을 측정한다. 이 검사는 연상 기법의 하나로 10장의 잉크 반점 카드로 구성되어 있다. 이 검사에서 '운동 지각'은 상상력 지표 및 환상 능력, 충동 통제 능력, 상상의 사용에 대한 자유로움, 타인과의 감정 이입, 고도의 자아 기능과 같은 창의적 기능에 본질적인 성격적 특성으로 오래전부터 인식되어 왔다고 토란스는 말하고 있다. 실제 움직임이 나타난 그림을 창출하기 위해서는 잉크반점에서처럼 움직임에 대한 단순한 지각보다는 이 같은 속성의 역동적인 특성을 알 수 있어야 한다.

이 지표의 평가에서, 움직임과 행위에 관한 기준은 제목, 그림에 나타난 등장인물의 말, 그림에 나타난 다른 요소들의 상태에서 발견할 수 있다. 달리는 모습, 나는 모습, 춤추는 모습, 다이빙하는 모습, 스키 타는 모습, 싸우는 모습, 던지는 모습, 구부리는 모습, 팔을 위로 향한 모습, 팔을 앞으로 뻗은 모습, 발로 차는 모습, 때리는 모습, 수영하는 모습 등은 이 지표에 대한 일반적인 단서들이다.

3. 표준화 검사 및 학급 검사도구의 조건

근래에 들어 표준화 검사를 많이 사용하고 있다. 지능 및 창의성 검사, 적성검사, 성격검사 등 다양한 표준화 검사를 사용함에 있어서 신뢰도, 타당도, 객관도, 실용성을 고려해야 한다. 검사도구의 특성을 잘 분석하여 검사사용의 목적에 맞는지 검토한 후에 선택하여 실시해야 한다.

1) 신뢰도

신뢰도reliability란 한 검사가 측정하고자 하는 내용을 얼마나 정확하게 측정하고 있느냐 하는 정도를 말한다. 즉, 검사를 통해 얻어지는 점수가 측정하는 사람에 따라, 검사 실시 시기에 따라, 또는 검사 문항의 표집에 따라서 점수의 변화 정도가 커다란 변화 없이 안정적으로 일관성 있게 측정하였는지에 관한 문제이다(전경원, 2020). 어떠한 측정에나 항상 '오차'가 따르게 마련이다. 물건의 무게나 길이를 측정하는 것에 비해 인간의 지능, 창의성, 성격 등을 측정할 때는 측정 오차의 범위도 커지게 된다. 물리학이나 화학 등의 측정에서는 오차를 알아보기 위해 동일한 대상을 수십 번 측정할 수 있지만, 측정 대상이 인간인 경우에는 반복 측정이 불가능하므로, 대신에 여러 사람을 동시에 측정하여 여기서 오차의 정도를 추정할 수밖에 없다. 이때 측정 오차가 적으면 적을수록 신뢰도는 높아진다고 할 수 있다.

신뢰도를 높이기 위한 일반적인 절차는 다음과 같다.

- 측정 도구의 문항을 구체적으로 기술한다.
- 측정 도구를 충분히 신뢰할 수 없다면 동일 종류나 동일 속성을 가진 문항을 더 많이 포함시킨다.
- 명확하고 일관성 있는 지시 사항을 작성한다.
- 문항별 난이도를 조정한다.
- 측정 도구의 측정 내용이 보다 좁은 범위의 내용이 되도록 한다.
- 검사받는 시간이 충분히 제공한다.
- 검사는 잘 통제된 유사한 조건에서 실시하도록 한다.

신뢰도 계수를 추정하는 방법은 측정 도구의 안정성을 측정하는 재검사법, 유사성을 측정하는 동형 검사법, 내적 일관성을 측정하는 반분법과 내적 일치도법이 있다.

(1) 재검사 신뢰도(test-retest reliability)

검사-재검사 신뢰도는 동일한 검사를 동일한 사람에게 일정 간격을 두고 두 번 실시하여 얻은 두 개의 점수들 사이의 상관 정도를 계산·산출함으로써 신뢰도를 추정하는 방법이다. 이것은 일정 기간을 사이에 두고 동일한 검사에서 얻은 점수가 얼마나 변동 없이 안정성을 유지하는가를 알 수 있으므로 안정성의 지표가 된다. 신뢰도 계수는 피어슨Pearson 적률상관계수로 대치되는데, 여기서 상관계수가 높다는 것은 신뢰도가 높다는 것을 의미한다.

재검사 신뢰도는 신뢰도 추정 방법이 간단하다는 장점이 있지만, 검사 실시 간격 설정과 검사를 두 번 해야 한다는 번거로움이 있다. 검사 실시 간격을 짧게 잡으면 길게 잡을 때에 비해 재검사 신뢰도가 높아진다. 그런데 검사 실시 간격을 너무 짧게 잡으면 연습의 효과나 기억 등으로 인하여 이월 효과의 영향을 받을 수 있다는 문제가 있다. 또한 실시기간을 너무 길게 잡으면 측정하려는 행동 특성 자체에 변화인 성숙의 효과가 발생할 수 있으므로 검사 도구의 특성에 유의해서 검사 실시 간격을 잡아야 한다. 재검사 신뢰도를 위한 검사 실시 간격은 일반적으로 연구 대상의 기억이 사라지는 2주에서 4주 정도로 설정하면 좋다.

(2) 동형 검사 신뢰도(alternate form reliability)

동형 검사 신뢰도란 동일한 집단에 비교적 동일한 시기에 두 개의 서로 유사한 검사 점수들 사이의 상관계수를 스피어만 브라운Spearman-Brown 공식에 적용하여 신뢰도를 추정하는 방법이다. 동형 검사 신뢰도는 두 개의 동형 검사를 동시에 동일한 집단에 실시하므로, 시험 간격이 문제가 되지 않고 신뢰도 계수 추정이 쉽다는 장점이 있다. 그러나 재검사 신뢰도처럼 검사를 두 번 시행해야 하는 번거로움이 있고, 또한 동형 검사 제작이 어렵다는 단점이 있다. 동형 검사 신뢰도를 계산할 때 가장 중요한 것은 두 개의 검사 도구가 동형이라는 것이 보장되어야 하는 것이다. 그러므로 동형 검사를 만들 때는 두 검사의 내용과 체제가 동형이 되도록 유의해야 한다. 즉, 동형 검사 간에는 서로의 문항 수, 문항의 내용, 곤란도 등이 유사해야 한다. 그렇다고 해서 두 검사의 문항이 너무 비슷하면 똑같은 검사가 되기 쉽고, 너무 다르면 별개의 두 개의 검사가 된다. 따라서 동형 검사를 제작할 때는 이런 점들을 고려하여 제작해야 한다.

(3) 반분 신뢰도(split-half reliability)

반분 신뢰도란 검사 내용의 동질성의 정도를 알아보기 위해, 검사를 어느 한 집단에 실시한 다음에 검사 문항을 두 부분으로 나눈다. 예컨대 그 검사의 문항을 인위적으로 짝수, 홀수로 나누거나 앞부분, 뒷부분을 나누기도 하고, 문항들을 무선적으로 절반의 문항을 표집하여 나머지 부분을 하나의 검사로 구분하기도 한다. 이때 각각 양분된 두 부분의 문항들을 독립된 검사 도구로 간주하여 얻은 상관계수를 계산한 값이 반분 신뢰도이다. 이때 검사의 문항이 앞부분과 뒷부분이 내용의 특이성과 곤란도의 차이 또는 검사자의 피로 등으로 인하여 두 부분의 점수가 크게 차이가 날 수 있다. 이런 문제를 줄이기 위해 주로 짝수 문항과 홀수 문항으로 나누는 방법을 많이 사용한다.

반분 신뢰도를 산출하기 위해서는 검사가 같은 개념을 측정해야 하고, 양분된 두 부분의 검사 문항의 수가 각기 완전한 척도를 이룰 수 있을 만큼 충분해야 한다는 전제 조건이 충족되어야 한다. 후자의 경우 독립된 한 부분의 검사 문항의 수는 최소한 8~10개 정도는 되어야 한다. 물론 원래 하나의 검사를 둘로 나누어 마치 두 개의 검사를 실시하는 것처럼 생각하고 이들 간에 상관관계를 내는 것이기 때문에 신뢰도가 과소 평가되는 경향이 있어, 스피어만-브라운 공식Spearman-Brown formual에 의해 교정한 공식을 사용한다.

반분 신뢰도는 재검사 신뢰도처럼 시험 간격을 두거나, 동형 검사 신뢰도처럼 두 번 검사를 하는 번거로움이 없다는 장점이 있지만, 검사를 어떻게 양분하는가에 따라 반분 신뢰도 계수가 달리 추정된다는 단점이 있다.

(4) 문항 내적 합치도(inter-item consistency)

반분 신뢰도에서는 한 검사 도구의 문항을 둘로 나누어 두 부분을 독립된 검사로 간주하여 두 부분 간에 상관관계를 산출했다. 문항 내적 합치도에서는 검사 도구의 각 문항들을 독립된 한 개의 검사 도구라고 여기고, 각 문항들의 동질성 · 합치성을 보는 것이다. 즉, 한 검사의 각 문항에 대해 피검사자가 얼마나 일관성 있게 반응을 하느냐는 검사의 문항들이 어느 정도 동질적인가에 따라 결정된다. 그러므로 문항 내적 합치도를 검사의 '동질성 계수'라고 부르기도 한다.

이러한 방법을 처음 개발한 연구자들이 쿠더-리차드슨Kuder-Richardson이라서 연구자들의 이름을 붙여서 문항 내적 합치도를 '쿠더-리차드슨 신뢰도'라고도 한다. 문항 내적 합치도는 쿠더Kuder와 리차드슨Richardson이 제안한 KR-20, KR-21이 있는데, KR-20은 피검사자가 모든 문항을 하나도 빠뜨리지 않고 반응한 경우에만 사용할 수 있게 되어 있어 검사자가 일일이 각 문항에 대해 오답률과 정답률을 체크해야 하므로 번거롭다. 그래서 간단하게 전체 검사의 평균과 표준편차만 알면 계산할 수 있는 KR-21이 더 많이 사용된다.

또한 크론바흐 알파Cronbach α를 사용하기도 하는데, 이는 동일한 개념을 측정하기 위해 여러 개의 문항을 이용하는 경우 신뢰도를 떨어뜨리는 문항을 제외시켜 측정 도구의 신뢰도를 높이는 방법이다. 그러므로 연속적으로 점수가 부여되는 문항들의 신뢰도 추정이 가능하며, 공식 유도 과정이 간단하여 신뢰도 추정을 위해 가장 많이 사용한다.

이 방법은 보통 예비 검사나 사전 검사를 통하여 신뢰도가 낮은 문항을 삭제한 후에 본 검사나 본 조사를 위한 측정 도구를 개발할 때 이용하기도 한다. 또한 연구가 종료된 후에 신뢰도가 낮은 문항을 분석하여 제외시킬 때도 사용한다. 일반적으로 알파 계수가 0.6 이상이면 비교적 신뢰도가 높은 것으로 보고 있다.

문항 내적 합치도를 사용할 때 유의해야 할 2가지 사항은 다음과 같다.

첫째, 각 문항의 곤란도가 서로 비슷하지 않은 검사에서 문항 내적 합치도로 신뢰도를 추정하게 되면 그 검사의 신뢰도를 과소 추정할 수도 있다는 점에 유의해야 한다.

둘째, 검사를 하는 데 있어서 속도 요인이 크게 작용하는 검사에서는 문항내적 합치도를 과대 추정하게 된다는 점에 유의해야 한다.

2) 타당도

타당도validity란 한 검사가 주어진 목적을 얼마나 충실하게 측정해 주느냐 하는 정도를 의미한다. 즉, 주어진 검사를 어떤 목적으로 사용하느냐에 따라 타당한 검사일 수도 있고, 그렇지 않을 수도 있다. 예컨대 창의성 검사는 창의성 측정에는 타당하지만, 학업 성취도 측정에는 타당하지가 않다. 그러므로 타당도는 좋은 측정 도구가 갖춰야 할 중요한 조건 중의 하나이다.

어떤 길이를 잴 때 자를 사용하는 것에 대해 의문을 가지는 사람은 없겠지만, 인간의 심리적 특성을 측정하기 위해 제작된 다양한 심리 검사의 타당성에 대해서는 의문을 가질 수 있다. 그래서 측정 도구의 타당성을 알아보기 위해 어떤 준거가 있어야 한다. 그 준거에 비추어 타당한 것인지 판단을 내릴 수 있기 때문이다.

타당도에 대해서 잘 이해하기 위해 몇 가지 유의 사항을 알아보자. 첫째, 타당도란 특정 목적에 한정되기 때문에, 연구자는 자신이 사용하고 있는 측정 도구가 무엇을 측정하는 데 타당한지 밝혀야 한다(Gronlund & Linn, 1990). 둘째, 타당도는 정도의 문제이므로 타당도가 '있다', '없다'라는 표현보다는 타당도가 '높다', '낮다', '적절하다' 하는 표현이 정확하다. 타당도의 종류에는 '내용타당도, 안면타당도, 준거타당도, 구인타당도, 결과타당도'가 있다.

(1) 내용 타당도

내용 타당도란 측정 도구가 측정하고자 하는 내용을 얼마나 충실하게 측정하고 있는지 전문가의 논리적 분석을 통하여 평가하는 것이다. 특히 학력검사를 제작할 때 많이 사용하는 타당도이다. 즉, 학생들이 학교에서 배운 내용을 얼마나 잘 학습했는지 평가하기 위해 학력 검사의 문항들이 교과 내용을 잘 대표하고 있는지 내용 분석을 통해 검토하게 되는 것이다.

그러나 연구 도구가 측정하고자 하는 내용을 잘 담고 있는지, 그 대표성을 확인하는 것은 연구자의 주관적 판단에 의한 것이므로 내용 타당도를 높이기 위해서는 측정 도구가 완성되기 전에 연구 계획 과정에서 내용 타당도를 확보하는 것이 필요하다. 그런데 내용 타당도는 이와 같이 내용을 분석하거나 논리적인 사고에 의하여 판단되기 때문에 수량적으로 표시되지 않는다.

(2) 준거 타당도

준거 타당도란 한 검사의 타당성을 주어진 어떤 경험적 기준을 얼마나 잘 예언하느냐 또는 그 기준과 관계가 있느냐와 같이 주어진 준거에 비추어 검사의 타당도를 확인하는 과정이 된다. 이때 준거가 미래인가 현재인가에 따라서 예언 타당도와 공인 타당도로 구분이 된다.

① 예언 타당도

예언 타당도란 해당 검사에서 얻은 점수를 가지고 미래의 준거가 될 만한 행동 특성을 어느 정도로 정확하게 예언할 수 있느냐에 의해 결정되는 방법이다.

예를 들면 대학수학능력시험이 대학 입학 후 학생들의 학업성적(준거)을 예언하는 타당도가 있다면 대학수학능력시험에서 높은 점수를 받는 학생은 대학에서 학업을 성공적으로 수행할 것으로 추론할 수 있다. 이처럼 예언 타당도의 추정방법은 검사점수와 준거 간의 상관계수를 사용하며 상관관계가 클수록 예언의 정확성이 커지는 반면 예언의 오차는 적어지게 된다. 그러나 예언타당도를 산출해 내기 위해서는 준거가 되는 미래의 행동특성을 측정할 수 있을 EO까지 기다려야 하므로 비교적 오랜 시간이 걸린다는 단점이 있다.

② 공인 타당도

공인 타당도는 해당 점수를 타당성이 이미 인정된 기존의 다른 검사에서 얻은 점수나 또는 현재의 어떤 준거 변인의 점수와 관련시켜서 둘 사이에 어느 정도 공통성이 있는가를 검토하여 타당도를 결정하는 방법이다. 공인 타당도의 특징은 검사 결과와 준거 자료를 동시에 수집하여 분석하기 때문에 검사와 준거의 시간적 간격이 없다는 점이다. 예컨대 한 연구자가 집단용 창의성 검사를 제작한 다음에, 기존의 권위 있는 개인용 창의성 검사와의 관계를 분석할 때 사용할 수 있다. 두 검사 점수 간에 상관 계수를 산출하여 공통된 요인이 있는가를 알아보는 것이다. 대개의 경우 예언 타당도보다는 공인 타당도를 대용으로 사용하고 있다. 왜냐하면 예언 타당도는 오랜 시간이 걸리기 때문에, 이미 있는 집단에 실시하여 공인 타당도를 더 많이 사용하고 있다.

(3) 구인 타당도

구인 타당도는 측정 도구가 실제로 무엇을 측정하였는가, 또는 연구자가 측정하고자 하는 구인이 실제로 측정 도구에 의해서 적절히 측정되었는가를 판단하는 방법이다. '구인'이란 심리적 특성이나 행동 양상을 설명하기 위하여 한 이론을 구성하고 있는 체계 속에서 상호 관계를 가지고 있는 심리학적 개념을 의미한다.

예컨대 창의성을 측정하는 어느 검사의 구인 타당화 과정을 살펴보자. 첫째, 창의성이 무엇을 의미하는지, 그 개념의 의미를 조작적으로 명확히 정의한다. 둘째, 창의성이 높은 사람과 낮은 사람이 각각 구체적으로 어떠한 행동특성을 나타낼 것이라는 이론적 가설을 세운다. 셋째, 창의성을 측정하기 위해 제작한 검사에서 높은 점수와 낮은 점수를 받은 사람들이 가설에서 예측한 것과 같은 행동특성을 나타내고 있는지 관찰하고, 그 결과를 토대로 가설을 검증하게 된다.

이와 같이 복잡한 성격을 띠고 있는 창의성 검사 점수의 의미를 심리학적 개념에 따라 분석하는 것이 구인 타당화 과정이다. 검사가 측정하고자 하는 어떤 속성, 즉, 구인에 대한 이론적 가설의 검증을 통하여 그 타당성을 결정하는 것이 구인 타당도이며, 이를 알아보는 과정은 연구의 일반적 과정과 비슷한 관찰이나 실험과 같은 다양한 연구 방법을 사용한다. 구인 타당도를 검증하기 위해서는 요인 분석과 같은 통계적 분석을 많이 사용한다. 요인 분석이란 복잡하고 정의되지 않은 많은 변인들 간의 상호 관계를 분석하여, 상관이 높은 변인들을 모아 몇 개의 요인으로 규명하고, 그 요인에 의미를 부여하는 통계적 방법이다. 구인 타당도는 계량적 방법을 통해 객관성을 유지할 수 있고, 구인에 대한 조작적 정의가 어느 정도 타당한지에 대한 정보를 제시할 수 있다는 장점이 있다. 그러나 요인 분석을 하기 위해 변인들이나 문항들 간의 안정적인 상관 계수를 얻기 위해서는 연구 대상이 적어도 300여 명 정도 이상은 되어야 한다.

3) 객관도

검사 도구의 객관도란 채점을 할 때 여러 채점자들이 어느 정도 일치된 판단을 하느냐의 정도를 말한다. 예컨대 어떤 검사 도구를 두 사람 이상이 채점할 경우에 채점자 간에 점수 차이가 난다면 그 검사 도구는 객관도가 떨어진다고 할 수 있다. 무게나 길이를 측정할 때는 누가 측정하든지 객관도에 별 문제가 되지 않지만 심리검사 및 수행평가와 같은 도구에서는 측정하는 사람에 따라 다른 결과가 나올 수 있으므로 객관도가 문제가 된다.

객관도가 낮게 되는 주요 원인은 다음과 같이 2가지로 볼 수 있다.

① 검사 도구의 객관도 결여

검사 도구 자체의 객관성이 결여되어 처음부터 비객관적인 요소를 포함하고 있는 경우에 문제가 된다. 그러므로 검사 도구를 신중하게 결정해야 한다.

② 검사 실시자의 측정에 대한 전문성 부족

검사자가 측정에 대한 지식이 부족하여 객관성을 잃기가 쉽다. 이런 경우에는 여러 사람이 채점하여 그 결과를 평균하여 객관도를 높이도록 한다.

4) 실용성

검사 도구의 실용성이란 검사 도구를 사용하는 데 시간, 노력, 경비 등을 최소한들이고 쉽게 사용할 수 있느냐를 말한다. 검사 도구의 내용이 아무리 좋다고 검사 도구를 사용하는 사람의 전문성, 시간, 노력, 경비 등이 많이 들어 검사를 실시하기가 어렵다면 실용적 가치는 떨어지게 된다.

측정 도구의 실용성은 다음과 같은 5가지 점을 고려해야 한다(전경원, 2020).

① 검사 실시의 용이성

실용적인 검사 도구가 되려면 우선 검사를 사용하기가 간편해야 한다. 너무 복잡하면 검사자가 사용하기 어려워 실용성이 떨어진다.

② 검사 해석의 용이성

검사 실시 후의 결과를 해석하는 것이 전문성을 요하거나 지나치게 복잡하다면 실용성이 낮게 된다.

③ 채점의 용이성

검사의 채점 방법이 복잡하고, 채점을 하는 데 있어서 주관적인 요소가 많으면 실용적이지 못하다.

④ 검사 실시와 채점 시간의 용이성

검사 도구를 실시하거나 채점하는 데 많은 시간이 소요되어 채점을 하기 위해 많은 노력을 해야 한다면 실용성이 낮게 된다.

⑤ 비용의 경제성

검사 도구는 저렴한 경비로 최대의 효과를 올릴 수 있어야 한다. 비용 부담이 되는 검사 도구는 실용적인 검사 도구가 되지 못한다.

CHAPTER 13

미래의 교육심리 전망

1979년 이후에 태어난 디지털 네이티브digital native라는 용어는 교육학자이자 미래학자인 마크 프렌스키Mark Prensky가 2001년 자신의 논문에서 처음 소개했다. 디지털 네이티브들은 인터넷이 없는 세상을 상상하지 못한다. 그들은 디지털 세상에 살며 공간제한을 받지 않고 자유롭게 이동하며 휴대전화, 개인용 컴퓨터, 아이패드, 넷북, 태블릿, 전자게임 등을 이용하며 성장해왔다. 학습을 하거나 과제를 할 때 종이로 된 백과사전을 들춰보는 것이 아니라, 모바일 앱을 활용하고 유튜브, 검색엔진, 위키피디아, 인스타 등과 같은 즉각적인 웹기반 자료에 의존해서 답을 찾는 새로운 세대이다. 필요하면 언제 어디서나 휴대전화로 풍부한 콘텐츠와 앱을 사용하며 지적인 호기심을 충족시킨다.

디지털 네이티브 용어와 함께 Z세대라는 단어가 많이 등장한다. 20세기의 마지막 세대로 1995년 이후에 출생한 Z세대는 새로운 콘텐츠와 앱으로 과제 발표를 준비하고 동영상으로 발표하는 장면을 보면 놀랄 정도로 매우 창의적이다. Z세대는 상상력이 매우 뛰어나고, 평균집중 시간은 8초로 점점 짧아지고 있고, 텍스트보다 이미지에 더 익숙하다. 이들은 모바일 혁명으로 여러 가지 자아를 갖고 있기 때문에 시간 관리에 철저하고 필요한 곳에만 에너지와 시간을 사용한다. 또한 자신만의 차별화된 취향을 갖고, 특이한 여행과 경험을 하며 자신의 세계를 세분화 · 전문화하여 자신만의 라이프 스타일을 창조하는 세대다(전경원 블로그, 2018).

프렌스키를 비롯한 인지심리학자들이 강조하는 것처럼 디지털 네이티브는 엄청난 양의 정보에 노출되고, 모든 뇌가 정보를 다르게 처리하며, 뇌에서 일어나는 변화의 수와 속도를 크게 증가시키는 앱 세대라고 할 수 있다. 그리고 뇌가 변화할 때, 학습을 처리하는 방식도 달라진다(Couch & Towne, 2018). 지금 이 순간에도 세상은 끊임없이 변화하고 있다. 상상을 훨씬 뛰어넘어 아주 빠른 속도로 세상은 바뀌고 있다. 이에 발맞춰 현재와 미래의 교사들은 디지털 네이티브의 삶의 방식을 이해하고, 그들의 학습 욕구를 충족시키며 동기유발을 시킬 수 있는 방법을 강구해야 한다.

1. 온라인 교육

일찍이 세계보건기구WHO는 21세기는 전염병과의 전쟁 시대가 될 것이라고 예견했었다. 천연두 1967년, 스페인 독감 1918년으로 전세계 인구의 1/3에 해당하는 약 5억 명이 감염됐고, 약 2천만 명에서 5천만 명의 희생자가 나왔다. 사스 2002년, 신종플루 2009년, 메르스 2012년, 에볼라 바이러스 2013, 지카바이러스 2016년, 그리고 2019년 코로나 바이러스는 전세계를 팬데믹 공포로 몰아넣었고, 각국에서 학교를 폐쇄했다. 스페인 독감 때도 학교를 폐쇄했다. 미래에도 새로운 형태의 전염병이 창궐할 수 있으므로 적극적으로 미래를 위한 대비를 해야 한다.

2020년 코로나19로 인해 전세계적 위기로 교육계에 커다란 변화를 가져왔다. 우리나라도 몇 차례 개학을 미뤘지만 결국 온라인 개학으로 대체되었다. 코로나19 이후 전세계에서 온라인 강의는 일상적인 일로 자리 잡았다. 이번 사태로 전국의 초 · 중 · 고등학교와 대학교가 격변을 겪고 있고, 이에 따라 교육 패러다임이 새롭게 전환되고 있으며, 이제는 오프라인 수업만을 하기 어려운 상황이다.

포스트 코로나 시대에는 당분간 온 · 오프 교육이 될 수도 있지만, 결국 온.오프 교육이 섞이는 혼합형 학습(블렌디드 러닝blended learning)이 진행될 것으로 보인다. 일방형 강의 형식의 온라인 수업만으로는 학습이 잘 이루어지기 어렵기 때문에 모든 학습자가 잘 설계된 상호작용형 온라인 수업을 이용해 도움을 받아야 한다. 온라인 수업이 직접 대면 학습을 완전히 대체하지는 않고, 혼합형 학습 접근 방식으로 보충하게 될 것이다(Horn, Heather, & Clayton, 2015). 정규 교육 프로그램 중 일부를 온라인이나 디지털을 통해 학습 내용과 지도 내용이 전달되는 형식으로 학생 스스로 어떤 순서와 속도로 언제, 어디서 학습할 것인지를 결정하는 혼합형 학습이 대세가 될 것으로 보여진다.

온라인 수업 MOOC를 탄생시킨 살만 칸Salman Khan은 칸 아카데미의 온라인 학습만으로는 충분하지 않다는 것을 알고, 2016년 칸 랩스쿨을 만들어 물리적 공간을 갖춘 학교를 만들어 온라인 학교의 최고 강좌들을 모범적인 직접 대면 교수법 및 학습과 통합했다. 칸 랩스쿨이 온라인과 오프라인 학습경험을 잘 조합해서 개인 지도교사, 실시간 채팅, 인터뷰, 게임, 도전 등을 포함해 칸아카데미아 칸 랩스쿨에 자료를 추가로 제공하고 있다(Couch & Towne, 2018). 교사들은 이와 같이 혼합형 학습을 효율적으로 활용할 수 있는 창의적인 방식을 모색해야 한다.

온라인 학습의 출현으로 교육 생태계는 상상치 못한 폭발력을 만들어냈다. 온라인 수업을 제일 열심히 하는 듀크대학교에서는 오래전부터 원격학습을 통해 다양한 강좌를 개발했다. 듀크대학교에서는 온라인 수업을 해야 할지 고민하는 시대는 이미 지나갔다. 이제는 온라인 수업을 혁신적인 방법으로 진행할 수 있는 방법을 논의해야 하는 시대가 왔다고 강조했다.

1996년 OECD에 가입할 당시 우리나라는 인터넷 강국이라고 자부해왔다. 2000년 초반부터 디지털 교과서 도입을 추진했고, 2001년에는 「정보격차해소법」이 제정될 정도로 온라인 수업이 가능한 시대가 열렸다. 4차 산업혁명위원회가 출범하면서 인터넷을 통해 언제 어디서나 학습하는 유비쿼터스 시대가 올 것으로 기대했다. 2020년 코로나19 감염병으로 초 · 중 · 고는 물론 대학 차원에서도 교육시스템 전체를 온라인 수업으로 도전하기 시작했다. 우리나라도 그동안 온라인 인프라가 제대로 갖춰지지 않았지만 이제는 인프라를 잘 확립하여 교사들이 온라인 수업을 할 수 있는 시대적 요구에 부응해야 한다.

2. 정보와 미디어 활용에 능숙한 학생

태어날 때부터 디지털 기기에 노출되어 새로운 지식과 정보 활용에 능숙한 '디지털 네이티브'에게 예전의 학습방식은 적합하지 않다. 또한 정보기술의 발달로 교육 방법이 달라지고, 이에 따라 교사의 역할도 달라지게 될 것이다. 이미 전세계는 대규모 온라인 공개강좌 MOOC(Massive Online Open Course)로 혼자 공부하는 시대가 되었다. 온라인으로 대중공개 강좌를 하는 MOOC에는 전세계의 유명한 강좌를 무료로 제공하는 콘텐츠가 다양하다. 2020년 현재 대규모 무크 사이트인 코세라의 경우 3,900개 이상의 강좌를 무료로 들을 수 있다.

2003년 81개 대학이 최소 1개 과정을 온라인으로 개설하고, 2008년 살만 칸이 비영리 무료강의 사이트 칸 아카데미가 최초의 MOOC로 시작하고, 2012년 하버드대학교와 MIT, 유다시티, 코세라가 비영리 합작회사 에드엑스(edX)를 공동 설립한 후, 뉴욕 타임즈가 2012년을 '무크의 해'로 선언한 이후 학사와 석사과정에서 MOOC 수강을 학점으로 인정한다. 2013년 조지아 공과대학에서 컴퓨터공학 석사과정을 MOOC로 제공하고, 2015년 애리조나국립대학교에서는 MOOC를 수강하면 1학년 학점으로 인정한다. 애리조나주립대는 모든 교양 강좌를 에드엑스로 대체했다.

온라인 학교인 칸 아카데미는 이해하기 쉽고 무료로 제공하는 다양한 주제에 관한 학습동영상을 전문으로 만드는 교육콘텐츠 회사다. 처음에는 살만 칸이 2006년 유튜브 채널 하나로 자신이 사촌에게 복잡한 수학개념을 아주 쉽게 설명하는 동영상을 몇 편 올렸는데, 많은 사람들이 3~5분짜리 동영상을 공유하면서 수학 공부를 하기 시작했다. 그렇게 해서 칸 아카데미가 탄생하게 되었고 수학 이외의 영역으로 확장하게 되었고 수십만 명이 사이트를 방문하게 되었다. 여기서 주목할 것은 칸 아카데미에서 복잡한 개념을 단순화하는 데 능숙한 사람을 고용해서 동영상 시청자들이 쉽게 개념화할 수 있도록 한다는 것이다. 이는 교사가 온라인 학습 동영상을 제작할 때 아무리 복잡하고 어려운 개념이라도 학생이 흥미를 갖고 쉽게 이해할 수 있도록 단순화해서 이해시켜야 한다는 것을 시사한다.

한국에서도 2015년부터 MOOC가 K-MOOC라는 명칭으로 진행되고 있다. K-MOOC에는 서울대, KAIST 등의 강좌 800여 개가 개설되어 있다. K-MOOC가 발전하여 질의응답, 토론, 퀴즈, 과제 제출 등 양방향으로 학습할 수 있고, 모든 사람이 무료로 수강이 가능하다. 청소년들은 온라인 학습자료를 활용하고, 미래 진학 및 생애 진로 탐색 등을 할 수 있다. 대학생이나 대학원생은 사전 수업 준비 및 심화학습을 할 수 있다. 교수들도 플립 러닝을 통한 수업에 활용할 수 있다. 사전에 학생들이 온라인을 통해 학습하고, 오프라인 수업에서는 팀 프로젝트, 토론식 수업 등을 진행하는 수업을 할 수 있다.

K-MOOC와 더불어 한국교육학술정보원KERIDS에서 제공하는 대학 공개 강의인 KOCWKorea Open Course Ware가 있다. 2016년에 시작하여 현재까지 활발하게 중요한 강의 콘텐츠를 제공하고 있다. KOCW는 중 · 고등학생은 물론 대학생, 대학원생, 졸업생 및 취업 준비생도 강의를 무료로 들을 수가 있고, 사회초년생 및 재직자와 퇴직자도 활용하여 개개인의 잠재능력을 계발시킬 수 있다. 특히 학과별 강의에서는 공학, 자연, 인무, 사회, 교육, 예체능, 간호보건 등 분야에서 5,000개 이상의 다양한 강의가 제공되고 있고, 일반적인 교양과목도 제공되고 있어 배움을 필요로 하는 사람이면 누구나, 언제, 어디서나 이용할 수 있다는 장점이 있다. 2020년 코로나 바이러스로 인해 비대면 수업을 할 때 유튜브와 더불어 KOCW 공개 강의가 각 대학에서 유용하게 활용되었다. 교수자가 직접 동영상으로 강의를 준비할 수도 있지만, 질적으로 우수한 강의 콘텐츠를 찾아서 학생들에게 소개하기도 하였다. 이때 교수자는 강의자라기보다는 강의의 협력자facilitator로 역할을 하게 되어 강의를 선택하여 학생들로 하여금 시청하도록 하고, 과제물을 내주고 평가하게 된다.

하지만 MOOC가 모든 학생들에게 적절한 교육방식이 아닐 수도 있다. 구조화된 온라인 학습은 학습자로 하여금 엄청난 내재적 동기유발이 필요하다. 온라인 학습에 대한 동기유발이 잘되면 학생들은 스스로 공부해서 원하는 대학에 입학할 수도 있고, 졸업할 수도 있는 시대가 되었지만 성공 여부는 동기유발 정도에 따라 다를 것이다. 이에 따라 교사의 역할도 티칭teaching에서 코칭coaching으로 변해야 하고, 학생 개개인에게 적절한 맞춤형 동기유발 방식을 탐색해야 한다.

3. 미래대학

1) 미네르바 스쿨(Minerva School)

수년 전부터 입학 경쟁률이 100대 1을 넘는 미네르바스쿨이 대학을 긴장하게 만들고 있다. 2019년 5월에 첫 졸업생을 배출한 미네르바스쿨은 강의실, 도서관도, 캠퍼스도 없다. 미국 샌프란시스코에 본교가 있지만 학생들은 세계 7개국 주요 도시를 3~6개월마다 돌아가며 현지 호텔에서 생활한다. 우수한 교수진들이 온라인 강의를 제공하고 글로벌 체험을 하면서 세상을 보는 폭넓은 시야를 갖게 하고, 졸업과 동시에 현장에 적응할 수 있는 창의적인 문제해결 인재를 양성한다.

언제 어디서나 온라인 강의를 듣고, 그 나라의 주요 산업 인프라를 직접 경험한다. 미네르바 스쿨은 미국의 벤처 투자자 벤 넬슨이 창립했고, 애플, 우버, 아마존과 같은 회사와 연계된 프로젝트 수업을 하고 온라인으로 강의를 듣고 토론식으로 진행한다. 전공과목은 예술, 인문, 경영, 컴퓨터과학, 자연과학, 사회과학 등이며 교육의 목표는 창의성, 소통능력, 문제해결능력, 비판적 사고, 팀플레이 중심의 협업 능력을 높이는 것이라고 한다. 졸업생들은 구글이나 트위터 같은 회사에 전원 스카우트된다고 한다.

미네르바 스쿨의 교육방식은 거꾸로 학습flipped learning 방식이다. 사전에 학생들이 공부하고 사후에 토론하고 질문하며 수업을 한다. 모든 수업이 온라인 플랫폼 기반의 소규모 세미나로 이루어지고, 능동적 학습을 위해 13~15명의 학생들이 실시간 토론을 하고, 교수는 피드백을 제공하게 된다. 미네르바에 입학하기 위해서는 자신의 경험을 영문으로 작성해서 지원하여 공정한 입시과정을 통해 입학할 수 있으므로 입시코디가 개입할 수 없다.

주말까지 학원에 가야 하는 한국의 학생들에게는 꿈같은 말로 들릴 수 있지만, 우리도 이제는 4차산업 혁명시대를 뛰어넘어 그 다음 시대의 교육을 준비해야 한다(박기석, 2017). 지금 배운 지식은 더 이상 유용하지 않은 시대가 되었다. 수업을 통해서 시시각각으로 변하는 내용을 배우고, 실행하기 어렵다. 우리나라에서도 2020년 한국판 미네르바스쿨인 '넥스트 챌린지스쿨'이 개교될 예정이라고 한다.

2) 아드 아스트라(Ad Astra)

미국의 괴짜 일론 머스크Elon Musk 테슬라 CEO는 '비밀학교'를 세웠다. 2015년 캘리포니아주 로스앤젤레스 카운티 호손에는 우주항공회사 스페이스 X에 '아드 아스타라'Ad Astra라는 학교를 설립해서 자신의 자녀를 포함해서 30명 이상이 재학하고 있다. 이 학교를 방문했던 피터 디아맨디스 X 프랑즈 재단 이사장이 한 언론사 기고문에서 학과의 내용의 일부를 공개했다. 학년이라는 것이 없는 이 학교에서는 교육 대신 적성과 능력에 맞는 교육을 제공한다고 알려져 있다. 학생들은 언젠가 직면하게 될 현실세계의 여러 시나리오를 토론하는 것이 주된 학과 내용이라고 한다. 예컨대 "어느 시골 마을에 공장이 있는데 이 마을 사람들은 모두 이 공장에 취업해 있다. 그러나 이 공장 때문에 호수는 오염되고 생명체들은 죽어간다. 공장 문을 닫는다면 모든 마을 사람들이 실업자가 된다. 반대로 공장을 계속 가동하면 호수는 파괴되고 생명체는 죽음에 이른다. 어떻게 하는 것이 좋은가"라는 것이 토론주제 가운데 하나라고 한다(서울경제, 2017).

3) 영국의 코벤트리 대학교(Coventry university)

영국의 코벤트리대학교가 2020년 온라인 강의부문 세계대학 순위에서 영국 1

위 및 세계 4위에 선정되었다. 영국 최고의 온라인 수업 제공 대학교로 선정된 코벤트리대학교는 온라인 학습 여건에 꾸준하게 투자했고, 그 결과 팬데믹의 위기 속에서 빛을 발하고 있다.

코벤트리대학교는 2017년 '코벤트리대학교 온라인'이라는 자회사를 설립, 퓨처런과 제휴해 무크로 수강할 수 있는 학 · 석사 학위 과정 15개와 일반과정 75개를 개설했다. 코벤트리대학교 재학생은 3만 2,000명으로 전세계 20만 명 이상의 학생이 코벤트리대학교 무크 강좌를 수강했다(디지털조선, 2020). 영국 정부의 교육우수성 평가Teaching Excellence Framework, TEF에서 최고gold 등급 및 영국 2위 대학으로 평가받았을 정도로 수준 높은 수업을 한다.

(1) 전통적인 수업과 원격 디지털 수업

유 · 초 · 중 · 고 · 대학생까지 이제는 방안에 앉아서 온라인으로 접속하여 학습을 하는 시대가 되었다. 2020년 5월 초 · 중 · 고 540만 명과 267만 명 대학생이 온라인으로 교육을 받고 있다. 교육현장이 마치 거대한 교육 실험장으로 변했다. 굳이 시간과 비용을 지불하며 특정 강의실에 가지 않아도 전세계적으로 유명한 스타 교수들의 강의를 들을 수 있는 시대가 되었다.

코로나19 팬데믹으로 언택트(비대면) 문화가 확산하고, 교육현장도 비대면이 하나의 문화로 자리잡기 시작했다. 감염확산을 막기 위해 개학을 연기하거나 학교를 휴교 또는 폐쇄한다. 기술발전에 힘입어 온라인 강의로 대체하는 사례가 많아지고 있고, 신입생 전형, 졸업식, 입학식, 학부모와의 만남을 화상 회의로 진행한다. 과목별로 가정학습 수업도 화상으로 시행한다. 온라인 동영상 서비스OTT로 가정에서 영화를 보며 생활하며 학습도 동영상으로 열심히 한다.

전통적인 수업에서 교사의 역할은 지식과 정보를 전달하는 것이었지만, 디지털 네이티브 세대는 스스로 새로운 지식과 정보를 찾는 데 익숙하기 때문에 새로운 역할을 해야 한다. 교실이라는 물리적인 환경 안에서 학생들을 가르치고, 지도하던 교사가 이제는 온라인 교육을 잘할 수 있어야 한다. 온라인 교육과 함께 오프라인에서는 학생들을 상담하고 진로를 지도하는 역할도 성공적으로 할 수 있어야 한다.

교육의 디지털화는 점점 더 가속도가 붙을 것이다. 모바일 기기와 사물인터넷, 3D 프린터, 증강현실과 가상현실, 홀로그램 등 다양한 기술이 모든 학생의 잠재력을 끌어내 최고의 성과를 이루는 데 이용할 수 있다(Couch & Towne, 2018). 하지만, 최첨단 기기만 주어진다고 해서 원격 디지털 수업이 학업 성취도를 높여주는 것은 아니다. 디지털 기기를 잘 활용해서 학생들의 적성과 흥미 및 능력을 잘 파악하여 개인맞춤형 교육이 이뤄지도록 해야 한다. 자칫하면 수업 내용이 지루해서 집중도가 떨어질 수 있기 때문에 교사들은 컴퓨터 그래픽, 자막, 애니메이션, 가상현실, 증강현실 등 다양한 교수 · 학습 방법을 총동원해야 한다.

(2) 교사의 역할 변화

2020년 코로나19 사태로 인해 교사의 역할이 혁신적으로 달라지고 있다. 4차 산업혁명 시대를 맞이하여 IT를 활용한 교육이 이루어져 왔지만 공교육 현장에서는 제대로 이루어지지 않고 있었다. 이번 코로나 사태로 인해 교육의 방법과 교사의 역할이 혁신적으로 변화해야 한다. 코로나19 사태로 인해 공교육의 일대 전환점이 될 수 있다고 조심스럽게 예측하기도 한다. 온라인 수업을 하면서 온라인 소통에 익숙한 Z세대들을 자판으로 자유롭게 질문을 하고 토론이 활성화되기도 한다. 그런 점에서 학생들은 원격수업이 편리하고 효율적이라고 긍정적으로 여긴다. 코로나 사태가 종식되도 학생들은 디지털 기술을 활용한 교육을 계속하게 될 것이다.

국어, 영어, 수학과 같은 교과목을 가르치는 티칭teaching 교수방법에서 공부하는 방법을 가르쳐주는 코칭coaching의 교수방법을 적용해야 한다. 즉, 전통적인 교육방법인 티칭에서 코칭으로 이동해야 한다. 4차 산업혁명시대에 교사들은 가르치는 것보다 옆에서 도와주고 이끌어주는 코칭 역할을 해야 한다. 티칭을 잘하는 교사의 수업을 녹화해서 전국의 학생들이 이를 토대로 교사와 함께 토론하고 질문하는 방식의 교육으로 시스템이 변화하게 될 것이다. 학생 개개인이 잘 모르는 것을 이해할 수 있도록 구체적이고 실제적인 도움을 주게 될 것이다.

참고문헌

강인애(1995). 인지적 구성주의와 사회적 구성주의에 대한 간략한 고찰. 교육공학연구, 11(2), 48-63.

강지영 · 소경희 (2011). 국내 교육관련 실행연구(action research) 동향 분석. 아시아교육연구, 12(3), 197-224.

강현석 · 정재임 · 최윤경(2005). Bloom의 교육목표분류학에 대한 비판과 그 대안 탐구: 일선 교사들의 인터뷰를 중심으로. 중등교육연구, 53(2), 51-84.

강현숙 · 박병기(2014). 창의성 프로그램의 효과에 관한 메타분석. 교육심리연구, 28(4), 735-759.

교육부(1998). 수준별 교육과정의 이해. 제7차 교육과정 연수자료.

교육부(2017). 한국교육과정평가원.

교육부(2014). 학업중단 학생 현황조사. 서울: 교육부.

교육부 · 한국교육과정평가원(2017). 과정을 중시하는 수행평가 어떻게 할까요?: 중등. 연구자료 ORM 2017-19-2.

교육심리학회(2000). 교육심리학용어사전. 서울: 학지사.

구정화(2009). 초등학생의 성역할 고정관념에 대한 학년 및 성별 차이 연구. 사회과교육, 48(3), 35-46.

국립교육평가원(1996). 수행평가의 이론과 실제. 서울: 국립교육평가원.

국립특수교육원(2009). 파주: 도서출판 하우.

국립특수교육원(2018). 2018년 특수교육연차보고서.

권점란(2019). 의미치료 집단상담 프로그램이 학교 밖 청소년의 삶의 목적수준, 스트레스 및 진로자기효능감에 미치는 효과. 안동대학교 석사학위논문.

김경숙 · 홍혜경(2012). 색다른 용도법(Unusual uses)을 활용한 표상활동이 유아의 창의성에 미치는 효과. 창의력교육연구, 12(3), 93-112.

김경희 · 김계하(2009). 자아존중감 증진 프로그램이 여자 대학신입생의 자아존중감과 생의에 미치는 효과. 정신간호학회지, 18(4), 431-438.

김계현 · 김동일 · 김봉환 · 김창대 · 김혜숙 · 남상인 · 천성문(2009). 학교상담과 생활지도(제2판). 서울: 학지사.

김동일 · 신을진 · 이명경, 김형수 (2011). 학습상담. 서울: 학지사.

김명희(2009). TV애니메이션 '뽀롱뽀롱 뽀로로'에 등장하는 캐릭터의 성차 연구. 세종대학교 석사학위논문.

김상윤(1998). 유아의 창의성 측정도구로서의 칠교판 검사 연구. 아동연구 7집.

김승국(1995). 특수교육학. 서울: 양서원.

김예림(2013). 도형 과제 수행 때 나타나는 청소년의 지능별 대뇌 및 소뇌의 활성도 차이 분석. 영재교육연구, 23(5), 637-648.

김은기(2019.11.23.). 치매막으려면 운동하라, 뉴런 늘어나 기억력 좋아진다. 중앙일보 28면.

김은아 · 박기수 · 유미현(2019). 미성취 성인영재의 미성취감 원인 및 극복요인 탐색에 관한 질적 연구. 영재교육연구, 29(1), 39-65.

김진규(2013). 형성평가 101가지 기법. 서울: 교육과학사.

김춘경 · 이수연 · 이윤주 · 정종진 · 최웅용(2016). 상담학 사전. 서울: 학지사.

김충기(2000). 생활지도 상담진로지도. 서울: 교육과학사.

김태련 · 방희정 · 이선자 · 조성원 · 조숙자 · 조혜자 (1996). 여성심리. 서울: 이화여자대학교 출판부

김태은 · 김영빈(2013). 학습부진 초등학생의 동기 향상을 위한 집단상담 프로그램의 효과 분석. 교원교육, 29(4), 93-113.

나덕렬(2008). 앞쪽형 인간(잠자는 CEO 당신의 앞쪽뇌를 때워라. 서울: 허원미디어.

남명호 · 김성숙 · 지은림(2000). 수행평가-이해와 적용. 서울: 문음사.

남민정 · 유형근(2009). '초등학교 미성취 영재의 사회 · 정서적 자아개념 향상을 위한 집단상담 프로그램 개발'. 학습자중심교과교육학회지. 9(3), 207-230.

도남희(2016).아동의 창의성 증진을 위한 양육환경과 뇌발달 연구. 육아정책연구소.

박기석(2017). 세계가 주목하는 '캠퍼스 없는 대학' 온라인으로 토론수업, 현장형 과제로 실전다져. 조선에듀 .

박문호(2008). 뇌: 생각의 출현. 서울: 휴머니스트.

박문호(2018). 그림으로 읽는 뇌과학의 모든 것. 서울: 휴머니스트.

박민정 · 이병인(2010). 다문화가정 유아의 교육기관 적응과정과 상호작용 행동유형에 관한 근거이론적 접근. 특수교육학연구, 45(1), 129-151.

백순근(1996). 수행평가의 이론과 실제. 서울: 국립교육평가원.

백순근(1997). 수형평가의 이론적 기초(수행평가의 이론과 실제:학술세미나 논문발표집) 서울: 한국교육평가위원회.

백순근(1998). 수행평가의 이론과 실제. 서울: 원미사.

백순근(2000). 수행평가의 원리. 서울: 교육과학사.

백중열(2010). 미성취 영재의 특성과 지도방안 모색. 미술교육논총, 24(3), 373-388.

서정임(2006). 영화치료프로그램이 중학생의 양성평등의식과 성 고정관념에 미치는 영향. 경성대학교 석사학위논문.

성은현 · 김명소(2003). 확산적 사고력과 창의적 인성에서의 성차. 한국여성심리학회, 8(2), 71-86.

성태제(1999). 수행평가의 실제. 경남교원연수원.
성태제 · 시기자(2006). 연구방법론. 서울: 학지사.
손민정(2008). 다문화가정 초등학교 저학년 학생을 위한 학교적응력 향상 프로그램 구안. 한국교원대학교 석사학위논문.
송명자(2008). 발달심리학. 서울: 학지사.
신명희 · 강소연 · 김은경 · 김정민 · 노원경 · 서은희 · 송수지 · 원영실 · 임호영(2018). 교육심리학(4판). 서울: 학지사.
신종호(2013). 학습동기-이론, 연구 그리고 지원. 서울: 학지사.
신효정 · 송미경 · 오인수 · 이은경 · 이상민 · 천성문(2016). 생활지도와 상담. 서울: 박영스토리.
심우엽(2001). 연령에 따른 학습동기의 변화. 초등교육연구, 14(3), 19-44.
안정임 · 전경란 · 김양은(2009). 다문화와 미디어교육. 서울: 방송통신위원회.
양상미(2014). 스캠퍼 기법을 활용한 과학수업이 창의적 사고 및 창의적 성향에 미치는 효과. 부산교육대학교 석사학위논문.
양은주 · 김진석(2012). 스트레스와 해마: 뇌 신경기제의 시스템 분석. 한국심리학회, 24(1), 65-88.
유성모(2019). R 메타분석 쉽게 배우기: 프로그램효과 검증과 구조방정식 모형 분석. 서울: 황소걸음 아카데미.
유의정 · 전형진(2011). 다문화교육의 현황과 과제. 서울: 국회입법조사처.
유형근(2009). 미성취 영재의 상담요구와 전문상담교사의 역할. 초등교육연구, 22(1), 113-139
윤승현(2020). 윤승현 교육학 3줄 컨셉맵. 서울: 임용닷컴.
이금연(2003). 충남 거주 외국인여성을 위한 정책 모색 워크숍 자료집. 이주여성들의 인권문제와 정책방향. 충청남도 여성정책개발원.
이나경(2015). 삶의 의미가 대학생의 진로미래에 미치는 영향: 정서요인과 진로결정자기효능감의 매개효과. 한서대학교 석사학위논문.
이남표(2000). 의미요법. 서울: 학지사.
이명숙 · 최병연(2014). 창의적 마인드셋트 척도의 개발 및 타당화. 창의력교육연구, 14(4), 1-11.
이성미(2012). 다문화정책론. 서울: 박영사.
이성옥(1997). 의미요법 집단상담이 여성근로 청소년의 직무만족에 미치는 효과. 계명대학교 석사학위논문.
이성진(1996). 교육심리학: 그 학문적 성격과 과제. 교육심리연구, 10(1), 25-43.
이수(2006). 비계설정이 학습자의 메타인지 발달과 학업성취도 미치는 영향. 대구교육대학교 교육대학원 석사학위논문.
이순주(2007). 영험이 종류를 달리한 비계설정의 효과분석. 영재교육연구, 17(1), 51-76.

이순희 · 허만세(2017). 청소년 학교적응 향상을 위한 합리적 정서행동치료 기반의 성취동기 프로그램 개발과 효과성 검증. 한국학교사회복지학회지, 40(40), 113-143.

이승원 · 유형근 · 권순영(2012). 초등학교 미성취 영재의 자기조절 학습능력 신장을 위한 집단상담 프로그램 개발. 교원교육, 28(2), 165-187.

이윤옥(2014). 동화를 활용한 창의적 사고기법 연계 감정코칭 문제해결 활동이 유아의 창의성에 미치는 영향. 유아교육학논집, 18(6), 363-381.

이윤호(2007). 베트남 국제결혼 이주여성의 문화적응 스트레스에 관한 연구. 강남대학교 대학원 석사 학위논문.

이은주(2000). 초등학생들의 학습동기의 변화. 초등교육연구, 14(1), 47-66.

이정모(1998). 인지심리학의 제 문제. 서울: 학지사.

이종승(1983). 메타분석: 연구결과의 통계적 종합. 교육학 연구, 21(1). 83-92.

이종승(2009). 교육, 심리, 사회 연구방법론. 파주: 교육과학사.

이주경, 오연주, 김혜옥(2008). 성평등 그림 동화를 활용한 통합적 활동이 유아의 성역할 고정관념과 조망수용능력에 미치는 영향. 어린이 문학교육연구, 9(1), 137-165.

이현주(2013). 한부모 이주여성의 자녀양육과 삶에 대한 연구. 여성학연구, 23(1), 171-214.

임규혁 · 임웅(2007). 학교학습 효과를 위한 교육심리학(제2판). 서울: 학지사.

임규혁 · 임웅(2013). 학교학습 효과를 위한 교육심리학(제3판). 서울: 학지사.

임종헌 · 유경훈 · 김병찬(2017). 4차 산업혁명사회에서 교육의 방향과 교원의 역량에 관한 탐색적 연구. 한국교육, 44(2), 5-32.

임지예(2018). 생활스트레스, 죽음에 대한 태도. 삶의 의미가 심리적 적응에 미치는 영향.

전경남(1999). 창의성 훈련의 효과에 대한 메타분석. 고려대학교 대학원 교육학과 석사학위논문.

전경남(2011). 창의적 사고 기법의 분류 체계에 관한 문헌 고찰. 영재와 영재교육, 10(3), 133-157.

전경남(2012). 영재교육 대상자를 위한 교수-학습 프로그램의 효과에 관한 메타분석. 교육문제연구, 45, 115-139.

전경원(1989). 미성취 영재에 관한 미국과 한국의 교사와 부모의 인식(Perceptions of American Teachers, American Parents, Korean Teachers, and Korean Parents of the Gifted Regarding Underachieving Gifted). Purdue대학교 박사학위논문.

전경원(1997). 브레인스토밍에 관한 문헌고찰. 창의력교육연구, 1(1), 29-64.

전경원(2000). 유아 종합 창의성 검사(K-CCTYC)(개정판). 서울: 학지사.

전경원(2001). 유아 도형 창의성 검사(K-FCTYC). 서울: 학지사.

전경원(2003). 유아 창의적 특성 검사(K-CTC).서울: 학지사.

전경원(2004). 새로운 영재.재능 교육의 이론과 실제. 서울: 학문사.

전경원(2007). 창의성을 중심으로 한 유아연구방법론. 서울: 창지사.

전경원(2010). 창의력 측정. 서울: 창지사.

전경원(2015). 창의성 본질과 교육. 서울: 정민사.

전경원(2016). 탱그램 창의성 검사(TCT). 서울: 학지사.

전경원(2019). 2020개정 누리과정에 따른 영유아의 창의력 교육. 파주: 정민사.

전경원 · 권미은(2019). 장애유아 통합교육의 이해. 서울: 정민사.

전경원 · 김누리(2020). 아동연구방법론(제2판) 서울: 창지사.

전성연 편(2001). 교수-학습의 이론적 탐색. 서울 원미사.

정연수 · 이지원 · 김중복(2016). 높은 공간능력과 낮은 언어능력을 가진 초등 미성취 과학 영재의 발견가능성 탐색: 빛의 직진 개념을 중심으로. 영재교육연구, 26(1), 101-122.

정옥분(2019). 발달심리학. 서울: 학지사.

정종진(2014). 학업동기 상담을 위한 개입 전략 설정 및 개입 시 고려해야 할 요소. 초등상담연구, 1(13), 1-20.

정종진(2008). 한국 초등학생의 학습동기 요인 분석. 한국심리학회지: 사회문제, 14(1), 167-186.

정태연 · 류원정(2004). 청소년에 대한 한국인의 사회적 표상 및 성 고정관념. 한국심리학회지: 여성, 9(3), 89-110.

조미영(2011). 다문화가정 어머니들의 영유아기 자녀양육 지원을 위한 멘토링 과정 탐색. 성신여자대학교 대학원 박사학위논문.

조선희 · 김희백 · 이민주 · 최유용 · 이건호(2010). 과학적 창의력과 정서적 감수성의 관계에 대한 뇌영상 연구. 영재교육연구, 20(2), 503-526.

차명진(2018). 4차 산업혁명시대의 교사 역할과 역량에 대한 초등교사의 인식 연구.

최옥순(2005). 유아를 위한 창의성 활동의 효과에 대한 메타분석 연구. 아주대학교 교육대학원 석사학위논문.

최인수(2011). 창의성의 발견. 서울: 쌤엔파커스.

통계청(2019). 2019 청소년통계.

통계청(2020). 2020 청소년 통계. 서울: 여성가족부.

하대현(2010). 교육심리학의 전문성과 학문 후속세대 양성. 교육심리연구, 24(1), 207-233.

한국교육개발원(2018). 교육통계연보.

한국교육심리학회(2000). 교육심리학용어사전. 서울: 학지사.

한국교육평가학회(2004). 교육평가용어사전. 서울: 학지사.

한국교육학회(2000). 교육심리학용어사전. 서울: 학지사.

한국유아교육학회(2011). 유아교육백서. 서울: 양서원.

한국청소년정책연구원(2019). 아동청소년인권실태조사.

한국통합교육연구회(2014). 아하!통합교육. 서울: 학지사.

한국통합교육학회(2009). 통합교육. 서울: 학지사.

한기순 · 신정아 (2007). 성취영재와 미성취영재는 어떻게 다른가? 영재교육연구, 17(1), 27-50.

한기순과 유경훈(2013). '피로사회'속 창의성과 행복에 관한 담론. *창의력교육연구, 13*(1), 55−68.

한상영(2011). 다문화가정 여성의 자녀 양육경험. 중앙대학교 대학원 박사학위논문.

홍기칠(2013). 브레인스토밍 유형이 초등학생과 대학생의 집단 창의성에 미치는 효과. *대한사고개발학회, 9*(2), 175−193.

홍소영(2008). 창의성 계발 프로그램이 유아의 창의성 신장에 미치는 효과에 관한 메타분석. 충남대학교 교육대학원 석사학위논문.

황매향(2009). 학업상담을 위한 학업 문제 유형분류. *상담학연구, 10*(1), 561−581.

황정규(2008). 교육심리학의 연구의 과거, 현재, 그리고 미래. 한국교육심리학회 연차학술대회 자료집, 1−9. 숙명여자대학교.

Amabile, T. M. (1989). *Growing up Creative: Nurturing a Lifetime of creativity*. 전경원 역(1998). *창의성과 동기유발*. 서울: 창지사.

Amabile, T. M. (1996). *Creativity in context: Update to the Social Psychology of creativity*. Boulder, CO. Westview.

Amabile, T. M. (1997). Motivating creativity in organization: On doing what you love and loving what you do. *California Management Review, 40*, 39-58.

Ames, C. (1992). Classrooms: Goals, structures, and student motivation. *Journal of educational psychology, 84*(3), 261.

Anderson, L. W. (2002). A Revising Bloom's Taxonomy. *Theory into Practice, 41*(4), 210-261.

Anderson, L. W., & Krathwohl, D. R. (2001). *A Taxonomy for Learning, Teaching and Assessing*. A Revision of Bloom's Taxonomy of Educational Objectives. New York: Longman.

Armstrong, T. (1993). *Kinds of Smart: Identifying and Developing Your Many Intelligences*. NY: Plume (The Penguin Group).

Aronson, E., Blaney, N., Stephan, C., Sikes, J., &Snapp, M. (1978). *The jigsaw classroom*. Beverly Hills, CA: Sage.

Atkinson, J. W. (1964). *An introduction to motivation*. Princeton, N.J.:Van No strand.

Atkinson, J. W. (1980). Motivational effects in so-called tests of ability and educational achievement. In L. J. Fyans, Jr. (Ed.), *Achievement motivation*. New York: Plenum.

Ausubel, D. P. (1968). *Educational psychology: A cognitive view*. New York:Holt, Rinehart & Winston.

Bandura, A. (1971). *Vicarious and self-reinforcement processes*. In R. Glaser (Ed.), *The nature of reinforcement* (pp. 228-278). New York: Academic Press.

Bandura, A. (1977a). Self-efficacy: toward a unifying theory of behavioral change.

Psychological review, 84(2), 191.

Bandura, A. (1977b). *Social Learning Theory*. Englewood Cliffs, NJ: Prentice Hall.

Bandura, A., & Schunk, D. H. (1981). Cultivating competence, self-efficacy, and intrinsic interest through proximal self-motivation. *Journal of personality and social psychology, 41*(3), 586.

Banks, J. A. (1993). *Multlethnic Education: Theory and Practice*(3rd Ed.). Boston: Allyn & Bacon.

Banks, J. A. (2008). *An Introduction Multicultural Education*. Pearson Education, Inc.

Baron, M. A. & F. Boschee(1995). *Authentic Assessment: the key to unlocking student success*. Lancaster, PA: Technomic Pub.

Barron-Cohen, S. (2003). *The essential difference: Men, women, and the extreme male brain*. London: The Penguin press.

Beghetto, R. A., & Plucker, J. A. (2006). *The relationship among schooling, learning, and creativity: "All roads to creativity" or "You can't get therefrom here?"* In J. C. Kaufman & J. Baer(Eds.). *Creativity and reason in cognitive development*(pp. 316-332). Cambrige University Press.

Bem, S. L. (1981). Gender schema theory: A cognitive account of sex typing. *Psychological Review, 88*(4), 354-364.

Bennett, C. I. (2019). *Comprehensive multicultural education: theory and practice* (9th ed.). Boston, MA: Pearson Education.

Berk, L., & Winsler, A. (1995). *Schaffolding Children's Learning: Vygotsky and Early Childhood Education*. Washington DC: NAEYC.

Berk, L. E. (1992). Children's private sppech: An interview of theory and the status of research. In R.M. Diaz, and L. E. Berk (Eds.). *Private speech: From social interaction to self-regulation* (pp.17-53). Hilsdale, NJ:Erlbaum.

Berk, L. E. (2012). *Child development*(9th ed.). Boston, MA: Pearson.

Berliner, D. C. (1992). Telling the stories of educational psychology. *Educational Psychologist, 27*(2), 143-161.

Binet, A. (1905). *On Double Consciousness: Exper-imental psychological studies*. Chicago: The Open Court Pub.

Bloom, B. S(1968). Learning for mastery. *Evaluation Comment, 1*, 1-5.

Bloom, B. S(1971). *Individual differences in school achievement: A vanishing point? Education at Chicago, Department and Graduate School of Education*. University of Chicago.

Bloom, B. S(1976). *Human characteristics and school learning*. New York: MacGraw-Hill.

Bloom, B. S(1980). *All our children learning*. Hightstown, NJ: MacGraw-Hill.

Bloom, B. S(1986). Automaticity: The hands and feet of genius. *Educational Leadership, 3*,

70-77.

Bloom, B. S., Engelhart, M.B., Hill, W.H., Furst, E.J., & Krathwohl, O.R. (1956). Taxonomy of educational objectives: The classification of educational goals. *Handbook I: The cognitive domain*. New York:Longman.

Bloom, B. S., Hastings, J. T., & Madus, G.F. (1971). *Handbook on formative and sommative evaluation of student learning*. New York: MacGraw-Hill.

Borich, G. D., & Tombari, M. L. (2019). *Educational Psychology A Contemporary Approach*. Boston, MA: Pearson.

Bouchard, T. J., Jr., & McGue, M. (1981). Familial studies of intelligence: A review. Science, 212, 1055-1058.

Broverman, I. K., Vogel, S. R., Broverman, D. M., Clarkson, F. E., & Rosenkrants, PS. (1972). Sex-role stereotypes: A current appraisal. *Journal of Social Issues, 28*, 59-78.

Bruner, J. (1966). *Toward a theory of instruction*. Cambridge, MA: Harvard University Press.

Causton, J. & Tracy-Bronson, C. (2015). *The Educator's Handbook for Inclusive School Practices*. Brookes Pub.

Ceci, S. J., & Gilstrap, L. L. (2000). Determinants of intelligence: Schooling and intelligence. *Encyclopedia of Psychology, 2*, 496-498.

Chugani, H. T. (1997). Neuroimaging of developmental non-linearity and developmental pathologies. In R. W. Thatcher, G.R. Lyon, J. Rumsey, and N. Krasnegor, eds. Developmental; Neuroimaging: Mapping the Development of Brain and Behavior. *San Diego: Academic Press*, 187-195.

Cognition and Technology Group at Vanderbilt. (1992). The Jasper series as an example of anchored instruction: Theory, program description, and assessment data. *Educational Psychologist, 27*(3), 291-315.

Colby, A., Kohlberg, L., Gibbs, J., &Lieberman, M. (1983). A longitudinal study of moral judgment. *Monographs of the Society for Research in Child Development, 48* (Serial No. 200), 1-124.

Collins, A., Brown, J. S., & Newman, S. E. (1989). *Cognitive Apprenticeship: Teaching the crafts of reading, writing, and mathmetics*. In l. B. Resnick(Ed.), *Knowing, learning, and instruction: Essays in honor of Robert Glaser*(p. 453-494). Lawrence Erlbaum Associates, Inc.

Couch, J., & Towne, J. (2018). 김영선 역(2020). *교실이 없는 시대가 온다*. 서울: 어크로스.

Crain, W. (2010). Theories of development: Concepts and applications(6th ed.). New York:Pearson.

Creswell, J. W., & Creswell, J. D. (2008). *Research design: Qualitative, quantitative, and mixed methods approaches*. Beverly Hills, CA: Sage publications.

Cropley, A. J. (2001). *Creativity in education and learning: A guide for teachers and educators*. New York Routledge.

Csikszentmihalyi, M. (1975). *Beyond bore-dom and anxiety: experiencing flow in work and play*. 이삼출 역(2003). 몰입의 기술. 서울: 더불어책.

Csikszentmihalyi, M. (1988). Society, Culture, and Person: a systems view if creativity, In Sternberg, R. J(Ed.), *The nature of creativity: Contemporary psychological perspectives*. Cambridge: Cambridge University Press.

Csikszentmihalyi, M. (1990). *Flow: The psychology of optimal experience*. 최인수 역(2003). 몰입. 서울: 한울림.

Csikszentmihalyi, M. (1993). *The Evolving self: a psychology for the third millennium*. 김우열 역(2009). 몰입의 재발견. 서울: 한국경제신문.

Csikszentmihalyi, M. (1996). *Creativity: flow and the psychology of discovery and invention*. 노혜숙 역(2003). 창의성의 즐거움. 서울: 북로드.

Csikszentmihalyi, M. (1997). *Finding flow: the Psy-chology of engagement with everyday life*. New York: Basic Books.

Csikszentmihalyi, M. (1999). Implications of a systems perspectives for the study of creativity. In Sternberg, R. J. (Ed.). *Handbook of Creativity*. Cambridge: Cambridge University Press.

Csikszentmihalyi, M. & Schneider, B. (2003). *Becoming adult: how teenagers prepare for the world of work*. 이희재 역(2003). 어른이 된다는 것은. 서울: 해냄.

Davis, G. A., & Rimm, S. B. (1985). *Education of the gifted and talented*. Englewood Cliffs, NJ: Prentice-Hall.

De Bono, E. (1972). *Children Solve Problems*. London: Penguin Books.

De Bono, E. (1990a). *Conflict: A Better Way to Resolve Them*. Intl Center for Creative Thinking.

De Bono, E. (1990b). *The Happiness Purpose*. London Penguin Books.

De Bono, E. (1990c). *Thinking Skills for Success*. Paradigm Pub Intl.

De Bono, E. (1992). *Practical Thinking*. London: Penguin Books.

De Bono, E. (2010). *De Bono's thinking course*. 서영조, 박종하 공역(2010). 생각의 공식: 창의성을 학습하는 11가지 생각도구. 서울: 더난출판.

Deci, E. L. (1971). Effects of externally mediated rewards on intrinsic motivation. *Journal of Personality and Social Psychology, 18*(1), 105-115.

Deci, E.L. (1972). Intrinsic motivation, extrinsic reinforcement and inequity. *Journal of Personality and Social and Social Psychology, 22*(1), 113-120.

Deci, E. L., & Ryan, R. M. (1985). *Intrinsic motivation and self-determination in human behavior*. New York: Plenum Press.

Deci, E. L., & Ryan, R. M. (2012). Motivation, personality, and development within embedded social contexts: An overview of self-determination theory. In R.M. Ryan(Ed.), *Oxford handbook of human motivation*(pp. 85-107). Oxford, UK:Oxford University Press.

Deemer, S. (2012). *Reflection on how educators use motivational theories in educational psychology*. Dubuque, IA: Kendal Hunt Publishing Company.

Delamont, S. (2001). *Changing women, unchanged men*. Buckingham: Open University Press.

Delamont, S. (2002). *Gender and education*. In D. L. Levin- son, P. W. Coolzson, Jr., & A. R. Sadovnilz (Eds.), *Education and sociology: An encyclopedia* (pp. 273-279). New Yorlz: Routledge Falmer.

Driscol, M. P. (2005). *Psychology of learning for instruction*. Boston, MA: Pearson.

Dunn, R., Dunn, K., & Price, G.E. (1984). *Learning Style Inventory*. Lawrence, KS: Price System.

Dweck, C. S. (1986). Motivational processes affecting learning. *American psychologist, 41*(10), 1040.

Dweck, C. S. (2000). *Self-theories: Their role in motivation, personality, and development*. Psychology Press.

Dweck, C. S. (2006). *Mindset: The new psychology of success*. Random House Incorporated.

Dweck, C. S. (2016). What having a "growth mindset" actually means. *Harvard Business Review, 13*, 213-226.

Edelman, J. M. (2005). *Second Nature:Brain science and human knowledge*. 김창대 역(2009). 서울: 이음.

Eggen, P., & Kauchak, D. (2013). Educational psychology: windows on classroom(9th ed.). Boston, MA: Pearson.

Eisenberg, N., Murphy, B.C., &Shepard, S. (1997). The development of empathic accuracy. In W. Ickes (Ed.), *Empathic Accuracy* (pp. 73-116). New York: Guilford.

Ellis, A. (1962). *The rational-emotive approach, humanistic psychotherapy*. Secaucus, New York: Lyle Stuart.

Ellis, A. (1986). *Growth Through-Reason*. Palo Alto, CA:Science and Behavior Books.

Ellis, A., & MacLaren, C. (1998). *The practical therapist series. Rational emotive behavior therapy: A therapist's guide*. Impact Publishers.

Feldhusen, J. F., & Treffinger, D. J. (1975). Teachers' attitudes and practices in teaching creativity and problem solving to economically disadvantaged and minority children. *Psychological Reports, 37*, 1161-1162.

Flanagan, C. (1993). Gender and social class: Intersecting issues in women's achievement. *Educational Psychologist, 28*(4), 357-378.

Flynn, J. R. (1994). IQ gains over time. In R. J. Sternberg (Ed.), *The Encyclopedia of Hman Intelligence* (pp. 617-623). New York: MacMillan.

Flynn, J. R. (1999). Searching for justice: The discovery of IQ gains over time. *American Psychologist, 54*, 5-20.

Flynn, J. R. (2003). Moves about intelligence: The limitations of g. *Current Directions in Psychological Science, 12*(3), 95-99.

Frankl, V. E. (2005). Man's search for meaning: An introduction to Logotherapy. London: Ebury Publishing.

Freud, S. (1926). Inhibition, symptoms and anxiety. *Standard Edition, Vol. 20*.

Garger, S., & Guild, P. (1984). Learning style: The crucial difference. *Curriculum Review, 23*(1), 9-12.

Gelman, S. A., & Ebeling, K. S. (1989). Children's use of nonegocentric standards in judgments of functional size. *Child Development, 60*(4), 920–932.

Getzels, J. W., & Jackson, P. W. (1962). *Creativity and intelligence: Explorations with gifted students*. Wiley.

Gillian, D. (1982). *In a different voice: Sex differences in the expression of moral judgment*. Cambridge, MA:Harvard University Press.

Glass, G. (1978). Integrating findings: The meta-analysis of research. *Review of Research in Education, 5*, 351-379.

Gough, H. G. (1967). *Factors related the differential achievement among gifted persons*. Berkeley, California: University of California Press.

Gowan, J. C. (1957). Dynamics of underachievement in gifted students. *Exceptional Children, 24,* 98-101.

Gronlund, N. E., & Linn, R. L. (1990). *Measurement and evaluation in teaching*. New York : Macmillian.

Gronlund, N. E. (1993). *Measurement and evaluation in teaching*(10th ed.). New York: Macmillan.

Gudykunst, W.B., & Kim, Y. Y. (2002). *Communicating with strangers: An approach to intercultural communication*(4th ed.). New York: McGraw-Hill.

Guilford, J. P. (1967). *The nature of human intelligence*. McGraw Hill.

Hallahan, D. P., Kauffman, J. M., & Lloyd, J. (1985). *Introduction to learningdisabilities*(2nd ed.). Englewood, Cliffs, NJ: Prentice-Hall.

Harrow, A. J. (1972). *A taxonomy of the psychomotor domain: A guide for developing behavior objectives*. New York: David McKay.

Hoagland, J. (1972). Bibliotherapy: A review and analysis of the literature. *The Journal of Special Education. 49*, 390-394.

Horn, M. B., Heather, S., & Clayton, M. C. (2015). *Blended: Using Disruptive Innovation to Improve School*. San Fransisco: Jossey-Bass.

Huth A. G, de Heer W. A, Griffiths T. L, Theunissen F. E, Gallant J. L. (2016). *Natural speech reveals the semantic maps that tile human cerebral cortex. Nature, 532*, 453-458.

Hüther, G., & Hauser, U. (2012). *Die angeborenen talente unserer Kinder und was wir aus ihnen machen*. 박정미 역(2013). 모든 아이들은 특별한 재능이 있다. 서울:머스트비.

Johnson, D. W., Johnson, R. T., & Stanne, M. B. (2000). *Cooperative learning methods: A meta-analysis*. Running Head: Cooperative learning Methods.

Kagan, S. (1985). Dimensions of cooperative classroom structures. In Kagans, R. Hertz Lazarowitz, C. Webb, & R. Schmuck(Eds.), *Learning Learn*(pp. 67-96). New York: Plenum Press.

Kagan, S. (1998). New cooperative learning, multiple intelligences, and inclusion. In J. W. Putnam(Ed.). *Cooperative learning and strategies for inclusion: Celebrating diversity in the classroom*(2nd ed.) (pp105-138). Baltimore, MD: Paul H, Brookes.

Karwowski, M. (2014). Creative mindsets: Measurement, correlates, consequences. *Psychology of Aesthetics, Creativity, and the Arts, 8*(1), 62-70.

Kauffman, J. M. (1993). *Characteristics of emotional and behavioral disorders of children and youth*(5th ed.). New york: Merrill.

Kaufman, J. C., Beghetto, R.A. (2009). Beyond big and little:The four C model of creativity. *Review of General Psychology, 13*(1), 1-12.

Kauffman, J. M., Gottlieb, J., Agard, J. A., & Kukic, M. D. (1975). Mainstreaming: Toward and explication of the construct. In E. L. Meyen, G. A. Vergason, & R. J. Whelan (Eds.), *Alternatives for teaching exceptional children* (pp. 35-54). Denver: Love.

Kauffman, M. J.,& Hallahan, D. P. (2005). *Special education*. Pearson/Allyn and Bacon.

Keller, J. M. (1984). The use of the ARCS model of motivation in teacher training. *Aspects of educational technology, 17*, 140-145.

Keller, J. M. (1987). Development and use of the ARCS model of instructional design. *Journal of instructional development, 10*(3), 2-10.

Keller, J. M. (1987). Motivational design. *In Encyclopedia of Educational Media, Communications, and Technology*(2nd Ed). Westport, CT: Greenwood Press.

Kim, Y., Baylor, A. L., & PALS Group. (2006). Pedagogical agents as learning companions: The role of agent competency and type of interaction. Educational . *Technology Research and Development 54*(3), 223-243.

Koch, J. F. (2003). Gender issues in the classroom. In W. M. Reynolds & G. E. Miller (Eds.), *Handbook of psychology(7)*. Educational psychology (pp. 259-281). Hoboken, N J: Wiley.

Kogan, N. (1983). Stylistic variation in childhood and adolescence. Creativity, metaphor, and cognitive style. In P. Mussen (Ed.), *Handbook of child psychology*(4th ed.), (vol.3, pp. 630-706) . New York: Wiley.

Kohlberg, L. (1978). Revisions in the theory and practice of moral development. *New Directions for Child Development, 2*, 83-88.

Kohlberg. L. (1966). A cognitive-developmental analysis of children's sex-role concepts and attitudes. In E. E. Maccoby(Ed.). *The Development of Sex Differences*. Stanford, CA: Stanford University Press.

Krathwohl, D.R., Bloom, B. S., & Masia, B. B. (1964). Taxonomy of Educational Objectives. *Handbook II: Affective Domain*. New York: David McKay.

Kulik, J, A. (1992). An analysis of the research an ability grouping: Historical and contemporary perspectives. *Storrs, CT: The National Research Center on the Gifted and Talented*. University of Connecticut.

Lave, J. (1988). *Cognition in Practice: Mind, mathematics, and culture in everyday life*. Cambridge, UK: Cambridge University Press.

Lee, S. W. (2005). *Encyclopedia od school psychology*. Beverly Hills, CA: Sage.

Lepper, M., & Greene, D. (1975). Turning play into work: Effect of adult surveillance and extrinsic rewards on children's intrinsic motivation. *Journal of Personality and Social Psychology, 31*, 744-750.

Levitin, D. (2020). *Successful aging*. New York: Penguin Random House.

Lewin, K. (1935). *A dynamic theory of personality*. McGraw-Hill.

Lindsey, M. (1980). *Training teachers of the gifted and talented*. New York: Teachers College Press.

Lubart, T. I. (1994). Creativity. In R.J.Sternberg(ed.). *Thinking and problem solving*(pp289-332). Sandiego: Academic Press.

Luo, Y., & Baillargeon, R. (2005). Can a self-propelled box have a goal? Psychological reasoning in 5-month-old infants. *Psychological Science, 16*(8), 601-608.

Maccoby, E. E., & Jacklin, C.N. (1980). *Sex Differences in Aggression: A Rejoinder and Reprise. Child Development, 51*(4), 964-980.

Maher, F. A., & Ward, J. V. (2002). *Gender and teaching*. Mahwah, NJ: Erlbaum.

Maker, J. (1982). *Teaching models in the education of the gifted*. Rockville, MD: Aspen Publications.

Makel, M. (2008). *The malleability of implicit beliefs of creativity and creative production*. Unpublished doctoral dissertation. Indiana University, Bloomington, IN.

Martin, C. L., & Halverson, C. F. (1981). A schematic processing model of sex typing and stereotyping in children. *Child Development, 52*, 1119– 1134.

Martin, C.L., & Halverson, C. F. (1987). The role of cognition in sex role acquisition. In D.B. Carter (Ed.), *Current conceptions of sex roles and sex typing: Theory and research* (pp.123-137). New York, NY:Praeger.

May, R., & Yalom, I. D. (1984). *Existential psychotherapy.* In R. J. Corsini & D. Wedding(Eds.). *Current psychotherapies* (pp. 363-402). F E Paecock Publishers.

McGue, M., Bouchard Jr, T. J., Iacono, W. G., &Lykken, D. T. (1993). Behavioral genetics of cognitive ability: A life-span perspective. In R. Plomin &G. E. McClearn (Eds.), *Nature, Nurture, and Psychology*. Washington, DC: American Psychological Association.

Mitchell, M. L., & Jolley, J. M. (2012). *Research design explained*(8th ed.). Independence, KY: Cengage Learning.

Myers, D. G. (2004). *Exploring psychology*. London: Macmilan.

National Commission on Excellence in Education(1983). *A nation at risk: The imperative for educational reform*. Washington, DC: U.S. Government Printing Office.

Nature(2016). *Where words make sense. Vol 532*, Issue 7600.

Neisser, U., Boodoo, G., Bouchard Jr, T. J., Boykin, A. W., Brody, N., Ceci, S. J., &Urbina, S. (1996). Intelligence: Knowns and unknowns. *American Psychologist, 51*(2), 77-101.

Nelson, C. A. (2001). The development and neural bases of face recognition. *Infant and Child Development, 10*(1-2), 3-18.

Nielsen, J. A., Zielinski, B. A., Ferguson, M.A., Lainhart, J.E., & Anderson, J. S. (2013). An evaluation of the left brain vs. right brain hypothesis with resting state functional connectivity magnetic resonance imaging. *PLoS ONE, 8*(8), 1-11.

Niemiec, C.P., & Ryan, R. M. (2009). Autonomy, competence, and relatedness in the classroom: Applying self-determination theory to educational practice. *Theory and Research in Education, 7*(2), 133-144.

O'Bryan, T. (2018). *You can fix your brain*. New York: Rodale Books.

O'Connor, A. J., Nemeth, C. J., & Akutsu, S. (2013). Consequences of beliefs about the malleability of creativity. *Creativity Research Journal, 25*(2), 155-162.

Olson, M. H., & Hergenhahn, B. R. (2013). *An introduction to theories of learning*(9th ed.). New York: Pearson.

Osborn, Alex F. (1949). *Your Creative Power: How to Use Imagination*. New York: Charles Scribner's Sons.

Patterson, C. H. (1973). *Theories of counseling and psychotherapy*(2nd ed.). New York: Harper & Row.

Pintrich, P. R. (2000). Educational psychology at the millennium: A look back and a look forward. *Educational Psychologist, 35*(4), 221-226.

Prensky, M. (2001). Digital Natives, Digital Immigrants Part 1. *On the Horizon 9*, No. 5, 1-6.

Purkey, W. W. (1969). Project self discovery:Its effect on bright but underachieving high school students. *Gifted Child Quarterly, 13*(4), 242-246.

Quay, H. C. (1986). classification. In H.C. Quay & J.S. Werry (Eds.). *Psychopathological disorders of childhood* (3rd ed., pp.1-34). New York: Wiley.

Raph, J., Passow, A., & Goldberg, M. (1966). *Bright underachievers*. New York : Teachers College Press, Columbia University.

Ratey, J. J. (2019.10.23. 강연). 뇌 1.4kg의 사용법: 운동이 뇌에 미치는 효과. 2019 창의 미래포럼 강연 자료집.

Ratey, J. J., Hageman, E. (2007). *Spark*. Little Brown & Co.

Ratey, J. J., & Manning, R. (2015). *Go wild* (Free Your Body and Mind from the Afflictions of Civilization). Little Brown & Co.

Renzulli, J. S. (1977). *The enrichment triad model. A guide for developing defensible programs for rhe gifted and talented*. Mansfield Center, CT: Creative Learning Press

Restak, R. M. (1997). *Older and wiser: How to maintain peak mental ability for as long as you live*. New York: Simon & Schuster.

Rhodes, M. (1961). An analysis of creativity. *Phi Delta Kappan, 42*(7), 305-310.

Rimm, S. B. (1991). What's the hurry. How to Stop Underachievement Newsletter, 1(4), 1-3. *Educational Assessment Service*. Watertown, WI.

Rimm, S. B. (2003). Underachievement: A national epidemic. In N. Colangelo & G.A. Davis (Eds.), *Handbook of gifted education*(424-443). Boston: Allen & Bacon.

Rogers, C. (1961). *On becoming person*. Boston:Houghton Mifflin.

Rogers, C. (1969). *Freedom to learn*. Columbus, OH:Merrill.

Rossiter, J. R., & G. L. Lilien (1994) "New Brainstorming Principles." *Australian Journal of Management, 19* (1), 61-72.

Runco, M. A., & Johnson, D. J.,& Bear, P. K. (1993). Parents' and teachers' implicit theories of children's creativity. *Child Study Journal,* 23, 91-113.

Rutter, M. (1975). Helping troubled children Harmondsworth, England: Penguin Books.

Sattler, J. (1992). *Assessment of children*(3rd ed.revised). San Diego: Jerome M. Sattler.

Schunk, D. H., Pintrich, P.R., & Meece, J. R. (2008). *Motivation in education: theory, research, and applications*(3rd. ed.). Upper Saddle River, NJ: Prentice Hall.

Seddon, G.M. (1978). The properties of Bloom's Taxonomy of Educational Objectives for the Cognitive Domain. *Review of Educational Research, 48*(2), 303-323.

Selman, R. L. (1980). *The Growth of Interpersonal Understanding: Developmental and Clinical*

Analyses (pp. 102-105). New York: Academic Pres

Sharan, Y., & Sharan, S. (1990). Group investigation expands cooperative learning. *Educational leadership, 47*(4), 17-21.

Sheehy, N. (2004). *Fifty key thinkers in psychology*. 정태연 · 조은영 역(2009). 50인의 심리학 거장들. 서울: 학지사.

Shore, R. (1997). *Rethinking the Brain: New Insights into Early Development*. NY: Families and Work Institute.

Sigman, M., & Whaley, S. E. (1998). The role of nutrition in the development of intelligence. In U. Neisser (Ed.), *The Rising Curve: Long-term Gains in IQ and Related Measures* (pp. 155-182). Washington, DC: American Psychological Association.

Simpson, E.J. (1972). The classification of educational objectives in the psychomotor domain. *The Psychomotor Domain, Vol 3*. Washington Gryphon House.

Skinner, B.F. (1968). *The technology of teaching*. NY:Appleton Century Crofts.

Skinner, B.F. (1974). *About Behaviorism*. NY:Knopf.

Slavin, R. E. (1994). *Using Student Team Learning. Baltimore, MD: Johns Hopkins University.* Center for Social Organization of Schools.

Slavin, R. E. (1995). *Cooperative learning: Theory, research, and practice*(2nd. ed.). Boston: Allyn & Bacon.

Slavin, R. E. (2019, 14th Ed). *Educational psychology: Theory and practice*. Boston: Pearson Education.

Smith, J. D., & Caplan, J. (1988). Cultural differences in cognitive style development. *Developmental Psychology, 24*, 46-52.

Smith, C.R. (2004). *Learning disabilities:The interactions of students and their environment*(5th ed.). Boston: Allyn & Bacon.

Song, H. J., &Baillargeon, R. (2008). Infants' reasoning about others' false perceptions. *Developmental Psychology, 44*(6), 1789-1795.

Spiro, R. J. & Jehng, J. (1990). Cognitive flexibility and hypertext: Theory and technology for the non-linear and multidimensional traversal of complex subject matter. In D. Nix & R. Spiro (eds.), *Cognition, Education, and Multimedia*. Hillsdale, NJ: Erlbaum.

Sternberg, R. J. (1987). *Teaching intelligence: The application of cognitive psychology to the improvement of intellectual skills.* Boston: Pearson Education

Sternberg, R. J., & Lubart, T. I. (1996). Investing in Creativity, *American Psychologist, 51*(7), 677-688.

Sternberg, R. J., & Lubart, T. I. (1999). The concept of creativity: Prospects and paradigms. in Sternberg, R. J. (Ed.), *Handbook of Creativity.* Cambridge: Cambridge University Press.

Stipek, D. J. (2002). *Motivation to learn: Integrating theory and practice*. Boston: Allyn and Bacon.

Stone, B. G. (1980). Relationship between creativity and classroom behavior, *Psychological in the School, 17*, 106-108.

Tatarkiewicz, W. (1980). *A history of six ideas.* 손효주 역(1989). 미학의 기본 개념사. 서울: 미술문화.

Taylor, J. B. (2009). *My stroke of insight.* New York: Plume Books.

Torrance, E. P. (1965). *The Minnesota Studies of Creative Thinking: Widening horizons in creativity*. Wiley, New York.

Van Tassel-Baska, J. (1996). The talent development process in women writers: A study of Charlotte Bronte and Virginia Woolf. In K. D. Arnold, K. D. Noble, & R. F. Subotnik (Eds.), Perspectives on creativity. *Remarkable women: Perspectives on female talent development* (p. 295–316). Hampton Press, Inc.

Vaughn, V. S., Feldusen, J.F., & Asher, J.W. (1991). Meta-analyses and review of research on pull-out programs in gifted education. *Gifted Child Quarterly, 35*, 92-98.

Vygotsky, L. S. (1978). Mind din society: The development of higher psychological processes. In M. Cole, V. John-Steiner, & E. Souberman, (Ed.s). Cambridge: Harvard University Press.

Wallach, M. A., & Kogan, N. (1965). A new look at the creativity-intelligence distinction. *Journal of Personality, 33*(3), 348–369

Webb, S.J., Monk,C. S., & Nelson, C.A. (2001) Mechanism of postnatal neurobiological development: Implications for human development. *Developmental Neuropsychology, 19*(2), 147-171.

Weiner, B. (1985). An attributional theory of achievement motivation and emotion. *Psychological review, 92*(4), 548.

Weiner, B. (Ed.). (1974). *Achievement motivation and attribution theory*. Morristown, NJ: General Learning Press.

Weiner, B. (1992). *Human motivation:Metaphors, theories, and research*. Sage Publications.

Whitmore, J. R. (1980). *Understanding a lack of motivation to excel*. Gifted Child Quarterly, 30(2), 66-69.

Witkin, H. A., Moore, C.A., & Goodenough, D.R., Cox, R.W. (1977). Field-dependent and filed-independent cognitive styles and their educational implications. *Review of Educational Research, 47,* 1-64.

Wittrock, M. C. (1992). An empowering conception of educational psychology. *Educational Psychologist, 27*(2), 129-141.

Wolf, K. P. (1993). From informal to informed assessment: Recognizing the role of the classroom teacher. *Journal of Reading, 36*(7), 518-523.

Woolfolk, A. E. (2019). *Educational Psychology*(14th ed.). Boston: Allyn & Bacon.

Yin, R. K. (2011). *Qualitative research from start to finish*. The Guilford Press.

Zimmerman, B. J. (1990). Self-regulating academic learning and achievement: The emergence of a social cognitive perspective. *Educational Psychology Review, 2*, 173-201.

[네이버 지식백과] 다문화 교육(다문화 커뮤니케이션, 2013, 정의철)

[네이버 지식백과] 성-역할 고정관념(sex-role stereotype) (심리학용어사전, 2014)

[네이버 지식백과] 성차(sex differences, 性差) (상담학 사전, 2016)

[네이버 뉴스] 가끔은 하던 일을 멈추고 멍하게[YTN 사이언스(2015. 11. 18)].

디지털조선(2020. 4.10.). 코벤트리대학교, '온라인 강의 세계대학순위' 영국 1위, 세계4위 선정.

서울경제(2017). 살짝 베일 벗겨진… '괴짜' 머스크의 '비밀학교' https://www.sedaily.com/

유네스코뉴스(2019, 10). 유네스코 뉴스레터 V760. 서울: 유네스코 한국위원회.

육아정책연구소(2008) http://panel.kicce.re.kr/panel/

전경원 블로그(2018). Z세대의 개성넘치는 창의성. https://blog.naver.com/jeonkw333/221423890297

조선일보(2016.10.4), 한국 교사 역량, OECD 중하위권,

조선일보(2019.5.18). '마음 근육'없는 아이들, 우울증 1년새 40% 늘어.

조선일보(2019.9.6). 인간을 닮은 AI...中2 과학문제 풀어 90점, 高3 문제는 80점 이상.

KBS(2017). 4차 산업혁명 시대의 교육: 1부 세상에 없던 대학. KBS.

※ 본 도서는 2020년 광주대학교 교내연구지원금으로 집필되었습니다.

뇌(Brain)의 창의적인 잠재능력을 키워주는

교육심리학

초판 1쇄 인쇄 2020년 8월 5일
초판 1쇄 발행 2020년 8월 10일

지 은 이 | 전경원
펴 낸 이 | 김기섭
책임편집 | 이윤미
펴 낸 곳 | 창지사 www.changjisa.com
08589 서울시 금천구 가산디지털 1로 83 파트너스타워 1차 9층
전화(02) 719-2211~3
팩스(02) 701-9386
등 록 | 1977년 4월 28일·제1-421호

ISBN 978-89-426-1341-0 (93370)

값 22,000원

「이 도서의 국립중앙도서관 출판예정도서목록(CIP)은 서지정보유통지원시스템 홈페이지(http://seoji.nl.go.kr)와 국가자료공동목록시스템(http://www.nl.go.kr/kolisnet)에서 이용하실 수 있습니다.(CIP제어번호: CIP2020032734)」